Ministerio de Educación y Ciencia

Ediciones Morata, S.A.

Colección: PEDAGOGIA
Educación infantil y primaria

La comprensión de la realidad en la educación infantil y primaria

Por

Kieran EGAN

Traducido por:

PABLO MANZANO

Obras que componen la colección
EDUCACIÓN INFANTIL Y PRIMARIA

(Coedición EDICIONES MORATA, S. A. y
MINISTERIO DE EDUCACION Y CIENCIA):

1. Zimmermann, D.: *Observación y comunicación no verbal en la escuela infantil.*
2. Oléron, P.: *El niño: su saber y su saber hacer.*
3. Loughlin, C. y Suina, J.: *El ambiente de aprendizaje: diseño y organización.*
4. Browne, N. y France, P.: *Hacia una educación infantil no sexista.*
5. Selmi, L. y Turrini, A.: *La escuela infantil a los tres años.*
6. Selmi, L. y Turrini, A.: *La escuela infantil a los cuatro años.*
7. Saunders, R. y Bingham-Newman, A.M.: *Perspectivas piagetianas en la educación infantil.*
8. Driver, R., Guesne, E. y Tiberghien, A.: *Ideas científicas en la infancia y la adolescencia.*
9. Harlen, W.: *Enseñanza y aprendizaje de las ciencias.*
10. Selmi, L. y Turrini, A.: *La escuela infantil a los cinco años.*
11. Bale, J.: *Didáctica de la geografía en la escuela primaria.*
12. Tann, C.S.: *Diseño y desarrollo de unidades didácticas en la escuela primaria.*
13. Willis, A. y Ricciuti, H.: *Orientaciones para la escuela infantil de cero a dos años.*
14. Orton, A.: *Didáctica de las matemáticas.*
15. Pimm, D.: *El lenguaje matemático en el aula.*
16. Moyles, J.R.: *El juego en la educación infantil y primaria.*
17. Arnold, P.J.: *Educación física, movimiento y curriculum.*
18. Graves, D.H.: *Didáctica de la escritura.*
19. Egan, K.: *La comprensión de la realidad en la educación infantil y primaria.*
20. Hargreaves, J.: *Infancia y educación artística.*
21. Swanwick, K.: *Música, mente y educación.*
22. Lancaster, J.: *Las artes en la educación primaria.*
23. Bazalgette, C.: *Los medios audiovisuales en la educación primaria.*
24. Newman, D., Griffin, P. y Cole, M.: *La zona de desarrollo: trabajando por un cambio cognitivo en educación.*
25. Wass, S.: *Guía para el trabajo de campo en la educación primaria.*
26. Cairney, T.H.: *Enseñanza de la comprensión lectora.*
27. Nobile, A.: *Literatura infantil y juvenil.*

Kieran EGAN

La comprensión de la realidad en la educación infantil y primaria

Ministerio de Educación y Ciencia
Centro de Publicaciones
Ciudad Universitaria, s/n.
28040 - Madrid

Ediciones Morata, S.A.
Fundada por Javier Morata, Editor, en 1920
Mejía Lequerica, 12
28004 - Madrid

Título original de la obra:

PRIMARY UNDERSTANDING. EDUCATION IN EARLY CHILDHOOD

Spanish-language edition published by arrangement with Routledge, Chapman and Hall, Inc., Nueva York.

© Kieran Egan, 1988

No está permitida la reproducción total o parcial de este libro, ni su tratamiento informático, ni la transmisión de ninguna forma o por cualquier medio, ya sea electrónico, mecánico, por fotocopia, por registro u otros métodos, sin el permiso previo y por escrito de los titulares del Copyright.

© de la presente edición:
EDICIONES MORATA, S. A. (1991)
Mejía Lequerica, 12 - 28004 Madrid
y
Centro de Publicaciones del
MINISTERIO DE EDUCACION Y CIENCIA
Ciudad Universitaria, s/n. - 28040 Madrid

Derechos reservados
Depósito legal: M-12.063-1991
ISBN: 84-7112-354-1
NIPO: 176-90-098-8

Tirada: 3.000 ejemplares
Compuesto por: Artedita
Printed in Spain - Impreso en España

Imprime: LAVEL, Humanes (Madrid)
Cuadro de la cubierta: *El moro Muza* de José Benavent-Calatayud
Reproducido con permiso del Museo San Pío V. Valencia

CONTENIDO

	Págs.
INTRODUCCIÓN DEL DIRECTOR DE LA COLECCIÓN	11
AGRADECIMIENTOS	15
INTRODUCCIÓN	17

CAPÍTULO PRIMERO: **Algunas consecuencias educativas de la fantasía de los niños** 25
Introducción, 25.— *El rechazo de la fantasía,* 28.— *Conceptos abstractos y contenidos concretos,* 35.— *La fantasía de los niños y el mito,* 42.— *Conclusión,* 50.

CAPÍTULO II: **La domesticación de la mente "sauvage"** 54
Introducción, 54.— *El redescubrimiento de la oralidad,* 59.— *"Bonnes à penser" orales,* 67.— *La poética de la memoria,* 67.— *Participación y conservación,* 71.— *Clasificación y explicación,* 76.— *Las "bonnes à penser" de los niños,* 79.— *La poética de la memoria,* 82.— *Participación y conservación,* 86.— *Clasificación y explicación,* 88.— *Conclusión,* 90.

CAPÍTULO III: **La forma narrativa y la organización del significado** 93
Introducción, 93.— *¿Qué es una narración?,* 97.— *Narraciones y oraciones,* 101.— *Narraciones y otros contextos,* 103.— *Narraciones en educación,* 109.— *Conclusión,* 116.

CAPÍTULO IV: **Otras características de la comprensión mítica** 121
Introducción, 121.— *Pares opuestos,* 122.— *Imaginación,* 136.— *Hacia una comprensión romántica,* 141.— *Conclusión,* 145.

CAPÍTULO V: **Recapitulación cultural: algunos comentarios sobre la teoría.** 148
Introducción, 148.— *Recapitulando el recapitulacionismo,* 150.— *Posibilidad, conveniencia y evaluación,* 158.— *¿Cultura de quién?,* 165.— *Conclusión,* 167.

CAPÍTULO VI: **Un "curriculum" para la educación primaria.** 169
Introducción, 169.— *Importancia, sentimiento y seriedad en la educación temprana,* 170.— *La dirección de la educación,* 177.— *Las grandes narraciones,* 181.— *Historia,* 182.— *Lengua y literatura,* 186.— *Ciencias naturales,* 191.— *Matemáticas y lógica,* 194.— *Educación artística,* 199.— *Conclusión,* 200.

Págs.

CAPÍTULO VII: **Un marco para la enseñanza primaria** 202
Introducción, 202.— El profesor como narrador de relatos, 203.— Determinación de la importancia y selección de pares opuestos, 209.— La organización del contenido en forma narrativa, 211.— Terminación de las unidades didácticas, 213.— Evaluación, 215.— Objeciones al uso de los pares opuestos, 215.— Conclusión, 218.

CONCLUSIÓN 219
BIBLIOGRAFÍA 227
ÍNDICE DE MATERIAS 235
OTRAS OBRAS DE EDICIONES MORATA DE INTERES 239

A
David William Egan
con cariño

INTRODUCCION DEL DIRECTOR DE LA COLECCION

En su análisis de los dilemas políticos y educativos a los que nos enfrentamos cuando decidimos qué hemos de enseñar, Fred INGLIS apunta que el *curriculum* escolar tiene un significado que se extiende mucho más allá de él mismo. El *curriculum* "no es sino el sistema del saber de una sociedad". Contiene "no sólo la ontología, sino también la metafísica e ideología que esa sociedad ha acordado reconocer como legítimas y verdaderas... Es el punto de referencia y la definición reconocida de lo que en realidad *son* el saber, la cultura, la creencia, la moralidad"[1]. Por tanto, nuestras ideas sobre educación nos revelan mucho respecto a nosotros mismos. Son enunciados sobre nuestros valores, el tipo de sociedad en la que vivimos, la verdad, justicia, equidad y atención humana. Como tales, estas ideas son, por naturaleza, políticas y éticas e intensamente valorativas.

Así, cualquier tentativa para caracterizar la educación como una empresa técnica en la que sólo nos preocupa cómo hacer que los niños aprendan x de un modo eficiente está condenada al fracaso. Se basa en los tipos de preguntas que surgen espontáneamente cuando se reconoce la fuerza del planteamiento de INGLIS. ¿Qué saber es legítimo? ¿Qué y cuáles valores deben orientar su selección?[2] ¿Para qué debe educarse? El hecho de que dejemos de lado este tipo de cuestiones bajo nuestra propia responsabilidad, queda aún más claro al relacionarlas con los movimientos que se están produciendo ahora mismo en la política educativa de bastantes naciones occidentales.

Vivimos en un tiempo en que se está reelaborando el *para* qué de la educación. La idea de que la educación es para los niños, tanto para la exploración y crítica de las convicciones y valores, como para comprender la amplitud del saber y de las luchas que han caracterizado la condición humana, está desapareciendo con celeridad. En su lugar, aparece una perspectiva de la edu-

---

[1] Fred Inglis, *The Management of Ignorance: A Political Theory of the Curriculum.* Nueva York y Londres: Basil Blackwell, 1985, pág. 23.
[2] Estas cuestiones se exponen con mayor detalle en Michael W. Apple, *Ideology and Curriculum.* Nueva York y Londres: Routledge and Kegan Paul, 1979.

cación como parte de una estrategia de desarrollo económico, de competición nacional e internacional y de socialización en las creencias de un segmento limitado de la población. A medida que los *curricula* y los métodos de enseñanza se normalizan y racionalizan y la toma de decisiones en la educación se produce cada vez más de acuerdo con el punto de vista de la cuenta de pérdidas y ganancias, corremos el riesgo de perder nuestras perspectivas más amplias de lo que la educación puede y debe ser.

Estas tendencias burocráticas han tenido numerosos e importantes resultados junto al debilitamiento de nuestro punto de vista. Como he dicho en otro lugar, han llevado a la desprofesionalización de los docentes y redefinido importantes conocimientos y valores de una forma muy conservadora[3]. Asimismo, han conducido a una situación en la que tanto profesores como alumnos encuentran cada vez más difícil expresar de manera personal lo que quieren dar a entender y sus necesidades, todo ello de importante significación en la vida de la clase. Así, por ejemplo, en algunos distritos escolares de los Estados Unidos, la política oficial determina que ningún profesor puede desviarse del libro de texto aprobado. Todo lo que vaya más allá de lo que señalan esos textos aprobados carece de legitimidad y se considera "pérdida de tiempo". Es obvio que habrá profesores cuyas clases sean vivas, con actividades creativas y que rechazarán la reducción de la educación a simples elementos de reindustrialización. Sin embargo, las condiciones vigentes en bastantes países están haciendo mucho más difícil a los educadores de todos los niveles sostener y ampliar un conjunto más sustancial de perspectivas y prácticas educativas.

Esto puede ser muy problemático en la educación infantil, período en que los niños tienen su primera experiencia escolar. De diversas formas, los actuales procesos de desprofesionalización y normalización están privando a los alumnos de cualquier sentido orgánico de las relaciones entre los *curricula* y sus propios pasados y presentes culturales. Como señala Kieran EGAN, el *curriculum* se hace trivial "cuando debería ser lo más rico posible en el plano intelectual". Esta trivialización es lo que EGAN rechaza. Pretende proporcionarnos una visión alternativa de lo que puede y debería ser la educación. Este volumen es el primero de una serie de libros* en los que el autor planea elaborar una educación que "recapitule" una sucesión de cuatro formas de saber: mítico, romántico, filosófico e irónico. Cada forma se edifica sobre las demás y la totalidad nos permite prevenir la reducción de la educación a lo trivial.

Otros muchos autores han planteado objeciones a las formas dominantes de educación que se desarrollan en nuestras aulas. Estas críticas son esenciales. Sin embargo, pocos las han relacionado con el desarrollo de alternativas coherentes, lo cual aparta a esta obra de gran parte de la bibliografía porque ofrece una visión diferente y proporciona un modelo de organización del *curriculum* y la enseñaza que permite poner en práctica estas ideas.

La visión de la educación que subyace a *La comprensión de la realidad en*

---

[3] Michael W. Apple, *Teachers and Texts: A Political Economy of Class and Gender Relations in Education.* Nueva York y Londres: Routledge and Kegan Paul, 1986 y Michael W. Apple, *Education and Power.* Nueva York y Londres: Routledge and Kegan Paul, ARK Edition, 1985.

*Por supuesto, el autor de esta introducción se refiere a la colección inglesa. *(N. del E.)*

la educación infantil y primaria no consiste sólo en elevar al máximo los beneficios, que en el contexto social actual significa con excesiva frecuencia hacer que los niños compitan sobre la base de las puntuaciones obtenidas en pruebas objetivas de aprovechamiento. Asimismo, hace hincapié en un proceso de enseñanza escolar que reduzca al mínimo las pérdidas. Trata de preservar lo poético e imaginativo de nuestros niños en una época en la que tantas fuerzas parecen conspirar para borrarlo de nuestra memoria colectiva.

En palabras de EGAN: "Las bases de la educación son poéticas. Comenzamos como poetas." Según EGAN cualquier tipo de educación de niños pequeños que no acepte este principio es menos penetrante de lo que podría ser. Dada la importancia radical de la "comprensión poética" y la significación de la fantasía en la vida de los niños, hemos de desarrollar teorías y prácticas educativas que no sólo estimulen la fantasía, sino que se basen de forma directa en sus principios y se dediquen a su exploración[4]. Como él mismo señala:

> El olvido de la fantasía de los niños en los escritos e investigación educativos durante este siglo ha supuesto la exclusión de su influencia sobre el *curriculum* y el aprendizaje que... ha llevado a un empobrecimiento y desequilibrio de la escolaridad... La fantasía de los niños plantea importantes desafíos a los principios en los que se basa el *curriculum* típico de la educación infantil actual. Estos principios, en la actualidad dominantes, parecen excluir importantes contenidos que podrían incluirse para enriquecer los primeros años de escolaridad de los niños; tienden sobre todo a poner de relieve aspectos prosaicos y monótonos, eliminando los que provocarían mayor entusiasmo intelectual, sin caer en la cuenta de que la fantasía no se opone al racionalismo, sino que refleja el elemento que proporciona racionalidad, vida y energía.

El autor reconoce que todos los sujetos cuentan historias. Se trata de narraciones sobre la condición humana. Pero, por ello, pueden ser siempre reinterpretadas. Podrían haber acabado de manera diferente. "La mente humana, por tener imaginación, puede experimentar con finales distintos"[5]. El mismo interés de EGAN por las historias, en el reino libre aunque disciplinado de la imaginación, la fantasía, el mito y su importancia para proporcionarnos lecturas alternativas de los propios pasado y presente culturales ilumina las intrincadas conexiones entre las historietas que cuentan nuestros sujetos y la sensación de posibilidad que contemplan nuestros niños. Estas historias les permiten mantener una conexión entre ellos mismos y el pasado mucho más rica de la que suelen proporcionar los ambientes escolares habituales. Este sentido de conexión es absolutamente esencial en una sociedad en la que nuestras ideas de continuidad y comunidad se van marchitando. La naturaleza colectiva de nuestras historias se orienta a que las personas reconozcan y cuiden "los bienes comunes"[6].

Al elaborar su modelo, el autor se muestra sensible hacia las cuestiones ideológicas que puedan suscitarse respecto a su propuesta. Sus indicaciones

---

[4] En ciertos aspectos es semejante a la obra anterior de William Walsh, *The Use of Imagination: Educational Thought and the Literary Mind.* Nueva York: Barnes and Noble, 1959.
[5] Inglis, *The Management of Ignorance,* pág. 167.
[6] Véase Marcus Raskin, *The Common Good.* Nueva York y Londres: Routledge and Kegan Paul, 1986.

concretas lo prueban, como, por ejemplo, su opinión de que debemos organizar el estudio inicial de la historia de los niños pequeños en torno a relatos históricos de las luchas humanas contra la opresión. Nos permite suscitar la cuestión de qué historias habrá que contar de formas nuevas e interesantes.

En su desarrollo de una nueva teoría de la educación primaria, el presente volumen desafía también nuestras perspectivas, dadas por supuestas, acerca de determinados problemas educativos. EGAN ataca expresamente el dominio de la psicología sobre la pedagogía, manteniendo que la psicología no puede proporcionarnos una comprensión completa de la vida de los niños ni de los principios en los que la actividad educativa puede o debe basarse. En el proceso, suscita importantes cuestiones no sólo sobre los modelos aceptados de investigación psicológica en educación, sino también sobre las personalidades que han ofrecido alternativas, como DEWEY y PIAGET. A ello se añaden importantes críticas de nuestras nociones habituales sobre alfabetización.

Algunos lectores reconocerán la influencia de VYGOTSKY sobre las bases conceptuales de ciertos aspectos de esta obra. Pero también está en deuda con ONG y otros que han demostrado la notable importancia del lenguaje y de la tradición para construir nuestra realidad social. Esta cualidad sintética constituye otra de las razones por las que muchos lectores encontrarán muy atractivo el trabajo de EGAN. La amplitud de su campo de atención, su desafío a teorías y prácticas educativas muy asentadas, el puesto central que asigna a lo poético y la naturaleza provocativa de sus afirmaciones se unen para hacer del presente libro una contribución significativa al debate sobre el objetivo de la educación.

Michael W. APPLE
Universidad de Wisconsin, Madison

AGRADECIMIENTOS

He trabajado durante mucho tiempo en este libro y numerosas personas han dedicado generosamente su tiempo, paciencia, caridad heroica, inteligencia y muchas otras virtudes para comentar diversos borradores. Algunas han leído la totalidad de un borrador u otro, haciendo valiosas observaciones que han servido para aclarar más el contenido y suprimir errores o trivialidades. Richard ANGELO (Universidad de Kentucky), Robin BARROW (entonces en Leicester y ahora en la Universidad Simon Fraser), Barbara COWELL (Universidad de Oxford), Dan NADANER (Palo Alto), June STURROCK (Universidad Simon Fraser) y John WILSON (Universidad de Oxford), me hicieron reconsiderar y revisar algunas partes del libro. Entre ellos, Robin BARROW lo leyó, más de una vez incluso, aunque el original cambió tanto tras las primeras críticas que pienso que dio por supuesto que se trataba de otro libro. Algunas personas leyeron distintos capítulos y se mostraron muy amables al proporcionarme sus críticas y observaciones. Dianne COMMON (Universidad de Manitoba), Cedric CULLINGFORD (Politécnico de Brighton), Cornel HAMM (Universidad Simon Fraser), Carolyn MAMCHUR (Universidad Simon Fraser), David NYBERG (Universidad del Estado de Nueva York en Buffalo), Antoinette OBERG (Universidad de Victoria), David OLSON (Instituto de Estudios de Educación de Ontario), Walter ONG (Universidad de St. Louis), Louis RUBIN (Universidad de Illinois), Jonas SOLTIS (*Teachers College,* de la Universidad de Columbia), Robert WALKER (Universidad Simon Fraser) y Meguido ZOLA (Universidad Simon Fraser) me han facilitado generosamente críticas o consejos valiosos. Carl BEREITER (Instituto de Estudios de Educación de Ontario) y Michael SCRIVEN (Universidad de Australia Occidental) me facilitaron agudas críticas de artículos relacionados que me permitieron mejorar notablemente este manuscrito. De igual modo, Suzanne DE CASTEL (Universidad Simon Fraser) criticó algunos de estos manuscritos y artículos relacionados de manera constructiva al máximo. He tenido la fortuna de haber recibido comentarios indicativos de diversos profesores: Arlene BIRCH, Sandra BOULANGER, Daphne MORRIS, Sandy OLDFIELD y Marlene y John PALMER, de British Columbia); DI FLEMING, de Melbourne y Tim WATSON, de Worcester (Inglaterra) leyeron un borrador y me hicieron utilísimas indicaciones. John TRYNESKI, de la *University of Chicago Press,* me prestó una ayuda que iba más allá de lo exigible, haciéndome críticas valiosas. Stratford CALDECOTT, de Routledge & Kegan Paul, quizá aún más. Asimismo, he de mostrar mi agradecimiento a Jack CRESSWELL —no estoy muy seguro de por qué, pero tengo la vaga sensación de que debo hacerlo. Por último y en el máximo grado, le doy las gracias a Susanna EGAN. Ella leyó y corrigió dos borradores y me hizo valiosas observaciones. Los errores que haya en el manuscrito, a pesar de su ayuda, son —como supondrán— sólo míos.

Todavía debo agradecer otros dos tipos de ayuda. Durante parte del trabajo de redacción y revisión del manuscrito recibí una *Social Sciences and Humanities Research Council of Canada Leave Fellowship,* así como el *Simon Fraser University Molson Research Prize,* que facilitaron en gran medida mi trabajo. Debo mencionar también a Eileen MALLORY, que "procesó" el manuscrito y las revisiones con exactitud y velocidad sobrenaturales. Por eso y por el ánimo sin desmayo con que trabaja, le estoy muy agradecido.

Agradezco a la *Harvard University Press* su permiso para utilizar la extensa cita de las páginas 25 y 26, de las *Wally's Stories* de Vivian PALEY. Asimismo, a la *Harvard Educational Review* por el permiso para reimprimir partes del Capítulo II, que apareció como *Literacy and the oral foundations of education* en el número de noviembre de 1987 y a Polly STEELE, por sus indicaciones y revisión de ese artículo.

Kieran EGAN
Walnut Tree House
Oxford, 1987

INTRODUCCION

"El principio, como sabes, es siempre la parte más importante" [PLATÓN, *La República,* II,377 (CORNFORD, 1941, p. 68)]. Sólo si conseguimos que las primeras etapas se desarrollen adecuadamente, afirma PLATÓN, podremos encaminar al niño hacia un estado adulto educado. Para lograr el éxito apetecido, debemos conocer con toda claridad —en sus propias palabras— la dirección hacia la que han de volverse los ojos del alma. De ese modo, tanto el comienzo, como cada etapa del camino, estará regido por nuestra comprensión del objetivo de la educación.

"Dejad que la infancia madure en vuestros hijos" (ROUSSEAU, 1911, p. 58). ROUSSEAU, en *Émile* (1762), complementa la concepción de la educación de PLATÓN como viaje intelectual hacia una visión clara, saber acumulado y responsabilidad cívica, afirmando que cada etapa de ese viaje tiene una cualidad que merece atención por derecho propio. La infancia y la adolescencia no son simples formas imperfectas respecto a la edad adulta, sino que ostentan sus propias perfecciones y una educación adecuada debe contribuir a su mantenimiento.

No es fácil encontrar juntos estos argumentos a favor de la importancia del fin como determinante del comienzo del proceso educativo en la infancia y sobre la importancia, por derecho propio, de la cualidad distintiva de la infancia. Con bastante frecuencia se han considerado cuestiones más bien incompatibles que complementarias. Los argumentos de PLATÓN y ROUSSEAU han influido de forma tan profunda sobre el pensamiento occidental de la educación que han proporcionado los términos —y quizá también los polos— de los principales debates educativos de este siglo. El problema consiste en que *es* difícil pensar en la educación primaria como algo que satisfaga las potencialidades de los niños, según sus predisposiciones naturales y, al mismo tiempo, suponga la acumulación de conocimientos a partir de la ignorancia. En el primer caso, nuestra mirada se dirige hacia la naturaleza para orientar nuestro diseño curricular ["Fija tus ojos en la naturaleza, sigue el camino trazado por ella", nos dice ROUSSEAU en *Émile* (ROUSSEAU, 1911, p. 14)]; en el segundo se fijan en un final ideal de conocimiento acumulado y habilidades sociales y vocacionales que han de transmitirse al niño.

Por supuesto, la polarización es el resultado de una especie de caricatura de los puntos de vista de PLATÓN y de ROUSSEAU. Caricatura que suprime la sensibilidad de PLATÓN respecto a las etapas evolutivas y el objetivo de ROUSSEAU de hacer de Émile un culto caballero típico del siglo XVIII (y quizá cuanto menos se hable hoy día de este ideal para Sophie, mejor). Sin embargo, ponen de manifiesto con toda claridad una auténtica diferencia de enfoque y de énfasis que podemos hallar en el centro de todos los conflictos educativos —teóricos y prácticos— que se han producido en este siglo. Cada una de estas concepciones de la educación lleva consigo una importante intuición de tipo general, de las que no podemos prescindir. Un objetivo de la teoría de la educación de este siglo ha consistido en proporcionar una concepción coherente de la educación que conceda el peso debido a cada una. No obstante, se ha podido comprobar que es mucho más fácil identificarlo que satisfacerlo. Las tentativas de conjugar ambos aspectos se han visto relegadas a segundo plano en la mayor parte del debate educativo por quienes proponían que una perspectiva encerraba mucho mayor valor que la otra. Así, podemos observar las dicotomías entre "tradicionalistas" y "progresistas", "educación centrada en el niño" y "educación centrada en los temas", "experiencia" y "habilidades básicas" y así sucesivamente.

Un valor importante de estos debates consiste en haber puesto de manifiesto la inadecuación de cada una de las perspectivas considerada de forma individual o exclusiva. Por una parte, la metáfora de la educación temprana como la primera etapa de un viaje ha conducido a errores. La infancia no es algo que dejemos atrás. Los logros y experiencias de la infancia son *constituyentes* del posterior "sí mismo" —"el niño es el padre del hombre", según la compacta expresión de WORDSWORTH. Los "progresistas" han establecido la importancia de no sacrificar las cualidades distintivas de la experiencia infantil al persistente modelado que se requiere para adecuar a los niños a una cultura, sociedad y economía dadas. Más allá de éstas, subyacente a ellas, hemos de reconocer que hay una naturaleza a cuyas pautas de desarrollo, aprendizaje, motivación, etc., deben acomodarse nuestras prácticas educativas. Por otra parte, los "tradicionalistas" han dejado sentado que la naturaleza no nos facilita una orientación concreta. Disponemos de potencialidades infinitas, indeterminadas y tenemos que describir fines precisos que proporcionen criterios para orientar nuestras elecciones de las potencialidades que hemos de estimular y desarrollar. Nuestra realización se produce a través de nuestra iniciación dentro de una cultura determinada y de nuestra acomodación a una sociedad concreta y a su economía: nuestra naturaleza es cultural.

Durante todo este siglo, hemos podido presenciar cambios de opinión, a veces no muy firmes, de los sistemas educativos de las democracias occidentales desde una mayor valoración de la postura platónica a la preferencia por la opinión de ROUSSEAU. En épocas de paz, prosperidad y confianza relativas, se aprecia la tendencia a la implantación de ideas progresivas, "centradas en el niño" y a estimular el desarrollo de la imaginación y de las diferencias individuales. En tiempos de inseguridad relativa y de depresión económica, parece que se otorga preferencia a las "habilidades básicas" "las *3-Rs*"* y al logro uniforme del éxito académico. Al menos, ésta es la generalización histórica que suele aceptarse comúnmente, y, en efecto, parece ajustarse a nuestra experiencia educativa reciente.

Asimismo, durante este siglo, hemos podido contemplar bastantes tentativas para articular concepciones que no dejen de lado ni la "cultura elevada" y la utilidad social ni la experiencia característica de la infancia. Y he aquí otra. El desafío no sólo consiste en reconocer que, digamos, naturaleza, cultura y sociedad, cada una por su parte, plantean sus exigencias respecto al proceso educativo, y que debemos equilibrarlas o asegurar que interactúen armoniosamente. Esto lleva a débiles compromisos. DEWEY plantea dicho desafío de manera más clara:

> El cometido de una teoría inteligente de la educación consiste en averiguar las causas de los conflictos que se suscitan para, en vez de tomar uno u otro partido, indicar un plan de operaciones que proceda desde un nivel más profundo y amplio que el representado por las prácticas y las ideas de las partes contendientes.
>
> (DEWEY, 1963, p. 5)

Así, la tarea consiste en considerar el proceso educativo de manera que las perspectivas platónica y rousseauniana no se opongan, sino que se fundan. Cualquier concepción de la educación que consiga esta fusión parecerá necesariamente un tanto singular para las tradiciones dominantes en el pensamiento educativo. No voy a disculparme por la singularidad de algunas categorías que utilizo en esta tentativa. Por otra parte, debo advertir que este texto no cuenta toda la historia. Esta se desarrolla, además de en este volumen, en otros tres que mencionaré más adelante. Este libro contiene la presentación de esta concepción en términos del aprendizaje de los niños, un nuevo *curriculum* y los principios de la enseñanza durante los primeros años de escuela primaria. Por tanto, el presente volumen está pensado de manera que sea suficiente para quienes estén interesados en un nuevo enfoque de la educación primaria, que trate de integrar las perspectivas fundamentales de PLATÓN y ROUSSEAU, al tiempo que sirva como primera parte de una exposición más amplia del proceso educativo hasta la edad adulta.

El libro comienza con la fantasía infantil. Las tradiciones dominantes en la investigación educativa han dejado de lado esta importantísima característica de la vida mental de los niños. Después de todo, la fantasía constituye un terreno demasiado movedizo como para apoyarse de manera firme en él y, por tanto, difícil de investigar. Sin embargo, cualquiera que haya pasado mucho tiempo con niños pequeños sabe que la fantasía constituye una parte prominente de sus vidas mentales. Esto no significa, por supuesto, que no puedan distinguir entre sus mundos de ficción y la realidad, aunque convenga señalar que la línea que separa unos y otra no siempre es nítida o no les preocupa de modo especial durante la mayor parte del tiempo. Algunos aspectos de la fantasía pueden deberse a que los niños no han asimilado las condiciones de la realidad que excluyen la posibilidad de un Jack Frost y de Santa

---

*3-R: *Reading, Writing and Arithmetic* (Lectura, Escritura y Aritmética) o bien: *Reading, Writing and Reckoning* (Lectura, Escritura y Cálculo). *(N. del R.)*

Claus, pero incluyen a los ejecutivos de IBM y a los almirantes en destinos burocráticos. Pero existe también un aspecto generativo de la fantasía que parece transfigurar constantemente los asuntos cotidianos de sus vidas. Da la sensación de que éste es uno de los aspectos más dinamizadores del pensamiento de los niños pequeños.

Así, la fantasía constituye el punto de partida de mi boceto de la comprensión primaria. En el Capítulo Primero expondré su descuido en la teoría y en la investigación, si bien no en la práctica de los buenos profesores. Trataré de mostrar que podemos inferir diversas cuestiones de importancia educativa a partir de la fantasía de los niños y de los medios que utilizan para pasar de la fantasía a formas de pensamiento más realista. No se trata exactamente del caso de la piedra desechada por los arquitectos que se convierte en piedra angular, pero sí hay algo de eso. Afirmo que la fantasía no es algo que dejamos atrás al desarrollar otras formas más racionales de pensamiento y trataré de demostrar que las características de la fantasía deben convertirse en elementos constitutivos de una rica racionalidad.

En el Capítulo II me centraré en la vida intelectual de los niños y en algunas de las cosas más evidentes mediante las que suelen pensar. Exploraré algunas implicaciones educativas derivadas del hecho de que los niños pequeños se encuadren con rapidez en una cultura oral. Las herramientas con las que tienen que pensar no incluyen algunas de las cosas que permite la escritura. Consideraré prudentemente ciertas semejanzas entre algunas formas de pensamiento, evidentes en culturas adultas orales, y en el pensamiento de los niños. Como mostraré, entre las estrategias típicas que utilizan las personas pertenecientes a culturas orales para dar sentido al mundo y a la experiencia hay algunas que tienen notables posibilidades de uso en la educación.

En este capítulo trataré también un tema que volverá a aparecer reiteradamente a lo largo del texto y que me parece muy olvidado en los escritos sobre educación: las pérdidas que forman parte inevitable de la educación. Las concepciones de la educación al uso suelen considerarla, o definirla, como un proceso progresivo siempre hacia adelante; proceso de puro enriquecimiento; de "integración jerárquica" de las etapas antecedentes y de las nuevas adquisiciones; acumulación gradual de conocimientos y técnicas que conviene asimilar. El peligro que encierra la aceptación de este punto de vista consiste en que podemos insensibilizarnos ante las pérdidas que parece están vinculadas a cada adquisición. La alfabetización —ejemplo que expondré con cierto detalle en el Capítulo II— suele tomarse como pura ganancia; dos partes de las *3-Rs* básicas de la educación. Sin embargo, la adquisición de la alfabetización tiende a eliminar determinadas actividades cognitivas y afectivas valiosas que suelen aparecer muy desarrolladas en las culturas orales y son evidentes en la fantasía y en las actividades imaginativas de los niños. Como afirmaré, la educación es, en efecto, un proceso que produce importantes beneficios, pero también, y quizá inevitablemente, un proceso de pérdidas como precio pagado por aquéllos. En la concepción de educación que vamos a desarrollar aquí, al menos, la contemplaremos no sólo como forma de incrementar al máximo los beneficios, sino también —y con la misma importancia— de reducir al mínimo las pérdidas. Para conseguirlo, en primer lugar hemos de ser conscientes de ellas y trataré de esbozar en el Capítulo II algunas pérdidas que se producen con la alfabetización. Si esto parece una teoría excesivamente sofisticada e infundada, quizá deba añadir, y trataré de mostrarlo en capítulos posteriores, que la adquisición de un sentido claro de las pérdidas que acompañan a la adquisición de la lectura y escritura, por ejemplo, permiten enseñar a leer y escribir de manera más eficaz y rica, reduciendo al mínimo las pérdidas cognitivas y afectivas. Después de todo, los niños no sólo pasan de una cultura oral a otra literaria, sino, más bien, de una cultura oral a otra literaria-y-oral.

En el Capítulo III me ocuparé de la forma del cuento. En efecto, abundan los escritos pedagógicos sobre los cuentos y la investigación acerca de la comprensión de los niños que los utilizan; pero hay menos bibliografía sobre las razones que propician que los cuentos tengan tanta fuerza para suscitar el interés de los niños, y menos aún sobre cómo pueden utilizarse las características *formales* de los cuentos para enseñar cualquier tipo de contenido curricular y sus implicaciones para el conjunto del *curriculum* de la primera infancia.

Los cuentos constituyen unos de los escasos universales culturales: todo el mundo y en todas partes, hasta donde sabemos, ha utilizado y ha sido cautivado por los cuentos, los relatos. ¿Por qué? ¿En qué consisten los cuentos? ¿Por qué son útiles? ¿Qué nos proporcionan? El análisis de sus argumentos en general y de los que interesan a los niños pequeños en particular, nos abre nuevas formas de pensar sobre un aspecto del aprendizaje de los niños pequeños y nos proporciona unos principios nuevos para seleccionar y organizar el contenido del *curriculum* de manera que potencie el interés infantil y estimule su exploración del mundo y de su experiencia. En este capítulo abogaré por una apreciación mucho más amplia de la forma del cuento como elemento fundamental de nuestro pensamiento —conclusión que recibe cada vez mayor apoyo de la investigación psicológica— que merece se le conceda mucha más importancia en el contexto del pensamiento y la práctica educativos.

En el Capítulo IV expondré una serie de características más detalladas de la comprensión de los niños, completando la caracterización que tratara de construir en los tres capítulos precedentes.

En vez de pasar directamente a la exposición del *curriculum* y la enseñanza, dedicaré un capítulo a reflexionar —para utilizar un término contundente— sobre mi metodología. El Capítulo V defenderá el fundamento de mi enfoque, mostrando la firmeza de su base empírica y aclarando cómo reúne las perspectivas platónica y rousseauniana. El enfoque constituye, sobre todo, un nuevo tipo de esquema recapitulador que introduciré brevemente más adelante.

En el Capítulo VI presentaré un *curriculum* para la primera infancia que englobe los principios desarrollados en los capítulos anteriores. Parece diferente de los *curricula* que nos resultan familiares dentro de las tradiciones dominantes en pedagogía, pero, según creo, goza de mayor sentido educativo. Muchos pedagogos suelen considerar el *curriculum* como conjuntos más o menos delimitados de objetivos que han de ir alcanzándose de manera sucesiva. Este movimiento a favor de la organización y control de los contenidos y la práctica de la enseñanza ha logrado algunos avances técnicos importantes. Una parte significativa de mi argumento en este capítulo consiste en hacer mayor hincapié en algunos aspectos orgánicos del *curriculum* que suelen dejarse de lado. Asimismo, representaré también el *curriculum* como un conjunto de cuentos importantes que contar y no sólo como objetivos que alcanzar. En el Capítulo VII expondré las consecuencias de los principios desarrollados en los capítulos precedentes para los métodos de enseñanza y para la planificación y diseño de lecciones y unidades didácticas. De forma análoga al tema del capítulo previo, presentaré una parte importante del papel del profesor en calidad de narrador principal de nuestra cultura. Los cuentos que relata el profesor no sólo son ficciones, sino también las grandes narraciones auténticas de nuestra historia, nuestra ciencia, nuestras matemáticas, y así sucesivamente.

Este es, pues, el primero de los cuatro volúmenes que describen un programa para la educación de personas de edades comprendidas entre los 4 ó 5 años y la madurez. Cada volumen se ocupa de cómo dar razón del mundo y de la experiencia de la manera más adecuada a cada edad; qué cosas merece la pena aprender, desde el punto de vista educativo, y cómo enseñarlas de la forma más significativa e interesante en las distintas edades. Puede leerse cada volumen de manera independiente como un ensayo sobre la práctica educativa en el marco de edad del que se ocupa, pero también pueden considerarse en su conjunto como un intento de articular una concepción nueva y coherente de la educación y del desarrollo individual hacia una educada madurez*.

La concepción de la educación que elaboro en estos volúmenes puede considerarse como estratificada. Describo el programa educativo como derivado de cuatro estratos diferentes, en cada uno de los cuales desarrollamos una forma distinta de comprensión. El programa educativo prescribe cómo pueden adquirirse sucesivamente estas formas diferentes de comprensión durante los años de formación de un individuo, de modo que su coincidencia aporte como fruto una consciencia educada moderna.

En la primera parte de cada volumen caracterizaré la forma concreta de comprensión correspondiente a cada edad. Presentaré aquí la forma primaria, que denomino "comprensión mítica", y trataré de evidenciar que este constituyente de la comprensión madura es más fácilmente accesible durante los primeros años. En el segundo volumen, caracterizaré de igual manera la comprensión "romántica"; en el tercero, me ocuparé de la comprensión "filosófica", y en el último, de la coincidencia madura de las formas anteriores, que denomino comprensión "irónica".

Siempre es arriesgado asignar etiquetas. Espero que éstas se acepten como simples tentativas de indicar alguna característica fundamental de cada estrato constitutivo del proceso educativo, de modo que las caracterizaciones de cada estrato proporcionen el oportuno sentido de las etiquetas, en vez de que otras asociaciones relativas a ellas maticen su significado.

Habiendo caracterizado este esquema general como "recapitulacionista", quizá deba introducir algunos párrafos explicativos de lo que puede parecer un paso fatal hacia la asociación de este ensayo con una de las escasas tradiciones

---

*A lo largo de este libro, el autor hace mención a la serie de cuatro volúmenes que se inicia con el presente trabajo, titulado en inglés: *Primary understanding*. Este volumen es compañero de otro titulado: *Teaching as Story Telling* (bastante sencillo y práctico para los profesores) ya publicado en inglés. El segundo libro del programa: *Romantic Understanding: The development of rationality and imagination, ages 8-15* (publicado recientemente en inglés), también tiene un volumen compañero: *Imagination in Teaching and Learning,* diseñado para su utilización por los profesores (actualmente en prensa). El tercer libro del programa se titulará: *Philosophic Understanding;* y el cuarto: *Ironic Understanding. (N. del E.)*

de la historia de la investigación educativa que generalmente se supone infundada y repudiada. Aun así, este ensayo presenta un esquema de recapitulación: afirma que la vía del individuo hacia la consecución de una consciencia educada moderna sigue la pauta de la forja de esta consciencia en nuestra cultura.

La plausibilidad de los esquemas de recapitulación de los siglos XIX y XX se basaba en semejanzas superficiales entre nuestras descripciones habituales del desarrollo histórico de una cultura y la iniciación de los sujetos en esa cultura durante su juventud. El educando sigue una pauta —recapitula un proceso— forjada por la misma cultura. Por supuesto, en un sentido trivial, todos los programas educativos son recapitulacionistas, pero este término sirve para distinguir una tradición particular cuando la descripción histórica del desarrollo de la cultura se convierte en orientación significativa para estructurar el *curriculum*.

El movimiento a favor del desarrollo de *curricula* recapitulacionistas apareció a finales del siglo XIX, como otra expresión de la inmensa influencia ejercida por la teoría evolucionista. El movimiento, que adquirió extraordinaria importancia en Alemania y en los Estados Unidos, aunque influyó con claridad en todo el mundo occidental, se extinguió a causa de una serie de problemas. La formulación inicial de la teoría recapitulacionista en pedagogía se apoyaba en las doctrinas cuya máxima sería "la ontogenia recapitula la filogenia" de la biología de mediados de siglo. El fracaso de la versión simplista de esa doctrina en biología supuso un golpe fatal para los esquemas recapitulacionistas de la pedagogía (GOULD, 1977). Asimismo, arrastraron cierta primitiva psicología evolutiva, expuesta en Norteamérica por G. S. HALL, entre otros; al caer los fundamentos de esa psicología recapitulacionista, los esquemas pedagógicos basados en ella perdieron su interés. Quizá influyese más en su caída el conflicto fundamental en el que entró con el progresismo norteamericano y el movimiento para la educación moderna de Gran Bretaña y Europa. La forma más corriente de *curriculum* recapitulacionista fue el tipo "cultura-época", según el cual, los niños comenzarían estudiando los períodos primitivos de la historia y el desarrollo humanos, porque se consideraba que ellos mismos eran una especie de salvajes, desde el punto de vista psicológico. En estos *curricula,* el mundo moderno sólo aparecía al final de la etapa escolar. Un elemento básico del progresismo y de la educación moderna consistía en que los niños debían empezar su exploración del mundo por aquello que les quedaba más a mano y estaba a su alrededor. A mediados de los años 20, el éxito del progresismo y del modernismo eliminó los *curricula* recapitulacionistas.

La dimensión recapitulacionista de mi programa será desarrollada a lo largo de los tres primeros volúmenes. Será expuesta en el Capítulo V y, de manera más completa, en el cuarto volumen. Se distingue de los esquemas recapitulacionistas de principios de siglo en diversos aspectos. No trato de fundar el programa en la biología ni en la psicología, si bien mi argumento tiene una dimensión psicológica. Quizá difiera más significativamente con lo que en realidad se recapitula. Los teóricos de la "cultura-época" se cerraron las vías de salida al adoptar como presupuesto que el *curriculum* tenía que recapitular el saber o los contenidos de la historia cultural. Sin embargo, yo defiendo que lo que ha de recapitularse son las formas de conocimiento.

El análisis de la consciencia educada moderna que subyace al ensayo concluye que está compuesta por cuatro componentes principales y distintos, que se desarrollaron en el curso de la historia para construir la consciencia moderna, en una sucesión compleja pero distinguible. Los estratos mítico, romántico, filosófico e irónico de la moderna consciencia pueden parecer categorías poco corrientes respecto a la caracterización de un programa educativo. En efecto, estamos familiarizados con términos que parecen más técnicos, pero creo que es más fácil captar las cuestiones educativas en términos de esas formas de conocimiento. La capacidad romántica para admirarse ante la particularidad del mundo, o la capacidad filosófica de buscar pautas generales de recurrencia en los distintos fenómenos y el amplio conjunto de estas capacidades para dar sentido al mundo, que resalto en estos volúmenes, me parecen el tipo de términos a partir de los cuales podemos construir una concepción clara y coherente del proceso educativo. Todo modelo de cuatro estratos, por supuesto, ha de ser simplista y excesivamente esquemático para aprehender de manera adecuada la complejidad de la educación, pero es probable que proporcione un plano y orientación generales.

Añadamos una nota sobre la elaboración de este punto. En los primeros capítulos del libro, la historia cultural —características del pensamiento mítico y del desarrollo de la racionalidad— ocupa una pequeña parte y mucho más la vida intelectual de los niños. Las formas y contenidos de pensamiento, la naturaleza de las ideas son más complejos que cualquier lenguaje que hayamos desarrollado para referirnos a ellos. Las ideas son objetos proteiformes que se transforman y cambian continuamente. Las formas mediante las que solemos referirnos a ellas se parecen un poco a los claros diagramas multicolores que podemos contemplar en caros textos de biología, referidos a los distintos elementos integrantes de un organismo. Esos nítidos grabados se parecen poco a los revoltijos monocromos con que nos encontramos cuando miramos por vez primera un organismo a través del microscopio. Pero el diagrama nítido ayuda a que el ojo distinga las partes discriminables del objeto real. De igual modo, aunque de manera mucho menos fiable, las formas mediante las que representamos las ideas y el pensamiento de los niños son simplificaciones tremendas que procuran acercarnos a las huidizas formas de la vida mental. Las teorías y modelos que componemos para representar determinadas características de esta inmensa complejidad han de considerarse como sencillísimos diagramas. A veces, en pedagogía, se toman ciertos presuntos hallazgos de la investigación o determinadas hipótesis como verdades evidentes respecto a importantes áreas del pensamiento infantil, por lo que conviene plantear aquí esta *cautela,* que ha de tenerse presente cuando se lea este libro, así como cualquier otro. No dudo que sea innecesario este aviso, pero me sirve para aclarar un poco el sentido que otorgo a lo que este esquema pueda ofrecer.

Así pues, mi objetivo consiste en describir, en la medida de lo posible, un ideal de educación y un programa para realizarlo. Este ensayo muestra etapas aplicables en la práctica para educar a los niños en los contextos habituales de las escuelas y los hogares pertenecientes a las modernas sociedades occidentales, y es coherente con su realidad lógica y psicológica. El análisis de cada estrato de comprensión saca a la luz principios a partir de los cuales elaboro un nuevo *curriculum* y describo formas de planificar la docencia que lleven a un aprendizaje más significativo y comprometedor.

CAPITULO PRIMERO

Algunas consecuencias educativas de la fantasía de los niños

Introducción

En cierto sentido, la fantasía parece el polo opuesto a la racionalidad y, como la educación es sobre todo un proceso en el que prima y se desarrolla la racionalidad, la fantasía de los niños suele dejarse de lado como carente de valor o interés educativo. Si se le presta atención, se hace en calidad de enemiga de la educación. La racionalidad y la realidad se encuentran muy relacionadas entre sí en nuestro léxico mental: la racionalidad es la herramienta que utilizamos para descubrir la realidad. La educación es el proceso en el que empleamos la racionalidad para mostrar y descubrir lo real y verdadero y, por tanto, la fantasía, que pasa por alto los límites de la realidad, aparece como el enemigo que elude las restricciones constructivas de la razón y nos desplaza mentalmente hacia mundos irreales e imposibles. La fantasía da carta de naturaleza a lo imposible, lo inverificable, lo infalsificable; a veces admite la contradicción, la impertinencia y la falta de coherencia. En la actividad racional, la mente permanece despierta, ocupada en un trabajo constructivo, de acuerdo con la realidad, sintonizándose con la lógica según la que operan las cosas; la fantasía empuja hacia la falta de lógica de la mente, es indulgente respecto a las ensoñaciones de formas extrañas que revolotean en la mente ociosa, con independencia de la realidad empírica pura y dura.

Así se representa a veces la fantasía en oposición al pensamiento racional constructivo. Y, en efecto, estas características de la fantasía constituyen elementos comunes en el habla de los niños pequeños. Lo que antes se dejaba de lado con harta frecuencia como elucubraciones sin sentido de los niños, o se consideraba como aspectos encantadores de los mismos, ha comenzado a registrarse y transcribirse con todo cuidado. Así, podemos percatarnos de elementos que transforman constantemente las conversaciones que los adultos desearían conducir de otro modo:

Wally: Sé todo lo de Jonás. Fue tragado por la ballena.
Fred: ¿Cómo?

Wally:	Dios lo envió. Pero la ballena se despertó cuando iba hacia allá.
Fred:	¿Cómo voló hacia Dios? Quiero decir que ¿cómo volvió a la orilla si estaba tan profundo?
Wally:	No vino desde el cielo. Pero podría haberlo hecho porque en el cielo hay un océano. Para que la lluvia caiga hacia abajo.
Fred:	¡Ah!, sí. Es para los dioses. Cuando profundizan nunca caen, ¿no?
Wally:	Claro que no. Precisamente se aproximan a la Tierra.
Jill:	¿Cómo se mantiene arriba el océano?
Fred:	Ellos lo arreglan. Ellos.
Wally:	Cogen una bolsa grande, grande y la ponen alrededor del océano.
Eddie:	Eso me recuerda. ¿Sabes cuántos árboles de Navidad tiene Dios? Infinitos.
Profesor:	¿Quién le da los árboles de Navidad?
Eddie:	Los hace El.
Wally:	Cuando la gente los quema... El es invisible. Coge las partes quemadas y las junta.
Rose:	¿Tienen adornos?
Wally:	Adornos invisibles. El los puede ver porque es invisible. Si le dices que aquí hay una persona invisible, El lo cree.
Eddie:	Tú no puedes engañar a Dios.
Wally:	Claro que sí. Es un buen truco. Tú puedes decir: "Aquí estoy", y no estar en realidad, pero El no puede verte. Sólo puede ver cosas invisibles. Le puedes engañar.
Eddie:	Pero sí te oye.
Wally:	Claro. El te oye hablar. También El habla. Pero tienes que preguntarle. Habla muy bajito. Yo le he oído.
Eddie:	Hace 353 años todo el mundo podía ver a Dios. Entonces no era invisible. Era joven y podía quedarse en la Tierra. Ahora es tan viejo que flota en el cielo. Vivió en Uganda y en Egipto.
Fred:	Eso es, porque todo el mundo se conserva en Egipto. Se convierten en momias.

(Esta cita está tomada de las *Wally's Stories,* de Vivian PALEY, págs. 30, 31, a quien agradezco el permiso para reproducirla. En ese libro muestra adónde puede conducir el estímulo de la fantasía de los niños, en vez de tratar siempre de corregirla o suprimirla en beneficio de otras formas de pensamiento más aceptables desde un punto de vista lógico.)

Cualquiera que haya pasado mucho tiempo con niños sabe que una parte destacada de su vida mental está constituida por la fantasía y que, de esta fantasía, mucha es alegre, dinamizadora y no podemos impulsarla, sino sentirla como una actividad importante y totalizadora. Pero —es obvio— no siempre se considera así. Hemos heredado la idea de que la fantasía y la razón se oponen. Esta consideración se deriva con máxima fuerza de los antiguos griegos. En la psicología griega, expresada en sus mitos, se da un claro contraste entre Apolo, que representa el orden, la armonía y la razón y Dionisos, que refleja el frenesí, la fantasía y la pasión. La herencia de este antiguo contraste recibida por nosotros pasa por los victorianos, muchos de los cuales utilizaron su visión algo pervertida de la Grecia antigua como modelo social y educativo. A diferencia de los griegos, su imagen de la antigua Grecia hacía gran hincapié en la razón y el orden creador apolíneos y despreciaba el elemento libre que aportaba la religión dionisíaca (DODDS, 1951; JENKYNS, 1981; TURNER, 1981). Para los racionales victorianos, la tarea educativa de una sociedad civilizada consistía en enseñar al joven a domar, controlar o suprimir la fantasía y a ordenar sus vidas de acuerdo con los principios racionales[1]. Así, en los mitos, el florecimiento del orden civil se refleja en el sometimiento de Dionisos a Apolo, suprimiendo los aspectos orgiásticos y fantásticos de su culto y en su conducción al santuario civilizado de Delfos.

PLATÓN, que tan profundamente ha influido sobre nuestras formas de dar sentido al mundo y a la experiencia, considera también como principios opuestos la razón y la pasión. El PLATÓN que escribía poemas y tragedias se hallaba en conflicto íntimo con el PLATÓN filósofo; y así "luchaba consigo mismo y proclamaba que una parte de él era enemiga de la otra. Sabía que su lucha interna acabaría con la victoria de la razón y la rendición a regañadientes de la pasión, la victoria de la filosofía sobre la poesía (SIMON, 1978, pág. 157). Como la razón debe regular los apetitos, los sentidos y la voluntad, quienes tienen más razón deben regir a quienes tienen menos. Y, por tanto, PLATÓN pretendía que los filósofos fuesen reyes, eliminando a los poetas de su razonable y realista República y, como veremos más adelante, quería excluir la fantasía de la educación infantil.

Esta imagen de la racionalidad y la fantasía como elementos opuestos y en conflicto es, pues, muy antigua y está profundamente inscrita en nuestra psicología de sentido común y en nuestro lenguaje. ("Olvídalo; vive en un mundo de fantasía".) Hace relativamente poco tiempo, algunos han tratado de evidenciar que la fantasía no carece de razón, y que las expresiones fantásticas de los sueños, los mitos y la "mentalidad primitiva" tienen también su orden, su razón y su utilidad, si se consideran de forma adecuada. La fantasía, los sueños y los mitos disponen también de su lógica, pero la matriz de la misma debe buscarse, para utilizar otra antigua metáfora, en el corazón tanto como en la cabeza.

Esta novísima imagen de la fantasía es semejante al producto de lo que LÉVI-STRAUSS llama, utilizando un juego de palabras, *La pensée sauvage.* La traducción inglesa, *The Savage Mind,* oculta las asociaciones del *sauvage* francés con la libertad, la actividad lúdica sin cortapisas, el hálito de Dionisos. *Pensée* supone otra asociación basada en el juego de palabras, la de "pensamiento" (de pensar) y "pensamiento" (flor), de ahí el eco de las divagaciones mentales de Ofelia: *"and here is pansies, that's for thoughts"* ["y aquí aparecen pensamientos (flores), o sea pensamientos (elaboraciones mentales)]. Las narraciones fantásticas de los niños, los cuentos que más los atraen, tienen esta cualidad de libertad, de divagación carente de lógica manifiesta.

FREUD es uno de los que más han contribuido a la imagen que desarrollamos de la fantasía como algo que no se opone a la razón. El nos enseñó (aunque podamos discutir gran parte del marco en el que encuadró sus intuicio-

---

[1] Quizá no sea simple coincidencia que señalemos, como para compensar el estilo escolar demasiado apolíneo, "la excepcional intensidad de la necesidad victoriana de fantasía y de juego como aparece en *Alicia,* en Edward Lear, *Goblin Market,* en gran parte de la obra de Dickens o en los excesos de las artes visuales del período" (June Sturrock, comentario sobre este manuscrito).

nes) que nuestra fantasía no es absurda ni carente de razón, sino que tiene su propia lógica. Al plantear su distinción entre los procesos primario y secundario se hace eco de la antigua distinción entre *mythoi* y *logoi;* estos últimos representan el principio de realidad que trata de superar la preferencia indiscriminada hacia la construcción de mundos mentales concordantes con nuestros deseos. Un discípulo de FREUD, Bruno BETTELHEIM, afirmaba, no hace mucho, con cierta fuerza e ingenuidad que la fantasía no sólo tiene usos encantadores, sino que también, y en especial cuando se encarna en relatos legendarios populares, proporciona un beneficio educativo y psicológico vital para los niños[2]. Más adelante tomaré en consideración algunas de sus afirmaciones.

No obstante, no trato aquí de ensalzar la fantasía infantil ni, por supuesto, de enterrarla, pues parece subsistir en algunos una tendencia, rechazable por igual, a referirse a ella con sentimentalismo y a tratar de preservarla en los niños e, incluso, a presentarla como modelo para el pensamiento adulto. Tampoco quiero dar la sensación de sugerir que los tipos corrientes de cuentos y personajes fantásticos en la literatura y en la narrativa oral infantil de la clase media en Occidente constituyan elementos *naturales* para la mente joven. No sé mucho sobre la extensión alcanzada por este tipo de pensamiento en otros tiempos y lugares. No obstante, como señala BETTELHEIM: "A través de la mayor parte de la historia de la humanidad, la vida intelectual del niño, aparte de las experiencias inmediatas en el seno de la familia, ha dependido de relatos míticos y religiosos y de cuentos de hadas. Esta literatura tradicional nutre la imaginación infantil y estimula su fantasía" (BETTELHEIM, 1976, pág. 24). Podemos hacer hincapié aquí sobre "estimula". Por diversas razones —naturales, culturales, evolutivas, hasta cierto punto mezcladas—, parece claro que cierta cantidad de relatos fantásticos genera o da forma, o ambas cosas, a la actividad intelectual que está en ebullición en los niños pequeños. Mi objetivo inicial consiste en explorar lo que podamos inferir a partir de la forma y el contenido de esta actividad fantástica para la educación. Y, aunque no podamos establecer ninguna base firme por la que empezar, esta perspectiva algo inusual nos permitirá considerar una cantidad importante de elementos educativos bajo una nueva luz; posibilitará un enfoque diferente y quizá nos permita contemplar formas que se han mantenido en un largo *impasse* educativo.

El rechazo de la fantasía

Parece conveniente empezar esta breve investigación planteándonos por qué ha sido rechazado y despreciado en la bibliografía educativa algo tan

---

[2] Quizá deba insistir en que no me ocupo de cuestiones psicoanalíticas, sino pedagógicas. Por supuesto, no son dominios mutuamente excluyentes. Pero la propia dedicación determina el enfoque, el tipo y el "nivel" de interés que se tenga por un tema como el de la fantasia de los niños. Dado que mi objetivo es pedagógico, no me preocupa demasiado la naturaleza de la fantasía, las interpretaciones freudianas o junguianas o su validez, ni la psicoterapia. Más a regañadientes dejaré de lado los usos ideológicos, creados por los medios de comunicación, patológicos y destructivos desde el punto de vista educativo de la fantasía. Sólo me ocuparé de lo que me parecen funciones valiosas y pedagógicamente útiles.

obvio en la vida intelectual infantil y en toda nuestra experiencia. Gran parte de la respuesta consiste —es claro— en que se ha considerado opuesto a la racionalidad, pero viene bien examinar cómo han tratado la cuestión algunos de los más influyentes pensadores sobre la educación. Quizá parezca exagerado el título de este apartado, pero creo que no se trata de una exageración, dadas la prominencia y persistencia de la fantasía en la vida mental de los niños. En obras que han influido profundamente en el pensamiento sobre la educación aparece una continuada tradición de hostilidad hacia, o de irritación contra la fantasía infantil.

Los argumentos de PLATÓN para eliminar de su estado a los constructores de "fantasmas muy alejados de la realidad" (*República,* X, 604) se sitúan en el inicio de esta tradición. Estas "cosas despreciables respecto a la norma de la verdad y la realidad" (*República,* X, 604) apelan a una parte inferior del alma y socavan la razón. Todo relato debe ser censurado porque incluso en los cuentos "un valor elevado ha de basarse en la veracidad" (*República,* II, 388) para que su objetivo consista en expresar lo que podemos descubrir sobre "cómo se dice la verdad respecto a la vida humana" (*República,* III, 392). Las preocupaciones de PLATÓN son morales y sus razones para llegar a estas conclusiones son harto conocidas, aunque todavía constituyan materia de discusión, para que tengamos que exponerlas aquí. Pero, sin embargo, este gran narrador y usuario de mitos parece querer excluir la fantasía: "Madres... no... asustéis a los niños pequeños con cuentos nocivos de espíritus que vagan de noche adoptando todo tipo de formas ultraterrenas" (*República,* II, 380) porque estos cuentos llevan a "la presencia de la falsedad respecto a la realidad en el alma" (*República,* II, 381) (CORNFORD, 1941).

En la tradición cristiana, las características fantásticas típicas del pensamiento infantil no recibieron gran atención ni valoración importante. Hemos de esperar a BLAKE y WORDSWORTH para oír de nuevo los ecos de las maravillas de Cristo en las cualidades propias de la infancia: "Dejad que los niños se acerquen a mí... porque de ellos es el Reino de Dios." El mensaje de San Pablo a los primeros cristianos consistía en que dejasen las cosas de niños, por no pertinentes, ante las graves tareas de la edad adulta. La doctrina del pecado original también aparta la atención de las expresiones "naturales" de los niños pequeños. Nuestra naturaleza está corrupta desde el principio y nuestra condición natural consiste en la enemistad con Dios y con nuestros congéneres. La Iglesia y sus sacramentos proporcionan los medios para restaurar la amistad —caridad— entre cada uno de nosotros y Dios y cada uno y los demás hombres (BOSSY, 1985). SAN AGUSTÍN, en *Las Confesiones,* con notable influencia, representa la infancia como una época de monstruoso egoísmo, mal humor, violencia y toda clase de vicios: "En efecto, soy reacio a considerarlo como parte de la vida que he llevado en este mundo" (SAN AGUSTÍN, 1944, pág. 8). Desde el punto de vista cristiano, que ha prevalecido durante muchos siglos, la infancia era una época de sinrazón durante la que los adultos iniciaban la obra de controlar las perversiones y necedades de la naturaleza humana. Raramente, y en el mejor de los casos de manera vaga, la infancia se percibía como algo que tuviera algún valor característico en sí.

La infancia, como objeto de atención, no corrió mucha mejor suerte a partir de la Ilustración. La intuición filosófica a la que llegó DESCARTES tras su búsqueda de una piedra angular para el conocimiento era: "Pienso, luego existo". Lo que distinguía a la humanidad era el pensamiento racional, y éste surgía poco a poco a través de un arduo proceso de educación. La fantasía infantil constituía un elemento de confusión que debía eliminarse de la mente desde la infancia con el fin de que pudiera establecerse la racionalidad. "Sólo en su calidad de *promesa* de humanidad —o sea, de su potencial de racionalidad, de su posible educabilidad— (la infancia) era, de algún modo, digna de interés, estudio y atención" (Coe, 1984, pág. 11).

Podría esperarse una fortísima reacción romántica frente a esta perspectiva de la infancia, de manera que hubiera dedicado una atención respetuosa hacia la fantasía de los niños. Pero a la cabeza de las ideas educativas "progresivas" encontramos a Rousseau citando con aprobación a Platón. La idea más luminosa e influyente de Rousseau respecto a la educación de los niños pequeños consiste en que el niño "debe ser enseñado sólo a través de la experiencia" (Rousseau, 1911, pág. 56). La ruina de los niños pequeños es la

> aparente facilidad con la que aprenden... no logramos darnos cuenta de que esa misma facilidad prueba que no están aprendiendo. Sus brillantes, pulidos cerebros reflejan, como en un espejo, las cosas que les mostramos, pero nada se queda en ellos. El niño recuerda las palabras y las ideas se reflejan; sus oyentes las entienden, pero para él carecen de sentido.
>
> (Rousseau, 1911, pág. 71)

La educación temprana, como la han concebido en general los tradicionalistas, constaba sin más de "¡palabras!, ¡palabras!, ¡palabras!" Para Rousseau, el objetivo consiste en hacer que el niño permanezca sin contaminarse con el saber, la lectura y las palabras, palabras, palabras. Estas sólo crean una confusión que, más tarde, no puede superarse por completo. Dejemos que el niño experimente la naturaleza y vea cómo se desenvuelve. "Sus ideas, si las tiene, carecen absolutamente de orden y conexión; en sus pensamientos nada hay seguro ni cierto" (Rousseau, 1911, pág. 70).

En este contexto, Rousseau considera los cuentos de hadas y la fantasía en general como más palabras que sólo producen confusión intelectual y caos moral. Como Platón rechaza los cuentos de hadas, incluso los mejores, sobre la base de la moral. Los niños pequeños, a causa de su impresionabilidad, captarán los mensajes morales que se desprenden de los cuentos de hadas, pero debido a su simplicidad y falta de experiencia, "trastocarán el orden e imitarán al villano en vez de guardarse de sus engaños" (Rousseau, 1911, pág. 80). Y aún peor:

> ¿Cómo puede la gente ser tan ciega como para montar sobre fábulas el sistema de costumbres del niño, sin considerar que éste no sólo se divierte con el apólogo, sino que se extravía por su causa? Le atrae lo que es falso y no llega a la verdad... A los hombres puede enseñárseles mediante fábulas; los niños necesitan la verdad pura.
>
> (Rousseau, 1911, pág. 77)

Entonces Rousseau conduce a sus lectores a través de "La zorra y el cuervo", de La Fontaine, mostrando línea a línea las confusiones y perversiones que podría inculcar en la mente del niño. Su conclusión consiste en que la mayoría del relato carece por completo de sentido, parte de él es totalmente confusa y el resto pervierte la verdad de la naturaleza que debería ser el único consejero del niño. ("Tal como hablan las zorras, ¡así actúan ellos!".)

Es difícil tomar en serio la alarmante lectura literal que hace ROUSSEAU. Con ella se relaciona el lento desarrollo de nuestra comprensión del pensamiento infantil. La observación que abre el discurso de ROUSSEAU —"no sabemos nada de la infancia" (ROUSSEAU, 1911, pág. 1)— resulta hoy aún más exagerada que en su día. Sabemos algunas cosas, y éstas se oponen a la premisa de ROUSSEAU sobre la invencible ignorancia o confusión de los niños.

No tengo más remedio que mencionar la inmensa influencia de las ideas evolutivas sobre la educación, y el apoyo que ha proporcionado a una perspectiva del pensamiento de los niños que considera a éste "primitivo" y sólo digno de atención en la medida en que proporciona orientaciones metodológicas para una "civilización" más eficaz del mismo. Ya me he referido a los primitivos esquemas evolutivos de recapitulación y volveré sobre ellos en el Capítulo V.

La relación existente entre DEWEY y sus autodenominados seguidores progresistas constituye un contencioso de cuyos detalles no me ocuparé aquí. Pero la tradición progresista ha tendido a descontextualizar y pervertir aspectos sustanciales de la sensibilidad de DEWEY respecto al pensamiento de los niños y su compleja filosofía social. En este momento, pretendo centrarme en algunas frases de DEWEY que sacaré de su contexto del mismo modo que ha hecho el progresismo en muchos casos. Las preocupaciones de los progresistas en relación con determinados aspectos de la iniciación social les llevaron a colorear las palabras de DEWEY y a utilizarlas en un sentido más pobre que el pretendido por él. Sin embargo, el efecto neto ha consistido también en la depreciación de la fantasía, dentro del progresismo, a causa de los propios sentimientos de las palabras de DEWEY que citaré más adelante. Un principio fundamental del pensamiento educativo de DEWEY se expresa en su observación de que "un precepto fundamental de la más moderna escuela pedagógica consiste en que el comienzo de la instrucción debe hacerse con la experiencia que los aprendices hayan adquirido ya", y que el "desarrollo hacia la expansión y organización de la materia en cuestión (debe hacerse) mediante el incremento de la experiencia" (DEWEY, 1963, pág. 74). Sin embargo, en círculos significativos del progresismo, se considera la "experiencia" en relación con el mundo práctico cotidiano de la vida de los niños. A mayor abundamiento, la afirmación de DEWEY de que "el saber al que primero acceden las personas y que queda grabado de modo más profundo es el conocimiento acerca de *cómo hacer;* cómo andar, hablar, leer, escribir, patinar, montar en bicicleta, y así sucesivamente sin fin" (DEWEY, 1966, pág. 184) ha llevado a que los progresistas centrasen su atención en el mundo práctico de la vida diaria de los niños. Se ha perdido la capacidad de ver el mundo tal como el niño lo ve, transfigurado por la fantasía.

La mayoría de los adultos apenas se dan cuenta de los agujeros de las aceras o de las rayas existentes entre las baldosas del pavimento. Sin embargo, para muchos niños, esas rayas están cargadas de significados fantásticos. Observemos cómo anda un niño por una acera o calle, alargando a veces un poco el paso para no pisar una raya, o haciendo que, cuando el pie derecho pise una, el izquierdo equilibre la situación pisando otra. Parte de la tradición y del lenguaje de los escolares, que es rico y pletórico de energía y, en gran medida, oculto para los adultos, tiene que ver con estos detalles de la vida diaria. Como señalan los OPIE: "uno de los aspectos inexplicables es la cantidad de tradiciones asociadas con las baldosas, y, aparentemente, todos los niños, cuando estas cuestiones se ponen de moda, van con mucho cuidado al caminar por una acera corriente" (OPIE y OPIE, 1959, pág. 240). He aquí la letrilla muy común que mencionan los OPIE:

> *If you tread on a nick*
> *You'll marry a brick*
> *And a beetle will come to your wedding**.

Por toda Norteamérica hemos encontrado sólo algunas variaciones sobre el tema de

> *Step on a crack*
> *You'll break your mother's back***.

[Para quienes duden, o hayan olvidado, que la fantasía de los niños transforma muchas cosas de su medio ambiente cotidiano, la obra de los OPIE: *The Lore and Language of Schoolchildren* —"La tradición y el lenguaje de los escolares"— constituye una amplia recopilación de interesantísimas pruebas. Véanse también KNAPP y KNAPP (1976) y SUTTON-SMITH (1981).]

A pesar de sus inestimables observaciones sobre la importancia de la experiencia actual de los niños, la profunda desconfianza de DEWEY respecto a cualquier forma de pensamiento no enraizada en la experiencia social y en el quehacer práctico le llevó también a rechazar "la tendencia... de la imaginación a perderse" (DEWEY, 1966, pág. 348). Así, señala:

> Por desgracia, resulta demasiado habitual identificar lo imaginativo con lo imaginario, en vez de con una apropiación cálida e íntima de la visión completa de una situación. Esto lleva a estimar exageradamente los cuentos de hadas, mitos, símbolos fantásticos, poesía y una cosa denominada "bellas artes", en cuanto elementos para desarrollar la imaginación y la comprensión... El resultado es una insana exageración de lo "fantástico".
>
> (DEWEY, 1966, pág. 236)

Por supuesto, DEWEY no pretende despreciar aquí la imaginación, sino disociarla de actividades que se apartan de la acción práctica, con un sentido social, e infundirla en *toda* la enseñanza y *todas* las áreas de actividad dignas de atención. Lo que la tradición progresista ha hecho suyo de manera más clara ha sido el rechazo ocasional de DEWEY de la fantasía infantil: "el desvarío de la mente y el capricho de la fantasía no son sino la ruptura de la imaginación sin freno con la atención a lo que se está haciendo" (DEWEY, 1966, pág. 236). Dado este desprecio de los cuentos de hadas, mitos y lo "fantástico", y la atención constante a lo práctico y a la experiencia social del niño, podemos comprender por qué tanto los progresistas como los tradicionalistas

---

*La traducción del dicho es: "Si pisas una hendidura/Te casarás con un buen chico/Y un escarabajo irá a tu boda". *(N. del T.)*

**La traducción de esta segunda letrilla es: "Pisa una raya/Romperás la espalda de tu madre. En España hay un dicho semejante: "Quien pisa raya, pisa medalla". *(N. del T.)*

reaccionan contra la fantasía de los niños que consideran sólo como algo que ha de suprimirse o prevenirse mediante ocupaciones dignas de atención, realistas y prácticas.

En Gran Bretaña, Susan Isaacs despreciaba también, pero por razones muy diferentes, el tipo de pensamiento que se manifiesta en la fantasía. En efecto, parece que considera la fantasía como algo que, en realidad, no depende en absoluto del pensamiento. Se trata de una especie de bruma de la que surge el pensamiento de verdad, sensiblemente ordenado o estructurado:

> Creo muy importante no eliminar la distinción entre pensamiento y fantasía en nuestras teorías del crecimiento intelectual... El egocentrismo del niño pequeño es, en sentido estricto, una cuestión de sentimiento y fantasía, no de pensamiento. Precisamente es egocéntrico porque todavía no ha aprendido a pensar... Pero la característica esencial de las formas egocéntricas de tratar la realidad consiste, con toda seguridad, en que *carecen* de estructura.
>
> (Isaacs, 1930, pág. 107)

He presentado estas ideas no en calidad de curiosidades históricas que han sucumbido ante la moderna ilustración, sino porque todavía siguen muy vivas, en diversas combinaciones, e influyen en las imágenes del pensamiento infantil, la práctica educativa y los *curricula*. Por ejemplo, Bantock expresa su disgusto por la atracción que los niños sienten ante lo "extraordinario". Desaprueba su interés por "explorar lo patológico, lo raro o lo distante, lo remoto y lo fantástico... ¿Por qué no tratamos de explorar y transmutar lo ordinario, lo cotidiano?" (Bantock, 1981, pág. 93). Existe una poderosa tradición de investigación educativa, muy asentada en las formas platónicas y cristianas, que considera que los intereses de los niños son muy poco relevantes para la tarea de la educación: "también, sus intereses, a edades tempranas, tienden a ser esporádicos y evanescentes" (Hirst y Peters, 1970, pág. 37); "los intereses de los niños..., en muchos casos, jamás llevarán a los objetivos educativos que pretendemos... Pero los intereses pueden crearse y una función básica de la educación consiste en establecer aquellos que merezcan la pena" (Hirst, 1974, pág. 17). Todo esto está muy bien en la medida en que funcione, pero el objetivo al que se apunta está muy lejos de los intereses de los niños, muy lejos de su fantasía, y en la dirección de insertar los tipos de "intereses académicos" que algunos adultos piensan que deben tener los niños. Estos argumentos están ligados a una concepción platónica de la educación, según la cual la mente está formada por el dominio de diversas "formas del saber". Según este punto de vista, es imposible que los niños pequeños tengan mucha "mente" y como la "mente" es lo que nos caracteriza como humanos, esta perspectiva lleva a afirmaciones del estilo de que "nadie nace ser humano" (Oakeshott, 1971, pág. 46). "Los niños son postulantes de la condición humana" y logran humanidad y mente al ser "iniciados" en la "herencia de las comprensiones humanas" (Oakeshott, 1971, págs. 46, 47). Antes de esta iniciación deliberada, "entre las dos luces matutinas de la infancia, cuando, en un momento dado, no pueda decirse con exactitud que un chiquillo despierto sepa o no sepa nada", sólo hay una inclinación... encuentros casuales provocados por las contingencias de las formas... querencias fluctuantes y entusiasmos repentinos ligados a las circunstancias... deseos e 'intereses' del momento" (OAKESHOTT, 1971, págs. 47, 48).

La mayor parte de los programas de investigación empírica sobre la cognición y el desarrollo infantil han tendido también a dejar de lado la fantasía de los niños, a pesar de su importancia. Así, dados los métodos dominantes de investigación empírica utilizados en pedagogía, es difícil que la fantasía pueda tratarse de una manera fiable. Incluso el programa más imaginativo de investigación sobre el desarrollo infantil, que comenzó con la observación de PIAGET respecto a la importancia de los errores reiterados de los niños en las pruebas de inteligencia de BINET, sólo se centró en principio casi exclusivamente en un reducido conjunto de operaciones lógico-matemáticas. No hace falta despreciar la significación de estas operaciones en el pensamiento de los niños para darse cuenta de que este reducido enfoque no considera la energía libre de lo que podría ser su modo dominante. En las entrevistas infantiles, con frecuencia deliciosas, que PIAGET publicó en apoyo de diversas afirmaciones suyas, nos damos cuenta de que las respuestas "fantásticas" de los niños suelen tratarse con cierta severidad y se plantea de nuevo la cuestión para insistir en una respuesta realista que ponga de manifiesto el estadio evolutivo adecuado de las operaciones lógico-matemáticas.

Gareth MATTHEWS (1980) también insiste en esta cuestión. Pone de manifiesto las limitaciones del método de PIAGET, en el que los "únicos criterios válidos... se basan en la multiplicidad de resultados y en la comparación de reacciones individuales" (PIAGET, 1951, pág. 7). Este procedimiento elimina de forma inmediata las respuestas *salvajes* de cada niño. Estas se desechan como "simples fantasías". Añade PIAGET: "Deberíamos ser capaces de rechazar la fantasía con el mismo rigor empleado (con las respuestas pensadas para agradar al interrogador)" (PIAGET, 1951, pág. 10). MATTHEWS pretende mostrar que PIAGET, al seguir los desarrollos lógico-matemáticos, deja de lado los rompecabezas filosóficos, e indica que PIAGET es uno de esos individuos "inmunes al planteamiento de rompecabezas filosóficos. Quizá para ellos haya mucho que aprender sobre el mundo, aunque nada sobre lo que plantearse problemas" (MATTHEWS, 1980, pág. 54). Podemos añadir que este primitivo enfoque del trabajo de PIAGET despreció otras características evidentes y plenas de energía del pensamiento de los niños pequeños. Sus fantasías y exageraciones fueron considerados simples elementos contaminantes al tratar de esquematizar el crecimiento de lo que él llama inteligencia. El niño que, por una parte, no logra conservar la cantidad de líquido puede, por otra, mantener una lúcida vida intelectual rebosante de caballeros, dragones, brujas y guerreros espaciales. No es preciso prejuzgar qué es más importante para el crecimiento intelectual futuro. (Debo añadir que los trabajos más recientes realizados dentro de la tradición piagetiana han ampliado considerablemente el marco del pensamiento infantil que tiene que ver con aquél.)

En la actualidad, este cuadro de hostilidad universal hacia la fantasía aparece claramente recargado, y se ha llegado a ello dejando de lado muchas cosas y adoptando un punto de vista sesgado en relación con muchas más. Pero me atrevo a decir que no por puro capricho. Los efectos dobles de considerar la racionalidad como lo característico del ser humano y de la difusa noción de pecado original han impedido prestar una atención centrada en las características de la fantasía infantil. A través de la poesía —en especial la de

BLAKE y WORDSWORTH— nuestra tradición ha llegado a descubrir la idea de que hay algo de valor permanente en la fantasía de los niños, algo sobre lo que se puede construir en vez de despreciarlo, pero de una forma que no conduce a ninguna teoría educativa sistemática. Ha servido como fuente de inspiración para algunos educadores concretos, pero sólo ha tenido una influencia ligera sobre las tradiciones dominantes en la teoría y en la investigación. Pretendo incorporarlo al esquema educativo que elaboraré aquí.

La imagen del unánime desprecio de la fantasía que planteo en este apartado también se revela, de manera más clara, en conflicto con el mundo real de las clases en las que se estimula y recompensa a los alumnos por realizar una escritura y lectura imaginativas. No trato de decir que pretendo rescatar la fantasía de un olvido total. Es obvio que esta postura sería pretenciosa y estúpida. Muchos buenos profesores de todo el mundo estimulan la fantasía infantil, a pesar de lo que dice la mayor parte de los teóricos de la educación y con independencia de que los investigadores educativos añadan poco más. Actúan así porque su sentido común y experiencia les dicen que esas actividades estimulan la inteligencia de diversas formas. No digo, pues, que la fantasía se desprecie de manera unánime *en la práctica.*

El teórico de la educación tiene ante sí la importante tarea de analizar y agudizar el sentido común y la experiencia, buscando implicaciones más generales tanto a partir de los descubrimientos de la investigación como de las observaciones corrientes. Los profesores que estimulan la actividad fantástica no suelen buscar derivaciones más generales de lo que observan y experimentan a diario: en muchos casos carecen del tiempo y de los recursos físicos necesarios. El núcleo de este apartado trata de dejar claro que los teóricos más influyentes, quienes podrían haber estimulado investigaciones y análisis de este tipo sobre la fantasía de los niños, han tendido, por las diversas razones apuntadas, a prescindir de ellos. Por tanto, en adelante, lo nuevo no consiste en la actitud de aceptar la fantasía (muy corriente en las escuelas, en las casas, así como en cursos que versan sobre la primera infancia y literatura infantil, impartidos en colegios mayores y universidades), sino en la búsqueda de implicaciones más generales para el *curriculum* y los métodos de enseñanza de algunas observaciones de sentido común sobre la fantasía de los niños.

Este capítulo va a resultar muy largo y, sobre todo, algo teórico, por lo que puede parecer distante de las cuestiones educativas. Deseo añadir algunas observaciones sobre la fantasía y poner en relación algunos aspectos de la fantasía de los niños con el pensamiento mítico, con el fin de comenzar a esquematizar ciertas características de la comprensión mítica. Puede ser útil hacer un alto, durante un apartado, y considerar cómo la atención prestada a algunas características muy evidentes de la fantasía infantil nos permite reconsiderar ciertas creencias corrientes que tienen una enorme influencia práctica sobre la educación en la primera infancia y sobre el *curriculum* inicial.

Conceptos abstractos y contenidos concretos

Empecemos considerando dos características importantes de la fantasía infantil. En primer lugar, los ambientes y personajes suelen ser exóticos, distantes y completamente distintos de cualquier aspecto de la experiencia cotidiana de los niños. ¿Por qué? ¿Qué puede decirnos el hecho de que los pitufos, las brujas y los dragones sean más interesantes desde el punto de vista intelectual y encierren mayor sentido que lo habitual de su experiencia cotidiana? Los niños que construyen un poblado de pitufos con bloques y juegan con figuritas de pitufos toda la mañana, sólo interrumpirán esta actividad para comer a regañadientes y tras recibir unas cuantas amenazas. En segundo lugar, los personajes, y los relatos en los que aquéllos interactúan, parecen estar construidos sobre la base de simples pares opuestos. Podemos ver los conflictos sin tregua entre el bueno y el malo, el grande y el pequeño, el valiente y el cobarde, los opresores y los oprimidos; asimismo, podemos observar los marcos de luchas entre seguridad y miedo, amor y odio, y, subyacentes a todo ello, los ritmos básicos de expectativa y satisfacción, de esperanza y desaliento. Da la sensación de que las narraciones se estructuran de manera que encarnen las diversas abstracciones en infinidad de contenidos y los personajes en interacciones y combinaciones sin fin.

De todo esto parece deducirse que la afirmación que hacíamos en el párrafo anterior de que los niños encuentran más interesantes sus fantasías que la experiencia cotidiana es falsa, al menos en parte, por basarse en una distinción inadecuada. En efecto, los pitufos no forman parte de su realidad habitual, pero los conflictos entre el bien y el mal, la seguridad y el miedo, lo grande y lo pequeño, sí. Por tanto, no parece desatinado decir que, cuando los niños están enfrascados en sus fantasías, en cierto sentido están inmersos también en la trama de su experiencia cotidiana. [Una cuestión básica que doy por supuesta, y creo aceptada en general en la actualidad, consiste en la, hasta cierto punto paradójica situación de que la fantasía refleja la realidad y se refleja en ella constantemente. Con frecuencia transforma alguna característica de la realidad con el fin de reflejarse mejor en ella o en otras características de la misma. "La fantasía es una literatura de la paradoja. Es el descubrimiento de lo real en lo irreal, lo creíble en lo increíble, lo fidedigno en lo no fiable" (EGOFF, 1981, pág. 80).]

De este modo, al tratar con las fantasías de los niños, que, a su vez, se refieren a lo bueno y lo malo, el amor y el odio, el miedo y la seguridad, y así sucesivamente, no nos dedicamos a vacíos intelectuales, sino a las formas primitivas y a los primeros desarrollos de los conceptos más profundos y fundamentales que utilizamos para dar sentido al mundo y a la experiencia.

Si podemos aceptar esta referencia al substrato abstracto de la fantasía infantil, ¿qué decir del contenido? ¿Qué decir sobre los pitufos, los osos que hablan y los dragones? ¿No son acaso simples vacuidades? En el Capítulo IV responderé, en parte, con algo que tiene implicaciones para la enseñanza. Aquí podemos dejar constancia de que "la familiaridad de un niño con estos personajes (como brujas y hadas, Santa Calus y Cenicienta) representa una perspectiva que se abre sobre el mundo, una ampliación de los límites del yo hacia un horizonte ignoto" (APPLEBEE, 1978, pág. 74). Pero, bajo estos personajes fantásticos, podemos apreciar, asimismo, el funcionamiento de un mundo conceptual que puede conducirnos a ciertas conclusiones sorprendentes en relación con el *curriculum.*

Es claro que el contenido de las narraciones sobre Gargamel y los pitufos, Luke Skywalker y Darth Vadar, el hada buena y el gigante malvado no se encuadran en la experiencia diaria de los niños. Es decir, no necesitan ver un pitufo real para entender qué son los pitufos. En efecto, lo que hace que formen parte de la fantasía es la inexistencia real de los pitufos. Del mismo modo, los niños no tienen ningún problema para inventar historias sobre tales personajes y comprenden a la perfección lo que escriben los adultos sensibles a la fantasía infantil. Por supuesto, sí *forma parte* de su experiencia el conjunto de conceptos abstractos sobre los que se articulan los contenidos, porque los niños sí comprenden, en cierta medida, los conceptos de bien y de mal a los que dan sentido los conflictos entre Gargamel y los pitufos, o Luke Skywalker y Darth Vadar. Por tanto, lo que confiere significado a determinado contenido no es la experiencia concreta de los niños en su vida cotidiana sobre él en particular, sino que el contenido en cuestión puede articularse en relación con los conceptos abstractos subyacentes que los niños conocen con mayor profundidad. Parece, pues, que los conceptos abstractos proporcionan el medio para acceder a la comprensión de un contenido particular.

Esta sencilla observación desafía a un par de presupuestos, muy influyentes y aceptados de manera muy generalizada. Primero, podemos reinterpretar de forma radical el hecho obvio de que, al enseñar y diseñar los *curricula* pasamos poco a poco de lo conocido a lo desconocido. El postulado que circula tanto ahora como en el pasado suponía interpretar ese hecho obvio en términos de contenidos. En esa progresiva "expansión y organización de los temas mediante el incremento de la experiencia", se considera la experiencia de los niños como la referida al mundo real con el que interactúan. En la forma dominante del *curriculum* de ciencias sociales constituye el resumen concreto de este principio. Da por supuesto que, cuando los niños llegan a la escuela, tienen conocimientos respecto a la familia, la casa, el barrio y otros por el estilo. Así, el *curriculum* comprende todos estos conceptos y, al aprender más sobre ellos, los conceptos de los niños sobre casas, familias y demás pueden ampliarse hacia lo "desconocido". Seguidamente consideraremos los efectos antieducativos de esta interpretación de la obvia afirmación del paso de lo conocido a lo desconocido; baste por ahora señalar que, si interpretamos lo que saben los niños en términos de conceptos abstractos que, como hemos visto, proporcionan vida y energía a sus mundos de fantasía, el contenido que podemos considerar adecuado para el *curriculum* inicial no se restringe al *contenido* de la experiencia infantil.

Incluso en la interesante obra de Arthur N. APPLEBEE *The Child's Concept of Story* (1978), en donde se manifiesta una evidente sensibilidad respecto a algunos tipos de distinción entre forma y contenido, se trata la "fantasía" dentro de la tradición, más bien prosaica, del progresismo, "no tanto como si lo 'fantástico' fuese parte de un continuo que comienza en el mundo de la experiencia inmediata, sale hacia tierras lejanas y llega más allá a los dominios de lo puramente imaginario" (pág. 74). Pero esto sólo es cierto en parte, y si insistimos en que el continuo pasa necesariamente por aquellas tierras lejanas, lo más normal es que sea por completo falso. APPLEBEE no reflexiona mucho sobre este esquema de un horizonte en expansión, sino que lo utiliza como presupuesto que le sirve para organizar sus observaciones. Así, nota que "el tipo de familiaridad que el niño exige en un cuento es con frecuencia social, un quehacer que el niño espera se realice. Así, *Peter Rabbit* constituye una historia manejable para Carol, a los 2;8 años*, a causa de su

---

*Transcripción de la edad cronológica en años ; meses. En este caso 2 años y 8 meses. *(N. del T.)*

ambiente familiar" (pág. 75). Pero ésta encubre todo un conjunto de razones por las que la historia resulta manejable e interesante para niños muy pequeños. Si la clave está en la familiaridad superficial, ¿cómo hacemos para explicar el hecho de que Peter sea un conejo? ¿Y qué decir de la selva, que es segura, y del jardín cultivado, que es peligroso, de la cercanía de la muerte, y así sucesivamente? O sea, que el medio de acceso a tales relatos no puede estar constituido sólo por los ambientes familiares. Si así fuera, no existiría el género de fantasía. Si queremos entender el acceso intelectual de los niños pequeños al saber, la primera y más clara observación que podemos extraer de su interés por la fantasía es que los ambientes familiares cuentan muy poco. Un medio más obvio e interesante de acceso está constituido por los poderosos conceptos abstractos que les proporcionan las estructuras subyacentes a los cuentos fantásticos.

Segundo, la anterior observación nos lleva a reconsiderar la importancia del "quehacer activo" en el aprendizaje inicial de los niños. El problema no nos lleva a promover la pasividad de los más pequeños, sino a aumentar el respeto a sus capacidades para relacionarse de forma intelectual con el mundo. La interpretación de los progresistas respecto a lo que supone la actividad se desprende en parte de su interpretación de la observación de Dewey, antes citada, respecto a que el primer y más profundamente grabado conocimiento es el saber *cómo hacer*. Si nos detenemos un momento y consideramos el substrato abstracto cuya comprensión en su nivel más básico da sentido a las fantasías infantiles, concluiremos, sin más, que la observación de Dewey es inadecuada. Antes de que los niños puedan andar o hablar, antes de que puedan patinar o montar en bicicleta, conocen la alegría y el miedo, el amor y el odio, la expectativa y la satisfacción, el poder y la impotencia, así como los ritmos de la expectativa y la satisfacción y de la esperanza y la desilusión. Los niños que nunca aprenden a andar, hablar o leer conocen el amor y el miedo, la expectativa y la satisfacción, la esperanza y la desilusión. Por tanto, el conocimiento que primero poseen las personas y que se graba a mayor profundidad no es el saber "cómo hacer", sino el de las categorías fundamentales sobre las que aprendemos de manera progresiva a dar sentido a todo el universo y a la experiencia humana. Si en la educación nos preocupa la comprensión del mundo y de la experiencia y el aumento del conocimiento sobre ellos, nuestro centro inicial de atención debe ser lo que los niños saben de los conceptos más básicos mediante los cuales pueda conferirse sentido a todo lo demás. Su habilidad para andar o patinar, tomadas como prototípicas de lo que primero y mejor aprenden los niños, constituye un pobre fundamento para el proceso de comprensión consciente del mundo y de la experiencia humana.

Puede dar la sensación de que aquí estamos "manipulando" algo, poniendo a Dewey sin razón como el "malo de la película". En un tratado epistemológico habría que hacer aquí una pausa y distinguir los distintos sentidos de "saber", concluyendo quizá que no tiene por qué haber un conflicto obligado entre el argumento de Dewey y mi propia observación. En este caso, el problema de tal precisión consiste en que incorpora el punto de vista erróneo. La cuestión tiene menos que ver con complicaciones epistemológicas que con las prácticas educativas que se han derivado de la interpretación corriente, sencilla, de las palabras de Dewey. De igual modo, la complicación teórica que se oculta tras el apoyo de Piaget al "quehacer activo" en las escuelas primarias se diluye notablemente en las interpretaciones que orientan las prácticas que se suponen basadas en ella.

De todas formas, al reinterpretar el lema: "de lo conocido a lo desconocido", podríamos considerar "lo conocido" en términos de los conceptos abstractos fundamentales y "lo desconocido" como *cualquier* contenido que quisiéramos enseñar. En ese caso, el problema educativo se convierte en cómo podemos organizar el contenido que queremos que aprendan los niños de manera que les sea accesible, dados los conceptos abstractos que ya poseen. Visto de este modo, estamos abocados a concebir la planificación de las clases y unidades didácticas, no como organización de objetivos en sucesiones lógicas de asociaciones de contenidos, sino como construcción sobre los poderosos conceptos abstractos que los alumnos poseen.

Si tenemos en cuenta la vida de los niños antes de que vengan al colegio e interpretamos lo que saben en términos de contenidos, habremos de utilizar el principio de "ampliar los ambientes", centrando nuestro *curriculum* inicial en ellos mismos y su medio ambiente inmediato, pasando de forma gradual a ámbitos ajenos a su experiencia diaria. Si interpretamos lo que saben en términos del tipo de conceptos abstractos fundamentales antes mencionados, asumiremos que llegan al colegio conociendo ya la fuerza y la debilidad, por ejemplo, la opresión, el resentimiento y la rebelión, la valentía y el miedo. (Decir que disponen del concepto de opresión no significa, por supuesto, que puedan articular la palabra "opresión" y dar una definición de la misma, sino que *utilizan* esos conceptos para dar sentido a determinadas experiencias o cuentos. Si carecen de los conceptos de opresión, resentimiento y rebelión —sean cuales sean los términos que empleen— serán literalmente incapaces de dar sentido a los relatos de *La guerra de las galaxias*.) Quizá hayan aprendido estas cosas a través del sufrimiento o bajo la protección de una familia amorosa, pero, una vez aprendidos, esos conceptos les permiten entender la historia básica de Robin Hood y el Gobernador de Nottingham, por ejemplo. Parece que los niños tienen acceso directo al sentido de tales relatos mediante los conceptos abstractos fundamentales que aprenden en su experiencia cotidiana. G. K. CHESTERTON lo indica con gracia:

> Algún día, si me dedico a registrar bibliotecas enteras, puedo conocer los aspectos más externos del rey Stephen, y verlo casi con su ropa cuando vivía; pero los interiores ya los conozco. Los símbolos se han desmoronado y la forma del juramento, olvidado; la sociedad secreta puede incluso haber sido disuelta; pero nosotros conocemos el secreto.

(1953, pág. 174)

En el proceso de dar sentido a la historia de Robin Hood, los niños no sólo tienen que *utilizar* esos conceptos básicos, sino que han de *ampliarlos* también. El acto intelectual de encarnar un concepto en un contenido diferente parece la etapa más importante que conduce a la elaboración conceptual. Para que los niños utilicen conceptos que ya les son familiares con el fin de dar sentido a una aventura medieval, los conceptos (empleando el término de PIAGET, en el sentido del mismo PIAGET) han de acomodarse al nuevo contenido.

Así, un valor propio del aprendizaje de lo distante, lo remoto y lo fantástico consiste en que ese conocimiento puede servir para ampliar, enriquecer, elaborar, refinar esos conceptos abstractos subyacentes que constituyen las principales herramientas de que disponen los niños para dar sentido al mundo y a la experiencia. Si, por cualquier razón, estimulamos a los niños para que exploren lo ordinario y lo cotidiano, desestimamos esa elaboración conceptual. En tal caso, no sólo el contenido resulta familiar, sino que el sustrato de los conceptos subyacentes lo es aún más; de ese modo, los niños sólo tienen que efectuar acomodaciones mínimas.

Bertrand RUSSELL tiene una preciosa frase referente a que el primer cometido de la educación consiste en destruir la tiranía de lo local sobre la imaginación. La postura progresista o "moderna" que ha llegado a ser casi un presupuesto en la organización de los *curricula,* especialmente en Norteamérica, parece basarse en dos creencias, ambas falsas, a mi modo de ver, que tienden a tiranizar la imaginación de los niños subyugándola a lo local y provinciano. La primera creencia consiste en que los niños no pueden interesarse o entender los contenidos que resultan remotos respecto a su experiencia. La segunda es complementaria de ésta: desde el punto de vista conceptual, los niños pueden hacerse cargo con mayor celeridad del contenido de su experiencia cotidiana. He manifestado antes que la primera creencia es falsa. Ahora podría señalar además que el mundo cotidiano que nos rodea es una de las últimas cosas que podemos captar intelectualmente. Nuestros padres son las últimas personas que llegamos a conocer. El pez sólo descubre el agua cuando lo pescan. También los niños pequeños parecen dar por supuesto su medio ambiente inmediato como para tratarlo desde el punto de vista intelectual. Como dice T. S. ELIOT, sólo al final de toda nuestra exploración volvemos a nuestro punto de partida y conocemos por vez primera el lugar. Los sencillos elementos binarios de organización que utilizan los niños pequeños para dar sentido al mundo no pueden sostenerse con facilidad en la prosaica complejidad de nuestra experiencia cotidiana. Quizá esto se relacione con el descubrimiento de Anna FREUD respecto a que los primeros años de vida son menos accesibles a los niños que a los pacientes adultos.

Es más, un aspecto ligeramente paradójico del desarrollo humano, pero fundamental para este esquema, es que no damos —no podemos dar— sentido a nosotros mismos y a nuestra experiencia salvo en el contexto de nuestro mundo y nuestra sociedad. La forma de *curriculum* de "horizontes en expansión" comienza por el yo y la experiencia inmediata. No obstante, hemos de afirmar que es más fácil descubrirnos a nosotros mismos y los significados de nuestra experiencia si procedemos según un esquema de "horizontes en contracción"; empezamos por la realidad exterior, en la fantasía, entrando en contacto, pues, con los extremos de la realidad —lo que expondremos como novela—, fijamos entonces las principales coordenadas en las que nos ubicamos nosotros y nuestra experiencia —ideologías "filosóficas" y esquemas metafísicos— y al final de nuestras exploraciones quizá podamos acceder, en cierta medida, al sentido de nosotros mismos. Parte de la tiranía antifuncional, desde el punto de vista educativo, de lo local sobre la imaginación es la tiranía del yo. Un elemento importante de la fantasía consiste en el lanzamiento de la imaginación más allá del yo: como señala WORDSWORTH:

> ¡Oh! ¡Danos una vez más la copa de los deseos
> De Fortunato, y la capa invisible
> De Jack, el Gigante asesino, Robin Hood,
> Y Sabra en el bosque con San Jorge!
> El niño, cuyo amor está presente, al menos, cosecha
> Una preciosa ganancia, que él mismo olvida.
>
> (*Prelude,* Libro V, 340-5)

El otro aspecto que creo digno de mención es que no tenemos "yoes" aislados que descubrir. Somos seres sociales, históricos, culturales, etc., y nuestros "yoes" se constituyen en estos contextos, siendo cognoscibles cuando entendemos tales contextos. Imaginar que explorarnos nosotros mismos —"¿quién eres?"— puede servir como punto de partida significativo para nuestra exploración del mundo y la experiencia humana parece seguir una conexión lógica superficial e ignorar el sentido común y la experiencia diaria.

Un *curriculum* reacio a dejar el mundo cotidiano, en el que los niños viven como pez en el agua y al que no tienen fácil acceso intelectual, no puede competir con la fantasía de los niños ni atraer su interés por la fantasía hacia la realidad. La tarea educativa consiste en iniciar el proceso de unir estos conceptos básicos, que hacen que la fantasía infantil sea tan interesante y significativa, al mundo real. El tipo de *curriculum* que se basa en los principios antes expuestos ofrece a los niños una vía más difícil de acceso a la realidad. Parte de la base de que sólo los adultos pueden moverse con facilidad de manera significativa y pasa poco a poco a contenidos más distantes que los estudiantes no pueden asimilar por no estar preparados para ello, desde un punto de vista conceptual. O sea, algunos de los principios más prominentes y aceptados que en la actualidad inspiran de modo especial el *curriculum* de la escuela primaria y elemental no sólo son erróneos, sino que están próximos al polo opuesto de lo que promovería el desarrollo educativo de los niños.

Tenemos que añadir con ironía que los psicólogos evolutivos, que tratan de inferir los principios en los que ha de basarse el *curriculum* de descubrimientos experimentales, estimulan la confusión entre los conceptos subyacentes y los contenidos superficiales. David ELKIND (1976), por ejemplo, infiere que no tiene sentido enseñar las diferentes religiones a los niños pequeños a partir de sus estudios empíricos en los que observa que el concepto operacional formal de "creencia" sólo se "desarrolla" a partir de los 13 años. Otra investigación basada en la teoría de PIAGET indica que los niños no "desarrollan" normalmente algunos conceptos básicos para la comprensión histórica hasta hallarse en plena adolescencia (HALLAM, 1969), de donde ciertos teóricos de la educación deducen que no tiene sentido enseñar historia a los niños pequeños.

Continuando, a modo de ejemplo, con la historia, podemos aceptar que los niños pequeños suelen carecer del concepto de causalidad histórica, pero, al mismo tiempo, podemos hacer notar que sí disponen de un concepto de causalidad que mantiene ligados los relatos y los atraviesa. Aunque pueden carecer de conceptos adecuados para un sentido estricto de la cronología histórica, sí comprenden con claridad el "antes" y el "después", y "hace muchos, muchos años", y "muy poco tiempo después". Aunque pueden no disponer de un concepto complejo de reinado o de los elementos que interactúan en las estructuras políticas, sí entienden el poder y la debilidad, la opresión, el resentimiento, la rebelión, la ambición y el castigo. Y mientras pueden carecer de conceptos relativos a la conducta constructiva o destructiva, en sentido político, sí tienen los conceptos de bueno y malo. Si realizamos un inventario sencillo de los conceptos que los niños deben tener para interesarse por sus narraciones fantásticas y comprender los relatos que más les gustan, tendremos a nuestra disposición un conjunto de conceptos que pueden utilizarse para enseñarles historia. Además, podemos concluir razonablemente que los complejos conceptos adultos no sólo se "desarrollan". La adecuación de nuestros más complicados conceptos adultos nos llevará a la situación en la que aprendimos antes los conceptos más simples, elaborándolos después poco a poco de modo adecuado. (De nuevo, tengo que decir que esto no representa tanto una crítica de la teoría e investigación piagetiana, sino de los usos que de ellas se hacen en pedagogía.)

De esta consideración de un aspecto de la fantasía de los niños parece deducirse que algunos de los principios que ocupan un lugar preponderante en el pensamiento al uso respecto a la organización del *curriculum* están mal planteados. Al no reconocer lo que los niños saben mejor cuando acceden a la escuela y no percatarse de su forma de proceder para adquirir nuevos conocimientos, tales principios llevan a un *curriculum* que, más que ayudar, les impide interesarse por la realidad durante los ciclos escolares inicial y medio, incluyendo, en los años de enseñanza secundaria, materiales que los alumnos no pueden asimilar por no estar preparados para ello. La forma general de *curriculum* que se desprende de las observaciones efectuadas en este apartado, si son correctas, se expone en el Capítulo VI.

Por tanto, al tomar en serio la fantasía, pretendemos plantear cuestiones fundamentales tanto sobre la enseñanza como sobre los *curricula*. Los presupuestos en la actualidad dominantes en relación con ambos se han formado a partir de la influencia de ideas que despreciaban la fantasía y, con ello, características significativas del pensamiento y del aprendizaje de los niños pequeños. Quede claro que no defiendo el valor práctico del uso de relatos fantásticos en el *curriculum* de lenguaje ni recomiendo sin más que los niños escriban y lean (aún en adaptaciones elementales) sus propias narraciones fantásticas como medios para estimular mejoras en el dominio del lenguaje. Desde un punto de vista más general, creo que una consideración seria de características, incluso superficiales, de la fantasía, como hemos hecho en este apartado, nos facilita descubrir principios más adecuados sobre los que construir y reevaluar algunos de los presupuestos más comúnmente aceptados en relación con el aprendizaje de los niños y la enseñanza que impartimos. Profundizando más —y ampliando nuestra consideración de la fantasía infantil, veremos cómo afecta a nuestro concepto de educación primaria.

La fantasía de los niños y el mito

En este apartado pretendo explicar por qué he calificado de "mítico" el primer estrato de la comprensión y por qué creo debemos tratar la cuestión del mito en un libro dedicado a la educación de los niños pequeños. Para hacerlo, trazaré algunas conexiones sencillas entre la fantasía infantil y el mito y, en ese proceso, consideraré algunas dificultades con ellas relacionadas que han ido apareciendo en el estudio de ambos. La principal dificultad queda patente en el primer apartado: el supuesto de que las formas racionales de pensamiento son de algún modo naturales y que, por tanto, el mito y la fantasía son aberraciones debidas a la ignorancia, estado "primitivo", enfermedades mentales, pobreza del lenguaje disponible o cualesquiera otras razones por el estilo. Incluso los intérpretes de mitos que han admitido su enorme "respeto hacia los tiempos primitivos" han tratado de descubrir "significados ocultos y encubiertos" bajo las narraciones "absurdas y estúpidas"; en efecto, era tal lo absurdo de las historias que sólo podía tomarse como reflejo de algún tipo de misterio, como codificación de algún mensaje racional oculto. Francis BACON (1609) nos pide que consideremos cualquier historia mítica y comprobemos que quizá nadie hubiera podido elaborar o soñar tales fantasías:

> Júpiter tomó a Metis como esposa; tan pronto como descubrió que estaba embarazada, se la comió; tras ello, él mismo quedó embarazado; y así, ¡dio a luz a Pallas con armadura! Con toda seguridad, nadie ha podido siquiera soñar algo tan monstruoso y extravagante, y tan alejado de las formas naturales de pensamiento.
>
> (BACON, 1905, pág. 823)

La frase final de esta cita es significativa. Se da por supuesta la naturalidad de la racionalidad, lo que hace que el mito sea un rompecabezas.

Así, en este apartado expondré, en líneas generales, el estudio del mito, resumiendo algún trabajo reciente que muestra la conveniencia de utilizar la expresión "comprensión mítica" para denominar el estrato básico de la educación moderna. Mencionaré seis semejanzas entre el pensamiento mítico y el infantil. En los tres capítulos siguientes exploraré esas semejanzas con cierto detalle, mostrando cómo el estrato básico de la educación puede construirse con firmeza sobre algunas características de nuestra actividad mental que, hasta cierto punto, han sido abandonadas.

En este terreno andaré con tanta prudencia como caminan los niños sobre las rayas del pavimento. El tema del mito está jalonado por disputas y una enorme diversidad de interpretaciones, y lo mismo ocurre con la fantasía. Después de todo, el "mito" suele utilizarse con mayor frecuencia para denotar algo falso. Los mitos son esas historias extrañas, y a menudo estrafalarias, recogidas de los pueblos "primitivos", plagadas de criaturas, mitad humanas y mitad animales, y de incidentes demenciales, como oníricos. ¿Qué pretendo indicar respecto al pensamiento de los niños pequeños al escoger este término? Y, dado que se trata de un esquema estratificado, ¿qué quiero decir en relación con el estrato básico del pensamiento adulto educado? Y, en último término, ¿qué tiene que ver esto con la fantasía?

Al menos, esta última cuestión puede responderse directamente, aunque con cierta superficialidad. Casi siempre, las historias míticas contienen personajes o acontecimientos imposibles en el mundo real. Cuando inventamos historias que reúnen estas características, las llamamos fantasías. Aceptamos en calidad de fantasía cualquier creación imaginaria de imposibilidades, desde los juegos desarrollados con el cajón de los disfraces hasta la elaboración de palabras imposibles en la compleja literatura de "fantasía". La fantasía puede ser por completo realista salvo en un elemento. Existe como género literario cuando los lectores aceptan la eliminación de uno o varios aspectos concretos de la realidad. Se trata de un género en el que a la suspensión de la incredulidad se añade una dimensión necesaria para que tenga sentido cualquier ficción. Pero también puede considerarse la fantasía como un elemento que impregna toda la literatura occidental, sobrepasando los casos obvios del género "fantástico" en los que el abandono de la realidad es un hecho (HUME, 1985).

Los relatos fantásticos pueden modelarse sobre la base de los míticos, y es un hecho que los grandes grupos de relatos míticos descubiertos durante los siglos XIX y XX han proporcionado estímulo y elementos formales y de contenido para la composición de relatos fantásticos. Mitos y fantasías constituyen hoy día un elemento central de la literatura infantil. En las librerías se encuentran colecciones enteras de cuentos populares y relatos fantásticos procedentes de todo el mundo. Normalmente han sido reelaborados de acuerdo con las convenciones que rigen la forma de relato en nuestra cultura, así como con las capacidades intelectuales de los niños. Los autores pertenecientes a nuestra cultura pueden copiar las formas de los cuentos populares, escribiendo relatos originales de género parecido. Sin embargo, se registra cierta aversión a reproducir la forma de las historias míticas y suele aplaudirse la aparición de una colección de relatos míticos que pueda calificarse de "auténtica". No podemos escribir nuevas historias míticas; tales invenciones serían simples relatos fantásticos. Es evidente que las narraciones míticas "pertenecen" de algún modo a gentes determinadas, de manera que su apropiación por nuestra cultura provoca cierta sensación de incomodidad. Exigen respeto de una forma que no se registra en relación con otros tipos de relato. (No obstante, reconocemos que los cuentos populares se ubican en algún lugar del continuo existente entre nuestras ficciones conscientes y los mitos.)

Así, no tiene por qué resultar evidente ninguna diferencia crucial entre la fantasía y el mito respecto a los elementos manifiestos de los relatos, sino que la distinción radica en las creencias que sobre ellos tengan los oyentes o lectores. Para nosotros, los mitos constituyen fantasías literarias, pero los denominamos mitos reconociendo que tienen o han tenido un importante papel público en alguna otra cultura, y en ella se creía que expresaban verdades profundas.

Lo que nosotros percibimos, por tanto, en la fantasía infantil es algo semejante a lo que observamos en los relatos míticos: imposibilidades imaginarias plasmadas en una narración. Pero esperamos que nuestros niños conozcan, o aprendan, la diferencia existente entre su fantasía y la realidad. Planteando de este modo la cuestión, sugerimos que los usuarios de los mitos, que afirmaban que eran ciertos, no podían distinguir entre sus fantasías y la realidad. Y así, precisamente, juzgamos los mitos: como proposiciones falsas sobre lo real. Gran parte del problema radica en los criterios racionales implicados en los significados de "creencia" y "verdadero" —criterios inadecuados para distinguir las funciones de los mitos en culturas ajenas a la nuestra.

Tanto en la antigua Grecia como en Gran Bretaña o la América del siglo XIX, los evaluadores racionales de los mitos "primitivos" concluyeron que no eran sino intentos fallidos de describir los comienzos del mundo y la historia primigenia de sus sociedades "primitivas". HECATEO de Mileto comienza sus *Genealogías* con la observación de que las historias (mitos) de los griegos "son muchas y, en mi opinión, ridículas". Los primitivos *logografoi* griegos (escritores de prosa racional) concluían que sus ancestros, que relataban sus antiguos mitos, mentían. Las valoraciones similares realizadas en el siglo XIX nos han proporcionado el significado popular de "mito": lo que es falso. Sin embargo, en todo esto, lo falso es la suposición de que los mitos representan un intento fallido de exponer verdades racionales y que, cuando la gente confesaba que creía un mito, decía lo mismo que cuando afirmaba creer una proposición racional.

El estudio del mito realizado en nuestro siglo nos lleva a superar estas primitivas concepciones erróneas. Pero los mitos siguen planteando problemas a las personas racionales. Uno de ellos se debe a nuestra consideración de la racionalidad como un forma evidente y efectiva de pensar sobre el mundo. Dada esa evidencia, resulta sorprendente que el pensamiento racional sistemático sea tan raro y madure tan tarde en la larga historia humana. ¿Por qué todas las culturas de todo el mundo han evolucionado a partir de formas de pensamiento mítico o han permanecido siendo míticas? Parece que el mito es una forma de pensamiento tan peculiar que se nos hace difícil entender por qué aparece, desde el punto de vista histórico, como mucho más natural y extendido que la racionalidad.

Estos problemas surgen de cuestiones que no puedo responder ni aquí ni en otra parte. Sólo quiero considerar brevemente algunas interpretaciones del mito que nos hacen trascender el sentido simplista de los mitos como relatos falsos, indicándonos por qué se trata de una denominación razonable para una forma de comprensión, en especial cuando esa forma se adopta dentro de un esquema de recapitulación.

Pasemos ahora a una de las losas más largas y agrietadas del camino escolar. En este siglo, el estudio del mito se ha desarrollado en muy diversas disciplinas, guiado por intereses muy distintos y abocando a interpretaciones muy diferentes de su naturaleza y funciones. En el mejor de los casos, el estudio del mito ha conformado un terreno común para la antropología, la psicología, los estudios clásicos, la crítica literaria y otras disciplinas. En el peor, parece que el sentido del mito en algunas ramas de esas disciplinas tiene poco en común con el que adquiere en otras. Sería difícil, aunque no imposible, plasmar gráficamente la amplia y desperdigada familia de significados del "mito" utilizados por las diversas disciplinas en este siglo.

Los antropólogos —desde la catalogación "de gabinete" y la ingeniosa elaboración teórica de FRAZIER, al funcionalismo de MALINOWSKI o el estructuralismo de LÉVI-STRAUSS— han aclarado que, cuando los usuarios de los mitos dicen que los suyos son verdaderos, no emplean la palabra "verdadero" en el mismo sentido al que nos referimos cuando afirmamos que una proposición racional es verdadera. Se ha ido demostrando, cada vez con mayor claridad, que la lógica del mito es distinta de las formas racionales de investigación y expresión, pero distinta de manera compleja. El mito es una característica crucial de las vidas de sus usuarios, ayudándoles a dar un sentido apropiado, y determinando el sentido que ha de otorgarse, a su experiencia y a sus papeles sociales y económicos.

Las ideas evolucionistas del siglo XIX estimularon una historia sencilla según la cual los redescubiertos "primitivos" y sus mitos representaban una etapa de la evolución cultural equivalente a la de los griegos arcaicos, o prearcaicos. El paso crucial que explicaba la inmensa diferencia percibida por muchos caballeros decimonónicos entre ellos mismos y los pueblos "primitivos" del mundo consistía en el "milagro griego", el nacimiento de la racionalidad. Los aires límpidos de la antigua Grecia sirvieron para eliminar de forma repentina las escalas míticas de los ojos de la gente, de modo que, por fin, pudieran contemplar el mundo y la experiencia tal como eran en realidad. Se creía que, desde entonces hasta el presente, la historia del progreso cultural humano era clara.

F. M. CORNFORD figura entre los personajes más destacados que derribaron esta concepción. CORNFORD era uno de los "antropólogos clásicos de Cambridge" que trabajaron sobre las obras de DURKHEIM, LÉVI-BRUHL y FRAZER. El, junto con Jane HARRISON, A. B. COOK y Gilbert MURRAY, de Oxford, contemplaron los antiguos mitos griegos y las antiguas filosofía e historiografía griegas influidos por las revolucionarias ideas de DURKHEIM sobre cómo las sociedades trabajaron y se mantuvieron unidas, y con las masivas colecciones de mitos y la organización transcultural de los mismos proporcionada por FRAZER.

En *Thucydides Mythistoricus* (1907), *From Religion to Philosophy* (1912) y *Principium Sapientiae: The Origins of Greek philosophical Thought* (publicado en 1951, nueve años después de su muerte), CORNFORD dice que nuestra interpretación de los acontecimientos siempre resulta controlada en gran medida "por algún esquema de presupuestos no discutidos y de los que no se abriga ninguna sospecha" (CORNFORD, 1907, pág. VIII). La clave para comprender cualquier obra consiste en tratar de descubrir dichos presupuestos. Aplicando este principio, muestra que las obras consideradas fundamentales para el abandono de los mitos se funden, en realidad, con el pensamiento mítico. La antigua ilustración griega, afirma, no se produjo al reemplazar el mito por la racionalidad, sino construyendo un estrato de pensamiento racional sobre los presupuestos míticos que seguían vigentes. Muestra esta vigencia de los mismos en la *Historia* de TUCÍDIDES y en los primitivos "físicos" jonios.

Por ejemplo, indica que los primeros "físicos" racionales daban por supuesto que su tarea consistía en responder las preguntas planteadas por los mitos, con sus presupuestos estructuradores: "¿Cómo surgió el mundo del caos primordial?" y "¿cuáles son sus componentes últimos?" Aunque pueda parecer una simple especulación racional la conclusión de que, como respuesta a la última pregunta, todas las cosas están formadas finalmente por tierra, aire, fuego y agua, y sus combinaciones (y los escritores racionales hipocráticos asumieran que el cuerpo humano consistía en "humores" relacionados con aquéllos), CORNFORD muestra cómo estos elementos se derivan directamente de la respuesta mítica a la misma pregunta. Las historias de Zeus en el cielo etéreo (fuego), Hades en la penumbra brumosa (aire), Poseidón en su mar acuático, y su terreno compartido sobre la tierra, expresan en términos míticos las mismas divisiones de elementos. (Dicho así, las conexiones pueden parecer casi arbitrarias, pero CORNFORD muestra con todo detalle las conexiones existentes entre los dioses y la especulación sin incluirlos a ellos.)

Descubrimos, pues, una fuerte continuidad estructural que sostiene el paso del pensamiento mítico al racional. Esta continuidad se debilita o desaparece si nos centramos en el nivel superficial de las narraciones y no en el más profundo de los presupuestos y fundamentos estructurales. Esta perspectiva ha sido elaborada en numerosas áreas de estudio, algunas de las cuales han puesto de manifiesto ciertas inadecuaciones en el propio trabajo de CORNFORD y en el de sus colegas "antropólogos clásicos". No obstante, se ha elaborado la comprensión de que el mito tiene su propia lógica compleja y que esta lógica no se opone al pensamiento racional. La racionalidad no supone el simple desplazamiento del mito; surge del pensamiento mítico y se desarrolla "sobre él". Desde el punto de vista histórico, los principales signos del desarrollo de la racionalidad eran el repudio de los agentes sobrenaturales en relatos sobre el mundo y la experiencia humana y la búsqueda de coherencia en tales narraciones —coherencia basada en conceptos definidos con precisión y distinciones entre los diversos niveles de realidad. En el mito encontramos "una lógica de lo ambiguo, lo equívoco, una lógica de polaridades" (VERNANT, 1980, pág. 239), y, sobre esto, la racionalidad ha elaborado su lógica de no contradicción[3].

Si escribiéramos un estudio sobre el mito, sería difícil que CORNFORD apareciese con tanto relieve —en efecto, su nombre ni siquiera aparece en *Work on Myth,* de BLUMENBERG (1985). Lo ponemos aquí tan de relieve por la importancia de su obra para desdibujar la distinción entre pensamiento mítico y pensamiento racional. También es importante en esta cuestión el, hasta cierto punto, olvidado trabajo de LÉVI-BRUHL, *Les Fonctions mentales dans les sociétés inférieurs* (1910), y la obra sugerente, brillante en ocasiones, pero bastante opaca de LÉVI-STRAUSS. Su obra nos proporciona un discreto apoyo para los siguientes capítulos. Más llamativas, al menos en el próximo capítulo, serán las contribuciones de quienes han estudiado las técnicas de pensamiento y de expresión de analfabetos, y sus estudios sobre el paso de la oralidad a la alfabetización. PARRY (1928) LORD (1964), HAVELOCK (1963), ONG (1982) y GOODY (1977) han ayudado más aún a eliminar la oposición entre el pensamiento mítico y el racional. El gran precursor de tales estudios es Giambasttista VICO, cuyo tratabajo *Ciencia nueva* (1744) defendía con gran originalidad que el mito es producto de la mente humana operando en su forma poética: las gentes primitivas que dieron origen a los mitos, decía, eran:

> poetas que hablaban en tono poético. Este descubrimiento, que es la llave maestra de esta Ciencia, nos ha supuesto la persistente investigación de casi toda nuestra vida literaria porque con nuestras civilizadas naturalezas no podemos en absoluto imaginar y sólo podemos entender haciendo un gran esfuerzo la naturaleza poética de estos primeros hombres.
>
> (VICO, 1970, pág. 5)

---

[3] Unos puntos de vista más complejos de la lógica del mito aunque siga siendo un tema controvertido, pueden encontrarse en Lévi-Strauss (1966a; 1969), Jean-Pierre Vernant (1980), en especial, "The reason of myth", y Vernant (1983), en especial "From myth to reason". Para una defensa más amplia de la postura de Cornford véase mi "Thucydides, tragedian" (Egan, 1978c). Un útil resumen "anglosajón" del estudio del mito puede encontrarse en G. S. Kirk (1970). Blumenberg (1985) presenta una revisión más "continental".

Parece que, en gran parte, deberíamos decir lo mismo de nuestra propia infancia. El "descubrimiento" de Vico consistió en que la prosa racional, en tanto conforma nuestras "naturalezas civilizadas", era un logro tardío del pensamiento humano, que creció a partir, y sobre, nuestra "naturaleza poética". Por tanto, un estudio del entendimiento humano requiere no sólo prestar mucha atención a la lógica del discurso racional, sino también a la metáfora y demás tropos poéticos, así como a las funciones de la rima, el ritmo y la métrica. Hemos de tener en cuenta lo que es la "poesía" en relación con el pensamiento infantil. Y esto ha de hacerse no tanto como debería realizarse en un tratado sobre la poesía y el arte poética, sino más bien realizando esta investigación con el fin de poner de manifiesto algunas características comunes, y generalmente observadas, aunque, con frecuencia, dejadas de lado en pedagogía, del pensamiento infantil.

Al no tener el mito el sentido de una curiosidad de mentalidades "primitivas" y ser más bien una expresión de formas fundamentales que persisten en todo el pensamiento humano, aunque la lógica racional mantiene a raya sus características superficiales más llamativas, han surgido diversas exploraciones de las formas modernas de pensamiento mítico. La psicología y el psicoanálisis abundan en proposiciones sobre las formas modernas de pensamiento mítico. Determinadas escuelas de crítica literaria consideran que la búsqueda de los aspectos míticos subyacentes de las obras modernas de ficción constituye la clave para acceder a su significado. En cuanto al arte poético, algunos consideran que las formas míticas, siguiendo la identificación que Aristóteles hace de la trama *(mythos)* como el alma de la obra, son los elementos básicos del análisis, y así sucesivamente. A propósito de esta proliferación bibliográfica surge el problema de que el "mito" ha llegado a significar tantas cosas diferentes que se corre el riesgo de perder de vista cualquier significado útil. Sin embargo, esta diversidad, complejidad e incluso vaguedad no es ajena a mis razones para escoger el término "mítico" como denominación de esta primera forma de comprensión. También ella es diversa, compleja y nuestra interpretación de la misma es, tan sólo, imprecisa como también lo es nuestra comprensión de casi todo lo que tiene que ver con el pensamiento humano. He aquí un resumen de mis razones para escoger esta denominación.

Primero, y de modo más general, la imagen del pensamiento mítico de Cornford es muy vívida, poderosa y persistente en la racionalidad en un nivel fundamental. En el esquema recapitulacionista que expondré en este ensayo, este primer nivel de comprensión de los niños persiste como fundamento para el pensamiento educado adulto. La cualidad característica del pensamiento de los niños pequeños, según este punto de vista, ha de tenerse presente, a falta de otros estratos de comprensión que confluyan con él y lo modifiquen.

Segundo, los usuarios de los mitos y los niños componen, o aprenden y sacan partido de narraciones que les proporcionan seguridad al crear un sentido totalizador del mundo y de la experiencia. En las sociedades que hacen uso de los mitos, se llega en parte a esta visión totalizadora haciendo caso omiso de la historia. Los mitos hablan de un principio sagrado en el que fueron hechas las cosas que ahora vemos. Esta circunstancia confiere a las situaciones sociales actuales la autoridad de lo sagrado. Los niños pequeños carecen de la experiencia del cambio social que podría darles un sentido histórico de su experiencia presente y también ellos aceptan de muy buen grado los relatos totalizadores respecto a por qué el mundo es como es. No pretendo sobrevalorar esta conexión, sino, más bien, indico el fuerte deseo del tipo de seguridad intelectual que proporcionan los mitos y que los niños pequeños parecen exigir de los relatos que presentan características míticas manifiestas.

Tercero, y relacionado con el apartado anterior, las narraciones míticas y las de los niños suelen presentar la forma de historias. Ambas llegan a aspectos cruciales de seguridad intelectual representando el mundo y la experiencia en forma de relato histórico. Este es el tema del Capítulo III, en donde aparecerá elaborado.

Cuarto, tanto los usuarios de los mitos como los niños llenan de sentido y de significación sus ambientes próximos de una forma poco corriente para los adultos educados de las sociedades avanzadas. Por supuesto, los usuarios de mitos y los niños no realizan esta operación del mismo modo. Para el usuario de mitos el ambiente está lleno de significado debido a su contacto con lo sagrado; en el caso de la mayoría de los niños, adopta una forma semejante a la expuesta por los OPIE en *The Lore and Language of Schoolchildren*. Volviendo a tomar el anterior ejemplo de las grietas en las losas del pavimento: los niños cargan con un fuerte significado elementos más o menos arbitrarios de su medio ambiente, proyectando su propio drama interno sobre ellos. Este sentido de lo misterioso, del que los adultos toman a menudo como elementos puramente utilitarios del ambiente, constituye una característica del pensamiento infantil que tendremos en cuenta en el próximo capítulo, así como sus derivaciones para la educación. OAKESHOTT, antes citado, se refiere al "crepúsculo de la infancia", dando a entender que la mente del niño percibe el mundo de manera vaga, poco clara, como en penumbra, pero quienes parecen más capaces de recordar la infancia lo hacen de manera unánime en términos de luminosidad, claridad y un sentido de abundancia y de plenitud de significado —"Entonces vivía en un Mundo de Luz" (Thomas TRAHERNE; en COE, 1984, pág. 255). Alguien dirá que, sin lugar a dudas, OAKESHOTT y los autobiógrafos de la infancia se refieren a cosas distintas: aquél al pensamiento racional, y éstos a las sensaciones y sentimientos. En parte, mi objetivo consiste en eliminar esta distinción, por inadecuada, en especial al tratar de la comprensión de los niños, y afirmaré que no se refiere a cosas diferentes, sino que unos tienen una idea mucho mejor y más exacta del asunto que otros.

Quinto, entre las características estructurales prominentes del pensamiento de los usuarios del mito y de los niños, se encuentra el uso de ciertos tipos de clasificación, entre los que predomina el empleo de elementos organizadores binarios. LÉVI-STRAUSS muestra, quizá con exageración, la ubicuidad de los opuestos binarios en los mitos. En los cuentos de los niños y en sus propias narraciones, podemos observar la abundancia de estructuras binarias como amor/odio, miedo/seguridad, bueno/malo, grande/pequeño, valor/cobardía y, quizá de manera menos evidente pero no menos abundante, naturaleza/cultura, vida/muerte. Consideraré algunas de estas estructuras clasificatorias y sus implicaciones para la enseñanza en el Capítulo IV.

Sexto, tanto los niños pequeños como los usuarios del mito utilizan, de diversas formas, técnicas de pensamiento que se basan en los recursos disponibles en las culturas orales. Esta comparación ha de hacerse con cuidado, porque los niños pequeños de nuestra cultura viven en un ambiente en el que la escritura se da por sentada y estimula formas de pensamiento completamente influidas por técnicas sólo permitidas por la escritura. En el siguiente capítulo mostraré que para entender mejor las formas de comprensión de los niños pequeños, lo que lleva consigo el acceso a la escritura y su comprensión y cómo estimular su adquisición, puede ayudarnos mucho una mayor sensibilidad en relación con las técnicas de pensamiento que permite la escritura y con las posibles en ausencia de la misma o antes de su interiorización. El mito constituye una expresión vívida y accesible de las características básicas del pensamiento en ausencia de escritura; la fantasía de los niños es otra.

Como puede considerarse que el mito, aunque de modo todavía oscuro, proporciona importantes fundamentos para las investigaciones racionales, creo que podemos ver las fantasías de los niños como el establecimiento de ciertas bases importantes para la comprensión adulta educada. No nos educamos de una vez, y mostraré que las características "míticas" particulares de la comprensión adulta pueden adquirirse con mayor rapidez durante la primera infancia. Si han de obtenerse de algún modo, parece existir una predisposición para ello en la primera infancia.

Así, he escogido el término "mítico" por tres razones. No tanto porque piense que esta forma de ver el mito es la correcta y mi programa educativo se base en ello. Utilizo el término "mítico" más bien como una metáfora sugestiva, para señalar ciertas características del mito como indicadoras de algo fundamental para la educación en la infancia temprana que, hasta ahora, no se ha tenido bastante en cuenta. El valor del programa educativo dependerá de la exactitud de las observaciones empíricas sobre las que se basa y de un conjunto de consideraciones que veremos más adelante. Sin embargo, la diversidad de conclusiones sobre el mito hace que sea razonable hablar de la fantasía y del pensamiento de los niños en general como de aspectos que presentan importantes cualidades míticas.

Conclusión

Dado que los teóricos e investigadores de la educación suelen centrarse en aspectos del pensamiento infantil distintos de la fantasía y que lo que a nosotros nos interesa tiende a abarcar un área desproporcionada de lo que se supone existe, se han extraído conclusiones relativas al aprendizaje y el *curriculum* basadas en lo que podemos considerar como datos incompletos. Un aspecto curioso de la influencia de la psicología en la educación consiste en la forma en que han afectado al *curriculum* los contenidos concretos seleccionados de manera más o menos aleatoria para los experimentos sobre el funcionamiento cognitivo. Un ejemplo sencillo puede apreciarse en los experimentos de conservación de Piaget. A pesar de que el contenido particular de los experimentos se escogió sólo para poner de manifiesto los procesos cognitivos subyacentes y a pesar de los argumentos de Piaget acerca de que los desarrollos cognitivos expuestos no podían *enseñarse,* podemos encontrar diversos programas de preescolar que incluyen como parte de su *curriculum* la enseñanza de la conservación. De modo más general, el énfasis de Dewey sobre la experiencia local temprana y el aprendizaje fácil, natural, de ella derivado, influyó sobre el paso de la historia y la geografía a un *curriculum* de ciencias sociales que se basa, ampliamente, en la experiencia local de los niños. Encontramos un cambio semejante en la expansión de la educación moderna en Gran Bretaña: Susan Isaacs decía que "el interés innato de los niños respecto a las cosas y las personas de su medio —la calle, el mercado, el jardín, el ferrocarril, el mundo de las plantas y los animales— nos ofrece en realidad todas las oportunidades que necesitamos para su educación" (Isaacs, 1930, pág. 9). Así, la falta de atención hacia la fantasía de los niños en los escritos y la investigación en pedagogía durante este siglo ha supuesto la exclusión de una influencia sobre el *curriculum* y el aprendizaje que, como afirmaré más adelante, ha llevado al empobrecimiento y el desequilibrio en la escuela. La armonía y el equilibrio apolíneos quizá debieran llevarnos, no sin ironía, a restaurar a Dionisos en su lugar dentro de nuestra vida mental y de la educación de los niños.

Una cuestión preliminar en este libro consiste, por tanto, en que la fantasía de los niños plantea interrogantes considerables respecto a los principios en los que se basa el *curriculum* típico de la primera infancia. Estos principios, en la actualidad dominantes, parecen excluir gran parte del contenido que podría aportarse para enriquecer los primeros años de escolaridad de los niños; sobre todo se orienta hacia lo prosaico y gris, eliminando muchas posibilidades de favorecer el entusiasmo intelectual, sin llegar a apreciar que la fantasía no se opone a la racionalidad, sino que refleja el elemento que le proporciona vida y energía. Apolo, sin Dionisos, puede ser un buen ciudadano, bien informado, pero es, sin duda, un compañero aburrido. Incluso puede haberse "culturizado", en el sentido que a menudo se desprende de los escritos pedagógicos tradicionalistas, o sea, en el de "apreciador" o consumidor de cultura. Pero sin Dionisos nunca podrá elaborar y reelaborar una cultura[4]. Aunque podamos, quizá, lamentarnos de nuestras actuales dificultades para que la escuela alcance unos ideales educativos, a veces necesitamos ponderar si parte de estas dificultades no se debe a alguna deficiencia del ideal. El argumento de este libro consiste en que estamos dejando de lado una parte importante de la vida mental de cada niño, dada la manera de construir nuestros *curricula* y la forma de enseñar que tratamos de poner en práctica.

La fantasía de los niños ha constituido un tema sujeto a argumentaciones apasionadas y a conclusiones diversas, en especial en las psicologías freudiana y jungiana. De ellas se han derivado algunas influencias sobre la educación, sobre todo en la literatura infantil y cuando los intereses educativos y psicoterapéuticos tienden a converger. Pero las corrientes más importantes de teoría

---

[4] Debemos recordar que Dionisos sin Apolo puede ser una fuerza imprudente y destructiva. La decision de Platón de eliminar los poetas de su República no debe conducirnos precisamente una discusion academica sobre el papel de las "bellas artes en la educación. La poesía, en nuestro sentido más bien empobrecido, es sólo el extremo en forma estética de un conjunto vasto y en expansión asintótica que tiene que ver con las pasiones humanas y sus amenazas al orden social. Los antiguos griegos parecen haber reconocido con claridad esas pasiones y su tendencia al frenesí y trataron de socializarlas, domesticarlas mediante diversas fiestas y ritos. El frenesí desordenado no contribuye en nada al bien común, y una concepción de la educación inicial que presta poca atención al orden constructivo y disciplinado de Apolo no sirve para nada ni al niño ni a la sociedad.

e investigación han dejado completamente de lado a la fantasía. Mientras muchos profesores estimulan la fantasía y el juego imaginativo, las teorías y la investigación que predominan en el pensamiento pedagógico tienden, más bien, a suprimir toda consideración de este aspecto —tan evidente— del pensamiento infantil. El resultado es el enorme énfasis puesto en ciertas características intelectuales, mientras otras, tan importantes como aquéllas con toda seguridad, ni se mencionan.

El fácil acceso de los niños al significado de los típicos relatos de fantasía indica que el contenido significativo no tiene por qué ser el inmediato a su experiencia cotidiana. Es más, parece que ese significado de la experiencia diaria sólo se hace accesible, en sentido conceptual, al llegar a la edad adulta. Bajo el contenido de la experiencia cotidiana se esconde un conjunto de conceptos abstractos. Estos conceptos ejercen una fuerza enorme sobre el pensamiento humano y parecen ser las primeras herramientas intelectuales que aprenden o desarrollan los niños. Como la fantasía de los niños suele permanecer desterrada de la teoría y la investigación pedagógicas, estos poderosos conceptos abstractos, así como la capacidad de los niños para utilizarlos con el fin de dar sentido al mundo, han permanecido, por regla general, en la oscuridad. Así, en la importantísima iniciación de la educación formal, estamos trivializando el *curriculum* cuando debería ser más rico, desde el punto de vista intelectual.

Quizá sea importante hacer hicapié aquí en que esta insistencia en la fantasía, el mito y la poesía no significa que sólo me interese por las artes en la fase inicial de la educación, o no más que por el papel de la poesía o la escritura creativa. Mi argumento consiste en que en ellas podemos apreciar con mayor claridad un ingrediente del pensamiento infantil que también ha de tenerse en cuenta al considerar las ciencias de la naturaleza y las matemáticas. No menos que la poesía o el drama, las ciencias y las matemáticas surgieron poco a poco a partir del mito, y han de tomarse exactamente como ramas del saber que requieren todavía el empleo de aquellos aspectos de nuestras mentes que les dieron origen. En la fantasía observamos la elaboración imaginativa de imposibilidades, el juego creativo sobre las escurridizas abstracciones que sustentan el contenido de la fantasía. La fluidez y facilidad para este tipo de juego intelectual —como veremos— permanece en nuestra capacidad para jugar con las abstracciones elaboradas de las matemáticas o las ciencias. No son simples representaciones de la realidad que hemos de reproducir de manera prosaica, sino, tanto como cualquier otra de nuestras ficciones, precisan de una construcción imaginativa. Como señalaba Niels BOHR: "No es correcto pensar que el cometido de los físicos consiste en descubrir cómo es la naturaleza. La física se ocupa de lo que podemos decir sobre la naturaleza" (BOHR, en PIPPARD, 1986). De nuevo, no necesitamos una extraordinaria fantasía en relación con esas teorías de altos vuelos, pero sí es importante lograr un sentido proporcionado de la naturaleza de temas como las matemáticas y las ciencias, de manera que, si lo que mandamos hacer a los niños pequeños está de acuerdo con esa naturaleza y con lo que ellos hagan, deberán llevarlo a término. En nuestro principio está nuestro fin; en nuestro fin está nuestro principio.

Si es preciso atender a otros aspectos diferentes de la simple importancia de la fantasía en el pensamiento infantil para justificar la plausibilidad de una investigación como ésta, podemos reflexionar respecto a que la educación se ocupa de la comunicación de significados, de que no parece que las escuelas tengan mucho éxito al respecto, habida cuenta del tiempo invertido en ello y que la fantasía de los niños parece constituir una de las partes más significativas y activas de su vida mental. Si, como objetivo de la educación, pretendemos estimular ese sentido de significación y de interés en relación con la realidad, es obligado que exploremos por qué sus mundos de fantasía les resultan tan significativos e interesantes, y veamos si podemos utilizar lo que aprendamos con fines educativos.

CAPITULO II

La domesticación de la mente "sauvage"

Introducción

De los antiguos griegos hemos heredado la idea de la distinción tajante entre pensamiento racional y pensamiento irracional. La palabra utilizada más corrientemente para denotar "razón" era *logos,* término que también significaba "palabra" y "habla". Así, para los griegos de tradición platónica, la adopción de una perspectiva racional permitía traducir la realidad a palabras: "Aprehendemos algo de manera racional cuando podemos *articularlo;* es decir, distinguir y separar diferentes características de la materia en cuestión en un orden claro" (TAYLOR, 1982, pág. 90). La racionalidad supone tratar de percibir las cosas tal como son, con independencia de nuestros deseos, miedos e intenciones respecto de ellas. Podemos alcanzar este punto de vista mediante la *theoria* (visión, especulación, contemplación); la comprensión teórica es el resultado de adoptar una perspectiva desinteresada. Decía PLATÓN *(Timeo,* pássim; *La República,* pássim) que sólo el conocimiento que resulta de este tipo de actividad intelectual es verdadero conocimiento. PLATÓN distinguía el pensamiento racional y su producto [el conocimiento verdadero *(episteme)*] del pensamiento irracional y sus diversos productos [confusión, plausibilidad superficial, mera opinión *(doxa)*] mediante el establecimiento de una serie de asociaciones conceptuales perdurables. Entre estas ideas asociadas, y de especial interés para nosotros, están la de correspondencia entre el estado adulto y el acceso a la *episteme* y entre la infancia y la permanencia en la *doxa.* (Véase la parábola al efecto en *La República* —traducido por CONFORT, 1941, Capítulo XXIV— y para la exposición de los conjuntos de asociaciones, véase SIMON, 1978, págs. 164 y sgs.) Esta comprensión racional teórica (afirmaban PLATÓN y su discípulo ARISTÓTELES) proporciona una visión superior de la realidad. Quienes violan las normas básicas de la articulación de esta comprensión teórica son, según este punto de vista, irracionales, y no consiguen articular lo real y verdadero.

Con el "redescubrimiento" de la Grecia clásica efectuado por los estudiosos europeos del siglo XIX y la creciente sensación de superioridad cultural griega sobre los modelos romanos clásicos que dominaron en la vida intelectual y artística europea durante el siglo anterior, la distinción entre pensamiento racional e irracional tomó un rumbo nuevo. Se comprobó que constituía una herramienta conveniente para acabar con las comparaciones serias entre las formas de pensamiento occidental y las correspondientes al pensamiento "primitivo" que llamaban cada vez más la atención de europeos y americanos, descubiertas al expandirse los imperios coloniales y transmitirse a través de los primeros estudios antropológicos y los relatos de viajes (JENKYNS, 1980; TURNER, 1981). Al combinarse, en el transcurso del siglo, con las ampliaciones de la teoría evolucionista, la distinción entre pensamiento "racional" y pensamiento "irracional" ayudaron a gestar teorías sobre el desarrollo de las sociedades humanas desde sus comienzos irracionales hasta la refinada racionalidad de la vida intelectual europea del momento. Por ejemplo, FRAZER (1900) afirmaba que el pensamiento humano pasa siempre por un estado mágico, otro religioso, para llegar finalmente a un estado científico racional. Esta distinción fue desarrollándose a lo largo del siglo en el lenguaje cotidiano, encontrando diversos usos, más o menos casuales, como términos de aprobación o desprecio. Al mismo tiempo, en el mundo académico, la distinción fue poniéndose cada vez más en tela de juicio. Antropólogos como EVANS-PRITCHARD (1936), por ejemplo, abogaban por la racionalidad de la brujería en determinados contextos culturales, y estudiosos del mundo clásico, como DODDS (1951), pusieron de manifiesto la irracionalidad de importantes características de la vida y el pensamiento griegos. Aunque la distinción sea controvertida y problemática, sigue profundamente grabada en la historia cultural y hábitos de pensamiento occidentales (HOLLIS y LUKES, 1982; PUTNAM, 1981; WILSON, 1970).

La representación corriente de la vida mental infantil se ha visto influida por esta distinción. Se da por supuesto que los niños comienzan a vivir sumidos en una confusión e ignorancia irracionales, considerándose la educación como el proceso para inculcar tanto la racionalidad como el saber. En su alegoría de la caverna, en *La República* (trad. CONFORD, 1941, Cap. XXV), PLATÓN relaciona el proceso educativo con el desencadenamiento de los prisioneros que se hallan en una caverna oscura; mientras estaban encadenados sólo podían ver en la pared de la caverna sombras de lo que ocurría afuera y, al ser liberados, pudieron enfrentarse a la realidad. La fuerza de tales alegorías y metáforas radica en que proporcionan imágenes persuasivas cerradas al tipo de preguntas a las que están sujetos los argumentos explícitos correspondientes. En efecto, muchos argumentos epistemológicos básicos de PLATÓN han perdido gran parte de su influencia, pero sus alegorías, metáforas y mitos mantienen su fuerza omnipresente en las mentes occidentales. Pretendo aquí poner en entredicho la alegoría evolutiva, reforzada por las ideas evolucionistas del siglo XIX.

El título de este capítulo constituye un juego de palabras basado en el título de Jack GOODY *The Domestication of the Savage mind* ("La domesticación del pensamiento salvaje") que, a su vez, es un juego de palabras basado en la obra de LÉVI-STRAUSS cuyo título, *La pensée sauvage*, explicamos antes de pasada. El libro de GOODY pretende desarmar las distinciones que suelen mantenerse en Occidente, incluso en la obra de LÉVI-STRAUSS, entre el tipo de pensamiento predominante en sociedades como la nuestra y el de las sociedades "primitivas". A veces se ha tratado de plasmar las diferencias percibidas en distinciones como primitivo/desarrollado, irracional o prerracional/racional, mítico/histórico, simple/complejo, mitopoyético/lógicoempírico, "frío"/"caliente", tradicional/moderno y así sucesivamente. Goody dice que toda distinción que sugiera "dos diferentes modos de pensamiento, enfoques del saber o formas de ciencia" es, como mínimo, inadecuada, porque, como él mismo señala, "ambos están presentes no sólo en las mismas sociedades, sino en los mismos individuos" (Goody, 1977, pág. 148). O sea, siempre que tratamos de definir de manera precisa alguna característica distintiva de "nuestro" pensamiento, encontramos ejemplos del mismo en "sus" culturas, y siempre que identificamos alguna característica distintiva de "su" pensamiento, hallamos casos pertenecientes a él en "nuestra" cultura. Horton ha puesto de manifiesto características propias del pensamiento científico frecuentes en culturas tradicionales africanas (1970, 1982) y ahora, después de Freud, se ha convertido en un lugar común que determinadas características del pensamiento mítico son semejantes en las culturas occidentales (Blumenberg, 1985). (Nos preguntamos, por ejemplo, si el ataque lanzado por Malinowski —1922— contra el despilfarro que suponían las enormes cantidades de batatas en descomposición en las islas Trobriand, lo dirigiría también contra las "montañas" de comida y de grano y los "lagos" de vino acumulados para apoyar la política agraria de la Comunidad Económica Europea.) Tanto "nosotros" como "ellos" exhibimos constantemente pensamientos racionales e irracionales, complejos y simples, lógico-matemáticos y mitopoyéticos. Nosotros somos "ellos"; ellos son "nosotros".

¿Y qué decir entonces de las evidentes diferencias que existen entre las formas de pensamiento utilizadas en las sociedades orales y las empleadas en las industrializadas complejas? Al tiempo que reconocemos las características comunes a formas de pensamiento que en el pasado se consideraron completamente diferentes, hemos de aceptar también que la ciencia, la historia y las matemáticas occidentales son muy distintas de cualesquiera otras pertenecientes a culturas orales. Pocas veces puede decirse que no haya diferencias. ¿Cómo explicar esto si rechazamos la alusión al talante "primitivo" o a deficiencias mentales o de lenguaje? ¿Y cómo caracterizar los drásticos cambios en las formas de pensamiento y métodos de investigación que se producen en el período griego clásico —cambios que incluyen el nacimiento de la filosofía, la historia crítica y la ciencia moderna? Goody (1977) sostiene que las obvias diferencias pueden explicarse mejor como debidas a la técnica y, en especial, a la técnica de escritura. Su argumento se basa en, y amplía, el creciente volumen de trabajos que van aclarando cómo el uso de la escritura afecta a las estrategias de pensamiento. La economía de la mente nos inclina hacia determinadas estrategias en el seno de las culturas orales, en las que uno sabe lo que recuerda, y hacia otras estrategias diferentes en una cultura literaria, en las que pueden mejorarse de forma espectacular diversas operaciones mentales mediante el acceso visual a cuerpos organizados de saber.

Por tanto, comenzaré este capítulo con una breve descripción de algunas de las ramas de investigación, que se solapan entre sí con gran provecho en los dominios de los estudios clásicos y la antropología, y que han ayudado a aclarar los tipos de pensamiento que se han manifestado como eficaces en culturas carentes de escritura. Quizá parezca una vía de acceso un tanto peculiar al *curriculum* y a los métodos de enseñanza y aprendizaje en la primera infancia. Las fórmulas homéricas y las pautas métricas en los relatos heroicos gaélicos y anatolios pueden dar la sensación de quedar muy apartadas del ámbito de la investigación pedagógica al uso. En las comunicaciones relativas a investigaciones empíricas sobre el pensamiento infantil estamos acostumbrados a discusiones más complejas, desde un punto de vista técnico, pero la manifiesta peculiaridad de esta exposición sobre las culturas orales quizá quede mitigada si nos percatamos de que sólo se trata de abordar el mismo tema por una vía distinta. Y quién sabe si el tratamiento de la educación infantil a través de materiales correspondientes al desarrollo cultural humano puede llegar a aparecer como un procedimiento tan adecuado, al menos, como el dominante en la actualidad. De todos modos, en este capítulo pretendo tratar de vincular de manera directa la investigación sobre el "pensamiento oral" con la educación primaria.

Los occidentales queremos que todos los niños recorran el camino que conduce desde la oralidad a la escritura a través de su inclusión en nuestro sistema educativo. Cuanto mejor comprendamos lo que supone este paso, podremos aclarar con mayor exactitud algunos aspectos de nuestros problemas pedagógicos prácticos. Por ejemplo, puede ayudarnos a reducir las tasas de analfabetismo en las sociedades occidentales, así como quizá también a mejorar la calidad y riqueza que puedan alcanzarse en el dominio de la escritura. Es claro que, a partir de investigaciones que acrecienten nuestro conocimiento de la oralidad y de la transición al dominio de la escritura, cualquier concepción de esta última deberá tener en cuenta muchos más aspectos que las simples "técnicas" de codificación y descifrado e incluir características significativas de racionalidad (OLSON, 1977, 1986). Es decir, aunque existen dificultades considerables para definir con precisión la racionalidad, cada vez resulta más claro que la adquisición de la escritura puede tener efectos cognitivos que han sido tradicionalmente considerados como características del pensamiento racional, especialmente las asociadas con el pensamiento "abstracto".

No obstante, la investigación sobre la oralidad también es interesante por el respaldo potencial que puede proporcionar a mi esquema de recapitulación y para caracterizar de manera más adecuada la "comprensión mítica". Este esquema no considera la educación inicial como el comienzo de un proceso de conversión de pequeños salvajes en gente civilizada, recapitulando, por tanto, el progreso de "la raza". Esta falacia decimonónica, estimulada por ideas superficiales sobre la evolución, sigue vigente aún, si bien quizá de forma atenuada, como vimos en el capítulo precedente. Al transmitir la escritura a los niños recapitulamos en cada caso concreto la interiorización de una técnica que tiene efectos profundos y muy precisos sobre los procesos cognitivos y las formas de comunicación. Como señala Walter ONG: "las técnicas no constituyen simples ayudas exteriores, sino también transformaciones internas de la consciencia" (ONG, 1982, pág. 82); "la escritura es una tecnología que reestructura el pensamiento" (ONG, 1986, pág. 23).

La palabra "tecnología" es, hasta cierto punto, agresiva cuando se utiliza en relación con la escritura, y el término "herramientas", aplicado respecto al pensamiento, es una metáfora fácilmente accesible, pero tendenciosa. Estaríamos tentados a suponer que las espadas y los ordenadores tienen una capacidad transformadora semejante respecto a nuestras funciones manuales y cognitivas. Evidentemente poseen capacidades transformadoras, pero harían falta nuevos argumentos y pruebas, y no glosas metafóricas, para aceptar que fueran iguales o semejantes a las producidas por la interiorización de la capacidad de escribir. Preferiría utilizar un término menos agresivo y tendencioso que "tecnología" para referirme a la escritura —y no sobre una base etimológica, sino sólo a causa de las evocaciones que sugiere su empleo moderno— pero me es difícil hallar un vocablo alternativo adecuado. La expresión que más me gusta adolece de la desventaja de ser "extranjera" y quizá algo pretenciosa. Por lo que sé, fue acuñada por Lévi-Strauss. Al exponer las categorías subyacentes a la clasificación totémica descubre la idea de que las especies totémicas fueron escogidas a causa de su valor económico o culinario. Afirma que las especies totémicas no son tanto *"bonnes à manger"* (buenas para comer) sino más bien *"bonnes à penser"* (buenas para pensar) (Lévi-Strauss, 1962). La escritura constituye un conjunto de *bonnes à penser,* además de sus obvios valores utilitarios. (No es bueno introducir un nuevo término técnico en el idioma propio, pero tomarlo de otro idioma para utilizarlo, como haré, en forma gramatical inadecuada —como nombre femenino plural— raya en el ultraje. Sin embargo, estoy tratando de encontrar una expresión que denote "cosas con las que pensar", no recogida en el vocabulario de conceptos o de la psicología, y que traería consigo un notable bagaje de asociaciones incontrolables. Espero que los lectores, en especial los francófonos, sean indulgentes con esta estratagema.)

En el presente capítulo me propongo, sobre todo, explorar las *bonnes à penser* orales. Veremos que la oralidad no constituye una condición deficitaria: definida sólo como carencia de escritura. Pensar en la oralidad sólo en relación con la escritura es como, empleando el símil de Walter Ong, pensar en los caballos como automóviles sin ruedas (Ong, 1982, pág. 12). La oralidad supone un conjunto de poderosas y eficaces estrategias mentales, algunas de las cuales han sido atenuadas y devaluadas, a costa nuestra, en aspectos importantes de nuestra cultura y de nuestro sistema educativo. Analizaré algunas estrategias eficaces de pensamiento utilizadas en las culturas orales, indicando ciertas semejanzas entre ellas y determinadas características corrientes del pensamiento de los niños pequeños. Tendré en cuenta el argumento de Albert B. Lord de que la oralidad y la escritura son "contradictorias y mutuamente exclusivas" (Lord, 1964, pág. 129), respondiendo que sólo lo son en determinados aspectos concretos y que muchos niños pierden, sin necesidad, algunas *bonnes à penser* de la oralidad en nuestros sistemas educativos, o se suprimen en grado innecesario, así como que, con algo de ingenio, podríamos encontrar modos de preservar un porcentaje de ellas. Algunas se conservarían como bases para formas de comprensión más complejas. Esta exposición está pensada para que conduzca al Capítulo VI, sobre el *curriculum* de la primera infancia, en donde se extraerán las derivaciones correspondientes para su plasmación en el *curriculum.*

Conviene hacer aquí una observación, más para quien esto escribe que para el lector. Cualquier simple asunción de igualdad entre el pensamiento de los adultos en culturas orales y el de los niños en la nuestra se invalida por dos vías. En primer lugar, los adultos disponen de una experiencia acumulada y un nivel evolutivo de los que necesariamente carecen los niños. En segundo, la mayor parte de los niños de culturas occidentales vive en un ambiente que presupone la escritura y las formas de pensamiento asociadas con ella; las constantes interacciones de los adultos con los niños dan por sentadas convenciones dependientes de la escritura y los chicos que aún no disponen de ella se ven estimulados constantemente a adoptar formas de pensamiento y de expresión que se adquieren con mayor facilidad como productos de la escritura. Pretendo centrarme en formas de pensamiento que constituyen *bonnes à penser* si el interesado es iletrado. En consecuencia, trataré de efectuar comparaciones entre las formas de pensamiento utilizadas por miembros de culturas orales y las usadas por los niños occidentales modernos. La base de esta comparación, no obstante, no consiste en contenido de saber alguno ni en el desarrollo psicológico, sino en técnicas requeridas por la oralidad. Espero que, teniendo presente esta idea, logremos evitar ese tipo de etnocentrismo deprecativo que critiqué antes.

Otra cautela relacionada con la precedente: no intento establecer un inventario exhaustivo de las estrategias intelectuales corrientes en las culturas orales, como tampoco considero que el objetivo de la educación en las culturas occidentales consista en preservar y desarrollar de manera acrítica tales estrategias. No tratamos de preparar a los niños para vivir en una cultura oral, aunque sí puede ser conveniente reiterar que los estamos preparando para una cultura que es tanto oral como escrita. En efecto, vemos a nuestro alrededor el rápido desarrollo de características de lo que ONG llama "oralidad secundaria". Los medios electrónicos de comunicación constituyen sus promotores más enérgicos, pero incluso los periódicos y revistas se basan cada vez más, de forma explícita y hasta cierto punto paradójica, en estrategias de comunicación cada vez menos fundadas en habilidades propias de la "alta literatura" y las formas de pensamiento con ella asociadas (ONG, 1977). Así pues hemos de recordar que la oralidad no es el fin de nuestro desarrollo educativo, pero es un elemento constitutivo del mismo, y su estudio puede proporcionarnos algunas *bonnes à penser* para construir un *curriculum* más fructífero de la escuela primaria y un sentido más rico de cómo pueden aprender los niños, de la forma más eficiente posible, los contenidos de ese *curriculum*.

Por tanto, un tema fundamental de este capítulo puede resumirse en esta observación de LÉVI-STRAUSS:

> Creo que hemos perdido algunas cosas y quizá debamos intentar recuperarlas, pero no estoy seguro de que, en el tipo de mundo en el que vivimos y con la clase de pensamiento científico que estamos obligados a seguir, podamos recuperar estas cosas exactamente como si nunca se hubieran perdido; no obstante, podemos tratar de hacernos conscientes de su existencia e importancia.
> (LÉVI-STRAUSS, 1978, pág. 5)

El redescubrimiento de la oralidad

Indiqué antes que el lenguaje y el pensamiento de los niños y de los miembros de culturas orales se habían abandonado y estudiado después casi al mismo tiempo y con prácticamente los mismos presupuestos subyacentes. Su relegación coincidió con la idea general de que las convenciones prevalecientes del lenguaje y del pensamiento adulto (masculino) literario eran: natural, racional y adecuado. Al decaer de forma gradual la confianza en esa hipótesis, hemos podido ver cómo se tomaban cada vez más en serio, como adaptaciones racionales a determinados ambientes y circunstancias, otras formas de pensamiento y lenguaje. Con la convicción, adquirida no hace mucho, de que, aún en mayor medida de lo que se pensaba, nuestro conocimiento es "ficticio" (compuesto por elementos debidos a las formas según las que la mente da sentido a las cosas tanto como a la observación empírica), hemos podido ver cómo se tomaban en serio y se estudiaban con todo cuidado los "lenguajes" de los monos, los delfines y los brécoles.

Una cuestión preliminar al redescubrimiento de la oralidad puede ser el redescubrimiento del carácter extraño de esta literatura que durante la mayor parte del tiempo nos pasa desapercibido. He aquí mi BIC PF-49 Punta Fina que se mueve por el papel; nuestros ojos pueden escrutar la página impresa a una velocidad unas diez veces mayor que la de la escritura. Mi escrito lo hago ahora mismo y su lectura la hace usted ahora mismo, aunque quizá haya entre ambas operaciones años de diferencia. El tiempo desaparece. En una cultura oral, las palabras son sonidos que, una vez dichos, se van para siempre. Pueden ser repetidos, pero cada repetición será nueva y algo diferente. No existen criterios o modelos fijos para las palabras habladas (no hay donde mirarlas y comprobar su significado propio, no hay donde puedan continuarse). Cuando cierre este libro, las palabras esperarán con paciencia en sus líneas a que aparezcan otros ojos que quieran leerlas. Cuando las palabras no se utilizan de forma constante en una cultura oral, o no se cuentan las historias, sólo existen mientras sean recordadas por algunos individuos.

¿De qué están formadas las palabras? Solemos decir que de letras. Pero están constituidas por sonidos. Decimos convencionalmente que escribimos cosas. Pero sólo escribimos símbolos diseñados para representar los sonidos de las palabras que significan cosas. Las transmutaciones de cosas a letras implican procesos muy complejos que sólo entendemos de manera vaga y precisaron en su origen de una serie de invenciones importantes que sólo podemos representar someramente. Parece que los inicios de las letras se basan en representaciones pictóricas de las cosas; así, los símbolos llegaron a representar el sonido de las palabras que aludían a las cosas; después, mediante una inteligencia creativa en alto grado, se inventaron los símbolos para representar sílabas del lenguaje, de manera que hacían falta muchos menos símbolos que palabras y cosas, llegando al inconmensurable logro del alfabeto semítico, que utilizaba símbolos para representar el limitado conjunto de consonantes del lenguaje. Parece que el "milagro griego" se produce con la separación de vocales y consonantes y, por tanto, con la invención de un alfabeto que podía representar los sonidos del lenguaje de manera mucho más adecuada y menos ambigua, pudiendo escribirse y leerse con mucha mayor facilidad. La lectura y la escritura dejaron de ser tareas complejas que exigían un largo entrenamiento, con las inevitables dificultades y ambigüedades de interpretación que, hasta entonces, seguían vigentes. Una vez inventado un sistema que permitía la clara representación de los sonidos del lenguaje, se hizo relativamente fácil aprenderlo e interiorizarlo, con efectos culturales espectaculares. Esta "génesis de las formas simbólicas", de la que sólo tenemos indicios y conjeturas, "constituye la odisea de la mente" (LANGER, 1946; pág. IX).

El redescubrimiento, hasta cierto punto reciente, de la oralidad por los estudiosos occidentales está relacionado con algunos problemas planteados por los poemas épicos de HOMERO. El influyente paradigma evolutivo del final de la época victoriana parecía funcionar a la perfección respecto al desarrollo de la ciencia: la sucesión que iba desde el mito a la racionalidad y a la ciencia empírica era totalmente plausible. Sin embargo, la aplicación más general de este paradigma a la cultura humana se enfrentaba con la anomalía de HOMERO. Los victorianos educados en el respeto a los clásicos estaban mucho más familiarizados con las lejanas batallas en las llanuras de Troya batidas por el viento, con el caballo de madera y la forma en que las torres de Troya fueron por fin derribadas, con el largo viaje del astuto Ulises a su hogar en Itaca veinte años después, con la tragedia del noble Héctor y con la cólera del poderoso Aquiles que con la sociedad victoriana a su alrededor. ¿Cómo esta épica vívida y de gran fuerza, su riqueza de intuición humana, su complejidad técnica y fuerza emocional, su irresistible, interesante realidad podía haber sido compuesta por y para quienes, en todo lo demás, eran considerados gentes primitivas? Parecía que la mentalidad "primitiva" (que se suponía una mezcla de irracionalidad y confusión) había dispuesto de los recursos necesarios para crear algunos de los más grandes logros culturales.

Surgieron otras dos complicaciones. En primer lugar, la historia de la *Ilíada*, considerada durante mucho tiempo como una evidente obra de ficción, empezó a verse como un relato de hechos reales acaecidos en el siglo XIII a. C. Tal historicidad empezó a ponerse de manifiesto a raíz de las excavaciones de Heinrich SCHLIEMANN en Troya y Micenas a finales del siglo XIX, haciéndose cada vez más patente y clara, lo que permitió a Michael WOOD ordenar las piezas en la persuasiva película presentada en la popular serie televisiva y en el libro *In Search of the Trojan War* (WOOD, 1985).

La segunda complicación consistía en la creciente evidencia de que HOMERO, y los demás poetas de la tradición de la que formaba parte, eran iletrados. Como señala Berkley PEABODY: "a pesar de las implicaciones del nombre, la literatura no parece haber sido inventada por personas letradas". (PEABODY, 1975, pág. 1). HOMERO, el maestro de la poesía, vivió unos quinientos años después de los acontecimientos que cantó, en un tiempo en que los reinos cuyos barcos avanzaron hacia Troya hacía mucho que habían desaparecido. El creciente conocimiento de la extensión de la escritura en Grecia hizo cada vez más difícil a los estudiosos imaginar a HOMERO, ciego, según la tradición, sentado a la mesa y *escribiendo* sus poemas.

Pero, ¿cómo estos poemas, técnicamente tan complejos, de muchos miles de versos, pudieron componerse sin escribir? Indudablemente ningún bardo iletrado pudo inventar estos hexámetros flexibles mientras cantaba, recordándolos después palabra por palabra. VIRGILIO, el otro gran poeta épico del mundo antiguo, trabajó durante años para escribir su *Eneida*. Sabemos que la revisaba constantemente y que, en su lecho de muerte, pidió que fuese destruida. Ningún poeta iletrado pudo inventarse, en una hora perdida, un libro de una fuerza, viveza y calidad tal que el gran VIRGILIO luchó durante años para igualarla sin conseguirlo.

La historia del redescubrimiento del método homérico de composición es, en sí misma, una obra épica de ingenio erudito, que sólo esbozaré muy por encima. Hemos de volver, desde Patroclo ante los muros de Troya y las batallas académicas para descubrir la realidad histórica que se oculta tras los poemas, a las técnicas de composición oral que fueron en principio expuestas a través del estudio de los textos de HOMERO, y más tarde elaboradas mediante estudios antropológicos. Se trata de otro tipo de relato, pero no carece de interés en sí mismo.

Esta historia comienza con la presencia de un norteamericano en París. Tras obtener una licenciatura en Berkeley (California), Milman PARRY escribió su tesis doctoral en París. Decía que la estructura de los poemas homéricos y su aspecto característico se debían a las necesidades de los métodos orales de composición. PARRY completó su argumentación al principio de los años 30 estudiando los métodos de composición oral utilizados todavía entonces por los juglares yugoslavos que cantaban relatos heroicos. Tras el prematuro fallecimiento de PARRY, su obra fue continuada por Alfred B. LORD.

Los análisis de la *Ilíada* y la *Odisea* efectuados por PARRY mostraban que estaban construidas a base de fórmulas —grupos morfémicos repetidos— cuya composición venía exigida por las necesidades métricas del verso hexámetro. Por ejemplo, HOMERO dispone de gran cantidad de epítetos para la mayor parte de los nombres que se repiten en el poema: para el vino, el mar, los barcos, los principales personajes y así sucesivamente. El epíteto seleccionado en cualquier punto no siempre es el más apropiado en relación con el sentido del verso, pero se impone al ajustarse a su métrica. En muchos casos, el epíteto casi carece de sentido, pero permite la construcción del hexámetro (KIRK, 1965, Cap. I). La quinta parte de los versos de HOMERO se repiten más o menos por completo a lo largo de sus poemas épicos y en aproximadamente 28.000 versos hay unas 25.000 expresiones repetidas (PARRY, 1928). (Por supuesto, la creencia de que los poemas de HOMERO eran composiciones orales no es original de PARRY. VICO la sugirió en 1744 y, con mayor énfasis, WOLF volvió a indicarla en 1795. Pero PARRY fue el primero que demostró con todo detalle cómo se habrían compuesto los poemas en forma oral, poniendo de manifiesto los rasgos característicos de esa composición oral. Véanse también BURKE, 1985, y GRIFFIN, 1980.)

El poeta oral no aprendía de memoria los poemas que componía, como hemos de hacerlo nosotros. Por el contrario, el juglar aprendía a través de un largo proceso (un largo proceso de aprendizaje no literario) la particular forma métrica de su tradición, hasta convertirse en algo parecido a un ritmo somático, en el que podía pensar. El contenido del canto se retenía asimilando sin sombra de duda el argumento general de la historia, de modo que la métrica determinara las pautas de sonido. Como señala Albert B. LORD: "el hombre sin escritura piensa en términos de grupos de sonidos y no en palabras" (LORD, 1964, pág. 25). Así, la declamación oral no supone repetición de un poema aprendido de memoria o una recitación, tal como la conocemos (la idea de un texto fijo es producto del dominio de la escritura), sino que cada declamación constituye una nueva composición. Puede parecerse mucho a otras, y determinadas pautas se repetirán una y otra vez, pero el juglar compone, no repite algo fijado en su memoria. Estamos ante, en palabras de LORD, "la preservación de la tradición mediante su constante re-creación" (LORD, 1964, pág. 29). O, como señala Jack GOODY, refiriéndose a las modernas representaciones de los mitos en culturas orales, no vemos la repetición de un modelo fijo, sino una "continua creación" de la historia básica en cada representación.

Así, en los poemas homéricos, los bloques de sonido se disponen de forma métrica, agrupando línea a línea para repetir la historia heroica. El poeta "sutura" los bloques, uniéndolos a medida que los recita, de manera que las fórmulas se adapten al metro del verso y los episodios se ajusten a la historia. Los griegos denominaban a estos juglares convenientemente entrenados "rapsodas", o sea, "costureros de cantos", en sentido literal; si bien los rapsodas del período clásico ensayaban al modo de los actores modernos, aprendices letrados y repetidores de textos prefijados. HOMERO y sus compañeros iletrados componían mediante la unión de bloques o grupos de sonido. El juglar oral tenía presente la historia, una pauta métrica que se imponía de manera absoluta, según la que se declamaba la historia y un amplio conjunto de fórmulas que permitían ajustar los elementos de la misma a la métrica del verso con *relativa* facilidad. Es posible que HOMERO fuera la culminación de su tradición y recitara sus poemas a escribas preparados.

Es fácil que podamos observar algunas características de la aplicación práctica de esta técnica en la improvisación del virtuoso de la música. Un BEETHOVEN o un MOZART al piano habrían interiorizado de tal manera el proceso de composición y su instrumento, que eran capaces de tomar un tema cualquiera, elaborarlo y desarrollarlo sobre la marcha, deleitando a su audiencia con su disciplinada espontaneidad.

Al principio de la década de los 30, PARRY completó su argumentación estudiando los métodos de composición oral utilizados por los juglares contemporáneos que cantaban episodios heroicos en Yugoslavia. Después de su muerte, su trabajo fue continuado y ampliado por los estudios de Albert B. LORD (1964) sobre juglares semejantes de los Balcanes. LORD describe con cierto detalle las condiciones de su intensivo y, de manera casi invariable, no letrado entrenamiento, que no puede diferir mucho del de HOMERO (LORD, 1964; en especial el Capítulo II). Este trabajo ha sido elaborado más a fondo en el ingenioso análisis de *Los trabajos y los días* de HESIODO, realizado por Berkeley PEABODY (1975). PEABODY muestra, aún con mayor profundidad, cómo utiliza el poeta oral las técnicas desarrolladas a través de innumerables generaciones para producir ante su audiencia una especie de realidad alternativa. O sea, las técnicas de la poesía oral están diseñadas para impedir la reflexión crítica en relación con las historias y sus contenidos y, en vez de "hechizar" a los oyentes, sumergirlos en el mundo de la historia. Más adelante describiré algunas de estas técnicas.

Este proceso de captar la atención del público, de comprometerlo y sumergirlo en la realidad de la historia constituye una característica central de la educación en una cultura oral. Las instituciones sociales de las culturas orales se sostienen en gran medida gracias al sonido, a la palabra hablada o cantada, y a cualquier cosa que se logre comprometiendo a los sujetos con determinadas creencias, expectativas, papeles y comportamientos. Las técnicas de fijación de las pautas fundamentales de creencias en la memoria —rima, ritmo, fórmula, narración y demás— son vitalmente importantes para sostener las instituciones sociales. En esas culturas, la educación es en gran medida una cuestión de sumergir constantemente al joven en sugestivas pautas de sonido hasta que resuenen en él, hasta que sintonice en sentido "musical", se armonice con las instituciones propias de su cultura.

Los poemas homéricos llegaron a considerarse como los educadores de los griegos preclásicos, por desempeñar este papel social. No se aprendían por su valor estético; éste era sólo instrumental en relación con su valor social en general, como "un depósito masivo de saber útil, una especie de enciclopedia de ética, política, historia y tecnología que el ciudadano debía aprender como núcleo central de su bagaje educativo" (HAVELOCK, 1863, pág. 29). En este tipo de educación se utilizaba una proporción muy importante de energía mental para asegurar la memorización de los principales mensajes de la cultura, dado que sólo podían existir y perdurar en la memoria de las personas. Poca energía mental quedaba para la reflexión sobre tales mensajes, o para su análisis, ya que esa actividad interferiría con la necesidad de grabarlos en cada mente sin ponerlos en tela de juicio.

Eric HAVELOCK realizó una ampliación de las obras de PARRY y LORD. Sus *Preface to Plato* (1963), *Origins of Western Literacy* (1976) y *The Muse Learns to Write* (1986), muestran que los principios de composición poética que redescubrieron PARRY y LORD sirven para aclarar más los logros alcanzados por la primitiva filosofía griega, ayudando especialmente a aclarar por qué PLATÓN pretendía excluir a los poetas de su estado ideal. Se relee, por así decir, *La República* de PLATÓN como programa para educar a las personas, eliminando los residuos de la cultura oral y abrazando las formas de pensamiento que hace posible el dominio de la escritura. Según la interpretación de HAVELOCK, PLATÓN dice que la mente no necesita ya sumergirse en la tradición oral, aprendiendo de memoria y copiando las estructuras paradigmáticas y las pautas de los poemas homéricos, sino que debe liberarse para ocuparse de sus objetos propios (que podríamos denominar conceptos abstractos, y PLATÓN llamaba "formas" o "ideas"). PLATÓN caracterizaba esta forma de pensamiento como opuesta a la tradición homérica; tal como lo representa HAVELOCK, el esquema educativo de PLATÓN instala la mente en la realidad, mientras HOMERO paralizaba el intelecto mediante sus seductoras ilusiones y deformaciones de la realidad.

Así, las nuevas formas de pensamiento, posibles gracias al dominio de la escritura, en sus primeros pasos dentro del discurso pedagógico, aparecen como enemigas de las *bonnes à penser* orales: "El objetivo de PLATÓN consistía, en efecto, en un procedimiento pedagógico y en una forma de vida completa" (HAVELOCK, 1963, pág. 45). En las reflexiones de PLATÓN aparecen ambivalencias claras respecto a la tradición oral (véase el *Fedro* y la posiblemente apócrifa *VII carta*) y a HOMERO, pero, en último término, aquellas formas de pensamiento, educación y sociedad que se utilizaron "para retener con tenacidad un precioso repertorio de ejemplos" (HAVELOCK, 1963, pág. 199) tenían que ser destruidas para dejar paso a las nuevas formas abstractas de pensamiento y al mundo que aparecía con ellas. PLATÓN no concebía su esquema educativo como edificado sobre la tradición oral, sino como aquello que lo reemplazaba. En expresión de HAVELOCK, su obra "anunciaba la llegada de un nivel totalmente nuevo de discurso que, cuando se perfeccionase, crearía a su vez un nuevo tipo de experiencia del mundo: reflexiva, científica, tecnológica, teológica, analítica. Podemos adjudicarle una docena de nombres" (HAVELOCK, 1963, pág. 267). La influencia de PLATÓN en el pensamiento occidental es tan fuerte que nos resulta extremadamente difícil imaginar la clase de consciencia creada en la tradición oral y el tipo de experiencia que un juglar cantor de historias o narrador de mitos podía crear para sus oyentes.

La descripción de HAVELOCK sobre las técnicas de recitación oral de los cantores de relatos heroicos en el mundo antiguo muestra que el público recibía los poemas de un modo muy diferente del nuestro cuando los leemos hoy. El objetivo último de estas técnicas consistía en asegurar "un estado de compromiso personal total y, por tanto, de identificación emocional con la sustancia del planteamiento poetizado que el público había de retener" (HAVELOCK, 1963, pág. 44). Un joven perteneciente a una cultura oral, ya fuera griega o aborígen australiana, tenía que emplear considerables recursos mentales para aprender los fundamentos orales de sus instituciones culturales. Los juglares profesionales —en quienes estaban grabados con gran profundidad los ritmos e historias de la cultura— son figuras centrales en tales sociedades, aunque los mensajes se repetían de forma constante y por todas partes. Proverbios, máximas, clichés y fórmulas se pronunciaban en la mesa, al levantarse y acostarse, en el mercado y en el campo, y siempre se repetían fragmentos de los grandes mitos o poemas épicos de la cultura en cuestión. Los niños africanos, por ejemplo, aprenden tradicionalmente los usos y costumbres de sus grupos étnicos mediante adivinanzas que les plantean sus abuelos. En las escuelas religiosas del mundo musulmán, se exige a los jóvenes alumnos que aprendan de memoria pasajes larguísimos de la literatura y de la ley coránicas. Es muy probable que los relatos bíblicos fueran, en principio, repetidos y manipulados por juglares y narradores, como ocurre hoy día en muchos lugares con los relatos de las culturas africanas.

El aprendizaje de los mensajes que mantienen una cultura oral es distinto del constante esfuerzo de acumulación de saber al que estamos acostumbrados. En una cultura oral, es fundamental la memorización, aunque no se realice de la misma forma utilizada por nosotros cuando tratamos de memorizar algo. En nuestra cultura, aprender algo de memoria suele consistir en tratar de copiar un texto de manera que podamos repetirlo cuando nos lo pidan; nuestras técnicas suelen ser pobres, incluyendo largas repeticiones, aplicando quizá algunas reglas mnemotécnicas, diciendo el texto en voz alta con los ojos cerrados y demás operaciones por el estilo que no suelen resultar muy eficaces. En una cultura oral, el aprendizaje se produce más en un nivel somático, utilizando todo el cuerpo para ayudar en el proceso de memorización. El juglar homérico, como todos los juglares del mundo, suele utilizar un instrumento de una sola cuerda, a veces un tambor, cuya percusión refuerza el ritmo de la declamación y atrae al oyente por el hechizo del sonido acompasado. El público no escucha como pudiera hacerlo ante una representación, sino que es invitado a vivir el relato. El ritmo acústico creado por el juglar y su instrumento se apoya en la métrica reiterativa, los movimientos rítmicos del cuerpo, la pauta marcada por las fórmulas y la historia, para crear unas condiciones apropiadas para captarse al público de manera que el mensaje quede impreso en la mente de los oyentes. "En una palabra, todo el sistema nervioso está ocupado en la tarea de memorización" (HAVELOCK, 1963, pág. 151). Las técnicas del juglar experimentado producen en el público un placer relajado, semihipnótico; "las pautas rítmicas, vocales, verbales, instrumentales y físicas, actúan en conjunto y producen un efecto consonante" (HAVELOCK, 1963, pág. 152). [Para una revisión más completa, véase HAVELOCK, 1963, Cap. IX: *"The psychology of the poetic performance"* ("La psicología de la representación poética").]

El estado semihipnótico es semejante al que a menudo describen los antropólogos como la condición en que los oyentes reciben los mensajes fundacionales de sus respectivas culturas. LÉVI-STRAUSS afirma, no sin dramatismo, que su estudio de la mitología trata de "mostrar, no cómo piensan los hombres en los mitos, sino cómo actúan los mitos en las mentes de los hombres sin que éstos se percaten de ello" (LÉVI-STRAUSS, 1969, pág. 12). Prefería comparar este proceso con una interpretación musical más que con formas o textos lingüísticos: "Así, el mito y la obra musical son como directores de orquesta, cuya audiencia se convierte en intérprete silencioso" (LÉVI-STRAUSS, 1969, pág. 17). Aunque ningún educador occidental estaría dispuesto a reproducir todos los aspectos de este fenómeno en las escuelas (!), parece importante comprender la naturaleza de este estado receptivo. Cualquiera que esté familiarizado con la atención absoluta de los niños hacia determinados programas de televisión podrá reconocer algunos aspectos de la condición aquí descrita.

De igual manera, Edmund LEACH afirma que las pautas estructurales de los mitos y sus mensajes subyacentes se comunican con gran fuerza y sin ambigüedad alguna a pesar de las considerables variaciones que se observan en los aspectos superficiales de los relatos y en las distintas interpretaciones.

> Siempre que un *corpus* mitológico se recita en su propio ambiente religioso, se "siente" que esas estructuras están presentes, y transmiten su significado como lo hace la poesía. Aunque el oyente ordinario no sea del todo consciente de lo que ha sido comunicado, el "mensaje" está allí en un sentido muy objetivo.
>
> (LEACH, 1967, pág. 12)

En palabras de LÉVI-BRUHL, cuando un mito sagrado se recita en ambientes rituales u otros cargados emocionalmente, "lo que en ellos se escucha despierta toda una gama de armónicos inexistente para nosotros" (1985, pág. 369). La forma escrita del mito que nosotros podemos estudiar no "es sino el cadáver inanimado que permanece una vez que ha fenecido la llama de la vida" (LÉVI-BRUHL, 1985, pág. 369).

En su revisión de la oralidad, Jack GOODY (1977, 1986, 1987) no sólo rebate las ideas tradicionales respecto al paso del pensamiento "primitivo" al racional, sino que demuestra que las diferencias, que con frecuencia suelen inferirse como pruebas de esta evolución, pueden entenderse mejor como epifenómenos del paso de la oralidad al dominio de la escritura; así mismo ha aclarado algunos momentos concretos del paso de la oralidad a la escritura —de los que me ocuparé más adelante— y, con Ian WATT, ha mostrado con todo detalle diversas consecuencias de la escritura frente al substrato oral (GOODY y WATT, 1968). (Véase en ONG, *Orality and Literacy*, 1982, la mejor revisión actual de este campo.)

Quiero volver a ahora desde la historia del redescubrimiento de la oralidad a la simple mención de algunas de las principales *bonnes à penser*, corrientes en las culturas orales. No será una revisión sistemática, sino motivada por mis intereses pedagógicos. Comenzaré con las características de la oralidad analizadas en esta breve exposición de PARRY, LORD, HAVELOCK, GOODY y ONG, y trataré de elaborarlas atendiendo a algunas otras obras.

"Bonnes à penser" orales

La mención de determinadas características de las culturas orales no significa que pretendamos que todas estas culturas sean iguales, ni que utilicen el mismo conjunto de técnicas para preservar sus instituciones culturales. En efecto, se aprecian enormes diferencias entre las culturas orales de los griegos preclásicos y de los habitantes de las islas Trobriand a principios del siglo xx, entre los aborígenes australianos y los indígenas de la costa noroccidental de América antes de los contactos generalizados con los europeos. Las culturas orales de todo el mundo inventaron diferentes *bonnes à penser* para dar forma y preservar sus instituciones particulares. El mito comprende todo un conjunto de técnicas que difieren significativamente de un lugar a otro. Y, de acuerdo con LÉVI-BRUHL, el mito mismo constituye una invención cultural diseñada en parte para recrear o recoger el sentido de participación en la naturaleza, del cual los grandes inventos neolíticos de la cría de animales, agricultura, construcción de herramientas y recipientes de barro, tejeduría y quién sabe qué invenciones lingüísticas (¿los tiempos verbales?, ¿el subjuntivo?) hace mucho tiempo que alejaron a sus usuarios. Dado que no es en absoluto desdeñable la enorme diversidad de instituciones culturales orales, agruparé a continuación en tres subapartados un *"ensemble of characteristics"* ("conjunto de características") de la oralidad, para utilizar la expresión del traductor de LÉVI-BRUHL, (LÉVI-BRUHL, 1985, pág. 29).

Para nosotros es muy difícil pensar en la oralidad sólo como en un conjunto positivo de *bonnes à penser.* Lo que obstaculiza nuestras tentativas de comprensión de las formas de pensamiento mantenidas de manera oral son las capacidades y formas de comunicación estimuladas por el dominio de la escritura. Pero hemos de hacer el esfuerzo necesario para considerar la oralidad como un conjunto de formas de aprendizaje y comunicación lleno de energía y diferente del nuestro, y no sólo como una utilización incompleta e imperfecta de la mente a la espera de la invención de la escritura. Así la oralidad no coincide de ninguna manera con lo que solemos entender por analfabetismo. Quizá podamos entender mejor el analfabetismo como una condición en la que los sujetos no han adquirido las positivas habilidades que puede proporcionar la oralidad sin que, por otra parte, se hayan asimilado las propias del dominio de la escritura. Consideremos qué ventajas proporcionan estas *bonnes à penser* orales, de manera que "tomemos conciencia de su existencia e importancia" de modo más explícito y podamos contarlas entre aquellas que también nos servirían a nosotros y, por tanto, merecerían nuestro empeño en preservarlas o estimular su adquisición y desarrollo.

La poética de la memoria

Empecemos considerando la oralidad centrándonos en lo que parece la razón fundamental que exige tácticas de pensamiento distintas de las características del dominio de la escritura: es preciso confiar en la memoria. Si las instituciones de la propia cultura dependen de las memorias vivas de sus miembros, las técnicas que parecen más aptas para imprimir los mensajes adecuados en sus mentes y mantenerlos en la forma más estable posible son de vital importancia. La sensación victoriana corriente de la "incapacidad mental" de las personas pertenecientes a culturas orales, como demuestra su disgusto por el desarrollo de funciones mentales habituales en las culturas letradas occidentales o su incapacidad para ello, desembocaba en extrañas anomalías. LÉVI-BRUHL, en 1910, resumió una de ellas. Describió diversas hazañas prodigiosas de la memoria que, sin embargo, eran hechos corrientes para los nativos:

> Este extraordinario desarrollo de la memoria, memoria que reproduce con toda fidelidad los minuciosos detalles de las impresiones de los sentidos en su orden correcto de aparición, se muestra sobre todo por la riqueza de vocabulario y la complejidad gramatical de los idiomas. Ahora bien, los hombres que hablan estos idiomas y poseen este poder mnemónico son (en Australia o en el norte de Brasil, por ejemplo) incapaces de contar más allá de dos o tres. El esfuerzo mental más sencillo que implique razonamiento abstracto, con independencia de lo rudimentario que sea, les resulta tan desagradable que inmediatamente se declaran cansados y lo dejan.
>
> (LÉVI-BRUHL, 1985, pág. 115)

La forma de plantear LÉVI-BRUHL esta cuestión presenta algunas dificultades debidas en parte a sus concepciones sobre la naturaleza "prelógica" y "mística" de la "mentalidad primitiva". Así, por ejemplo, no se trata de que sus sujetos tengan un "poder mnemónico", sino más bien de que hayan desarrollado un conjunto de técnicas para aprender y recordar. Asimismo, más adelante defenderé que el problema de sus sujetos no radica tanto en la "abstracción" (presupuesto aplicado también al pensamiento infantil) sino más bien en la disociación del pensamiento respecto a las cuestiones de la vida diaria. Por ejemplo, GOODY describe su ingenua petición a un LoDagaa para que contase. "¿Contar qué?" fue su respuesta, para ellos obvia. Disponían de una serie de formas complejas de contar y de un sistema numérico abstracto, pero sus métodos para contar vacas o conchas de cauri eran diferentes. Como veremos, tampoco el "razonamiento abstracto" es algo que requiera algo más que una mente humana; sólo se trata de que las personas que no escriban ni lean no podrán utilizar determinadas capacidades mentales que supongan un tipo de abstracción dependiente de la escritura.

No obstante, LÉVI-BRUHL describe la aparente anomalía consistente en prodigios mentales en sujetos que supuestamente eran deficientes. Se daba cuenta de que no había una escala sencilla entre la superioridad y la inferioridad mentales, sino que las condiciones de vida presentes en las culturas orales estimulaban desarrollos mentales diferentes para enfrentarse a las mencionadas condiciones. Y muestra una gran precisión a la hora de localizar un amplio conjunto de tales diferencias. Concluía diciendo que los usos de la memoria en las culturas orales "son muy diferentes porque sus contenidos son de carácter distinto, muy exacto y muy emocional al tiempo" (LÉVI-BRUHL, 1985, pág. 110).

Las culturas orales operan sobre las emociones de sus miembros haciendo que los mensajes importantes, en sentido cultural, estén contextualizados en relación con determinados acontecimientos, presentando personajes y sus correspondientes emociones en conflicto, en el seno de narraciones; en una palabra, incluyendo los mensajes en relatos narrativos. "Todos los mitos cuentan una historia", señala Lévi-Strauss (1962, pág. 26), y ya hemos visto la conclusión de Albert B. Lord respecto al papel del relato en cuanto a la provisión de una estructura firme para la constante reconstrucción de los cantares de gesta. En último extremo, las fórmulas, agrupaciones y métrica "sólo sirven a un único fin. Proporcionan el medio para contar una historia... El cuento es el objeto" (Lord, 1964, pág. 68). Uno de los pocos universales culturales es la forma de relato: todos y en todas partes hemos contado cuentos y disfrutado con ellos. Constituyen una de las invenciones culturales más importantes para recoger y fijar significados. Quizá el uso que hago aquí del término "invención" sea algo tendencioso, en un sentido semejante al de la crítica que antes hice del término "tecnología". Es posible que la palabra "descubrimiento" fuera más apropiada; algunas personas o pueblos muy creativos habrían descubierto que los mensajes presentados en la forma cacaracterística del cuento se recordarían mejor y llevarían consigo una carga de identificación emocional que reforzaría en gran manera la cohesión y el control sociales.

Asimismo, por supuesto, las historias míticas tienen lo que podemos considerar valores estéticos. Pero, mientras nosotros distinguimos los valores estéticos de los utilitarios, los miembros de las culturas orales los unifican. La fuerza estética de los mitos o relatos heroicos es uno de los aspectos que los hacen dignos de recuerdo. Por lo que respecta a la mayor parte de la experiencia humana, la forma narrativa ha sido uno de los apoyos más poderosos y eficaces de las culturas en todo el mundo. Su gran fuerza radica en su capacidad para fijar respuestas afectivas a los mensajes que contiene y para vincular lo que ha de recordarse por medio de asociaciones emocionales. Para decirlo de manera sencilla, nuestras emociones son más eficaces para mantener y ayudar a recordar los acontecimientos (Bartlett, 1932), [aunque el entrenamiento de la memoria en ambientes letrados puede también producir auténticos prodigios, como demostró Matteo Ricci (Spence, 1984); véase también Frances Yates, 1966]. Esta conexión entre emociones y memoria no debe sorprendernos si pensamos en aquellos acontecimientos de nuestra vida que mejor recordamos. De manera casi invariable podemos observar que se acompañan de asociaciones emocionales vívidas y mantienen de forma muy nítida un particular tono emocional. El núcleo central de la mayor parte de las culturas del mundo y sus grandes religiones está formado por una narración de estilo legendario, e incluso tenemos dificultades para eliminar las formas legendarias de nuestra historia racional. En efecto, las historias simplificadas que se enseñan en las escuelas de la mayor parte de los estados nacionales tienen, al menos, tanto en común con los mitos de los orígenes o con las culturas orales como con los austeros ideales de la historiografía racional (Ravitch, 1983).

Así, una de las técnicas desarrolladas desde hace mucho tiempo en las culturas orales, cuya importancia para la educación solemos olvidar, dejar de lado o incluso reprimir, es la correspondiente a la forma narrativa. Creo que existen muchas maneras de utilizar este poderosísimo medio de comunicación en la educación actual, en especial en la escuela primaria. Pienso que la narración tiene tantos y tan importantes usos que en el próximo capítulo exploraré su naturaleza y potencial empleo educativo.

En el apartado anterior señalé algunas técnicas que se utilizan en las culturas orales con el fin de crear las condiciones para una eficaz recepción y memorización de los mensajes culturales más importantes. La condición de encantamiento emocional que describe Havelock debe mucho a la forma narrativa, pero también a otras técnicas que embellecen la narración – hemos visto las funciones de la rima, el ritmo, la métrica, repetición de fórmulas, redundancia y debemos añadir el uso constante de imágenes de extraordinaria vivacidad o visuales transmitidas por medio de sus cualidades sensitivas. Podemos ver cómo estas técnicas se utilizan en las culturas orales de todo el mundo para establecer la confianza en diversas instituciones sociales. Las técnicas utilizadas para "hechizar" a los griegos arcaicos que describe Havelock coinciden, en gran medida, con las mencionadas por E. E. Evans-Pritchard, utilizadas por los Azende contemporáneos para infundir la fe en el brujo (E. E. Evans-Pritchard, 1936).

Por supuesto, la poesía occidental utiliza con mucha frecuencia estas mismas técnicas y la condición mental descrita por Havelock es muy semejante a la que definiríamos con facilidad como poética. Como juglares de relatos heroicos o los narradores de mitos, el poeta emplea los contrastes de sonidos para crear determinados efectos emocionales y para fijar ciertos significados. La configuración de los sonidos encuentra una útil salida en la poesía y otra, de la que nos ocuparemos en los dos próximos volúmenes, en la retórica. Ambas, junto con la música, constituyen quizá las manifestaciones más evidentes y directas de la tradición oral que ha sobrevivido en el mundo letrado.

Entre las *bonnes à penser* del pensamiento poético, ocupa un lugar prominente la metáfora y su subconjunto de tropos poéticos. La comprensión mítica se desarrolla con mayor facilidad de acuerdo con la compleja lógica de la metáfora que con la lógica sistemática de la investigación racional. Como señala Cassirer, "es un hecho al que estamos acostumbrados que todo el pensamiento mítico se rige y está transido por el principio (de la metáfora)" (Cassirer, 1946, pág. 92). Podemos apreciar con facilidad y acceder sin problemas a esta fuerza metafórica tal como aparece en todo momento en nuestro lenguaje cotidiano. "En todo momento", "acceder", "fuerza" y demás términos por el estilo indican los usos casuales de la metáfora. Es evidente que constituye uno de los fundamentos de nuestra actividad mental, fundamento sobre el que también descansa nuestra lógica sistemática de la investigación racional o —metáfora mejor— el suelo en el que crece. Por ello, tanto el mito como nuestro lenguaje cotidiano está impregnado de metáforas. Concluye Cassirer: "En ambos opera la misma forma de concepción mental. Es la que podemos denotar como *pensamiento metafórico*" (Cassirer, 1946, pág. 84). O, como observa Lévi-Strauss, "la metáfora... no es un adorno tardío del lenguaje, sino una de sus formas fundamentales: una forma primaria de pensamiento discursivo" (Lévi-Strauss, 1962, pág. 102; véase también Cooper, 1986).

Por tanto, éstas son algunas características de la oralidad de nuestro conjunto, generadas a causa de la necesidad de memorizar y comprometernos con las propias instituciones culturales. En todas las culturas orales encontramos, en mayor o menor grado, estas técnicas, estas *bonnes à penser:*

> En diferentes períodos y en distintas culturas existen estrechos lazos entre las técnicas de rememoración, la organización interna de la facultad

(de la memoria), el lugar que ocupa en el sistema del yo y las formas de representarse la memoria que los hombres utilizan para sí mismos.

(VERNANT, 1983, pág. 75; véase también FINNNEGAN, 1970, 1977)

Estamos ya acostumbrados a estas *bonnes à penser,* pero suele ser en una forma muy atenuada o alterada. Por ejemplo, la rima, para nosotros, es poco más que algo curioso, un aspecto del juego de los niños, anacrónica y, por tanto, irónica en la poesía moderna. Se nos hace difícil considerar su uso sistemático como algo de vital importancia social. Podemos escribir, por lo que no necesitamos la rima para sostener el recuerdo de nuestras prácticas establecidas. Estos restos de la oralidad: rima, ritmo, métrica, narración, metáfora; para nosotros sólo sirven casi (he sentido la tentación de escribir "exclusivamente") para fines estéticos. Mientras la metáfora y la narración nos siguen pareciendo importantes, desde el punto de vista cultural de una forma imprecisa, solemos pensar que la rima y el ritmo sólo son simples supervivientes culturales casuales, a duras penas capaces de hallar un nuevo y precario lugar para entretener a la persona letrada (como los señores y señoras de una civilización pasada hacían con los payasos y bailarines para entretener a sus conquistadores). Pero, cuando el arte sostiene la fe (sea en los dioses, en la validez de las propias instituciones culturales, en la propia sociedad, en el sentido de sí mismo), tiene un objetivo utilitario. Así, a medida que vamos avanzando, es posible que nos sintamos algo incómodos al pensar en algunas *bonnes à penser* inventadas para crear y mantener la memoria como simples entretenimientos. Sus orígenes radican en la notable ambición humana "para liberar el alma del tiempo y abrirla al camino hacia la inmortalidad" (VERNANT, 1983, pág. 95). Todos los asombrosos logros culturales y tecnológicos que existen desde el desarrollo de la escritura se han basado en su eficacia y en el espacio intelectual que ocuparon y todavía pueden generar. Así pues, haríamos bien en considerar con mucho cuidado su papel actual y potencial en la primera infancia.

Participación y conservación

Un indio Ojibwa observaba: "El hombre blanco escribe todo en un libro de modo que no pueda olvidarse de nada; pero nuestros antepasados apareaban los animales, aprendían su forma de vivir y transmitían su saber de una generación a otra" (JENNESS, en LÉVI-STRAUSS, 1966a, pág. 37). Esta manifestación expresa el sentido de participación en el mundo natural, el sentido de la posesión de un saber que es diferente de los tipos de proposiciones características de las investigaciones racionales. Refleja una condición mental que los antropólogos tratan de describir frecuentemente como una forma de identificación con la naturaleza que, al compararla con nuestras relaciones habituales con el mundo natural, hace que éstas parezcan alienadas. "El fundamento de las acciones, pensamientos y sentimientos del hombre primitivo era la convicción de que lo divino era inmanente a la naturaleza, y la naturaleza estaba íntimamente vinculada con la sociedad" (FRANKFORT y cols., 1949, pág. 237). Todas las tentativas para bosquejar las causas y el carácter de este sentido de participación indican que, aunque los mitos y la consciencia que hallamos en las culturas orales son inadecuados para lograr un control pragmático *sobre* el mundo, realizan la admirable tarea de preparar a las personas para participar con comodidad *en* su mundo vital. Pero es evidente que no se trata de una condición sencilla ni de algo que nos deba provocar un inequívoco sentimiento de pérdida de un elemento que desapareció hace mucho tiempo. Así lo manifiesta ONG:

> La psiquis de una cultura que prescinde de la escritura conoce mediante una especie de identificación por simpatía del conocedor con lo conocido en la que el objeto de conocimiento y el ser total de conocedor participan en un tipo de fusión de una manera que las culturas literarias considerarían de forma típica como insatisfactoriamente vaga, mutilada e intensa y participativa en exceso.
>
> (ONG, 1977, pág. 18)

Uno de los puntales de la racionalidad occidental consiste en el conocimiento, como si dijéramos, de dónde acabamos nosotros y dónde empieza el mundo: la distinción entre el mundo y nuestros sentimientos, esperanzas, temores y demás aspectos interiores de la persona. Esta forma de pensar parece constituir un producto derivado del dominio de la escritura. Como señala ONG, "la escritura promueve abstracciones que desligan al conocimiento de la arena en la que los humanos luchan entre sí" (ONG, 1982, págs. 43, 44), o, en palabras de PEABODY: "El cambio de medio que se produce entre la expresión y el registro de la misma, afecta a la forma de funcionar una institución de este tipo y tiende a transformar lo que era un agente inmediato, vivo, activo en una autoridad cada vez más distante, atemporal, pasiva" (PEABODY, 1975, págs. 1, 2). En una cultura oral, el oído está mucho mejor sintonizado para captar los mensajes culturales, ayudado por la vista. En nuestro caso, suele ocurrir lo contrario.

El sonido es vivo y participativo. Sólo es eficaz en un corto radio físico de acción. El que escucha debe estar en presencia del hablante: no existen informes cuidadosamente preparados del presidente o del gerente. Como decía SÓCRATES, "la palabra viva, ... tiene un alma..., de la que, en sentido estricto, la palabra escrita no es sino una imagen" (PLATÓN, *Fedro,* trad. JOWETT, 1953, pág. 279). La palabra viva es la palabra situada en la arena de las interacciones y conflictos humanos. No es la palabra distanciada y "enfriada" del texto escrito. El uso del idioma en una cultura oral tiende, por tanto, a mantenerse, en expresión de ONG, "en tono agonístico" (1977, pág. 113); está cargado con la energía directa del cuerpo del hablante y, en consecuencia, con las esperanzas, temores, pretensiones, necesidades, intenciones y demás del mismo. Los relatos heroicos orales están llenos de alardes, elaborado abuso de los adversarios y alabanzas exhuberantes de los caudillos o de quienes gozan del favor del hablante. En las culturas orales, las tensiones de las luchas cotidianas están siempre presentes. Estos hechos de la vida oral conducen a un mundo muy polarizado, de bien y mal, amigos y enemigos, miedo y seguridad, y así sucesivamente.

Indica ONG que la vida mental de las culturas orales "con toda seguridad lleva consigo una pesada carga de alabanzas y vituperios" (1977, pág. 112), porque "si un sujeto no piensa según fórmulas, pensamientos estructurados de manera mnemotécnica, ¿cómo va a conocerlos realmente?, o sea, ¿cómo va a poder recordarlos, aunque sólo sean de moderada complejidad?" (pág. 104). Así, como las culturas orales "no tienen más remedio que almacenar el saber en narraciones relacionadas con interacciones entre personajes humanos o casi humanos" (1977, pág. 112), existe una fuerte presión para polarizar. Por ejemplo, los Batomba, del Africa subsahariana, tienen dos apelativos en forma de paráfrasis, polarizados de manera paradigmática, para los extranjeros blancos: "el hombre blanco, honrado por todos, amigo de nuestros jefes" o, si lo exige la ocasión, la expresión marcada: "no toques la oruga venenosa" (ONG, 1977, pág. 112). En sociedades de este estilo, también suelen estar "en tono agonístico" las formas de juego verbal —a menudo, los acertijos, bromas, chistes, se caracterizan por una competitividad e incluso agresividad lúdicas.

Un síntoma del paso hacia lo que ONG llama "oralidad secundaria" quizá sea el creciente uso de *"I see what you mean"* en vez de *"I hear what you're saying"**. El dominio de la escritura supone el empleo de un medio que pone distancia, basado en el ojo y en su capacidad para ir hacia atrás y hacia delante en un texto. Las formas de pensamiento han promovido el uso de expresiones marcadas en sentido etimológico por la creciente predominancia del ojo. "Idea" tiene la misma raíz que "vídeo", y "teoría" —*theoria*— es un espectáculo, algo que se observa. Para el ojo no resulta tan fácil como para el oído percibir la emoción en las palabras y, por tanto, al escribir aprendemos a hacer más objetivo nuestro lenguaje. Esta situación ha llevado a uno de los excesos más pintorescos de la escritura, como en el caso en que los escritores hacen como si no fueran ellos mismos los autores de un texto, de modo que, en vez de "yo", emplean la expresión: "el autor piensa que..."

En una cultura oral, "el significado de cada palabra se ratifica a través de una sucesión de situaciones concretas, acompañada por inflexiones orales y gestos físicos que se combinan para particularizar su denotación específica y sus usos connotativos aceptados" (GOODY y WATT, 1968, pág. 306). Esta imbricación con el mundo vital indica que las palabras no constituyen objetos de reflexión de ningún modo sistemático y, en consecuencia, las culturas orales carecen de toda epistemología, en el sentido en el que nosotros lo entendemos. Mientras las palabras estén vinculadas estrictamente con su contexto de referencia no pueden surgir problemas filosóficos. Las personas pertenecientes a culturas orales no disocian las palabras de las cosas hasta el punto de no plantearse cuánto habría que reducir las patas de una mesita para que se convirtiera en una bandeja. Esta característica de su pensamiento nada tiene que ver con "defectos" o "inadecuaciones de la mente primitiva", sino que es más bien una función de la inutilidad práctica de muchas de nuestras formas de pensar y de las técnicas de pensamiento en las condiciones de la mayoría de las culturas orales. "En una... sociedad iletrada, la memoria no se ocupa con nada que pueda ser inútil o ininteligible" (A. PARRY en M. PARRY, 1971, pág. XIII). En casi todas las culturas orales, el tiempo, por ejemplo, se consigna en términos de las actividades diarias significativas

---

*La traduccion literal sería: "veo lo que quieres decir" y "oigo lo que dices". En ambos casos, la traducción al castellano debería ser: "entiendo lo que quieres decir", "sé lo que quieres decir", que no retienen el matiz de las expresiones originales, fundamental para la exposición de Kieran Egan, por lo que las dejamos en inglés. *(N. del T.)*

para el grupo social. Un sistema de medida del tiempo "abstracto" o, mejor, disociado o independiente, como el que utilizamos nosotros, sólo es útil cuando hay que coordinar gran número de actividades de tipos muy diferentes. En la mayor parte de culturas orales no se produce tal diversidad, por lo que la medida del tiempo refleja la sucesión de actividades que constituyen los ritmos de la vida diaria.

LURIA (1979, Cap. 4) describe los estudios que realizó con campesinos iletrados en áreas remotas de la Unión Soviética. Les planteaba problemas, en apariencia sencillos, como éstos: muy al norte, en donde hay nieve, todos los osos son blancos. Nueva Zembla está muy al norte y allí siempre hay nieve. ¿De qué color son los osos que hay en Nueva Zembla? Sus sujetos, que sin duda deseaban ser corteses y participar en la conversación, contestaban que nunca habían estado en Nueva Zembla y, por tanto, no lo sabían, o bien, que habían visto osos negros, pero nunca uno blanco, y así sucesivamente. O sea, la clase de conversación que LURIA pretendía mantener con estos campesinos era de un tipo cuyas reglas y formas subyacentes de pensamiento nos son habituales, pero sólo podían parecer raras a los campesinos iletrados. La cuestión nada tiene que ver con la capacidad mental, sino con la utilidad social y la influencia de ésta sobre la cognición. En las culturas orales, el pensamiento pragmático participa de manera más integral en el mundo vital; no siente necesidad alguna de tratar el mundo y la experiencia como objetos distanciados de sus necesidades emocionales, estéticas y utilitarias. Como tal, "no hace distinción neta entre los estados subjetivos y las propiedades del cosmos" (LÉVI-STRAUSS, 1969, pág. 240).

A veces, las culturas orales se han descrito como proclives a la homeostasia, el conservadurismo y la estabilidad de una forma que no es compartida por nuestras propias culturas. Por supuesto, en ellas se producen transformaciones de muchos tipos —migraciones, desastres, invasiones, fusiones con otras—, pero las formas mentales predominantes en las culturas orales tienden a mantener relatos verbales de la vida de la correspondiente cultura que aseguren la continuidad y la estabilidad. Una sorprendente diferencia que existe entre las culturas orales y las letradas consiste en sus distintas actitudes respecto al pasado; disponemos de relatos históricos muy exactos y los valoramos, mientras las culturas orales cultivan lo que J. A. BARNES llama "amnesia estructural" —procedimientos sistemáticos para "olvidar" o eliminar de los registros orales el pasado de la cultura (cf. GOODY y WATT, 1978, pág. 309). Aunque a menudo las culturas orales preservan el recuerdo de determinados acontecimientos históricos en relatos o en genealogías memorizadas de las familias principales, no suelen conservar con exactitud la memoria del pasado, sino que, por regla general, se atienen con fidelidad a las condiciones y estatutos sociales actuales. Los relatos y las genealogías cambian de acuerdo con las modificaciones de las condiciones y estatutos. MALINOWSKI (1954) expone el desarrollo efectivo de este proceso entre los habitantes de las islas Trobriand. Al producirse cambios en la estructura y en las relaciones de poder de la sociedad, se modifican los mitos del origen para acomodarse a la estructura social vigente. Los cambios históricos fueron desapareciendo poco a poco o, como concluye MALINOWSKI, "los mitos sirven para encubrir ciertas incoherencias provocadas por los acontecimientos históricos" (MALINOWSKI, 1954, pág. 125). Así, el registro oral del pasado asegura que "el individuo tenga una percepción del pasado muy restringida, salvo en relación con el presente" (GOODY y WATT, 1968, pág. 310).

Nos resulta difícil pensar en esta amnesia estructural como algo diferente de una inconsciencia relativa a la historia, otra incapacidad debida a la carencia de escritura. Sería sólo una forma de hacer lo mejor posible un mal trabajo, o la única estrategia que utilizar de no poder conservar registros escritos. Pero el valor positivo de esta amnesia estructural consiste en que tiende a preservar un sentido de estabilidad y claridad. La estructura social y sus principales instituciones se apoyan constantemente en la sanción que proporciona el mito (correspondiendo bien a antepasados sagrados o bien a los dioses) y se renuevan también de forma constante; "sólo se aprecia el tiempo en un sentido biológico, sin posibilidad de que se convierta en 'historia' —o sea, sin que su acción corrosiva pueda llevarse a cabo sobre la consciencia al revelar la irreversibilidad de los hechos—" (ELIADE, 1959, págs. 74, 75). Una técnica que se utiliza permanentemente para alcanzar este fin consiste en la aserción del continuo renacimiento: recomenzar como primer principio. Conservamos una vaga reminiscencia de esta convicción en nuestras fiestas de Año Nuevo. Aunque MALINOWSKI señala que el mito sólo es un medio pragmático para determinar los papeles y los cometidos sociales, el sentido de seguridad intelectual que parece proporcionar habitualmente no puede despreciarse. La eliminación de la memoria de los hechos que dejan de ser importantes o útiles constituye, en efecto, otra de esas *bonnes à penser.*

Este énfasis sobre el mantenimiento de la estabilidad mediante la memoria selectiva de los hechos pertinentes para las condiciones sociales de la actualidad lleva a lo que con frecuencia se caracteriza como una estructura mental conservadora. Es, en efecto, conservadora, pero en sentido radical. La presión para conservar en la memoria las instituciones de la propia cultura no invita a efectuar innovaciones o experimentaciones por puro entretenimiento. Aunque es indudable que hay culturas orales más sobresalientes a este respecto que otras, todos los antropólogos mencionan las fuertes sanciones en contra de los cambios: "La innovación más trivial en apariencia puede poner en peligro, liberar fuerzas hostiles y, por último, llevar a la ruina a su instigador y a quienes de él dependen" (LÉVI-BRUHL, 1985, pág. 42). Las instituciones culturales soportan un conjunto limitado de formas arquetípicas de conducta apropiada para cada miembro de la sociedad, y sólo la repetición de éstas está sancionada y validada por los mitos. Son las conductas de los antepasados sagrados o de los dioses, y los humanos tienen el deber de imitarlas: "La inhibición en contra de las nuevas invenciones, para evitar cualquier posible huella en la memoria, estimula continuamente a encuadrar las decisiones actuales como si se tratara de los hechos y palabras de los antepasados" (HAVELOCK, 1963, pág. 121) o —podríamos añadir— de los dioses. Como indica ELIADE, el individuo perteneciente a culturas orales "no reconoce hecho alguno que no haya sido afirmado y vivido de antemano por alguien, un ser que no fuese hombre. Lo que él hace se ha hecho antes. Su vida es una repetición sin fin de gestos iniciados por otros" (ELIADE, 1949, pág. 5). En este tipo de cultura "sólo la ausencia de cambio es significativa" (FRANKFORT, 1961, pág. VIII).

No hay duda de que hay culturas orales en donde estas generalizaciones sirven menos que en otras, pero es cierto que apuntan a otras *bonnes à penser* corrientes en tales sociedades. La presión en contra de los cambios e innovaciones favorece la estabilidad, el orden y la seguridad intelectual. El territorio familiar se cartografía, categoriza y se mantiene sometido a un control seguro: los peligros que acechan en él son conocidos. El territorio extraño, los forasteros, lo nuevo constituyen una amenaza para las categorías propias; quienes tienen creencias y costumbres distintas pueden romper los tabúes (DOUGLAS, 1966). Los recursos de la oralidad contemplados en esta sección ayudan a proporcionar seguridad intelectual y una sensación de orden que persiste en la sociedad a pesar de los cambios históricos. Asimismo, ayuda a preservar la sensación de participación en la naturaleza que resulta ajena a los que utilizan formas letradas de pensamiento. Por supuesto, no del todo ajena; los intentos para volver a captar esta sensación de participación en la naturaleza encuentran su máxima expresión letrada en la poesía. Este sentido de participación en la naturaleza se recupera de la manera más plausible en obras de poetas como WORDSWORTH y, con significación para mi argumento general sobre los efectos cognitivos de la oralidad, lo sitúa con mayor vivacidad en la infancia preletrada:

> *No outcast he, bewildered and depressed.*
> *Along his infant veins are interfused*
> *The gratification and the filial bond*
> *Of nature that connect him with the world.*
> (*The Prelude,* Libro II, 241-244)*

Clasificación y explicación

Los miembros de las culturas orales tienen un conocimiento notable de la flora y fauna de su medio ambiente, pero sus sistemas de clasificación de este conocimiento suelen ser muy distintos de los nuestros. Muchos antropólogos han comentado, en relación con los miembros de dichas culturas, que pueden proporcionar inventarios extraordinariamente detallados de tipos de plantas, árboles o de las condiciones meteorológicas, pero carecen de palabras equivalentes a "planta", "árboles" o "tiempo (meteorológico)". Esta particularidad apoya sus conclusiones respecto a la incapacidad de estas gentes para "abstraer", defecto que se supone compartido por los niños (y las mujeres). Y muchos teóricos de la educación dan aún por supuesto que los niños son, a este respecto, deficientes. Sin embargo, en muchas culturas orales, y entre los niños, descubrimos el uso constante de conceptos muy abstractos (como "bueno" y "malo"). En efecto, hay idiomas exclusivamente orales que emplean abstracciones cuando nosotros utilizaríamos términos concretos (véase BOAS, 1911). Repitámoslo de nuevo: el problema no está en la abstracción, sino en la disociación del mundo vital. El dominio de la escritura permite y estimula este tipo de disociaciones; es un producto de las técnicas de escritura, no una propiedad que tengan algunas mentes humanas y de la que otras

---

*La traducción es: "No proscrito, desconcertado ni deprimido./ En sus venas infantiles se funden/ el agradecimiento y el lazo filial/ con la naturaleza que le une al mundo". *(N. del T.)*

carecerían. Por ejemplo, la proposición: "El hombre mal mató al pobre niño" se convierte en el idioma de los Chinook en: "La maldad del hombre mató la pobreza del niño" (LÉVI-STRAUSS, 1966a, pág. 1). Una diferencia fundamental entre las culturas orales y las nuestras radica no en su incapacidad para la abstracción, sino en nuestra disociación del universo vital. Este tipo de disociación es producto de las técnicas de escritura y no una propiedad que posean unas mentes humanas de la que carecieran otras: "La escritura y, de modo más especial, el dominio de la escritura alfabética, hace posible escrutar el discurso de forma diferente... este escrutinio favorece el aumento del ámbito de la actividad crítica y, por tanto, de la racionalidad, el escepticismo y la lógica" (GOODY, 1977, pág. 37).

Entre las técnicas básicas habituales de clasificación de las culturas orales se encuentra el uso de lo que LÉVI-STRAUSS denomina "opuestos binarios". "Toda clasificación" —escribe— "procede mediante pares de contrastes" (LÉVI-STRAUSS, 1966a, pág. 139). No se trata necesariamente de opuestos en un sentido lógico preciso o en sentido empírico, sino que se utilizan como tales como base para futuras discriminaciones: "la sustancia de las contradicciones es mucho menos importante que el hecho de que existan" (LÉVI-STRAUSS, 1966a, pág. 95).

Es interesante señalar que el análisis de los mitos de LÉVI-STRAUSS vuelve a su primitiva identificación de conjuntos de opuestos binarios sobre los que se edifica el mito. Para muchos de sus críticos, parece una postura más bien arbitraria, pero tras la lectura de los volúmenes de su *Introduction to a science of Mythology* (1970), aun el lector más escéptico ha de conceder, al menos, la sorprendente frecuencia de tales oposiciones, que proporcionan una estructura a los contenidos de los mitos.

En el apartado siguiente volveré brevemente a esta cuestión, para examinarla con mayor detalle en el Capítulo IV. La generalidad de la afirmación de LÉVI-STRAUSS hace que este punto sea debatido con especial vigor, pero creo que tiene cierta relevancia e importantes derivaciones respecto a la enseñanza y el aprendizaje en la escuela primaria. LÉVI-STRAUSS dice mostrar en parte cómo las personas de culturas orales elaboran discriminaciones significativas sobre las que el pensamiento puede asentarse, cómo la mente "pasa desde la diversidad empírica a la simplicidad conceptual y, de la simplicidad conceptual a la síntesis significativa" (LÉVI-STRAUSS, 1966a, pág. 131). Esto recuerda algunas características del proceso de educación de los niños pequeños, y podríamos utilizar de forma provechosa las semejanzas.

La observación más simple y general que puede hacerse sobre la clasificación en las culturas orales consiste en que cualquier intento de clasificar constituye, sin lugar a dudas, un aspecto básico del pensamiento racional. No tiene sentido considerar a personas que desarrollan esquemas clasificatorios complejos como "irracionales". Las diferencias entre los esquemas clasificatorios de las culturas orales y los propios de culturas científicas suelen radicar en las cualidades de los fenómenos que se utilizan como base de clasificación. La *Introduction to a Science of Mythology,* de LÉVI-STRAUSS, es, como él mismo indica, una tentativa para "probar que hay un tipo de lógica en (las) cualidades tangibles" de los fenómenos concretos de la vida cotidiana —de lo crudo y lo cocido, la miel y las cenizas, y así sucesivamente (1969, pág. 1). Aunque las constantes clasificaciones que nuestros niños hacen de su universo son, sin discusión, menos complejas, la comprensión de la lógica que utilizan para elaborarlas puede ayudarnos a comprender su desarrollo de la escritura y de otras formas de conocimiento.

Los intelectuales victorianos solían tomar como perversos o sin sentido los tipos de explicaciones que se ofrecen en las culturas orales sobre los fenómenos naturales y cosmológicos, y se presentaban como muestras evidentes de las enfermedades mentales que aquejaban a las gentes de culturas orales. Consideraban sus prácticas médicas inusuales como tonterías (aunque hoy día el cuerpo de bibliografía antropológica siempre en aumento está poniendo de manifiesto los efectos beneficiosos, físicos o psicológicos, de muchas prácticas tradicionales). Sin embargo, LÉVI-STRAUSS indicaba que el error de los primeros intérpretes de tales explicaciones "había consistido en pensar que los fenómenos naturales son *lo que* los mitos tratan de explicar, cuando más bien constituyen el *medio a través del cual* los mitos tratan de explicar hechos que, en sí mismos, no son de orden natural, sino lógico" (1966a, pág. 95). Debemos —decía— atender a la forma tanto como al contenido de tales explicaciones si queremos llegar a entenderlas.

Para nosotros, la explicación constituye una parte central de nuestro proyecto para la comprensión y el control de la naturaleza, para conseguir efectos prácticos. Pero su objetivo fundamental en las culturas orales "no es práctico. Satisface exigencias intelectuales más que, o en vez de, solventar necesidades" (LÉVI-STRAUSS, 1966a, pág. 9). Esta sumisión a los objetivos intelectuales no tiene que ver, como en nuestra lógica, con la forma real en que el mundo funciona, por lo que la mente *sauvage* "no se preocupa, por evitar las contradicciones como ocurre con nuestro pensamiento" (LÉVI-BRUHL, 1985, pág. 78). Quizá esta afirmación exagere la cuestión; en realidad, la autocontradicción casual no constituye una característica más típica, ni probablemente menos, de la conversación cotidiana de los miembros de culturas orales que de cualquier grupo de profesores. Pero en los mitos de diversas culturas orales, y en su ámbito médico, nuestra preocupación por la no-contradicción no es compartida como característica estructurante fundamental. Bajo el aspecto superficial de las explicaciones que pueden parecer pintorescas a los observadores occidentales, aparece, no obstante, un interrogante respecto al orden dentro de la diversidad, cuyo motivo último debería sernos familiar, habida cuenta del motivo semejante que impulsa nuestra ciencia (HORTON, 1970, págs. 131-171).

La forma de pensamiento que dirige los enfoques de las culturas orales hacia la clasificación y la explicación está muy ligada a los modos de expresión antes expuestos. MALINOWSKI observó lo siguiente entre los habitantes de las islas Trobriand: "nunca explican, sea cual fuera el sentido en el que se tome la palabra; establecen siempre un precedente que constituye el ideal y la garantía de su continuidad y, a veces, directrices prácticas en relación con el procedimiento" (MALINOWSKI, 1954, pág. 110). Lo que parecen explicaciones en las culturas orales no se centran sólo en las relaciones pertinentes entre las características del contenido, sino que mezclan todo lo que se incluye en la psiquis —la explicación se construye en forma de narración en donde los personajes, acontecimientos, motivos y emociones hacen avanzar las ideas— llevando a lo que GOODY llama la "personalización de la teoría" (GOODY, 1977, pág. 42).

Estas explicaciones suelen parecerse a relatos y adoptar su forma. Son narraciones envueltas en la vida psíquica, emociones, esperanzas y temores, y contenidos sobresalientes de su mundo vital, o extraídas de ellos. Este mundo de explicaciones en forma de relatos recuerda la observación de BACON: "Así como los jeroglíficos precedieron a las letras, las parábolas anteceden a los argumentos" (BACON, 1905, pág. 824).

Desde nuestro punto de vista, este tipo de pensamiento es ineficaz. Sin embargo, lo que nosotros entendemos por "eficaz" se relaciona con nuestra concepción de una sociedad distinta, siempre cambiante y —esperamos— para mejor. En las sociedades orales, el pensamiento es y ha sido en general eficaz para preservar la estabilidad y el orden en sus instituciones culturales.

Las "bonnes à penser" de los niños

La investigación sobre la oralidad esquematizada antes tiene una serie de derivaciones de interés para la educación en la primera infancia; tomaré en consideración aquí sólo algunas. Estas implicaciones vuelven a poner sobre el tapete la cuestión de la validez de las conexiones que pueden establecerse entre las características de la oralidad y el pensamiento de los niños pequeños en las culturas literarias modernas. Comenzaré pidiendo precaución a la hora de hacer tales conexiones. Las conexiones psicológicas evolutivas parecen especialmente inadecuadas. Por ejemplo, el hecho de que los adultos pertenecientes a culturas orales no puedan realizar tareas intelectuales como hallar la conclusión de silogismos o efectuar satisfactoriamente las conservaciones piagetianas (ASHTON, 1975; BUCK-MORSS, 1982) no significa que sean equivalentes, desde un punto de vista psicológico o evolutivo, a los niños de las culturas literarias occidentales. Como tampoco el hecho de que los adultos de las culturas letradas occidentales puedan realizar dichas tareas significa que sean superiores, en sentido psicológico, o se hayan desarrollado de forma más plena, en sentido intelectual. Sólo cabe decir que los adultos occidentales se han adaptado a un ambiente cultural modelado a través de siglos de elaboración de técnicas de pensamiento que han sido posibles merced a la escritura. En segundo lugar, resulta inadecuado buscar conexiones en el *contenido* de los pensamientos entre los adultos de culturas orales y los niños de culturas occidentales; en este caso, el problema hay que situarlo en la cuestión de *con* qué piensan. Las conexiones a las que me refiero se centran en determinadas características formales del pensamiento, en las estrategias y recursos de que dispone la mente humana y ha ido desarrollando a lo largo de siglos incontables en el seno de las culturas orales. Como los niños pequeños pertenecientes a culturas letradas occidentales participan también de una cultura oral, tienen acceso a los recursos intelectuales de una oralidad primitiva hasta el momento en que interiorizan la escritura.

Hay dos maneras de establecer relaciones entre los recursos disponibles para pensar en las culturas orales y los desplegados por los niños occidentales modernos. La primera es analítica y se centra en los requisitos necesarios para pensar en condiciones de oralidad y en lo que lleva consigo la necesidad de aprender de memoria cuando es imposible acudir al registro escrito. Es obvio que este trabajo analítico avanza con mayor seguridad y resulta más fructífero cuando se combina con el segundo método, que es empírico. Podemos observar características típicas del lenguaje y del pensamiento en culturas orales de todo el mundo y ver si hallamos características semejantes en el lenguaje y el pensamiento de los niños preletrados de las culturas occidentales; en ese caso, podemos señalar algunos problemas de investigación que reclaman mayor atención. Las observaciones empíricas aisladas sólo pueden proporcionarnos correlaciones; las operaciones analíticas pueden vincular de manera causal esas correlaciones.

En el cuerpo central de este apartado se subrayan diversas características formales del pensamiento inferidas a partir de observaciones efectuadas en culturas orales. Una fuente obvia de materiales equivalentes respecto a los niños occidentales modernos está constituida por los estudios etnográficos de sus conocimientos y lenguaje. Por fortuna, disponemos de cierta cantidad de importantes estudios sobre culturas orales infantiles, en especial los realizados por los OPIE (1959, 1969, 1985) en Gran Bretaña, y los KNAPP (1976) y SUTTON-SMITH (1981) en los Estados Unidos.

Es posible tomar cada una de las características de la oralidad señaladas antes y hallar analogías claras en la cultura oral de los niños occidentales modernos. La improbabilidad de que estas conexiones empíricas sean puras coincidencias queda subrayada por el análisis de la oralidad y lo que ella implica en relación con las formas lingüísticas y las técnicas de pensamiento (análisis que debe mucho a las autoridades antes citadas, en especial, a GOODY, HAVELOCK y ONG). Demos por supuesto, en principio, que este tipo de estudio de las culturas orales de todo el mundo puede proporcionar una mayor comprensión de la oralidad y que la comprensión de la oralidad puede ayudarnos a entender mejor las mentes de los niños pequeños en las culturas letradas.

Creo que con excesiva frecuencia nuestra percepción de los niños pequeños se nubla cuando los consideramos iletrados y carentes de las técnicas de la racionalidad occidental. Pienso que es mucho mejor considerarlos como orales, en sentido positivo: participan de una cultura propia característica. Si bien la imagen de los niños pequeños como *tabulae rasae,* sólo a la espera de que se escriba encima, o como recipientes vacíos prestos a ser llenados con el saber, ha perdido su impronta en el discurso pedagógico, seguimos caracterizando a los niños pequeños en términos de carencia del desarrollo y del conocimiento que caracterizan la edad madura. Incluso las, por otros conceptos, teorías liberadoras, como las de PIAGET, por ejemplo, representan el proceso evolutivo como la acumulación gradual de capacidades cada vez más complejas y su integración jerárquica. Esas teorías, cuando se utilizan para reflexionar sobre la educación, centran la atención en la sucesión de capacidades que desarrollar, favoreciendo la definición de los niños pequeños en relación con sus carencias. Por ejemplo, en el esquema de PIAGET se trata de esquemas evolutivos preoperacionales centrados en la adquisición de las formas de pensamiento características de las culturas letradas, como en el caso de las estructuras lógico-matemáticas a las que PIAGET alude, mostrando una escala ascendente de niveles evolutivos tendente hacia la edad adulta. Si, por el contrario, nos centramos en las técnicas de pensamiento propias de los pueblos orales, llegaríamos a un perfil "evolutivo" muy distinto. En él, los niños occidentales alcanzarían muy pronto los máximos niveles de desarrollo y, en muchos casos, se inciaría un largo e inexorable declive después de los 7 años. Si, como indicaba antes, las técnicas de la oralidad conducen a la formación de la imaginación, tendríamos motivos más que suficientes para preocuparnos de esta cuestión.

Mi punto de vista general consiste en que las *bonnes à penser* a disposición de las personas que no leen ni escriben y que, en consecuencia, carecen de las capacidades derivadas del dominio de la escritura, condicionan su vida mental y sus formas de expresión, sean niños actuales o miembros de culturas orales. Sin duda alguna, las cuestiones *sobre* las que piensan estas personas son muy variadas y están condicionadas por todo tipo de hechos sociales, ambientales y evolutivos. No obstante, nos interesan en este momento los *recursos* de que disponen para pensar y los efectos de tales recursos sobre su forma de aprender y dar sentido al mundo en que viven y a su experiencia. Dejaré de lado la cuestión de la continuidad histórica de estas *bonnes á penser* desde las más antiguas culturas orales a las calles de las actuales ciudades y los patios escolares. El absurdo aparente de una tesis semejante reclama una atención seria a la luz de la obra de Peter e Iona OPIE (OPIE y OPIE, 1959, 1985). De su trabajo se desprende con toda claridad que, sea cual sea la cantidad de niños de diversas edades que interactúan de manera espontánea, bien en los patios de las escuelas o en las calles de pueblos o ciudades, existe una cultura oral infantil continuada, de la cual algunas partes son más antiguas y persistentes que cualquier otra forma posible de pensamiento. Se sabe que ciertas rimas infantiles y cuentos populares, leídos en general por los padres, tienen varios siglos. Pero, aun en el caso de que el origen del contenido se remonte al siglo XVII, la rima, el cuento, el juego de cantar o el chiste verbal pueden ser mucho más antiguos, siendo tan sólo reformados en el siglo XVII mediante un proceso que los OPIE describen como de acción constante. A modo de reforma y adaptación de relatos míticos a las condiciones modernas, los OPIE recogen antiguas rimas y juegos en los que incluyen nombres de personajes de dibujos animados o de estrellas de cine, y es asombrosa la rapidez con que se han extendido estas nuevas formas por todo el campo de investigación en Gran Bretaña. Los juegos cantados que se practican hoy día en las calles de las ciudades y en los patios de los colegios han ido pasando de generación en generación de niños, con escasos contactos con la vida cultural de los adultos. Los OPIE identifican juegos semejantes a algunos de los actuales en la época prerrenacentista y no sería raro que un niño de una ciudad moderna pudiera reconocer los cantos de un juego de corro referido no al antiguo Gran Duque de York o a la caída del *London Bridge,* sino quizá al gran Héctor y a la caída de las gigantescas torres de Troya.

Por tanto, si por ahora podemos dejar de lado la transmisión histórica de las *bonnes à penser* orales, es evidente que los niños responden de manera espontánea a determinadas instituciones culturales orales que perduran desde hace mucho tiempo, tales como los juegos cantados. Esto tiene que ver con la estructura fundamental de la mente humana (que seguirá siendo inexplicable respecto al objeto de nuestra investigación), pero también, y de modo más accesible, con el aprendizaje de algunas *bonnes à penser* típicas de la oralidad.

Un motivo para explorarlas aquí consiste en tratar de presentar una forma de considerar las capacidades intelectuales de los niños pequeños distinta de la actualmente habitual. Del mismo modo que los antropólogos han expuesto que el "pensamiento primitivo" no tiene por qué ser menos elaborado o menos complejo que el científico, sino que trata de cosas distintas para alcanzar objetivos sociales e intelectuales diferentes y, en especial, que permitan utilizar técnicas que faciliten la "acumulación", nosotros podemos hacernos una idea equivalente de la complejidad intelectual de los niños pequeños si dejamos de considerar su mentalidad y capacidad para aprender de manera casi exclusiva en términos de su dominio de las técnicas de la racionalidad. El *curriculum* primario más corriente se elabora hoy día teniendo presente sólo las primitivas *bonnes à penser* dependientes del dominio de la escritura de los niños pequeños y dejando casi por completo de lado las muy desarrolladas, ricas y ágiles capacidades y *bonnes à penser* orales que los niños llevan consigo cuando ingresan en el colegio. Bueno, ya está bien de disertaciones; examinemos, bajo los mismos encabezamientos utilizados en la sección anterior, algunas *bonnes à penser* orales a disposición de los niños pequeños.

La poética de la memoria

Sin duda, debido a la influencia de los ordenadores y a los modelos de pensamiento procedentes de la investigación de la inteligencia artificial y de la ciencia cognitiva que trabaja sobre analogías relativas a las funciones de los ordenadores, tendemos ahora a pensar aún más que la memoria es un tipo de almacén estático que ha sido compuesto mediante el aprendizaje y al que puede accederse por procedimientos de recuerdo. No es fácil considerar esta forma de concebir la memoria humana como algo obvio de manera intuitiva. En efecto, sin el dominio de la escritura y la capacidad de almacenar información codificada fuera de la mente, es difícil pensar en la memoria como si de unos grandes almacenes se tratara. En la primitiva psicología griega, tal como se expresa en los mitos, Mnemosina es la diosa de la memoria, así como la madre de las musas de la poesía. En especial, en la tradición oral, la memoria es una fuerza activa y en la larga tradición retórica, "razón" y "memoria" se consideran casi como sinónimos (ONG, 1958). Por supuesto, la memoria activa no está confinada en las culturas orales. El almacenamiento de información en ordenador que llamamos "memoria" es totalmente diferente de la memoria humana en cualquier sentido significativo que se considere. La analogía sólo se mantiene gracias al elemento de recuperación de información. Pero es raro que lo "recuperado" en el caso de la memoria humana sea igual a lo que entró en ella. Si nos centramos, como hacemos nosotros, en la importancia de la coloración emocional y la impresión afectiva de los mensajes culturales, las analogías que puedan construirse sobre la base de los ordenadores no se sostienen. La memoria humana es una facultad siempre activa, emocionalmente cargada, organizadora, clasificadora, reorganizadora y reclasificadora, cuya separación de la "razón" e incluso de la "emoción" sólo tiene un sentido limitado para unos objetivos también limitados. En efecto, la "memoria" podría vincularse con la idea de "consciencia". Si nos ocupamos del aprendizaje de los fundamentos de la vida cultural de los niños pequeños, sería más adecuado dedicarnos a lo relacionado con la emoción y la memoria "poética" activa que al suministro de información cuantificada y la inculcación de técnicas para su posterior recuperación. Nuestra memoria se parece más a un lugar de fermento creador que transforma el carácter de sus contenidos que a un conjunto de anaqueles de biblioteca en los que se buscan y se toman las cosas cuando se requieren.

El grupo de *bonnes à penser* expuesto bajo este epígrafe en la sección que precede se muestra de forma evidente en los juegos, canciones y expresiones corrientes utilizadas por los niños de nuestros días. La rima, el ritmo, la métrica y la forma narrativa aparecen por todas partes. En todos los países de habla inglesa, el predominio de la rima en la conversación cotidiana suscita la respuesta: "eres un poeta y no te das cuenta" (OPIE y OPIE, 1959, pág. 73). La fuerza que encierran el ritmo y la métrica es tal que muchas canciones infantiles constituyen parodias de cantos conocidos, normalmente solemnes o sagrados, manteniendo los mismos ritmos y métrica. Los OPIE presentan variaciones de esta práctica recogidas por toda Gran Bretaña (1959, pág. 108). Las rimas que los niños hacen en broma recuerdan la vívida competitividad y la moraleja de muchos juegos verbales observados en culturas orales:

Liar, liar, pants on fire!
Nose as long as a telephone wire.
(KNAPP y KNAPP, 1966, pág. 11)*

La facilidad que tienen los niños para el pensamiento metafórico se hace evidente en su capacidad para entender los tipos de metáforas que abundan en todos los idiomas (*"It's bitter cold", "He feels bouncy today"***) y en su rápida percepción de la diferencia entre los usos literal y metafórico (*"Mom killed that plan!"****). En lo que supondríamos habrían de constituir situaciones restrictivas como las de tareas preparadas de antemano, GARDNER y cols. (1975) muestran que los niños de escuela infantil se desenvuelven mucho mejor que los mayorcitos a la hora de completar con una metáfora una frase del tipo: "Parece tan gigantesco como...". Esta rápida captación de la metáfora y el juego de palabras constituye un prerrequisito para la comprensión de los chistes, tan corrientes en la cultura oral infantil: *"What did the quarter say when it got stuck in the slot?" "Money's very tight these days"; "Why does Fred work in the bakery?" "I guess he kneads the dough"; "Bad luck, said the egg in the monastery, 'Out of the frying pan into the friar'"*****, y tanto otros por el estilo.

Me parece más importante insitir en el carácter fundamental de la metáfora en la vida intelectual de los niños, en parte porque suele dejarse de lado y en parte porque es crucial respecto a lo que debe constituir el centro activo,

---
*La traducción al español es: "Mentiroso, mentiroso, ¡pantalón ardiendo!/ Nariz tan larga como cable de teléfono". *(N. del T.)*
**La traducción sería: "Hace un frío amargo", "Hoy siente que salta". Expresiones análogas en español pueden ser: "Hace un frío que pela", "Está en la gloria". *(N. del T.)*
***Literalmente: "¡Mamá mató ese plan!". Podríamos decir en español: "¡Mamá se cargó el plan!" *(N. del T.)*
****La traducción de los chistes es la siguiente:
—¿Qué dijo la moneda cuando se encontró metida en la ranura? Hoy día el dinero está en un aprieto.
—¿Por qué trabaja Fred en la panadería? Supongo que amasa la pasta (doble sentido de "pasta").
—"Mala suerte", dijo el huevo en el monasterio, "de la sartén al fraile" (jugando con la pronunciación de *frying pan*, 'sartén' —/fraiing/— y de *friar*, 'fraile' —/fraia/—). *(N. del T.)*

generador, imaginativo de la vida intelectual humana. Es evidente que en la metáfora hay una lógica que elude nuestra comprensión analítica. La metáfora no refleja el mundo sino que genera aspectos nuevos. En palabras de Max B<small>LACK</small>, "sería más iluminador... decir que la metáfora crea la semejanza que decir que formula semejanzas preexistentes" (B<small>LACK</small>, 1962, pág. 83).

El sentido que tienen los niños de la forma narrativa aparece muy pronto; resulta evidente en el lenguaje de muchos pequeños hacia los 2 años (A<small>PPLE-BEE</small>, 1978; P<small>ITCHER</small> y P<small>RELINGER</small>, 1963). Asimismo, los opuestos binarios se muestran como los elementos estructuradores más destacados en los relatos populares clásicos (B<small>ETTELHEIM</small>, 1976) y en los cuentos inventados por los niños (P<small>ALEY</small>, 1981). Los cuentos son versiones concretas de las luchas entre conceptos morales como el bien y el mal, la valentía y la cobardía, el miedo y la seguridad, la esperanza y la desesperación y demás elementos opuestos uno a uno.

La rima, la metáfora y las narraciones se encuentran también en las culturas adultas, pero esto no se opone de ningún modo a considerarlas como características muy destacadas de la oralidad. En las culturas letradas occidentales no pasamos de la oralidad a las letras sino, más bien, de la oralidad a una combinación de letras y oralidad. Las *bonnes à penser* de los pueblos orales no desaparecen al accederse a la cultura letrada; pueden quedar atenuadas, pero incluso las personas que dominan la escritura en un grado más elevado dependen, en muchas circunstancias de su vida, de ciertos aspectos orales. Además, los adultos letrados emplean técnicas de pensamiento estimuladas de manera específica por su dominio de la escritura; las formas occidentales de investigación racional y las formas escritas normalizadas para dar a conocer sus resultados se han desarrollado, en parte, a costa de la exclusión de técnicas orales. En el pasado se produjeron tentativas para acomodar ambas en el campo de la retórica (véase O<small>NG</small>, 1971; T<small>ODOROV</small>, 1982, Cap. III), pero su evidente separación, institucionalizada por el predominio de la ciencia positivista, se pone de manifiesto incluso en el uso de la expresión peyorativa "mera retórica". Antes de que se produjera esa institucionalización en Occidente no parecía raro mezclar características propias de la oralidad y de la escritura. Alexander P<small>OPER</small>, por ejemplo, compuso su famoso poema *Essay on Man* rimando pareados; cosa que hoy día se consideraría extraño en una obra de antropología, sociología o psicología. La oralidad sobrevive, no obstante, en la vida cotidiana de las gentes letradas; sólo en las culturas propias de la ciencia y la tecnología positivistas se atenúa hasta casi desaparecer, así como en los dominios de la erudición "literaria" más refinada.

Las técnicas utilizadas para inculcar las características institucionales de las culturas orales en las mentes de sus miembros tuvieron éxito porque creaban imágenes de gran fuerza. No sólo incluían acontecimientos o personajes, sino que tales acontecimientos y personajes estaban emocionalmente marcados. Estas técnicas estimulan —en el sentido de que ponen en acción— la imaginación, la capacidad de ser movidos por, de comportarnos cuando percibimos y somos afectados por lo que quizá no esté presente ni sea real. Vivimos en un mundo natural, pero hemos inventado técnicas, desarrolladas a lo largo de milenios innumerables, para estimular una vida mental muy activa que une a los miembros de una sociedad con vínculos afectivos muy fuertes. Estas técnicas crean también en los niños de nuestra sociedad mundos mentales distintos del natural que nos rodea, mundos mentales cargados de vivacidad e intensidad emocional. Se trata de mundos placenteros, que no causan daño, y pueden enriquecer nuestras interacciones con el mundo natural. Los niños utilizan estas técnicas en su juego espontáneo y en los juegos organizados para crear lo que Huizinga denomina "un segundo mundo poético paralelo al mundo de la naturaleza" (Huizinga, 1949, pág. 23).

Así, las técnicas de memorización estimulan y desarrollan la imaginación y las emociones. Crean un mundo poético, parásito del mundo natural, pero también distinto de él, en el que pueden imaginarse cosas imposibles en el mundo de la naturaleza. Este mundo emocional, imaginativo, generado por la necesidad de recordar, constituye el origen del que nace nuestra cultura. Podemos decir, distanciándonos de la afirmación de Oakeshott, que el proceso de convertirse en persona humana está vinculado de forma más íntima o fundamental con el desarrollo de la imaginación que con el de las características de la racionalidad que señala. Influida por el psicoanálisis, Ruth Griffiths concluye sus estudios sobre la imaginación en la primera infancia con esta observación: "Parece evidente que la fantasía o imaginación proporciona el medio normal para la solución de los problemas evolutivos de la primera infancia" (Griffiths, 1935, pág. 187). Ella vió con claridad que "podemos considerar la imaginación como el reflejo de la vida emocional" en el sentido de que la fluidez y flexibilidad conceptuales de la imaginación permiten la expresión y el desarrollo de la vida emocional de un modo que resulta imposible para la acción y la conducta. Pero añade que "la función de la imaginación en la infancia supone mucho más que la simple expresión de la emoción y puede demostrarse que es necesaria no sólo para el desarrollo emocional, sino también para el intelectual" (Griffiths, 1935, pág. 119).

Merece la pena que desarrollemos aquí esta cuestión; como la racionalidad está enraizada en el mito y, en nuestra historia cultural, emerge de él, el desarrollo de la misma en los individuos concretos puede comprenderse mejor si se considera fundada en las *bonnes à penser* que constituyen los principales recursos de nuestra primera cultura oral de la infancia, y desarrollada a partir de las mismas (lo que yo llamo comprensión mítica). Las semejanzas superficiales existentes entre las *bonnes à penser* de las culturas orales y el juego y fantasías espontáneos de los niños, se parecen, por tanto, en un sentido más profundo, en relación con su principal función intelectual: crear, estimular y desarrollar la imaginación. Ésta constituye el concepto general que utilizamos para referirnos a las *bonnes à penser* que generan el mundo poético que se aparta del natural. Cuando desarrollamos un mundo poético o imaginativo rico y flexible, elaboramos las *bonnes à penser* que nos permiten enfrentarnos más adecuadamente al mundo de la naturaleza y establecer el significado propio de nuestra experiencia. Y éste es el fundamento de la educación. No se trata de algo que deba ser *reemplazado* por las formas de pensamiento lógico-matemáticas, más racionales, más realistas. Estas formas nacen de aquél y, en sentido ideal, se desarrollan en paralelo con él; es lo que confiere a la vida racional su color y significado.

Por tanto, las *bonnes à penser* de la cultura de los niños pequeños se parecen sorprendentemente a las utilizadas para preservar las instituciones de las culturas orales. Conocimientos y lenguaje, juego espontáneo y juegos organizados, fantasía y narración, constituyen una cultura oral infantil que persiste de generación en generación, sostenida gracias a técnicas que ahora nos resultan familiares y cambian poco a poco de acuerdo con las necesidades que van presentándose. Cuando nos centramos en nuestras interacciones con los niños como determinantes de su vida cultural, se aprecia que esa cultura es imperceptible para la mayoría de los adultos. Por supuesto, en esas interacciones predominan las *bonnes à penser* de la racionalidad. Pero, aun así, no debemos subestimar la proporción del apoyo que concedemos al desarrollo de las *bonnes à penser* orales. Proporcionamos a los niños un conjunto de datos de memoria, eliminando así las presiones dirigidas al dominio de las técnicas de la oralidad que ejerce el mundo adulto en las culturas orales, aunque la necesidad de "conocer las palabras" antes de poder participar en ciertos juegos supone ya para los niños una presión procedente de su propia cultura oral. Pero también nosotros proporcionamos fórmulas para imprimir todo un conjunto de pautas de comportamiento en los niños en relación con la seguridad vial, el uso de cubiertos y utensilios, el cuidado de juguetes y muebles, etc. Recitamos proverbios, contamos cuentos, enseñamos rimas, participamos en juegos verbales, contamos chistes, etc. Todo ello contribuye a la construcción de estructuras mentales que sistematizan la memoria y poetizan el mundo prosaico, creando un espacio imaginativo y la posibilidad de quedar encantados ante lo mágico y lo extático. Si comenzamos a pensar en los objetivos de nuestro *curriculum* para la primera infancia relacionándolos con la magia y el éxtasis, con la imaginación y las *bonnes à penser* de las culturas orales, encontraremos la forma de hacer más rico y pleno de sentido el dominio de la escritura, los números y la racionalidad.

Participación y conservación

Todos los autobiógrafos de la infancia se refieren al misterioso sentido de participación en la naturaleza, imposible de recuperar una vez que las exigencias de nuestro universo pragmático nos sacan de nuestro primer mundo, que caracteriza la experiencia más primigenia. La poderosa imagen utilizada una y otra vez en nuestra cultura para evocar la pérdida de esa primitiva consciencia participativa es la pérdida del Edén (S. EGAN, 1984, en especial, el Cap. 2). La aprehensión del sabor de esa consciencia primitiva requiere disponer de los poderes del poeta porque la "experiencia de la infancia... constituye algo considerable, *cualitativamente* diferente de la experiencia adulta y, por tanto, no puede reconstruirse de manera adecuada mediante la sola narración exacta" (COE, 1984, pág. 1).

No puede extrañarnos que el Jardín del Edén se ubique en los comienzos de la experiencia humana. Este lugar de seguridad en la naturaleza es una imagen, un eco, de nuestra primera infancia: "Pocas infancias, incluyendo las más sórdidas y degradantes, carecen por completo de *alguna* experiencia paradisíaca" (COE, 1984, pág. 67). El ideal (estamos tentados de escribir "invariable", pero hay muchos niños que lo viven con auténtico horror) de la infancia normal consiste en la sensación de encontrarse en el mundo como en su propia casa, experimentando una unidad, inmersión y participación con el universo que lo da por descontado, sobre el que pueden plantearse preguntas sin fin, pero no dudas.

Esta inmersión en nuestro primer universo se caracteriza también por una sensación de luminosidad, viveza, brillantez de los aspectos que cautivan la atención de los niños. Este encantamiento mágico puede producirlo el misterioso núcleo de una superficie de mármol, la perfección de una pompa de jabón o, con mayor frecuencia, por aspectos o partes del mundo natural (puede parecer extraño, pero casi ninguna autobiografía de infancia dice nada acerca de los juguetes; parecen haber desaparecido de la mente). PANSTOVSKY nos recuerda que "todo era distinto. Todo era más vívido: el sol, más brillante; el olor de los campos, más fuerte; el trueno, más sonoro; la lluvia, más abundante, y la hierba, más alta" (en COE, 1984, pág. 285). Esta sensación de abundancia y brillantez aparece por doquier en las autobiografías infantiles. Thomas TRAHERNE, cuyas memorias de su más tierna infancia parecen más vivaces y fuertes que la mayoría, lo resumía así hace mucho tiempo: "Me encontré entonces dentro de un mundo lleno de luz" (*Divine Reflections in the Native Objets of an Infant-Ey*, c. 1670; en COE, 1984, pág. 255).

En parte, no cabe duda de que este recuerdo de vivacidad es una cuestión fisiológica, apoyada por las investigaciones que muestran la progresiva reducción de sensibilidad del gusto y del olfato, en especial. Pero el motivo de que se recuerden tantas sensaciones y percepciones de la primera infancia con semejante fuerza y viveza constituye una nota que se reitera una y otra vez. En medio de la jungla liberiana, Graham GREENE plasma esa misma nota:

> Por medio del recuerdo, había conseguido algo nuevo que nunca había logrado poseer. Revisé el curso de mi vida desde muy lejos, desde la lejanía de la época de inocencia... Uno no cree, por supuesto, en "la chispa visionaria", en la gloria rastrera, pero, ese terror y desnudez primigenios tenían algo de mis propias necesidades... El sentido del gusto era más fino, la sensación de placer más aguda, el sentimiento de terror más profundo y puro.
>
> (GREENE, 1936, págs. 120, 127)

La sensación de participación en la naturaleza parece deber algo a una consciencia que, para decirlo con una paradoja, aún no es consciente de que lo es. Una de las características distintivas del pensamiento, dentro de las culturas orales, es la falta generalizada de reflexión sistemática sobre el propio pensamiento. Cuando desarrollamos las *bonnes à penser* que nos permiten hacernos conscientes de nuestra consciencia, mordemos la manzana del árbol de la ciencia y abandonamos el Edén. Nuestro objetivo educativo no consiste en preservar esta sensación de participación en la naturaleza que descansa en la irreflexión sobre nuestro propio pensamiento, sino que pretendemos explorar si es imposible llevarnos algo de su vivacidad, su seguridad intelectual y sensación de sorpresa al salir del Edén.

El "tono agonístico" que menciona ONG como característico de gran parte de las interacciones cotidianas que se producen en las culturas orales se refleja en la cultura infantil actual. Y antes de los 7 u 8 años, las diferencias a este respecto entre niños y niñas son pequeñas, aunque puedan diferir hasta cierto punto las formas concretas. El alarde, la exageración de la medida en que los propios logros o los de los amigos de los padres son corrientes, como lo es el universo polarizado del bien y el mal, amigos y enemigos, amor y odio, miedo y seguridad. También es característico el tono elevado de la emisión vocal.

Una peculiaridad significativa de la vida en el Edén consiste en que las cosas no cambian. Los niños son muy conservadores en relación con los elementos pragmáticos de sus vidas. Se sumergen en los aspectos concretos de su mundo vital y no son capaces de sopesar las posibles ventajas del cambio frente a los apoyos fijos de su universo conocido. Como señala COE: " 'Lo que existe está bien' —necesariamente, puesto que no hay alternativa" (COE, 1984, pág. 239). Todavía no han desarrollado las capacidades conceptuales que constituyen nuestros agentes para manejar los cambios (el conjunto de *bonnes à penser* que podemos englobar en la consciencia histórica). Thomas TRAHERNE capta la sensación de inmortalidad y permanencia, característica del Edén y de la primera infancia, cuando describe una visión de un campo de "trigo inmortal que nunca se cosecharía ni sembraría" (en COE, 1984, pág. 25).

La infancia es el refugio seguro del que partimos en nuestros viajes a través de las vicisitudes de la vida. Constituye el origen de nuestras sensaciones hogareñas y de nuestro auténtico yo, y gran parte de nuestro caminar errante trata de volver a conseguir esa seguridad, ese yo auténtico que siempre va con nosotros pero con el que resulta tan difícil entrar en contacto. Aunque es evidente que la articulación del sentido del yo es una construcción social, existe un sentido de una consciencia única que parece situarse más allá de lo socialmente construido en el idioma y en las formas sociales propias de tiempos y lugares concretos (véase HANSON, KAREN, 1986). Matthew ARNOLD habla del "indescriptible deseo tras el conocimiento de nuestra vida sepultada" y de la lucha para conservar "nuestro curso verdadero, original", y para actuar y hablar de verdad con "nuestro yo oculto" (Matthew ARNOLD, *The buried life*). Nuestra consciencia se inicia en una identidad única, aislada, que, a través del lenguaje y de las *bonnes à penser* compartidas con quienes nos comunicamos nos hacen, poco a poco, miembros sociopolíticos de una cultura, pero en cada ser sociopolítico sigue existiendo el recuerdo de ese yo único, aislado, que viene de muy lejos. La educación ideal no será feliz mientras nuestras almas sepultadas sigan perdidas, sin proporcionar orientación cuando buscamos nuestros propios caminos a través de la vida. Queremos conservar y asegurar nuestro sentido del yo y cultivar formas de acceder a él.

Clasificación y explicación

Indica COE que "la primera preocupación intelectual del niño consiste en establecer su inventario" (COE, 1984, pág. 239). Una importantísima parte de dicho inventario suele consistir en coleccionar elementos pequeños, fáciles de obtener y de colores brillantes. Con frecuencia, son clasificados, pero según esquemas que no tienen mucho sentido o no son adecuados, desde el punto de vista del adulto. Las propiedades de los objetos que constituyen la base de clasificación varían con frecuencia y no es corriente que aparezca ningún esquema lógico predominante (INHELDER y PIAGET, 1969). Quizá ésta sea una forma negativa de considerar la cuestión. Si nos centramos en los grados de progreso hacia esquemas lógicos de clasificación, es probable que consideremos las clasificaciones de los niños pequeños no como algo positivo de por sí, sino sólo como una forma inmadura de algo que se desarrollará más tarde. A veces se hace difícil reprimir un tono de ironía al leer el informe de un investigador referente a la incapacidad de un niño pequeño para coordinar más de una característica de algún objeto en una tarea de clasificación; parece como si el investigador tuviera precisamente la misma dificultad para coordinar más de una característica relativa al niño. En un caso, el enfoque intelectual sobre un aspecto recibe la denominación de ciencia; en el otro, de incapacidad mental. Esto nos lleva de nuevo a las dificultades que los antropólogos han encontrado en relación con los esquemas de clasificación utilizados en diversas culturas orales. Los descubrimientos de la complejidad y semejanzas subyacentes de algunas de estas formas "primitivas" de clasificación con la forma científica de pensamiento (HORTON, 1970) pueden ayudarnos a permanecer más atentos al tratar la cuestión de los esquemas clasificatorios de los niños pequeños. Nuestros esquemas racionales están determinados por su eficacia en relación con algún objetivo concreto; los esquemas de los niños no se refieren de manera exclusiva a los efectos pragmáticos, sino que persiguen también objetivos de orden intelectual y de satisfacción estética.

Podemos repetir aquí lo que señalamos en el apartado dedicado al "pensamiento abstracto" en las culturas orales en relación con los niños pequeños. Es obvio que los niños no tienen dificultad para ocuparse de todo tipo de abstracciones ni para clasificar de acuerdo con principios abstractos: el simple hecho de detallar "mis mejores amigos" o "mis entretenimientos favoritos" supone emplear abstracciones. De nuevo, el problema no se plantea en relación con la abstracción, sino con la disociación del universo vital del niño. Cualquier uso del lenguaje supone la "abstracción".

Entre todos los sistemas de clasificación, el de formar oposiciones binarias, elaborar polos y situar en relación con los polos ocupa un lugar destacado. Cualquier sistema de clasificación requiere, en primer lugar, una discriminación binaria entre lo que se incluye y lo que se excluye. Estas discriminaciones binarias no constituirán polos opuestos en ningún sentido lógico o empírico, pero servirán de polos conceptuales para organizar y clasificar. La aprehensión intelectual de la temperatura se realiza, en primer lugar, distinguiendo "calor" y "frío"; no se trata de opuestos lógicos o empíricos, sino que operan como elementos conceptuales opuestos entre los que se puede comenzar a organizar conceptos de temperatura como "fresco" y "templado" y así sucesivamente. Volveremos sobre esto en el Capítulo IV, bastándonos aquí con reseñar que supone otra semejanza evidente entre las *bonnes à penser* de las culturas orales y las de los niños pequeños.

Asimismo, las explicaciones de los niños pequeños muestran una serie de características que también descubrimos en las culturas orales. La regla lógica de no contradicción parece no preocuparles demasiado, y su búsqueda de explicaciones se parece más a la de conseguir una narración satisfactoria en la que pueda colocarse el *explanans* que a una sucesión lógica. Sólo los padres conocen bien la experiencia de hallarse en medio de una explicación científica elaborada con todo esmero y descubrir que no resulta en absoluto pertinente en relación con lo preguntado. Como en el caso del adivino o el brujo en la cultura oral, o del científico en la nuestra, el niño busca un amplio contexto causal con principios unificadores que ayuden a dar buena cuenta de la infinita y, por tanto, incontrolable desde el punto de vista intelectual, diversidad del mundo (HORTON, 1970, págs. 131-171). Pero, para el niño y para el brujo, ese amplio contexto puede ser proporcionado por una narración que incluya y armonice el acontecimiento o fenómeno a explicar. Las generalizaciones empíricas, las teorías, las leyes son las formas que conducen a un control efectivo sobre el acontecimiento o la naturaleza; las narraciones nos proporcionan control intelectual y satisfacción emocional. Por supuesto, también los niños buscan explicaciones con sentido práctico, pero tenemos que ser conscientes, cuando tratamos de proporcionar explicaciones científicas, de que también el control intelectual y la satisfacción emocional que se derivan de la forma narrativa encierran sus valores. En un esquema educativo ideal no podemos sacrificar ninguno de ellos.

Conclusión

En este capítulo he tratado de conjuntar una serie de cuestiones que no suelen ser objeto de estudio al ocuparse del aprendizaje y del *curriculum* de la primera infancia. Espero que el lector esté de acuerdo en que las conexiones planteadas entre las *bonnes à penser* propias de las culturas orales y las usuales en el pensamiento de los niños son auténticas y no una confusión de términos traídos de mala manera para apoyar una hipótesis sin sentido. Creo que algunas de estas conexiones son obvias, aunque en otras áreas me he movido con más cautela. Una causa de esta cautela consiste en que las características del pensamiento de los niños que más me han preocupado hasta la fecha no han sido iluminadas por los resultados de investigaciones. No obstante, este tipo de exploración puede proporcionar algunos aspectos importantes que investigar para captar mejor la fantasía e imaginación infantiles, así como las diversas *bonnes à penser* típicas de la mente infantil.

El establecimiento de conexiones entre el pensamiento de los aborígenes australianos, el de HOMERO y el de los niños actuales invita al escepticismo, en especial si se fuerzan las comparaciones, cosa que es difícil de evitar —o, al menos, de que parezca que se evitan— cuando se presta atención a semejanzas entre cosas que suelen considerarse en contraste. La división entre oral y letrado, entre mitopoyesis y lógica, entre prerracional y racional, entre mítico e histórico, y demás por el estilo, suelen considerarse como dos formas de pensamiento en conflicto en la mente humana, de manera que si una gana, la otra pierde. De ser así, las *bonnes à penser* orales se convertirían en redundantes debido al dominio de la escritura. Incluso algunos de los estudiosos que han expuesto la forma de operar de determinadas características de la oralidad concluyen que oralidad y la alfabetización son "contradictorias y mutuamente excluyentes" (LORD, 1964, pág. 129). Esta proposición perpetúa el punto de vista de PLATÓN, tal como lo interpreta HAVELOCK. La distinción de PLATÓN entre los *philodoxoi,* atraídos por la apariencia y el significado personal, y los *philosophoi,* capaces de trascender esos aspectos y de descubrir en qué consiste la realidad, plantea una oposición que solemos aceptar sin discusión, cuando podríamos haber distinguido los diferentes aspectos con más cuidado. No cabe duda de que, con el acceso a la alfabetización, hemos perdido algunas *bonnes à penser* propias de la oralidad, pero el cometido de la educación consiste en asegurar que las personas sean capaces de ver con exactitud lo que sucede, en la medida en que sea posible, sin disociarlo del significado personal que tenga para nosotros.

En las *bonnes à penser* orales hemos descubierto las raíces, y la continuidad, de la imaginación. No podemos pasar de ella a una alfabetización "disecada". Queremos que el dominio de la palabra escrita florezca a la par con la imaginacion y que los niños descubran que las formas compartidas y las convenciones socializadoras del lenguaje y de la palabra escrita no nos impiden mantener el contacto con nuestra consciencia única, aislada, sino que nos proporcionan el medio para acceder a otras semejantes aunque nunca a la misma.

En sus primeros años, los niños adquieren el lenguaje y, después, la alfabetización. El lenguaje constituye el primer elemento que viene a interrumpir o deformar la íntima participación de los bebés en el mundo natural: "El lenguaje pone distancia entre el yo y el objeto; el lenguaje generaliza, transformando una percepción única en otra común; el lenguaje transmuta las realidades en abstracciones" (COE, 1984, pág. 253). Esa consciencia única de la realidad, que constituye un derecho innato de todos nosotros, puede parecer perdida sin remedio si el lenguaje se convierte en un instrumento convencional sin más que persuade al niño de que su unicidad era una simple ilusión y que sólo es una unidad socializada entre tantas otras iguales. Entre el desarrollo del lenguaje y el de la palabra escrita, los niños viven en una cultura oral. La perfección, el acabado, la culminación de esta etapa evolutiva requiere alcanzar dos objetivos educativos. El primero consiste en descubrir que el lenguaje puede ser algo fluido y flexible que no tiene por qué eliminar la consciencia única original, sino que puede convertirse en el medio para expresarla; ésta es una de las funciones de la poesía. Si se alcanza este objetivo, puede proporcionar al niño el sentido extático de poder que la palabra ha dado a la humanidad. Nombrar el mundo natural y la experiencia, cuando cada palabra está en su sitio, colocándose para apoyar a las otras, es el comienzo de nuestra disociación de la naturaleza, así como de nuestro poder sobre ella. Muchas mitologías, en especial las africanas, describen la creación como el momento de la ocupación por los componentes del universo de su lugar correspondiente, a medida que Dios los nombra. Adán, en el Edén, recibe el poder y el éxtasis de dar nombre a los animales (una caricatura del *New Yorker* mostraba un Adán encantado mirando hacia arriba a una jirafa y diciéndole: "te llamaré marmota"). Una vez más, Thomas TRAHERNE, con su recuerdo poético preternatural de la primera infancia, transmite esta sensación de poder:

> La ciudad parecía estar en el Edén o construida en el Cielo. Las calles eran mías, el templo era mío, la gente era mía, sus vestidos, oro y plata eran míos, así como sus ojos brillantes, hermosos cutis y rubicundos rostros. Los cielos eran míos, como el sol, la luna y las estrellas, y todo el Mundo era mío; y yo, el único espectador y beneficiario de él.
>
> (TRAHERNE; en S. EGAN, 1984, pág. 73)

(Si sus padres, paseando a su lado, se hubiesen preguntado: "¿Qué pasará por la cabeza de este muchachito?", es obvio que la respuesta no hubiera consistido en estas mismas palabras bien pulidas, pero la sensación, la vivacidad y la brillantez serían las mismas.)

El segundo objetivo educativo que alcanzar con el dominio del lenguaje consiste en permitir que el niño descubra que el lenguaje puede tener una vida dinámica distinta de la suya propia. No sólo es algo en lo que, o mediante lo cual podemos expresar nuestra experiencia, sino que, en sí mismo, es una ampliación de nuestra experiencia. En principio puede constituir el medio para un nuevo tipo de placer estético: sus sonidos pueden modelarse según determinadas pautas; permite juegos de palabras, chistes, relatos, barbarismos; puede derramar en el vacío acepciones mágicas y hacer surgir significados de sus combinaciones.

Los mismos problemas y posibilidades reaparecen cuando se logra la alfabetización. Puede llegar a convertirse en una masa de formas y estructuras convencionales que releguen la consciencia individual a los más profundos estratos de la mente o constituirse en liberador y amplificador de cada consciencia única. La tarea de la educación consiste en asegurar el dominio de las técnicas socializadoras y de adaptación a las convenciones correspondientes a la alfabetización, pero de manera que no cancele ni recorte sus poderes individualizadores. Además, puede convertirse en un potente amplificador de nuestra propia experiencia. Este libro trata de aclarar más estas cuestiones y de proponer un *curriculum* y métodos de enseñanza que estimulen el avance hacia estos objetivos educativos.

Por tanto, de los dos primeros capítulos se deriva que los fundamentos de la educación son poéticos. Comenzamos siendo poetas. Los *logographoi* de nuestra historia cultural, los que dominan la prosa racional, aparecen más tarde y se construyen sobre un legado de intuición poética, organización de la consciencia y técnicas de pensamiento. Para llegar a dominar de forma sutil la prosa racional y el lenguaje matemático que se desarrolla con ella —en historia, ciencias, matemáticas, ciencias sociales y demás materias— debe desarrollarse antes el poeta que hay en cada niño. "Poeta" es, quizá, una palabra peligrosa a causa de sus modernas asociaciones con distintos tipos de personas; me refiero a lo que consideraba Vico y otros estudiosos sobre los que me he basado al escribir estos capítulos. Quizá fuera mejor buscar otra palabra, como "imaginación", aunque resulta demasiado vaga y tiene muy diversas aplicaciones. Me refiero a las *bonnes à penser* que hemos venido explorando y que seguiremos investigando en los dos próximos capítulos. En este caso, mis reflexiones han pretendido insistir en que, durante la primera infancia, hemos de ocuparnos de los fundamentos de la educación. Para construirlos de la mejor manera posible necesitamos, por supuesto, tener muy claros los pisos superiores del edificio, pero es preciso establecer unos buenos cimientos a base de material fundamental.

Las *bonnes à penser* de la oralidad que trataré de desarrollar están influidas por la alfabetización y por las formas racionales de investigación y de consciencia que han de sucederles. Pero nuestra concepción de esa alfabetización y de la racionalidad también estarán modeladas por la oralidad de la que surgen. Por tanto, es preciso que nos sensibilicemos tanto respecto al carácter de la oralidad y a las más primarias *bonnes à penser* de los niños, como a la dirección que habrán de seguir. En el Capítulo V volveré sobre las implicaciones metodológicas de estas cuestiones. Por ahora, nos limitaremos a explorar con mayor profundidad el pensamiento infantil y su forma de dar sentido a las cosas. Dejaremos atrás a los antropólogos, a los clásicos y demás, agradeciéndoles los servicios prestados, y nos iremos centrando en los niños, de manera que podamos observarlos más de cerca.

CAPITULO III

La forma narrativa y la organización del significado

Introducción

Cuando llamamos a los niños para que se laven las manos antes de comer y, a regañadientes, aceptan como inevitable la conclusión de su juego con el poblado de los pitufos, tratan de encontrar un final aceptable. Puede ser un cataclismo que borre del mapa el poblado, la destrucción de Gargamel o la afirmación de que todos los problemas de la mañana han sido resueltos. Parece que necesitan concluir el juego como si de un relato se tratase. Las narraciones llenas de fantasía compuestas por el niño de 5 años en la cocina, a partir de los utensilios disponibles como un cazo, un aro de juguete y el pañuelo de mamá, adoptan siempre los ritmos y pautas de la forma narrativa. Como todo el mundo, los niños disfrutan con un buen relato. Con frecuencia, el contenido de las narraciones de los niños pequeños difiere en aspectos importantes de las que suelen interesar a los adultos. Pero la forma narrativa parece universal: presenta un comienzo que plantea una expectativa, un nudo que la complica y un desenlace que la satisface o resuelve. O, para decirlo de otro modo; al principio, todo es posible; hacia la mitad, las posibilidades se reducen de forma gradual y se circunscriben a unas pocas y, al final, el universo del relato se completa y las posibilidades se reducen sin ambigüedad a una sola[1].

La invención de la narración constituyó un momento crucial en el descubrimiento de la mente. Se inventó una forma narrativa que aumentaba la posibilidad de recordar su contenido. Al reconocer su potencia y refinarla durante milenios, las personas descubrieron un aspecto notable en cuanto a la manera de operar la mente humana. Somos animales narradores; solemos dar sentido

---

[1] Trataré siempre de la forma narrativa básica normal con la que los niños disfrutan. Dejaré de lado los tipos de narración que extraen su fuerza de la ambivalencia, así como aquellas formas narrativas más complejas en las que ésta sólo es uno de los dispositivos estructuradores utilizados. Y ello no porque crea que las complejidades de estas narraciones no son de igual modo instructivas para reflexionar sobre la mente, sino porque los aspectos que pretendo tratar aquí quedarán más claros si nos centramos en la forma narrativa básica, tal como aparece, por ejemplo, en los cuentos de hadas.

a las cosas en forma de narración; nuestro mundo está estructurado en gran medida de acuerdo con la forma narrativa. Por supuesto, las investigaciones de la ciencia racional y empírica no suelen adoptar la forma de narración, al tratar —como lo hacen— de reflejar la lógica de su tema propio, pero sus resultados proporcionan nuevo material sobre el que confeccionar relatos. Da la sensación de que tenemos que hacerlo así para conseguir que sus resultados sean inteligibles de modo más general. Pero incluso esto supone conceder demasiado; cada vez nos damos más cuenta, como en la cita de Niels BOHR del Capítulo Primero, de que la física no sólo expone la lógica de la realidad, sino más bien plantea la realidad en términos que ya han sido informados por nuestros propios modos de dar sentido a las cosas.

Estas observaciones resultan más bien oscuras. Un papel importantísimo de las narraciones en las culturas orales, como vimos en el capítulo anterior, consiste en asegurar que los principales mensajes culturales sean retenidos en las memorias vivas y que quienes recuerden estén emocionalmente comprometidos con esos mensajes. Pero mientras podemos estar dispuestos a reconocer el perdurable poder de los relatos, incluso en los niveles más complejos de nuestra cultura letrada, parece obvio que no han sobrevivido para desempeñar entre nosotros los mismos papeles que en las culturas orales. En efecto, podemos sentirnos algo incómodos con una técnica inventada para encantar y comprometer a mentes irreflexivas con las convenciones y dogmas de una determinada sociedad. Se trata de una técnica diseñada para suprimir precisamente la racionalidad reflexiva de la que nos preciamos en la educación superior. Es evidente que no necesitamos narraciones para realizar la tarea práctica de mantener nuestras instituciones sociales, pero también que sigue siendo de enorme importancia psicológica para nosotros. Recordemos que lo que en primer lugar otorgaba importancia social a las narraciones eran las funciones psicológicas que desempeñaban y en ellas hemos de concentrarnos. Por tanto, en este capítulo, exploraré un poco más qué son las narraciones, por qué cumplen su función y cuál es el papel que desempeñan. Consideraré después sus potenciales usos en la educación. Al tomar en consideración sus aspectos educativos, tendré en cuenta las implicaciones que de ello se derivan tanto para el *curriculum* como para la enseñanza, sobre las que me extenderé en los Capítulos VI y VII, respectivamente.

Espero que la exposición que realizo en este capítulo muestre algunos aspectos que podrían investigarse para obtener nuevos datos. La mayor parte de las publicaciones pedagógicas sobre las narraciones —con algunas excepciones notables— es descriptiva y clasificatoria, llamando la atención sobre determinados tipos de literatura infantil o para poner de manifiesto el valor educativo de ciertos tipos de relato en unas edades concretas. La investigación en su conjunto ha solido centrarse en la comprensión de los niños respecto a diversos elementos de los relatos, o bien en la narración como instrumento que ayuda a recordar (véanse, por ejemplo, STEIN y TRABASSO, 1981; HILYARD y OLSON, 1982). Estas investigaciones suelen centrarse en el desarrollo de técnicas racionales, dejando de lado la fluidez metafórica, la imaginación y el fundamental elemento emocional de la forma narrativa. En sentido estricto, la investigación se ha centrado en lo que puede proporcionar algún tipo de comprensión, pero, por desgracia, ha seguido abandonando lo característico de las narraciones. Un resultado de esta omisión, a través de los efectos que la investigación suele producir en la práctica educativa, ha consistido en el uso de estudios de investigación y después en colecciones de lecturas básicas de pseudonarraciones, más bien insípidas, que podrían denominarse con más propiedad sucesiones de acontecimientos. Lo característico de las narraciones es su fuerza para evocar el éxtasis, estimular la imaginación, fijar respuestas afectivas a los acontecimientos y determinar el significado de sus contenidos. En este capítulo me dedicaré a explorar estas características, que suelen estar ausentes de la investigación sobre narraciones y faltan comúnmente en las pseudonarraciones de los programas de lecturas básicas y en los "relatos" instructivos sobre, por ejemplo, cómo pasa el día Enrique en su pueblo mejicano.

La piedra de toque que calibra lo importante en un cuento adecuado para niños puede consistir en saber si el profesor o investigador adulto volvería a leer ese mismo cuento por placer y se sentiría emocionado por él. Como señala, de forma más bien brusca, C. S. Lewis:

> No merece la pena leer ningún libro a los 10 años que no convenga leer de igual modo (y con frecuencia más) a los 50, salvo, por supuesto, libros de información. Las únicas obras imaginativas que se quedan pequeñas son las que habría sido mejor no leer en absoluto.
>
> (C. S. Lewis, 1982, pág. 15)

Es obvio que corremos el peligro de hacernos demasiado sensibles a estas cuestiones, como reacción, quizá, contra las terribles tonterías que suelen ponerse a disposición de los niños en forma de lecturas básicas. Lo que los adultos sensibilizados al respecto toman como lecturas tontas tienen también su sitio, pero, por el momento, el problema consiste en luchar contra cualquiera de ellas. De todas maneras, volveré sobre ello en el Capítulo VI. Ahora me interesa dejar claro que la investigación educativa sobre narraciones necesita hacerse cargo de lo que en realidad son los relatos y espero que este capítulo contribuya a ello de forma positiva. Por fortuna, Aristóteles mostró interés por el tema, de manera que puedo remontarme hasta él y, por suerte también, la presente investigación puede satisfacerse con algunas conclusiones relativamente sencillas que parecen haber sido ignoradas en pedagogía.

Hasta ahora, el argumento general que he presentado consistía en que la educación debería comenzar en lo que, por conveniencia, denomino fundamento oral. Hasta que pongamos de manifiesto en qué consiste y qué supone lo "oral" (en este caso, las *bonnes à penser* que indicamos en el capítulo precedente), no es más que una especie de afirmación obvia. En otras palabras, propongo como elemento básico para acceder a las formas racionales de pensamiento el tipo de educación que Platón quería proscribir —la *mousike* de la antigua Grecia— y reemplazar por la iniciación en esas mismas formas racionales de pensamiento. Como indica Eric Havelock:

> Si es deseable que la inmensa mayoría de las personas de una población moderna domine la lectura y la escritura, ¿puede alcanzarse esta situación sin una vinculación antecedente con el legado poético y musical? En pocas palabras, ¿hay que obligar a los niños a que lean antes de que hayan aprendido a hablar con fluidez, a recitar, a memorizar y cantar versos adecuados con su propia voz?
>
> (Havelock, 1980, pág. 97)

Aunque yo afirmo que un dominio rico de lectura y escritura necesita de ese vínculo con el legado poético y musical, puede que, para nuestra sociedad y nuestra consciencia, modernas y complejas ambas, resulte inadecuada la seductora y directa solución que apunta HAVELOCK. El retraso en el aprendizaje de la lectura y la recapitulación, en sentido literal, de las técnicas de las culturas orales nos devuelve a los *curricula* de la "cultura de época" del cambio de siglo. Asimismo, recuerda la solución de ROUSSEAU ante el problema que percibía en relación con la iniciación, excesivamente temprana y presurosa, en las disciplinas racionales: defendámosles del aprendizaje de la lectura. Asimismo, en nuestras sociedades se hace más problemática cualquier solución que pueda sugerirse por las distintas relaciones existentes entre las *bonnes à penser* de la cultura oral y las clases sociales (HEATH, 1982). La iniciación normal en las diferentes culturas raciales estimula, desarrolla y suprime distintos conjuntos de *bonnes à penser* orales, de las que algunas preparan mejor para determinadas formas de lectoescritura y peor para otras. Es preciso tener en cuenta esta complicación en relación con cualquier esperanza que se suscite en torno a una prescripción clara al respecto.

Como mencioné antes, cuando las narraciones fantásticas de los niños vagan sin aparente final, sin embargo, tratan siempre de encajar en los ritmos y pautas de la forma narrativa. Esto es evidente incluso en niños de 2 y 3 años (véase AMES, 1966; APPLEBEE, 1978; GESSELL y cols., 1940) y puede deberse en parte a los intentos de los niños para imitar relatos que hubieran podido escuchar, pero esta explicación es inadecuada para dar cuenta de la aparente universalidad de la forma en todas las culturas[2]. Como alternativa, la atracción hacia las historias puede explicarse como reflejo de ciertas estructuras fundamentales de la mente. Examinaré algunas razones que avalan la aceptación de este último tipo de explicación, consciente de que nos llevará hacia áreas difíciles de investigar. Trataré de apoyar mis afirmaciones a través de analogías entre esta investigación sobre los relatos y sus argumentos y las investigaciones lingüísticas sobre las oraciones y su sintaxis. Nos hemos acostumbrado a la idea de que el estudio del lenguaje y de la sintaxis puede llevar a proposiciones relativas a las estructuras mentales, de modo que las analogías entre esos estudios y esta exposición sobre las narraciones y la comprensión de los niños pueden hacer algo menos exóticos los párrafos que siguen.

La forma narrativa proporciona un ambiente cómodo y hospitalario para la fantasía de los niños. Veremos por qué facilita este ambiente tan hospitalario y por qué los niños encuentran tan accesibles, interesantes y significativos los relatos. Antes de comenzar, debemos señalar que es posible que "ambiente" sea un término apropiado en este contexto. Sabemos que las cosas suelen cobrar significado dentro de un contexto, de unas fronteras y límites. Muy en general, podemos decir que las experiencias que los niños pequeños tienen del mundo son de tal estilo que su idea de los límites, fronteras, contextos en donde su experiencia cobra todo su significado es muy escaso. Y les urge dar sentido a su experiencia, por lo que hacen innumerables preguntas y se mues-

---

[2] Podemos aplicar la "paradoja de la pobreza del estímulo" de Chomsky a las narraciones tanto, si no mejor que a las oraciones. El sentido infantil de la forma narrativa (y del chiste) parece desarrollarse muy pronto aunque su medio ambiente no pueda proporcionarles la información adecuada en la necesaria cantidad y forma. Piense cómo podría programar un ordenador para que reconociese una narración o un chiste.

tran impacientes por aprender. La narración constituye la unidad lingüística que lleva consigo sus propios límites. En la narración, como en el juego, el universo está limitado, el contexto está creado y dado, de modo que los acontecimientos de la narración pueden captarse y su sentido comprenderse con mayor rapidez que los hechos situados en un mundo menos hospitalario, con límites imprecisos. Puede aplicarse a la narración la observación de HUIZINGA sobre el juego espontáneo y los juegos organizados: todos ellos "crean orden, *son* orden" (HUIZINGA, 1949, pág. 29).

¿Qué es una narración?

Empezaré con una definición parcial que necesitará cierto desarrollo: "una narración es la unidad lingüística que puede, en último término, fijar el significado afectivo de los hechos que la componen". En ella aparece una serie de elementos de los que se derivan cuestiones importantes para el aprendizaje de los niños y precisan de una posterior elaboración. En primer lugar, la narración ubica los hechos desconectados que la componen en una unidad de algún tipo; así, las narraciones fijan de algún modo el significado, y el tipo de significado que fijan (que a su vez es en cierto grado definitorio de las narraciones) es "afectivo".

Tomemos un acontecimiento de una narración: "Ella entró en el jardín de rosas". En sí, este hecho puede suscitar asociaciones más o menos al azar, pero su significado no es obvio. Tiene muchas acepciones posibles. Sabemos lo que quieren decir las palabras, pero no sabemos (y esto es más importante en relación con un acontecimiento de un relato) lo que debemos sentir respecto a ellas. ¿Debemos estar contentos o tristes, encantados u horrorizados de que ella paseara por el jardín de rosas? Si añadimos: "y encontró el dinero", comenzamos a limitar los posibles significados del hecho, aunque no demasiado. A medida que los sucesivos acontecimientos van incorporándose a la historia, los posibles significados se reducen hasta que, al final, sólo hay uno posible. Si añadimos acontecimientos que nos digan que ella estuvo buscando desesperadamente el dinero para dárselo a su abuelo irlandés que está muy triste, podemos empezar a sentirnos contentos de que entrara en el jardín de rosas. Acontecimientos posteriores pueden revelarnos que el abuelo irlandés está triste porque su plan para hundir en la heroína a todos los chicos de la localidad no salió tan bien como esperaba y quería el dinero para comprar un nuevo alijo de droga. Ante este nuevo contexto, podemos sentirnos tristes u horrorizados de que entrase en el jardín de rosas y encontrara el dinero. Cuando conocemos, por fin, cómo hemos de sentirnos en relación con el acontecimiento, sabemos también que hemos llegado al fin del relato. En otras palabras, tenemos conocimiento de que nos hallamos ante el desenlace de la historia no cuando nos dicen que vivieron todos felices para siempre, sino cuando sabemos cómo hemos de sentirnos ante los incidentes que conforman la historia.

Por tanto, un aspecto crucial de los relatos consiste en que son narraciones que orientan nuestras respuestas afectivas frente a los acontecimientos. Cuando leemos un relato bien construido, las sensaciones de expectación, desorientación o temor que se plantean al comienzo del mismo se desarrollan y moldean mediante el movimiento de la historia misma. Esta es como una partitura musical y nuestras emociones son el instrumento que la toca. En tanto no estemos seguros de cómo sentirnos ante los acontecimientos que se desarrollen sabremos que no hemos llegado al término de la unidad más larga. Conocemos que el relato está completo cuando, por fin, sabemos cómo sentirnos ante la frase: "ella entró en el jardín de rosas", y el resto de los acontecimientos de la historia. Por tanto, si tratamos de distinguir el tipo de mensaje propio de la historia, nos encontramos con que están comprometidas nuestras emociones. Es obvio que este significado requiere un significado léxico —conocer los referentes propios de los términos, como "ella", "entró" y "jardín de rosas"—, así como un significado semántico —dar sentido a las frases del relato cuando las leemos o escuchamos. Ambos son necesarios para descubrir el sentido de una narración pero también, y en la misma medida, son precisos para descubrir el sentido de un ensayo. El tipo de significado propio, en sentido estricto, de las narraciones y que sólo éstas pueden organizar, consiste en lo que denomino "significado afectivo" (EGAN, 1978a).

Una de las razones por las que las narraciones proporcionan un significado afectivo consiste en que, a diferencia de la complejidad de los hechos de la vida cotidiana, aquéllas acaban en un momento u otro. No se agotan o detienen en algún punto arbitrario. Se convierten en historias porque su final completa y satisface lo que se planteó al principio y fue elaborándose en su transcurso (KERMODE, 1966). Al desarrollarse así, fijan el significado de su contenido; nos muestran cómo hemos de sentirnos ante los hechos que han ido apareciendo. En esto, las narraciones difieren por completo de la historia. Un problema típico de la historia consiste en que no podemos fijar nuestras respuestas afectivas frente a los hechos. Tienen demasiadas facetas, demasiados contextos, para que podamos reducir todos los posibles significados a uno preciso y único. A medida que suceden nuevos acontecimientos hemos de reevaluar el significado de todos los hechos pasados. Los únicos que pueden fijar para sí mismos *el* significado de los acontecimientos históricos y que, por tanto, saben cómo sentirse ante ellos, son los ideólogos que aseguran que la historia tiene un fin que, según ellos, es inevitable para el proceso de la historia misma. Desde una perspectiva marxista sencilla, por ejemplo, las leyes de la historia son conocidas y, por tanto, el progreso futuro hacia una sociedad sin clases da sentido a la presente etapa de la historia. Así pues, ellos "conocen" el significado de la historia mediante su transformación en una narración, en una novela. Al saber el final, pueden conocer el significado de todos los acontecimientos que forman parte del proceso. Como, a propósito, señalaba KAFKA, "el sentido de la vida consiste en que se acaba". Los antiguos griegos hacían una observación semejante: "no digas que nadie es feliz hasta que muera".

Un aspecto atractivo de los relatos consiste en que nos garantizan la satisfacción, que la historia y nuestra experiencia nos hurtan, de saber cómo sentirnos ante los acontecimientos y los personajes. El mundo de la narración, como el del juego, reduce la realidad —de cuya totalidad la humanidad no puede soportar demasiado— a una escala que por una parte la imita y por otra nos proporciona cierta comodidad para tratar con ella. Parece que los niños sienten con gran agudeza esta atracción y su satisfacción. Los universos limitados del relato y del juego, en donde los significados son claros y están determinados, proporcionan un refugio respecto al universo menos comprensible, desde el punto de vista conceptual, de la experiencia cotidiana. Aunque las narraciones y juegos de los niños parecen ser más sencillos que los de los adultos, articulándose más claramente de acuerdo con polaridades binarias de bien y mal, amor y odio, temor y seguridad, y así sucesivamente, comparten con los de los adultos su objetivo, que consiste en centrar en ellos la atención, en fijar la forma de sentir respecto a los hechos que los conforman. [De nuevo, aquí sólo me ocupo de la forma narrativa básica. Comprendo que este análisis no es perfecto y necesita completarse si consideramos las ambivalencias que aparecen en las narraciones complejas y si nos atenemos a la mezcla de elementos de la historia y de la actualidad en relatos de ficción (de facción). No obstante, me basta aquí con fijarme en la forma narrativa más sencilla.]

Si tenemos en cuenta el tipo de significado que los niños suelen encontrar en sus mundos de relatos y de fantasía, y si aceptamos incluso parte de la imagen que PIAGET ofrece de la primitiva naturaleza de las operaciones lógico-matemáticas de los niños pequeños, podemos observar que las herramientas más destacadas de que disponen los niños para dar sentido a las cosas son de orden afectivo y moral, sobre todo. Los niños captan el mundo, por así decir, mediante estos conceptos de bien y mal y todas sus variantes, con alegría, tristeza e ira, con amor y odio, con temor y seguridad y demás oposiciones binarias[3]. Diríamos casi que la captación del mundo que hacen los niños es afectiva y moral en vez de lógica y racional, pero esto supondría aceptar el contraste restrictivo y erróneo heredado de los griegos y criticado en los capítulos anteriores. En realidad, lo que nosotros llamamos racional y lógico, en los niños pequeños está imbricado con lo que, con bastante vaguedad, denominamos afectivo. En la primera infancia, pensamiento y sentimiento no han sido separados y conducidos por sendas divergentes. O, más bien, podemos decir ahora, las *bonnes à penser* más accesibles para los niños pequeños y más útiles para dar sentido a su universo vital no encuentran ventaja alguna en la separación sistemática del pensamiento y el sentimiento. Podemos decir que pensamos con nuestros sentimientos de manera no menos eficaz y sensible que con las particulares herramientas cognitivas en las que, por regla general, nos centramos cuando nos referimos al pensamiento racional.

La aceptación corriente de la distinción adulta entre lo racional y lo afectivo no sólo ha llevado a eliminar del discurso e investigación pedagógicos la imaginación y la fantasía de los niños, sino que ha inhibido también la investigación educativa sobre las posibles contribuciones dionisíacas al pensamiento, sobre la generación y elaboración del segundo mundo, poético, aparte de la naturaleza, que estimula la máxima precisión de nuestras emociones. El refinamiento y complejidad de nuestra orientación afectiva hacia el mundo y el saber son, con toda seguridad, una parte importantísima de la educación para el pensamiento racional que ha sido totalmente dejada de lado. Lo afectivo y lo imaginativo no deben ser considerados como elementos distintos del pensamiento racional; son *partes necesarias del* auténtico pensamiento racional.

---

[3] En una revisión de las narraciones para niños de Roald Dahl, que alcanzaron un enorme éxito, Michael Irwin dice de *Charlie y la fábrica de chocolate:* "Se trata de una narración muy moral. Dahl emplea un enfoque maniqueo que se adapta muy bien a los niños —en otras palabras, hace a sus personajes malos lo más repelentes posible y entonces les golpea a base bien" (Irwin, 1981, pág. 22).

Las narraciones fantásticas de los niños y la forma narrativa en general, pueden contribuir, enriqueciéndolo, al desarrollo inicial de estos aspectos afectivos del pensamiento.

Debo aclarar también aquí el uso de "moral". El sentido moral está también sometido al desarrollo y a la degeneración, y sería demasiado simplista considerar que las preocupaciones de los niños respecto al bien y al mal no difieren de las de los adultos. Bien y mal, amor y odio, suelen ser utilizados por los niños pequeños para discriminar entre personas, cosas y acontecimientos que les afectan, causándoles, a relativo corto plazo, placer o dolor. Como indica BETTELHEIM respecto a las narraciones de hadas: "las opciones del niño no se basan tanto en lo correcto frente a lo equivocado como en quienes suscitan su simpatía o antipatía" (BETTELHEIM, 1976, pág. 9). Dado que estoy calificando cosas, quizá deba evaluar aquí la rigidez de la opinión de BETTELHEIM: suponer el sentido moral del adulto en el niño es eliminar una distinción cuando ésta es necesaria; así, la reducción de la moralidad del niño *sólo* a simpatía o antipatía, como hace BETTELHEIM, supone eliminar también una distinción, cuando es preciso hacerla.

Así, de esta exposición se deriva que la forma narrativa, responsable de la organización y fijación del significado afectivo, contribuye de manera más importante al aprendizaje de los niños que su empleo casual en narraciones de ficción en las clases de lenguaje. Incluso las personas que aceptan la importancia de los cuentos, con frecuencia son incapaces de ver que, subyacente a ellos, hay una herramienta de inmensa fuerza y de gran importancia para la educación. Se trata de un elemento infrautilizado si sólo se emplea en espacios de tiempo dedicados a relatos de cuentos separados del "aprendizaje real" y del "trabajo" académico. Habríamos de concluir que el uso de la forma narrativa para la planificación de clases y unidades didácticas podría rendir importantes beneficios, si: nos ocupamos de la comunicación del significado, los niños parecen captar con facilidad el mundo de manera afectiva y la herramienta de que disponemos para organizar el significado consiste en la forma narrativa. En el Capítulo VII nos ocuparemos de cómo lo podemos poner en práctica.

La consideración de las narraciones de la forma indicada en la exposición del capítulo anterior (como *bonnes à penser* que pueden estimular y desarrollar determinadas capacidades mentales, como técnicas que ayudan a pensar) nos permite ver con facilidad una primera contribución que pueden hacer: estimular y desarrollar nuestra capacidad para organizar afectivamente todo un conjunto de materiales en unidades coherentes y significativas. Aprender a continuar una narración *es* adquirir esta capacidad. Y aprender a continuar una narración es cuestión, en parte, de encontrar objetos apropiados en los que pueda fijarse una predisposición mental; nuestro "sentido de la narración" se configura y desarrolla mediante las narraciones disponibles para ello en nuestros ambientes culturales —tema que proseguiré en el Capítulo V. Una forma humana básica de dar sentido a las cosas está constituida por la adquisición de la capacidad para identificar y abstraer determinados hechos y acontecimientos a partir del flujo de experiencia y de imaginar otros, y darles coherencia y sentido a través de la organización de los mismos en términos de pautas afectivas o ritmos emocionales. Esto nos recuerda las conclusiones de ROSEN respecto a que las narraciones son "una forma primaria e irreductible de la comprensión humana" (ROSEN, 1986, pág. 231).

La consideración de las narraciones de este modo nos lleva también a los criterios para identificar cuáles son las narraciones buenas para los niños pequeños. Estos criterios se basan en algo más tangible que los típicos, más vagos, criterios estéticos. Después de todo, la estética se hace utilitaria cuando podemos identificar con precisión las capacidades psicológicas que ayuda a desarrollar. En principio, podemos concluir que las mejores narraciones para los niños pequeños son las que estimulan imágenes vívidas y variadas, organizándolas de acuerdo con una pauta de aprehensión afectiva. Pero esto sólo se refiere a las características más generales de los relatos. Incluso una investigación relativamente superficial como ésta puede llevar más allá. Creo que podemos descubrir otros principios acerca de lo que son las narraciones y cómo actúan, de los que se derivan cuestiones importantes para los *curricula* y la enseñanza. Consideremos algunas analogías entre narraciones y oraciones que nos proporcionarán más *bonnes à penser.*

Narraciones y oraciones

Podemos aclarar más lo que quiero decir cuando me refiero a la forma narrativa si consideramos algunas analogías con los análisis más desarrollados que se han efectuado en lingüística. Podemos descubrir un sentido más claro del papel que desempeña la forma narrativa en la organización del significado afectivo de los acontecimientos si la comparamos con el papel de la sintaxis dentro de la oración. Durante algún tiempo, en poesía ha sido un lugar común la consideración de que la narración constituye una unidad lingüística de nivel superior con analogías respecto al micronivel de la oración. G. L. PERMYAKOV dice que "las diferencias entre las unidades dentro de la oración y las que superan el nivel oracional son cuantitativas" (PERMYAKOV, 1970, pág. 56). Tzvetan TODOROV afirma que "la relación entre (lenguaje y narraciones discursivas) no sólo es funcional, sino genética. Las formas discursivas son transformaciones de las formas lingüísticas" (TODOROV, 1973, pág. 164). De manera más rotunda incluso, Roland BARTHES dice que la narración no es sino la oración ampliada (BARTHES, 1966). A. J. GREIMAS y TODOROV han prolongado estos argumentos en análisis, no siempre ni en igual medida satisfactorios, en los que igualan las "funciones" gramaticales con los "actantes"[*], y los casos gramaticales con los papeles de una narración (GREIMAS, 1966; TODOROV, 1969). Asimismo, es obvio que estos teóricos de la literatura consideran las estructuras que derivan de los análisis del lenguaje y de las narraciones como indicadores de estructuras mentales fundamentales. Por supuesto, no es necesario que nos persuadan estas afirmaciones generales para reconocer que pueden hacerse *algunas* analogías útiles entre la oración y la narración.

Consideremos esta analogía:

Oración : sintaxis :: narración : argumento[4].

---

[*]En el análisis estructural del relato, "actante" es el término que define a un personaje, no en función de sus características anecdóticas, sino del lugar que ocupa en la combinatoria del relato. *(N. del R.)*

[4] Esto significa: "La oración es a la sintaxis como la narración es el argumento".

Señala una distinción entre el nivel concreto o superficial del contenido, ya sean las palabras concretas de la oración o los hechos particulares de una narración y el conjunto de reglas abstractas subyacentes que organizan el nivel superficial y determinan su significado. Por tanto, cuando utilizo la expresión "forma narrativa", podría sustituirla, como en la analogía, por la palabra "argumento". La forma subyacente de la narración es el argumento.

Veamos esta otra analogía:

Morfema : sintaxis :: acontecimiento : argumento.

Del mismo modo que la sintaxis determina cómo han de organizarse los morfemas (las unidades con sentido propio más pequeñas del lenguaje, como los afijos, raíces, inflexiones) para formar oraciones con significado, los argumentos determinan la organización de los acontecimientos para la construcción de relatos con significado. Antes vimos que el tipo de significado creado por los acontecimientos cuando están organizados dentro de la unidad macrolingüísta de narración (discurso) es el que he llamado "afectivo". El tipo de significado que crea la sintaxis puede denominarse semántico. Como al escuchar música oímos la melodía, armonía y ritmo en conjunto, cuando leemos una narración atendemos a diversos tipos de significado. Al menos, prestamos atención al significado léxico, semántico y al que he denominado afectivo en conjunto. El significado léxico se deriva del conocimiento de los referentes de "ella", "entró" y "jardín de rosas"; el significado semántico se deriva de la comprensión de "ella entró en el jardín de rosas" en su contexto narrativo; el significado afectivo se deriva de seguir con energía, como si dijéramos, los ritmos de emoción que resuenan desde el acontecimiento.

Consideremos estas otras analogías:

Sintaxis : significado semántico :: argumento : significado afectivo
Oración : significado semántico :: narración : significado afectivo.

Así, la unidad lingüística en la que se determina el significado de los acontecimientos es la narración, el tipo de significado determinado es el afectivo y el elemento que determina el significado afectivo es el argumento. Del mismo modo que las oraciones están formadas por palabras que pueden tener muchos significados en diferentes contextos, los acontecimientos fuera de un contexto pueden tener muchos significados. Las reacciones posibles ante "ella entró en el jardín de rosas" son muchas. La función de la sintaxis al organizar las palabras para expresar un significado semántico específico consiste en reducir, por el contexto, los posibles significados hasta el momento en que cada palabra se utiliza con un significado único y preciso. De igual manera, los argumentos organizan los acontecimientos en una narración de forma que toda respuesta afectiva, excepto una, sea inadecuada. Esto ayuda a explicar por qué los niños pequeños, que encuentran difícil manejar la ambigüedad y quieren saber con claridad cómo han de ser sus sentimientos respecto a los acontecimientos, encuentran tan interesantes las narraciones y tan accesible su significado. Asimismo, nos muestra otra forma de plantear la cuestión, quizá evidente, de que la comprensión de la fuerza de una narración exige que los niveles de significado léxico y semántico estén también claros.

Otra analogía de interés se refiere a las formas en que tanto las oraciones como las narraciones se mantienen unidas. No sé muy bien si existe un término específico para denotar cómo se disponen en sucesión las palabras dentro de una frase, pero los acontecimientos se ordenan en la narración en sucesión causal. Una escena o acontecimiento sigue a otro para construir de forma coherente la unidad completa. En las narraciones, la causalidad no está determinada por ningún principio lógico evidente, sino por conexiones afectivas; una escena sigue a otra, colocándose en su lugar de acuerdo con la pauta afectiva. La escena del cementerio en *Hamlet,* por ejemplo, no está exigida de manera causal por ningún lazo lógico con la que le precede, pero su lugar queda determinado por la sucesión causal afectiva de la obra. Es obvio que la causalidad afectiva es parasitaria en nuestras concepciones de la causalidad del "mundo real", pero no tenemos acceso directo a la realidad, sino sólo a nuestras formas de representarlas. Así, la causalidad afectiva lleva consigo complicadas concepciones de las sucesiones lógicas causales, aunque cuanto más sencilla sea la narración en la que actúen, más predominante será el componente afectivo y esto se hará evidente en la medida en que los acontecimientos se representen como directamente causados por las emociones de los sujetos.

Avanzando más en la cuestión general planteada en este apartado, consideramos esta analogía:

Narración : argumento :: ensayo : razonamiento.

En cada uno de los casos de oración : sintaxis :: narración : argumento :: ensayo : razonamiento, encontramos un contenido superficial organizado mediante un conjunto abstracto de reglas. El lecho de que las oraciones, narraciones y ensayos, a pesar de sus infinitas diversidad y originalidad, sean comprensibles para otras personas indica que, en el nivel de la sintaxis, argumento o razonamiento, existen contadas estructuras a las que cualquiera puede acceder. Esto lleva a que algunos consideren la sintaxis, el argumento o el razonamiento menos como propiedades de las narraciones y más como propiedades de las mentes. Dan por sentado que los análisis de las estructuras sintácticas reflejan, tras una serie de transformaciones, estructuras de la mente. No necesitamos entrar en las complejas y fundamentales diatribas entre empiristas y neorracionalistas que suscitan estos tipos de afirmaciones. (Aunque quizá sea conveniente señalar de paso que el empirismo rígido de gran parte de la investigación educativa sobre los temas relacionados con la comprensión de la narración ha impedido que esa investigación se basara en la complejidad teórica mucho mayor de los estudios neorracionalistas de las narraciones.)

Sólo pretendo aquí insistir en que bajo las narraciones subyacen formas abstractas, argumentos, conjuntos de reglas que determinan la estructura y organización de los acontecimientos para crear un determinado tipo de significado. Y, más adelante, afirmaré que esas formas, argumentos, reglas, pueden abstraerse a partir de narraciones de ficción y utilizarse para organizar cualquier clase de contenido, académico o experimental, con el fin de hacerlo más accesible y significativo para los niños pequeños.

Narraciones y otros contextos

Así pues, la narración constituye la unidad lingüística que lleva consigo su propio contexto. Dentro de la narración, cada parte se ubica en el contexto de las otras partes, de modo que su significado se aclara y está apoyado por el resto. En pedagogía, nuestra preocupación para comunicar con claridad los significados ha conducido a resaltar de diversos modos la relevancia del contexto. Dada la importancia que afirmo tiene el uso de la forma narrativa en la enseñanza, es sorprendente que no se haya señalado con anterioridad. Por descontado, todos los pensadores sobre la educación han indicado la importancia que tiene la organización coherente del saber en la enseñanza. Y, aunque no tengo consciencia de que ninguna haya señalado los aspectos que indico aquí y desarrollo en los capítulos siguientes, han sido bastantes las personas que han efectuado observaciones relacionadas con ello, apoyándolas desde el punto de vista empírico; muchas más de las que mencionaré aquí.

Un producto de la investigación reciente consiste en el desarrollo de lo que a menudo se denomina "teoría del esquema". Deriva ésta del descubrimiento de que el aprendizaje mejora si lo que se aprende está incluido en un contexto o esquema significativo para el aprendiz. Podemos cifrar sus orígenes en el estudio de las funciones de la memoria de F. C. BARTLETT (1932). Descubrió que la forma de recordar los adultos un relato suele variar notablemente de la original. De acuerdo con la antes popular teoría de la "huella", la memoria almacenaría réplicas de la experiencia antecedente. Sin embargo, en los recuerdos de los adultos abundan las invenciones, confusiones y mezclas de informaciones. BARTLETT tenía la sensación de que sus sujetos construían expectativas respecto a lo que podría ocurrir en la narración presente a partir de su experiencia anterior en relación con otros relatos y utilizaban estas estructuras o marcos para dar sentido a la narración actual. Llamó a estos marcos o estructuras "esquemas".

He aquí una formulación más moderna del principio básico de la teoría de los esquemas:

> Cualquiera que sea nuestra edad, nuestro idioma, nuestros antecedentes culturales, operamos, desde el punto de vista psicológico, construyendo *representaciones* sistemáticas de la experiencia, que nos proporcionan tanto una interpretación (o estructura) del pasado como un sistema para prever el futuro... La primera cuestión que divide a las diversas y enfrentadas escuelas de la psicología consiste en cómo describir estas "representaciones de la experiencia". Para nuestros fines, basta con reconocer que un sistema de representación es un registro mental de nuestra experiencia pasada.
>
> (APPLEBEE, 1978, pág. 3)[5]

Sea cual sea el origen de los esquemas, aquí sólo me interesa hacer notar los datos acumulados producidos por la investigación que ha utilizado la teoría de los esquemas, que dan testimonio de la importancia de los contextos para

---

[5] De paso, Applebee no hace justicia a la diversidad de divisiones existentes en psicología. En efecto, hay escuelas psicológicas que encontrarían esta forma empírica de plantearlo en la necesidad de calificación. El sistema de representaciones que utiliza esquemas y estructuras argumentales parece compartir muchas características a través de personas y culturas (Mandler y cols., 1980), lo que plantea importantes cuestiones a quienes lo consideran sólo como un registro mental de la experiencia pasada. La formulación de Applebee es parecida a la afirmación de que la sintaxis es un registro mental del lenguaje escuchado. En este contexto se hace difícil explicar el grado y la comunidad de estructuras logrados por diversas personas y culturas, así como el hecho de que los niños son muy pronto capaces de generar oraciones y narraciones originales.

el aprendizaje de materiales significativos (ANDERSON, 1977)[6]. Es evidente que los esquemas, tal como suelen entenderse en la investigación sobre el aprendizaje y el recuerdo verbales, no son las mismas entidades que los argumentos en el sentido en que hemos utilizado anteriormente este término. En relación con los términos y distinciones utilizados antes, los esquemas parecen una especie de mezcla de argumentos, sintaxis y contenido superficial. Pero hay importantes semejanzas que quedan bien reflejadas en la argumentación de APPLEBEE sobre uno de los valores que encierran las narraciones: amplían

> la experiencia, relativamente limitada, de los niños pequeños. Las narraciones que escuchan les ayudan a crear expectativas de cómo es el mundo (su vocabulario y sintaxis, así como sus gentes y lugares) sin estar sometidos a una presión perturbadora para separar lo real de lo que se hace creer. Y aunque es probable que ellos aprendan que parte de este mundo sólo es ficción, hay que rechazar determinados personajes y acontecimientos específicos; las pautas de valores que se repiten una y otra vez, las expectativas estables respecto a los roles y relaciones que forman parte de su cultura permanecen. Estas pautas subyacentes, y no las brujas y gigantes, les proporcionan su forma concreta, que hace de las narraciones un importante agente de socialización.
>
> (APPLEBEE, 1978, págs. 52-3)

Sin embargo, incluso aquí, cuando APPLEBEE utiliza expresiones como "pautas que se repiten una y otra vez", "pautas subyacentes" o "el vocabulario y la sintaxis del mundo", da la sensación de que sólo hace una distinción parcial entre forma y contenido. Las pautas subyacentes y demás elementos no son, desde este punto de vista, estructuras argumentales abstractas, sino todavía cierto tipo de contenido: el contenido de ciertos valores, papeles y relaciones de una cultura concreta. Creo conveniente avanzar sólo un paso más para distinguir entre el contenido de las narraciones y los esquemas y tomar en consideración su gramática, como si dijéramos (véase PRINCE, 1973). Este es el paso fundamental que nos permitirá considerar la fuerza de la forma subyacente a las narraciones y a otros esquemas, dándonos la posibilidad de observarla desde el contenido de los cuentos o fantasías de hadas y aplicarla además para dar sentido a las cosas que queremos enseñar. Este paso más radical que aquí menciono es muy conveniente y más tarde veremos cómo llevarlo a la práctica.

Otra fuente de sugestivos hallazgos empíricos está constituida por los trabajos de Renée FULLER. En principio comenzó a desarrollar un método para enseñar a leer a niños de capacidad superior. Por suerte, fue utilizado también con alumnos muy retrasados con notable éxito. Las características clave de su método *Ball-Stick-Bird* ("Pelota-bastón-pájaro") (FULLER, 1974, 1975, 1982), al menos en el contexto de la presente argumentación, consisten en

---

[6] Sé que gran parte de esta investigación es vulnerable ante la crítica de que toma como descubrimientos empíricos estrictos lo que de hecho sólo son productos de la confusión, para utilizar la expresión de Jan Smedslund, de elementos analíticos y arbitrarios (véase Smedslund, 1979). No tiene mayor importancia para mi argumento que la conclusión sobre la que llamo la atención sea lógica y no empírica. En este momento sólo me preocupa el hecho de que los contextos son importantes para el aprendizaje significativo.

utilizar la "aproximación al código" y las narraciones. "Aproximación al código" sólo significa que no se enseña a los niños a que traten de conocer cada uno de los elementos —letras, sílabas— en sucesión precisa antes de pasar adelante. Se les enseña que la ortografía inglesa es un código vago y que el sonido correcto de una letra en una palabra concreta debe oírse en el contexto de la palabra o la oración en conjunto. De igual modo, la corrección de las palabras concretas debe evaluarse, en cuanto a su adecuación, dentro del contexto del relato. En relación con todo esto, dice que "las pruebas en las que las palabras están incluidas en una oración arrojaron puntuaciones significativamente más elevadas que aquéllas en las que los mismos vocablos se presentaban en una lista de palabras aisladas" (FULLER, 1979, 1982).

FULLER explora diversas explicaciones del evidente éxito logrado con su método *Ball-Stick-Bird,* incluso con sujetos cuyo CI, en el test Stanford-Binet, era de 20. Concluye que una causa fundamental para este éxito radica en que sus tareas de lectura se desarrollaban en el contexto de narraciones, y éstas

> operaban anclando los "bits" de información y parecían ayudar a su cohesión intelectual. Las narraciones no sólo tienen valor motivador... sino que hicieron comprender más fácilmente a los sujetos qué tenían que aprender y por qué. La lectura llegó a parecerse a un juego cuyas reglas se les hubiesen entregado en el proceso lúdico.
>
> (FULLER, 1979, pág. 2)

A partir de los resultados obtenidos en su trabajo, llega a afirmar que la cohesión de la narración es la unidad fundamental de la cognición, especulando que la razón del fracaso de LASHLEY (1963) en su búsqueda de la unidad básica de memoria y de aprendizaje consistía en que se dedicó a buscar lo que podríamos llamar, anticipándonos a un apartado posterior, unidades aisladas o descontextualizadas. FULLER afirma que la narración, más que los *bits* de información descontextualizados, constituye el "engrama" en nuestra especie.

> La cohesión de la narración, como forma básica de cohesión intelectual, es anterior a lo que creíamos posible en el desarrollo y en la cognición sobre la base de los tests de CI. Como estos tests han determinado que lo que pensamos es la inteligencia, su importancia ha congelado las técnicas pedagógicas, manteniéndolas en la pauta de la pedagogía del cambio de siglo.
>
> (FULLER, 1979, pág. 3)

En este siglo, las ideas de lo que es la inteligencia se han derivado de teorías psicológicas, aunque el antiguo sentido intuitivo de inteligencia se resiste a quedar totalmente sepultado por lo que se mide con determinados instrumentos derivados de alguna teoría. Si no conserváramos este sentido más intuitivo de inteligencia, nada tendríamos para medir la adecuación de las ideas de los teóricos de la psicología, ni poseeríamos incentivo alguno para mejorar las teorías psicológicas o sus instrumentos de medida. Cuando algún instrumento de medida derivado de alguna teoría resulta útil para discriminar entre, pongamos por caso, alumnos de las escuelas, su valor práctico lleva a aumentar la influencia y la fuerza de la noción de inteligencia que sostiene la teoría. La teoría de PIAGET tiene una idea de inteligencia bastante diferente de la inherente a los tests Stanford-Binet, por ejemplo. A medida que fueron perfeccionándose los instrumentos para diferenciar a los niños sobre la base de la noción piagetiana de inteligencia, su influencia fue haciéndose más omnipresente en pedagogía. No sólo se trata de que los profesores enseñen de acuerdo con lo que el instrumento derivado de esas teorías mide, aunque esto suceda siempre y por todas partes, sino que empezamos a pensar de forma más universal en los procesos que pueden realizar estas ideas concretas de "inteligencia" a través del sistema escolar como si fueran idénticos a la educación.

Si tiene razón FULLER al afirmar que la capacidad de comprender narraciones es más básica para la inteligencia humana que cualquier otra medida en las pruebas fuera de contexto corrientes para obtener el CI o, habría que añadir, en las pruebas piagetianas de desarrollo lógico-matemático, resultaría que en nuestros procedimientos de prueba estamos soslayando un aspecto básico de la inteligencia humana y están influyendo sobre nosotros para que la enseñanza se oriente hacia un conjunto restringido de técnicas intelectuales, apartándonos de otras que quizá tengan mayor importancia. La narración es la forma arquetípica en la que los *bits* se organizan en un todo coherente superior. La capacidad para organizar las partes en un todo y en conjuntos aún mayores es, por supuesto, de gran importancia en casi todas las tareas intelectuales del "mundo real".

(Parece conveniente recordar, de paso, las numerosas teorías sobre los sueños y la importancia que la mayor parte de ellas conceden a esta experiencia en nuestra vida. A menudo estas teorías no ponen bastante de manifiesto una de las características más evidentes de los sueños: nos contamos cuentos a nosotros mismos. Como en las narraciones en momentos de vigilia, solemos recordar los sueños inacabados. Son narraciones incompletas cuyo contenido no ha quedado organizado afectivamente: nos quedamos sin saber cómo debemos sentirnos respecto a ellas; se crean expectativas que no se satisfacen. El papel de la narración en la organización afectiva de nuestra experiencia y acontecimientos imaginados sigue vigente incluso cuando dormimos. Pero también una gran cantidad de lo que consideramos pensamiento consiste en dar forma a recuerdos, esperanzas, temores, acontecimientos imaginados, etc., ubicados en narraciones.)

Un tercer conjunto de estudios relacionados con nuestro tema aparece en *Children's Minds (La mente de los niños)* de Margaret DONALDSON (1978). Observa que "hay una fundamental urgencia humana para dar sentido al mundo y ponerlo bajo control consciente" (DONALDSON, 1978, pág. 111). Asimismo, observa que, en situaciones cotidianas, casi todos los niños muestran una impresionante inteligencia práctica, pero es corriente que, de repente, parezcan tontísimos cuando tienen que realizar tareas intelectuales sencillas. Podemos caracterizar esta situación diciendo que muchos niños muestran capacidades culturales orales muy estructuradas, sin haber desarrollado aún la capacidad de disociar el pensamiento de su universo vital.

Consideremos, por ejemplo, el clásico experimento piagetiano que se supone demuestra que los niños pequeños no pueden "descentrarse", es decir, son incapaces de adoptar otro punto de vista que no sea el suyo. La clásica tarea piagetiana utiliza una maqueta de tres montañas que difieren entre sí por el color y otras características sobresalientes. El niño se sienta a un lado de la maqueta, mientras se coloca una muñeca al otro lado. Se le pregunta entonces qué puede ver la muñeca. Para que el niño pueda responder se le facilitan diversos medios, como, por ejemplo, una serie de fotografías tomadas desde ángulos diferentes entre las que ha de escoger la correspondiente a la perspectiva que tendría la muñeca. Lo habitual es que, hasta los 8 ó 9 años, los niños no acierten en esta tarea, y los más pequeños suelen escoger la fotografía tomada desde su propio punto de vista. Basándose en estos hallazgos, PIAGET elaboró importantes aspectos de su teoría sobre el egocentrismo de los niños pequeños, sobre su incapacidad para "descentrarse", etc.

Martin HUGHES preparó una forma diferente del experimento de PIAGET. Su maqueta tenía paredes que ocultaban partes de la misma según el lugar desde donde se mirase. Utilizó dos muñecos, uno vestido de policía y otro de niño. Se colocaba el policía en distintas posiciones, en un extremo de la maqueta y se preguntaba a los sujetos dónde tendría que colocarse el niño para que no pudiese verlo el policía. Esta tarea casi siempre resultaba fácil de resolver para los niños. Incluso cuando se ponían dos muñecos vestidos de policías y se preguntaba a los sujetos en dónde tendría que ponerse el niño para no ser visto por los policías, el 90% de los chicos de edades comprendidas entre los 3;6 y los 5 años contestaban correctamente.

La forma lógica del experimento de HUGHES era idéntica a la del de PIAGET. Sin embargo, los resultados eran espectacularmente distintos. ¿Por qué? DONALDSON dice que la tarea de PIAGET se planteaba en contextos totalmente "descolgados" del mundo significativo para los niños. La tarea semejante planteada por HUGHES sólo difería de la piagetiana en que el significado de su contexto era compartido por el niño.

Esto y la serie de experimentos semejantes que menciona DONALDSON, plantea dos cuestiones. La primera, respecto a la teoría de PIAGET, cuando afirma que los niños carecen de determinadas técnicas porque no han desarrollado todavía ciertas estructuras lógico-matemáticas y, por consiguiente, no han atravesado la sucesión completa de etapas evolutivas, articulada en torno a estas estructuras. La segunda se refiere a las prácticas educativas y a los *curricula*, insensibles ante la necesidad sentida por los niños de que la nueva información o las nuevas habilidades estén incluidas en un contexto significativo. (Como dije antes, no debe interpretarse "contexto significativo" en términos del *contenido* de la experiencia cotidiana de los niños.)

Es obvio que los tipos de habilidades medidas por las pruebas de CI, cuya relación con el éxito escolar es tan complicada, llevan a favorecer a los niños más capaces de obtener resultados satisfactorios al desarrollar tareas que requieren lo que DONALDSON llama pensamiento "desconectado". Es decir, los niños que pueden "abstraer" con mayor facilidad su pensamiento del universo cotidiano de propósitos e intenciones humanos se desenvuelven mejor en ellos. Nuestro sistema escolar valora más el tipo de inteligencia inherente a estas habilidades.

Por supuesto, esto no quiere decir que este pensamiento no sea del valor más elevado, como tampoco que de ninguna manera estemos despreciando la "abstracción" o razonamiento teórico reflexivo (TULVISTE, 1979). Significa que debemos reconocer que se trata de un tipo de pensamiento que los niños no utilizan ágilmente durante sus años de "cultura oral". Aprender a pensar de forma "desconectada" constituye un logro difícil y quizá sea la capacidad intelectual más importante que ha de dominarse en los primeros años escolares. Si no somos conscientes de ello o de cómo llega a distinguirse de las formas más corrientes —"orales"— de pensamiento de los niños pequeños, sólo accidentalmente podremos promover esta capacidad. Esto requiere alcanzar dos objetivos pedagógicos diferentes. Primero, el desarrollo adecuado de los fundamentos orales sobre los que dicha capacidad ha de construirse (tema propio de este volumen) y segundo, la estimulación de las habilidades reflexivas y del razonamiento teórico (del que trataremos en el siguiente).

Necesitamos comprender aquí cómo incluir información nueva en contextos significativos para los niños. ¿Cuál es la característica fundamental que hacía tan fácil para los niños la tarea propuesta por Hughes, mientras la de Piaget resultaba tan desalentadora? Es evidente que la escena de los niños ocultándose de la policía constituye un elemento corriente de los relatos. De este modo, mencionando sólo una faceta de la narración, ésta lleva consigo su propio contexto. La tarea que nos ocupa consiste en cómo incluir el contenido del *curriculum* en contextos similares a los de las narraciones que aseguran la mayor comprensión posible de lo que debemos enseñar.

Este apartado no pretende hacer una descripción exhaustiva del apoyo empírico que reciben mis afirmaciones. Sólo me he detenido en aquellas áreas en las que los resultados empíricos muestran de manera más *sugestiva* la importancia de contextos significativos para favorecer el aprendizaje de los niños. Orientación, significación, pauta, forma, ajuste de los elementos, inclusión, organización: volviendo con más *bonnes à penser* a la observación que hicimos en el Capítulo Primero, todas ellas son funciones a las que Aristóteles denominaba el *mythos* de una narración, argumento, obra o cualquier conjunto de palabras en general. Si el *logos* es el texto, el contenido de nivel superficial, el *mythos* es una realidad subyacente a esta otra que le confiere orden y coherencia, vida y significado. Los *logoi* son los "bits", los *mythoi* les dan mayor unidad y, por tanto, crean un significado más general. No solemos ser suficientemente sensibles a los *mythoi* que los niños utilizan para organizar los *logoi* de su experiencia. De nuevo, nuestras escuelas prestan mayor atención al dominio de la lógica de Apolo, dejando en segundo plano las fábricas subterráneas de significado de Dionisos.

Narraciones en educación

He ido arrastrando al lector, a través de una pesada y reiterativa introducción, a este apartado. Pero incluso recogiéndonos en la tranquilidad de la revisión, parece conveniente dejar en su sitio las secciones anteriores porque, si bien no contienen aspectos especialmente originales, insisten en la importancia de algo a lo que no suele prestársele atención en pedagogía. Así, pretendo plasmar aquí algunas conclusiones derivadas de la exposición anterior sobre las narraciones y preparar la elaboración más completa de los Capítulos VI y VII. Algunas implicaciones son evidentes, otras pueden resultar algo provocativas.

La narración es una técnica para organizar acontecimientos, hechos, ideas, personajes y demás elementos, "reales" o imaginarios, en unidades significativas que modelen nuestras respuestas afectivas. Constituye una herramienta conceptual básica para proporcionar coherencia, continuidad, conexión entre las partes y significado al contenido, elaborando a partir de su coincidencia un nivel o clase superior de significado. Las narraciones, tras ciertas transformaciones, reflejan una predisposición mental. De aquí se deriva para la pedagogía que habría que sensibilizarse y ponerse en disposición de organizar lo que pretendemos enseñar a los niños de forma que los contenidos sean interesantes y significativos. Esta es una de las implicaciones que puede resultar algo molestas.

El truco consiste aquí en abstraer elementos de la forma narrativa, por ejemplo, del contenido típico de los cuentos de hadas y ver cómo pueden utilizarse para configurar el contenido de las clases o unidades didácticas a lo largo del *curriculum*. Entre los elementos importantes de estas narraciones que hemos considerado se encuentra un comienzo que plantea una expectativa; esta expectativa tiene una cualidad afectiva que llama la atención, y esta cualidad suele consistir en el planteamiento de elementos binarios opuestos que entran en conflicto. La parte central, el nudo, de la narración supone la elaboración de ese conflicto binario, y el desenlace trae la satisfacción, resolución o mediación entre los elementos. Si nos centramos precisamente en estos principios y consideramos cómo podemos convertirlos en una técnica que poder utilizar en la planificación de la enseñanza, descubriremos un aspecto importante de nuestro enfoque de cualquier tema. Debemos empezar a considerar el saber sobre el mundo y la experiencia humana como narraciones que contar más que, o tanto como, conjuntos de objetivos que alcanzar.

Por tanto, habrá que empezar por buscar el contenido que pueda resultar más interesante, desde el punto de vista afectivo. Podemos plantearnos esta búsqueda como una pregunta sobre lo más importante de dicho contenido o por qué es preciso tratarlo. Asimismo, debemos ubicarlo, o sea, encontrar el aspecto de significación humana más profunda de nuestro tema. No basta con decir que los niños deben aprenderlo para que se eduquen. Ese planteamiento se ajusta demasiado bien a la intuición de PLATÓN y deja de lado la de ROUSSEAU (como el hecho de escoger materiales interesantísimos pero sólo tangencialmente relacionados con nuestro tema se ajusta en exceso a la de ROUSSEAU y desprecia la de PLATÓN). De estos principios se deriva que debemos descubrir lo más importante del tema y darle una forma que los niños estén predispuestos a encontrar interesante y significativa.

Puede que este enfoque parezca adecuado en historia o en ciencias sociales, pero muy alejado de las ciencias o las matemáticas. Creo, sin embargo, que la principal razón por la que las matemáticas y las ciencias plantean tantas dificultades a tal cantidad de niños se debe a que el lugar que ocupan en la comprensión humana todavía tiene mucho que ver con una práctica educativa, irreflexiva en gran medida, de estilo positivista decimonónico. Es preciso situar las matemáticas y las ciencias en contextos humanos significativos, con sus esperanzas, temores, intenciones: emociones humanas entre las que nacen, progresan y que les dan vida y significado. Claro que podemos grabar hechos y operaciones matemáticas y científicas en la memoria superficial de los niños sin necesidad de nada de esto. Pero, como durante siglos vienen señalando los teóricos de la educación, este resultado es inútil, desde el punto de vista educativo. El problema consiste en cautivar la comprensión de los niños de modo que los materiales ofertados se introduzcan en el nivel siempre activo de la memoria que exponíamos en el Capítulo Primero. Si se les presentan a los niños pequeños envueltos en una forma narrativa, es posible cautivar su entendimiento.

Por ejemplo, si tenemos que enseñar en ciencias de la naturaleza un tema sobre el calor, no basta (tanto en el plano de la cortesía como en el de la sensibilidad pedagógica) con organizar el saber que queremos transmitir en una sucesión lógica clara —montando quizá un conjunto de experimentos interesantes cuyos resultados vayan conformando el conocimiento básico sobre el calor lo cual constituye los objetivos de la unidad. De nuestra exposición sobre las narraciones se deriva que debemos, en primer lugar, incluir el tema en un contexto de significado humano accesible y muy seductor para el niño. Hemos de comenzar por encontrar algo que sea importante, desde el punto de vista afectivo, sobre el calor y descubrir una forma de envolver esa importancia afectiva en términos claros y seductores, quizá por medio de oposiciones binarias.

No hay que interpretar la identificación de la importancia afectiva en un sentido "infantil". El profesor debe preguntarse, sin más, qué le parece más importante, desde el punto de vista afectivo; qué aspecto del tema despierta en él una mayor respuesta emocional. El esquema educativo que presento en este volumen se caracteriza porque en él acumulamos capacidades. En sentido estricto, no perdemos capacidades a medida que nos vamos haciendo mayores. Se dan pérdidas inevitables, pero no queda atrás el tipo de comprensión del niño pequeño, de modo que podemos descubrir respuestas afectivas a los temas que también están al alcance de los niños. Y (otra característica de este esquema estratificado) en el estrato inicial se crean muchas de las bases de la comprensión humana, en especial aquellas en las que se establecen las orientaciones afectivas respecto al mundo y a la experiencia. Así, cuando tratamos de descubrir lo más seductor e importante, desde el punto de vista afectivo, del calor, podemos hacerlo sin problemas de la forma más seria posible. Descubriremos también lo que será más interesante, afectivamente hablando, para los niños.

Realicemos de manera rápida un resumen de lo que sería una unidad didáctica sobre el calor, de acuerdo con los principios señalados antes. Una forma de responder a la cuestión inicial consistiría en considerar el calor como destructor, por una parte, y como ayuda, por otra. ¿Cómo podemos presentar en conflicto estos opuestos destructor/ayuda, de modo que nos permitan mostrar con toda viveza el contenido de nuestra unidad de manera seductora y significativa? Podríamos comenzar preparando el contexto, la base, para los hechos, experimentos y demás elementos. Y tomaríamos de los griegos su forma de hacerlo mediante sus representaciones mitológicas. (Recordemos que éstas constituyen las bases sobre las que se fundó el crecimiento de sus investigaciones racionales y científicas.) De este modo, comenzaríamos con narraciones míticas que explicaran, en sentido afectivo, la importancia vital del calor para la vida humana, y también sus peligros. Así, podemos contar las historias de Prometeo y Zeus, de Sol y Faetón, y ver a Hefesto cojeando por su taller de construcción. El desafío de Prometeo, prendiendo fuego a los humanos, y el terrible castigo de Zeus, muestran la importancia que el control del calor ha tenido en la civilización humana. Es una fuerza que puede hacernos como dioses. Las aventuras de Faetón ponen de manifiesto la destrucción que puede sobrevenir cuando este temible siervo sale fuera de nuestro control.

El nudo de nuestra unidad debe elaborar el tema del calor como destructor y como ayuda. El centro de la unidad ha de considerarse como el nudo de la narración. No hay que desarrollarlo mediante la simple ordenación en una sucesión lógica de su contenido, sino que el profesor debe pensarlo, más bien, como lo haría un narrador de cuentos cuando desarrolla un tema. Por ejemplo, como experimentos escogeremos, no los que conducen a enfrentarse con los hechos clave, sino aquellos que exponen los hechos clave a la luz de nuestro argumento. Lo importante ahora es lo que exponen respecto a las fuerzas constructivas y destructivas del calor. (Debe quedar claro que podríamos haber escogido otros pares de elementos binarios y, en consecuencia, desarrollado argumentos distintos.) Los experimentos consistentes en calentar agua y producir vapor pueden relacionarse con la máquina de vapor de HERO DE ALEJANDRÍA y después con la de James WATT. Estas narraciones deben captar los propósitos, esperanzas, temores, luchas humanas de los sujetos y engarzar sus descubrimientos e invenciones en ellos cuando se relacionan con nuestro argumento. Los experimentos en los que se utilizan reflectores plateados o en negro mate sobre vasos de agua, midiendo la temperatura de la misma cuando han permanecido algún tiempo expuestos al sol pueden relacionarse con el argumento a través de preguntas sobre cómo se protegen los astronautas y los vehículos espaciales de los ardientes rayos solares en el espacio. Y así con todos los aspectos del tema. La diferencia de este enfoque respecto a otros radica más bien en el contexto y su cualidad afectiva que en el contenido típico de una unidad didáctica de este estilo.

Llegaríamos a la conclusión de la unidad considerando los potenciales constructivos y destructivos del calor en la energía nuclear. Este urgente problema actual puede plantearse también en los términos del antiguo mito griego de Prometeo y Zeus, con la vívida forma que le confiere. La energía nuclear supone un regalo prometeico hecho a los seres humanos, pero Zeus puede asestarnos su venganza a causa de nuestras tentativas para alzarnos con su poder divino. El mito nos sitúa en una posición en la que podemos orientarnos en sentido afectivo respecto a los potenciales constructivos y destructivos del calor.

Este bosquejo de unidad didáctica no pretende ser más que una indicación de cómo pueden tomarse algunos principios de la forma narrativa, dándoles un uso pedagógico. En el Capítulo VII elaboraré más a fondo esta cuestión, construyendo, a partir de estos principios, un marco o modelo que oriente la planificación de las clases y de las unidades didácticas, aprovechando algunos ejemplos que propondremos con mayor detalle.

De esta exposición sobre la forma narrativa se derivan otras implicaciones para la educación más lúcidas y, entre ellas, podemos referirnos al desarrollo infantil de la capacidad de establecer un sentido de coherencia y de causalidad entre los hechos, así como la flexibilidad de la comprensión y uso de la metáfora y demás tropos. He dicho que la narración es la forma arquetípica en la que los elementos narrativos se unen en "todos coherentes" para crear significados más amplios. Esta es la característica fundamental de nuestra forma de dar sentido a las cosas. Lo vemos en estado embrionario en las narraciones que cuentan los niños pequeños y, en otra forma, en las complicadas teorías de las ciencias físicas. En realidad, nuestras mentes no sólo actúan como espejos del mundo, sino que construyen una imagen de él en trama mental: conceptos, o como queramos llamarla. En esa construcción consiste nuestro siempre activo mecanismo de dar sentido que supone, sobre todo, la coordinación constante y cambiante de contextos y contenidos, la confección de nuestras imágenes del mundo en el contexto de nuestras pautas de comprensión, nuestras emociones y demás elementos mentales, y el ajuste de éstos con el conocimiento que adquiramos después a partir de lo que recibimos del mundo (GOMBRICH, 1960). La capacidad para seguir una narración incluye la forma más fundamental de este proceso. Presuponemos su existencia cuando contamos a los niños pequeños la historia de Cenicienta o de Robin Hood, confiando en que el relato producirá un tipo de significado agradable, satisfactorio. Esta capacidad básica no es algo que aprendamos, sino algo que *somos*. Por tanto, no necesitamos enseñarla. Podemos, eso sí, estimularla, elaborarla y desarrollarla, y los instrumentos de que disponemos para esta deseable ampliación de capacidades son los clásicos cuentos populares y narraciones míticas que existen en todo el mundo. En esto se basa la inclusión en el *curriculum* de la primera infancia de un importante componente basado en las narraciones de ficción. Algunos niños las oirán en casa, está claro, pero podemos actuar de manera algo más sistemática construyendo un *curriculum* de narraciones.

Esta cuestión es diferente de la expansión del conocimiento que el contenido de las narraciones puede provocar, y difiere también de la que plantea APPLEBEE sobre el papel socializador de las narraciones. En este momento, me interesa señalar que la adquisición de fluidez en la gramática subyacente a las narraciones *es* el desarrollo de una capacidad intelectual fundamental a partir de la cual pueden lograrse y ampliarse otras técnicas de establecimiento de coherencia. Esa gramática subyacente exige la exposición a muchas y diversas narraciones, en especial a aquellas que presentan las cualidades inductoras del éxtasis a las que aludimos antes.

Quizá sea más fácil mostrar cómo las narraciones pueden estimular y desarrollar las capacidades de organización del significado y de establecimiento de coherencia centrándonos en una sóla característica como, por ejemplo, la causalidad. Al unir diversos acontecimientos en un relato, generamos determinados esquemas causales (podemos asegurar que la sucesión de cosas en la narración actúa de una manera particular, siguiendo unas reglas determinadas); dichos acontecimientos provocan estas emociones en las personas que los producen con el fin de que estas cosas causen estos resultados, y así sucesivamente. En las historias muy sencillas, por ejemplo, emociones como la ira, el placer o la envidia, o cualquier otra, se representan como si provocaran ellas mismas los acontecimientos. Cuando nuestro sentido de la narración, nuestra gramática, se hacen más complejos, nutridos por muchos relatos, las concepciones de la causalidad inherentes a tales relatos se complican también. O sea, el seguimiento de narraciones cada vez más complejas constituye, entre otras cosas, el desarrollo de la propia concepción de causalidad. Poco a poco, las emociones sencillas dan paso a otras más complejas, como elementos causales responsables del cambio de los acontecimientos, y la lógica de los mismos acontecimientos lleva consigo una creciente responsabilidad del movimiento causal de la historia. En principio, las narraciones suponen lo que he denominado causalidad afectiva, pero ésta es parasitaria respecto a las nociones de causalidad plausible del mundo real. De nuevo, en el enriquecimiento y la complicación de esta causalidad afectiva se incuban las concepciones lógicas y científicas de causalidad. No son entidades independientes, de manera que éstas últimas pueden estar prestas a desarrollarse sin que por ello se pierdan las concepciones causales primitivas. La causalidad histórica por ejemplo, supone aún en su más elevado nivel de complejidad, un residuo del tipo de causalidad afectiva que encontramos en los cuentos de hadas (GALLIE, 1968; WHITE, 1973). Podemos contemplar la continuidad de concepciones cada vez más refinadas de la causalidad desde el cuento de hadas, a la narración histórica sencilla y, de ahí, a la teoría científica. A medida que se avanza en el continuo con mayor precisión, menos explicaciones se encuentran, y a medida que regresamos, con menor precisión y mayor generalidad, hallamos más explicaciones (o intentos de explicación). No obstante, desde el punto de vista pedagógico, no podemos esperar que el niño, cuyo sentido de causalidad afectiva sea pobre, pueda desarrollar concepciones más refinadas de causalidad.

Casi lo mismo podríamos decir de la metáfora y del desarrollo de un amplio conjunto de técnicas de pensamiento. Si concebimos la lógica de la metáfora como muy diferente de la correspondiente a la investigación racional, podemos pensar que sea posible estimular y desarrollar la primera sin tratar de dominar de manera sistemática la última. Si pensamos que la lógica de la investigación racional crece a partir de la lógica de la metáfora, como refinamiento de la misma (tema principal de este libro), nuestra conclusión pedagógica consistirá en atender de manera sistemática a estimular y desarrollar el prerrequisito lógico de la metáfora. De nuevo, en este caso, la mayor familiaridad con las narraciones, cuyo significado se basa en movimientos y conexiones metafóricos ricos y fluidos, supone el desarrollo de las propias capacidades metafóricas. Como en el caso de las concepciones infantiles de la causalidad, las narraciones no constituyen el único medio para estimular y desarrollar las capacidades metafóricas, pero pueden ser potentes instrumentos si se escogen con cuidado.

Por tanto, estos son algunos aspectos derivados de ciertas características formales de las narraciones. En pedagogía se habla mucho menos de tales características formales que de los contenidos de ficción de los relatos. Sobre éstos hay una abundante bibliografía, parte de la cual sólo mencionaré al indicar otros usos de las narraciones en pedagogía.

En el límite entre las características formales o estructurales y las cuestiones de contenido, C. S. LEWIS describe la sucesión de acontecimientos en las narraciones como "en realidad, sólo una red que recoge algo más. El tema real puede ser, y quizá sea normalmente, algo que no presenta sucesión alguna, algo distinto de un proceso y mucho más parecido a un estado o cualidad" (LEWIS, 1982, pág. 18). Dice LEWIS que entre lo más encantador de las mejores narraciones está la creación de sentimientos, sensaciones, percepciones, ideas únicas y nuevas, mediante una inmersión intoxicada en otros mundos. En la sucesión de acontecimientos evocan "un callado regusto en la imaginación", un sentido de maravilla, una empatía con los personajes en el mundo poético que corre paralelo al de la naturaleza. Los particulares sentimientos de sorpresa son los que perduran cuando los detalles de las narraciones se olvidan. Quizá si lo intentamos, podamos poner en pie el sentido que el "pirata" tenía para nosotros cuando éramos pequeños, o el del "gigante" cuando éramos aún más pequeños, o el del "Condado de los *hobbits*" en las obras de TOLKEIN. La "intolerable presión, el sentido de algo más antiguo, más salvaje y más terreno que la humanidad" (LEWIS, 1982, pág. 9) todavía se abre hacia nuestro sentido infantil del "gigante", al menos si en un primer momento nos encontramos con tales criaturas en las grandes historias fantásticas y no en alguna versión más "suave" y expurgada. (En esto radica el problema en relación con el punto de vista de APPLEBEE, antes señalado: para LEWIS, precisamente las brujas y gigantes son importantes para ampliar nuestra comprensión de la experiencia.)

Una forma de tratar el papel que desempeñan las narraciones en la estimulación y desarrollo de la imaginación es ésta. Me limitaré aquí a repetir lo que señalé antes: si nuestro objetivo pedagógico consiste en producir ingenieros, arquitectos, políticos, escritores, científicos y demás profesionales, caracterizados por su creatividad, tenemos que cultivar el terreno en el que ésta se desarrolla. La ampliación de nuestro sentido de lo posible, la capacidad flexible y fluida de imaginar lo que no es, la estimulación de un sentido de interés vital por el mundo y de dejarse sorprender por él y por sus posibilidades, forman parte de lo que las grandes narraciones pueden contribuir a crear en el orden del desarrollo individual. (Sobre imaginación y educación, véase EGAN y NADANER, 1988.)

Otro uso educativo de las narraciones consiste en el más prosaico de atraer al aura de su reconocimiento un amplio abanico de saber sobre el mundo —el carácter distintivo de determinados lugares: flora, fauna y detalles geográficos; gentes del pasado y del presente, y (lo que señalaba antes APPLEBEE) todo un conjunto de normas, valores y expectativas vinculadas con los papeles y relaciones existentes dentro de la propia cultura. Puede enriquecerse esto añadiendo la observación de Ted HUGHES respecto a que las narraciones están:

> como en una continua meditación privada sobre sus propias implicaciones. Son pequeñas factorías de comprensión. Nuevas revelaciones de significado, siempre más allá de sus imágenes y pautas, alcanzadas a través de nuestro crecimiento y circunstancias cambiantes.
>
> (HUGHES, 1988, págs., 34, 35)

Las narraciones pueden expandir tanto el conocimiento como la experiencia, pero en forma de exploración, de enriquecimiento (ROSENBLATT, 1976). Tanto pueden realizar el significado de los lugares concretos en los que están ubicadas como enriquecer las propias percepciones de las posibilidades humanas de semejantes clases de lugares. Una dificultad corriente entre los primeros pobladores de Norteamérica consistía en su sentido como alienado de su ambiente natural. Después de todo, el paisaje de Europa les había sido infundido con un significado humano mediante muchas narraciones. Así, al ir incorporando leyendas indias y escribir sus propias narraciones, canciones y poemas en relación con su nuevo ambiente y sus nuevas experiencias, configuraron su medio ambiente, humanizándolo y haciéndolo más comprensible.

Pero la trama primaria de las historias consiste en la emoción humana. Cuando el paisaje se humaniza en el contexto de las esperanzas, temores, amores, odios y demás pasiones humanas, comprendemos de manera más vívida a otros personajes mediante las conductas provocadas por estas emociones comunes. Las narraciones encierran la fuerza que nos permite sentir con los otros. Podemos ver el mundo a través de los ojos de los otros, a través de sus respuestas emocionales a los acontecimientos. Cuando los relatos se complican, se amplían el ámbito y la complejidad de las emociones que atraviesan la narración y el cambio emocional del oyente o lector. Esto supone la expansión de la sensibilidad y susceptibilidad. A partir de ellas, al menos en parte, crece nuestro sentido moral.

Como señalé antes, estos aspectos sólo se limitan a recordar una amplia bibliografía en torno a los usos de las narraciones y de la literatura infantil en general.

La forma en que he tratado estos aspectos quizá sugiera que me imagino a los niños como simples receptores pasivos de narraciones, las cuales producen esos mágicos efectos con independencia de la inteligencia, actividad, ambiente social y cultural y demás particularidades específicas de los mismos niños. No es así. Me limito aquí a exponer las contribuciones potenciales que pueden hacer las narraciones y en diversos apartados posteriores me refiero a las distintas circunstancias prácticas que afectan a la realización de tales potencialidades. De paso, mencionaré aquí el valor de los niños pequeños, no sólo en cuanto simples receptores, sino como autores de relatos. El estímulo para que los mismos niños cuenten y escriban narraciones tiene un importante valor pedagógico. (En la conclusión del presente capítulo expondré la aparente anomalía que supone esperar que los niños escriban como un aspecto del desarrollo de las capacidades de la "oralidad".) Al contar o recitar historias ante un magnetófono para escucharlas junto con los compañeros o con el profesor, o al escribirlas, el niño puede empezar a aprender a utilizar las formas convencionales y los contenidos de relatos sencillos de manera que sitúe y siga los ritmos de su propia "voz". El más importante valor educativo de la confección de narraciones radica en aprender a crear y configurar acontecimientos en una forma comprensible que lleve el sello del propio "yo oculto", en el sentido que le da Matthew ARNOLD, que nos permite expresarnos y ampliar la propia consciencia, aislada, única. Cuando oímos las grandes narraciones pueden evocarnos el éxtasis; nuestros propios relatos pueden producir el éxtasis al captar y expresar la auténtica voz personal, el auténtico propio yo. La exteriorización de la narración puede ayudarnos a lograrlo. Obtener el éxtasis a partir de historias oídas es relativamente fácil; aprender a crear narraciones que provoquen en uno mismo ese éxtasis resulta muy difícil de conseguir. Práctica, revisión, práctica, orientación, práctica, práctica, apreciación y más práctica. Pero tenemos años y un *curriculum.* El "éxtasis" y los "egos ocultos" parecen estar más bien alejados del mundo real de la enseñanza de las habilidades básicas. Por descontado, sostengo que estas cosas constituyen enfoques mucho, mucho más prácticos para desarrollar el dominio de la escritura y de los números que los procedimientos de desarrollo de habilidades más corrientes en la actualidad.

Conclusión

Voy a volver sobre las narraciones con el fin de dar respuesta a ciertas preguntas que no podemos dejar por más tiempo. Necesito aclarar la aparente contradicción entre mis afirmaciones de que este estrato básico de la educación, esta comprensión mítica, está relacionada, en primer lugar, con el desarrollo de *bonnes à penser* orales y la referida a que el hecho de que los niños escriban sus propias narraciones puede ayudar a lograr ese desarrollo. Al comienzo de este capítulo sugerí precaución a la hora de aceptar la recomendación que se deduce de las palabras de HAVELOCK respecto a que la vinculación de la racionalidad ya alfabetizada con su fuente oral y poética requería posponer la enseñanza de la lectura y la escritura hasta que los niños hubieran aprendido "a hablar con fluidez, a recitar, memorizar y cantar versos adecuados en su propia lengua". Como la literatura no es, empleando de nuevo la expresión de PEABODY, invención de personas letradas, sostengo que la oralidad puede estimularse y desarrollarse en estas personas a través de productos de la escritura.

Este argumento nos lleva otra vez al hecho evidente de que "alfabetización" y "oralidad" son expresiones muy generales e imprecisas. (Si definimos "alfabetización" en términos de una ejecución precisa, ninguno de nosotros podremos incluirnos entre quienes la "dominamos". Por supuesto, podemos dar una definición conductual de la expresión, pero esto sólo serviría para obligar a encontrar un nuevo vocablo para denotar lo que en la actualidad significa "alfabetización". Esta tentativa de dar definiciones conductuales o de ejecución precisas para conceptos corrientes en el discurso pedagógico ha hecho flacos servicios a la capacidad de hablar con cierta sensibilidad de conceptos como inteligencia, aprendizaje, creatividad, habilidad, conocimiento, etc. Funciona aquí una especie de ley de Gresham lingüística, según la cual los sentidos simples y malos eliminan los complejos y buenos.) La alfabetización no causa directamente *per se* el pensamiento reflexivo; el dominio interiorizado de la escritura permite, en cambio, y creo conveniente ponerlo de manifiesto, inclinarse hacia formas acumulativas de pensamiento reflexivo. En la actualidad se discute mucho respecto a qué más hace falta para llegar a un nivel de suficiencia (véase, por ejemplo, BAUMANN, 1986; GOODY, 1982, 1986; HEATH, 1983; SCRIBNER y COLE, 1981; STREET, 1984). La "oralidad", más incluso que la "alfabetización", es también un término impreciso. No sabemos exactamente a qué se refiere; en qué ámbito de capacidades intelectuales se basa. En consecuencia, no podemos definir hasta qué punto se excluyen mutuamente, se solapan, etc.

Sin embargo, nada de lo que sabemos hasta ahora sobre la alfabetización y sobre la oralidad nos permite extraer la conclusión de que debamos apartar a los niños de la lectura y de la escritura con el fin de estimular mayores desarrollos de la oralidad. Por ejemplo, un niño pequeño que aprende en la escuela rimas y canta jugando mediante la lectura, que las recita después y las introduce en sus juegos con amigos y compañeros no tiene por qué quedar inhabilitado para posteriores desarrollos de su oralidad a causa de la lectoescritura. No quiero adoptar una posición demasiado dogmática al respecto porque, al menos en parte, se trata de una cuestión empírica. No obstante, hasta que se resuelva, parece razonable oponerse a la atractiva idea recapituladora literal propuesta por HAVELOCK.

Quizá mi argumento pueda acomodarse al de HAVELOCK por medio de una observación que hacen tanto él como Walter ONG respecto a la introducción de la lectoescritura, por una parte, y de la imprenta por otra. En ambos casos se produce un retraso considerable entre la introducción de estas tecnologías y la puesta en práctica de sus revolucionarios potenciales para reestructurar el pensamiento. En cada caso, su uso inicial consistió en imitar, como en un espejo, las formas de pensamiento que habían de superar. En el caso de la escritura, HAVELOCK afirma que, a pesar de hacer su aparición varios siglos antes, hasta PLATÓN no se puso en acción todo su potencial transformador (HAVELOCK, 1963) y ONG señala que el potencial reestructurador de la imprenta no llegó a su culminación hasta el movimiento romántico (ONG, 1971, 1977 1982). De nuevo, la cuestión de si se producen discontinuidades semejantes (que recuerdan los *décalages* de PIAGET) en la adquisición individual de la lectoescritura es puramente empírica. La cuestión se complica a causa de la persistente imprecisión de "alfabetización", por supuesto, pero también porque la alfabetización se adquiere en la actualidad por medio de la imprenta y de la escritura manual cuya forma, estructura, alineaciones, etc., están influidas por la imprenta, así como en contextos sociales en los que imperan ideas relativas a las competencias de lectoescritura. Pero aun así, llevándolo al extremo, parece muy improbable que la reestructuración potencial del pensamiento que la alfabetización permite se realice en cuanto los niños comienzan a dominar la lectura y la escritura (como el agua empieza a hervir, reestructurada en sus gases constituyentes). Por el contrario, la interiorización de la alfabetización puede compararse mejor con el calentamiento gradual del agua hasta que, pasado un tiempo, alcanza su punto de ebullición, hasta que las condiciones pedagógicas y sociales permiten la reestructuración del pensamiento. Por razones que trataré en el próximo volumen, sospecho que descubriremos empíricamente (cuando alcancemos suficiente claridad conceptual para que pueda efectuarse una investigación empírica eficaz y pertinente) que un niño a quien se enseña a leer y escribir durante el quinto o sexto año no empezará a explotar por completo las posibilidades que le abre la alfabetización (lo que yo llamo comprensión romántica) hasta el séptimo, octavo o noveno año.

La alfabetización, por sí misma, digámoslo de nuevo, no *causa* esta profunda reestructuración del pensamiento, sino que es el agente histórico que ha estimulado de manera fundamental el desarrollo de un conjunto de técnicas de pensamiento asumidas por la enseñanza escolar típica, y la exposición a este conjunto de técnicas estimula el desarrollo de la racionalidad reflexiva y del pensamiento descontextualizado en los individuos. Persiste, no obstante, una vaguedad notable respecto a la identificación de lo que realmente son estas técnicas, cuál sería la mejor sucesión de acontecimientos para adquirirlas, por qué la enseñanza escolar y el razonamiento reflexivo resultan relativamente fáciles para algunos niños de determinados ambientes y tan difíciles para otros, etc.

Así pues, la "alfabetización" es una especie de abreviatura para este conjunto de técnicas de pensamiento. Quizá sea también, en alguna medida, un pretexto, o puede serlo. El peligro que encierra consiste en que esta expresión está muy vinculada, en pedagogía, con las "técnicas" de lectura y escritura y no obstante se intente inculcar con empeño el tipo de complejidad y altura que se muestra en el uso que de ellas hacen, por ejemplo, ONG o HAVELOCK, siempre queda la tentación de considerar la alfabetización en el sentido que se le suele atribuir de técnica, como causa directa del pensamiento reflexivo y de la reestructuración general del pensamiento. Sin embargo, la concentración sobre la alfabetización, en el sentido de ONG y HAVELOCK, ha sido importantísima para la educación porque ha proporcionado cierta comprensión intelectual de un conjunto de problemas que ha sido, y así se reconoce desde hace mucho tiempo, crucial pero muy difícil de aprender. Hacia los 7 años, los niños que van progresando de manera satisfactoria en el sistema educativo comienzan a sufrir una significativa reestructuración del pensamiento. Esta situación ha sido descrita de distintas maneras, dependiendo de los aspectos del pensamiento infantil que hayan constituido el área central del estudio en cuestión: razonamiento abstracto, operaciones concretas, razonamiento teórico silogístico, pensamiento descontextualizado, etc. Los niños que proceden de determinados ambientes culturales encuentran relativamente fácil esta reestructuración; otros, muy difícil y sólo la llegan a realizar de forma parcial o ni siquiera la efectúan. Parece que a las personas pertenecientes a culturas orales tampoco les resulta fácil hacerlo. El estudio detallado de la historia de la alfabetización aclara algunas de las condiciones que ayudan u obstaculizan esta transición del pensamiento, y se ha hecho de una forma que nos permite extraer de algún modo el problema de los nexos ideológicos sobre los que se ha desarrollado el debate con demasiada frecuencia. Así, si las expresiones "oralidad" y "alfabetización" quizá sean, en último término, inadecuadas para caracterizar el problema educativo, son inmensamente valiosas para ayudar a todos los niños a captar mejor el problema en sí y cómo solucionarlo con independencia de su cultura, raza o subcultura. Todo ello forma parte del objetivo de conseguir que la escuela sea más un agente de la tradicional búsqueda de la verdad que una zona de combate para la lucha de clases.

Puede parecer que estamos a punto de abandonar el tema de las narraciones, pero quiero conectarlo de manera muy precisa con mi propio tema a través de la reflexión sobre "Qué significa la falta de cuentos a la hora de dormir" *(What no bedtime story means)*. Este es el título de un artículo de Shirley Brice HEATH (1982). En ese artículo, y con mayor detenimiento en otro lugar (HEATH, 1983), describe las diferencias existentes entre distintas comunidades en cuanto a sus interacciones lingüísticas generales con los niños. A nuestros efectos, es posible dejar de lado sus detalladas caracterizaciones empíricas y reducirlas a una tipología un tanto simplista: en una comunidad podemos observar una deliberada preparación para las formas de pensamiento que conduce a una reestructuración del mismo, fácil hasta cierto punto, hacia los 7 años y, con ello, al éxito en la escuela; en otra comunidad observamos un desarrollo de las técnicas de pensamiento corrientes en las culturas orales sin la preparación para la reestructuración "letrada". En el primer caso solemos descubrir la supresión de la "oralidad" con el fin de reestructurar el pensamiento lo más completa y rápidamente posible.

Comparemos esto con la afirmación de HAVELOCK. Creo que HAVELOCK tiene razón cuando indica que los niños necesitan desarrollar las capacidades de la "oralidad", pero también pienso que es muy posible comenzar a desarrollar la "alfabetización" de modo que pueda contribuir a favorecer la capacidad de los niños pequeños para "hablar con fluidez, recitar, memorizar y cantar versos adecuados". La indicación importante que hace HAVELOCK consiste en que nuestro objetivo para los años escolares iniciales debe radicar en desarrollar las bases "poéticas" de la educación, para que la infancia madure en el niño. Yo hago la indicación complementaria que consiste en realizar esto de forma que se adapte a nuestro sentido del objetivo de la educación. La "oralidad", la "poesía" (la comprensión mítica) es un elemento constitutivo de la educación, no una simple etapa en el camino hacia algo diferente. Es el estrato básico sobre el que crecerán otras formas de comprensión y con las que confluirá cuando estas últimas estén configuradas; metáfora difícil porque la educación no es un proceso ni mecánico ni orgánico.

En la tipología simplista que hemos derivado de los estudios de HEATH, podemos observar que nuestra prescripción pedagógica difiere para cada caso. En el primero necesitamos asegurar un mayor énfasis en la estimulación y desarrollo de las *bonnes à penser* de la oralidad, porque sin ellas las *bonnes à penser* de la alfabetización que se implantan a la fuerza carecerán de vida y de significado. En el último caso, necesitamos asegurar un mayor énfasis en la configuración de la "oralidad" de superior nivel en la dirección de la "alfabetización". No me preocupa ahora proponer prescripciones realistas, sino sólo dejar claro que mi tratamiento general aquí y, más tarde, mi *curriculum* no deben considerarse insensibles frente a las complejas realidades cotidianas de la escuela. Por el contrario, si aclaramos las formas de pensamiento implicadas en la "oralidad" y en la "lectoescritura", tendremos mucho camino recorrido para hacer prescripciones prácticas útiles que nos faciliten el máximo desarrollo educativo de todos los niños.

En este capítulo sostengo que la narración tiene una importancia fundamental como base para dar sentido a las cosas. Por tanto, todos los niños necesitan enfrentarse a poderosos relatos que reúnan las características antes señaladas y que expondremos en capítulos posteriores. Los niños que en su casa gozan de numerosas narraciones de este estilo necesitan menos de ellas en la escuela que aquellos cuyos hogares son más pobres al respecto[7]. (La prescripción curricular general habrá de adaptarse a las capacidades o *bonnes à penser* particulares estimuladas en diferentes subculturas.) La forma narrativa nos proporciona claves importantes sobre cómo hacer que el material que pretendemos transmitir sea más interesante y significativo para los niños. El contenido de las grandes narraciones del mundo ayuda a simular todo un conjunto de capacidades básicas (intelectuales, afectivas, morales) que pueden formar una parte destacada del fundamento de la educación.

---

[7] Es obvio que se trata de una forma excesivamente casual de plantearlo. Si, como parece probable, estos relatos y rimas infantiles, etc., son constituyentes fundamentales de un programa educativo y su influencia estimulante puede sentirse idealmente en los años anteriores al comienzo de la escolaridad (junto al contacto físico del cuerpo del padre o de la madre y los ritmos emocionales sentidos a través del mismo), un profesor que cuenta o lee estas narraciones a una clase de treinta niños no puede ser el ideal, pero si ése es el ambiente que tenemos bajo nuestro control, hemos de hacer cuanto podamos.

CAPITULO IV

Otras características de la comprensión mítica

Introducción

Una dificultad a la hora de escribir este libro consiste en la omnipresente incomodidad provocada por la imposibilidad de abarcar tan sólo una pequeña parte de lo que constituye la comprensión mítica, y esto de pasada. Incluso los temas tocados, como el de las narraciones del capítulo anterior, tienen ramificaciones que van mucho más allá de lo que puede incluirse en un solo capítulo. La selección de los temas viene determinada por el intento de poner de manifiesto ciertas características del pensamiento de los niños que no se discuten en absoluto, pero que, quizá por esa misma razón, no han figurado en la primera línea del discurso e investigación pedagógicos. Así, lo que trato de hacer se sitúa más en la línea de señalar algunas cosas y tratar entonces de evidenciar que tienen importantes aplicaciones educativas. No se trata de ninguna manera de disminuir la importancia de aquellas características del pensamiento infantil que han sido puestas en evidencia por las corrientes más destacadas de la investigación pedagógica, sino de indicar que una imagen más equilibrada del niño como pensador y como aprendiz necesita que prestemos mayor atención de la dedicada hasta ahora a las características clave de la comprensión mítica. Por ejemplo, la investigación se ha centrado con gran detalle e ingeniosidad en las formas embrionarias de las habilidades racionales, pero no ha iluminado de manera parecida las capacidades metafóricas. No hay ningún problema en que se aclaren en primer lugar aquellos aspectos para los que los métodos de investigación existentes son buenos, pero sí lo hay cuando nos damos cuenta de que los aspectos aclarados forman una parte desproporcionada de los fenómenos que tratamos de entender.

Mi objetivo principal consiste en presentar un esquema educativo lo bastante claro, detallado y distinto como para que pueda implantarse en las clases a través de la práctica docente y de un *curriculum* revisado, de forma que sea posible evaluarlo. Lo que determina la extensión de la exposición de las características del pensamiento mítico sólo es, pues, la necesidad de establecer lo que sea suficiente para alcanzar estos objetivos; no obstante, podríamos decir mucho más sobre las narraciones, la metáfora, los organizadores afectivos y demás elementos pertinentes. Para lograr el objetivo propuesto es necesario examinar la cuestión con suficiente detalle para que las características distintivas del esquema resulten plausibles y para estimular una forma de pensamiento poco corriente sobre la educación temprana de los niños. Estas son, por tanto, las consideraciones que han determinado los temas que trataré en este capítulo. Resumiré —de manera más reducida que la dedicada a la forma narrativa—, algunas otras características del pensamiento mítico que han sido, al menos, mencionadas en los dos primeros capítulos, pero que se hallan también necesitadas, creo yo, de un mayor desarrollo para que puedan sostener lo que de ellas derivamos en los capítulos finales.

Pares opuestos

He venido mencionando hasta ahora en todos los capítulos los pares opuestos (opuestos binarios), y les dedico aquí un apartado porque constituyen una de las características del pensamiento de los niños pequeños, puesta de relieve por diversos autores de temas pedagógicos, que ha figurado en notables investigaciones educativas, pero cuya importancia y derivaciones para la práctica pedagógica me parece que nunca se han manifestado. No es una coincidencia que estos temas aparezcan en las tres fuentes principales que he utilizado: observaciones empíricas del lenguaje cotidiano, narraciones y juegos de los niños pequeños; estudios de culturas orales, y los fundamentos griegos de nuestras formas de investigación racional. Por tanto, trataré de establecer, de la forma más breve posible, en relación con cada una de estas áreas, lo que quiero decir con la expresión "pares opuestos" y de indicar por qué son importantes para el estrato básico de la educación.

La misma expresión, tomada del uso que de ella hace LÉVI-STRAUSS (1966a, 1969), es algo problemática porque la mayor parte de las discriminaciones binarias mencionadas no son oposiciones empíricas ni lógicas, en sentido estricto. Utilizando un ejemplo que desarrollaré más adelante, "caliente" y "frío" no son verdaderos opuestos; cada una de esas sensaciones no es el reverso de la otra y la intensificación de ambas produce una sensación de quemadura. Pero, en fin, pienso que la expresión está justificada y es útil porque llama la atención sobre la forma en que producimos oposiciones en la construcción del pensamiento. Por eso, seguiré utilizando la expresión "pares opuestos" en vez de otra menos comprometida, como "discriminaciones binarias" o "polarizaciones", bien entendido que "opuestos" no debe interpretarse en un sentido lógico o empírico estricto, sino reconocerse como una característica más bien compleja pero muy corriente del pensamiento, vinculada a menudo con nuestras capacidades metafóricas. O sea, las oposiciones suelen ser metafóricas más que lógicas. Como señala OGDEN:

> La oposición no se define como el máximo grado de diferencia, sino como un tipo muy especial de repetición, por ejemplo, de dos cosas semejantes mutuamente destructivas a causa de su misma semejanza. Hay siempre un par o dualidad en oposición, como tendencias o fuerzas, no

entes o grupos de entes ni tampoco como estados. Si consideramos opuestos lo cóncavo y lo convexo, el placer y el dolor, el calor y el frío, se debe a la cualidad contraria, real o supuesta, de las fuerzas que producen estos estados.

(OGDEN, 1967, pág. 41)

La prominencia de estas oposiciones binarias en el pensamiento de los niños pequeños se hace evidente en cualquier observación casual. BETTELHEIM señala que "la forma que tiene el niño de poner algo de orden en su mundo consiste en dividirlo todo en opuestos" (BETTELHEIM, 1976, pág. 74). Y nosotros podemos contemplar esto mismo en la estructura de las narraciones, los juegos y las clasificaciones fundamentales de la experiencia —grande/pequeño, amor/odio, valentía/cobardía, bueno/malo, miedo/seguridad, dominancia/sumisión, y otras por el estilo. Algunos ven esta prominencia como simple cuestión lógica que pesa sobre nuestra psico-logía: "En sentido lógico, expresamos... diferenciaciones elementales en forma de contradicciones, A y no-A, y es cierto que la capacidad para distinguir, junto con la de percibir semejanzas, es básica en todos los procesos cognitivos" (HALLPIKE, 1979, págs. 224, 225). Es notorio que LÉVI-STRAUSS ha hecho de su investigación sobre los pares opuestos en los mitos el punto de partida del análisis porque expone las características estructurales fundamentales del pensamiento: "dualidad, alternancia, oposición y simetría, aparezcan en formas definidas o imprecisas, no son cuestiones que explicar, por tratarse de datos básicos e inmediatos de la realidad mental y social que deben constituir el punto de partida de cualquier intento de explicación" (LÉVI-STRAUSS, 1969, pág. 135).

Así, en los niveles más básicos encontramos constantemente pares opuestos utilizados para discriminar características del ambiente y de la vida social:

Las oposiciones binarias son inherentes al proceso del pensamiento humano. Cualquier descripción del mundo debe discriminar categorías de acuerdo con la fórmula "p es lo que no-p no es". Un objeto está vivo o no está vivo y no podemos formular el concepto "vivo" sino como el opuesto a su correspondiente "muerto". Así, también el ser humano es macho o no macho (o hembra o no hembra), cualesquiera personas del sexo opuesto están disponibles en cuanto compañeros sexuales o no lo están. De manera universal, éstas son las oposiciones de máxima y fundamental importancia de toda la experiencia humana.

(LEACH, 1967, pág. 3)

Es fácil ver por qué el proceso de formación de pares opuestos es tan útil para comenzar a dar sentido al mundo o a la experiencia: "cuando se establece una oposición y se comprende el principio sobre la que se cifra, su opuesto, o cualquier término intermedio, puede definirse por oposición o por su grado" (OGDEN, 1967, pág. 20). Ciertas discriminaciones básicas, perceptivas o cognitivas, entre figura y fondo entre el yo y el mundo parecen evidentes desde la aparición de la vida (véase, por ejemplo, BANKS y SALAPAREK, 1983; GIBSON, 1969).

Cuando buscamos los comienzos históricos de nuestra inquisición racional nos encontramos con pares opuestos que destacan por encima de todo. HERÁCLITO pensaba (en la medida en que podemos hacernos cargo de su pensamiento) que las cualidades esenciales del mundo y de la experiencia eran el "flujo" y el "llegar a ser", que eran producto de la unión del par opuesto "ser" y "no ser". Para los pitagóricos eran evidentes diez pares opuestos en la estructura del mundo (limitado/ilimitado, impar/par, unidad/multiplicidad, derecha/izquierda, masculino/femenino, quietud/movimiento, recto/curvo, luz/oscuridad, bueno/malo, cuadrado/rectángulo). Siempre que nos fijamos en los mundos antiguo y medieval descubrimos estos pares opuestos que se empleaban para ordenar la forma de pensar sobre el mundo y la experiencia. En la Ciudad de Dios, de San Agustín: *"Contra malum bonum est, et contra mortem vita: sic contra pium peccator"* ("Como el mal se opone al bien y la muerte a la vida, así el pecador se opone al pío"). Las unidades se separan en pares opuestos y entre éstos se sitúan elementos intermedios [LE GOFF demuestra cómo el purgatorio nace del cielo y el infierno (LE GOFF, 1984)]. Los pares opuestos constituyen herramientas destacadas y fundamentales en las "taxonomías populares mediante las que se pone orden y se llega a comprender un universo complejo" (GOODY, 1977, pág. 36; véase también LLOYD, 1966).

Veamos otros elementos de prueba de la afirmación relativa a que los pares opuestos tienen una importancia fundamental en el aprendizaje humano. Derek BICKERTON ha efectuado un estudio comparativo de la génesis y desarrollo del lenguaje de los niños y de los "nuevos" dialectos criollos derivados de diversas lenguas simplificadas ("macarrónicas") (BICKERTON, 1982). Las lenguas "macarrónicas" son las desarrolladas en la práctica por grupos de hablantes de distintas procedencias lingüísticas con el fin de poder comunicarse entre ellos[1]. Así, los esclavos africanos procedentes de diversos grupos lingüísticos reunidos en las plantaciones tuvieron que construir, al principio, una lengua "macarrónica". Los hablantes de japonés, tagalo, chino, portugués y hawaiano desarrollaron una lengua "macarrónica" en las explotaciones de caña de azúcar de Hawaii. Pasadas algunas generaciones, la lengua "macarrónica" se transforma en dialecto criollo, que presenta una estructura estable y reglas sintácticas diferentes de las propias de los idiomas iniciales y de las formas "macarrónicas".

Entre las conclusiones del estudio de BICKERTON aparece la observación de CHOMSKY de que debemos tener un "bioprograma" para el desarrollo del lenguaje. No puede generarse sólo a partir de "entradas": aprendemos demasiado, con excesiva rapidez y a partir de muy pocas entradas. BICKERTON se interesa de manera especial por los tipos de errores que cometen los niños pequeños, así como por los que no cometen, al aprender su lengua materna, y por los cambios que aparecen al pasar de una lengua "macarrónica" a un dialecto criollo. Aunque gran parte de estas cuestiones resulta fascinante, lo que más me interesa en este momento es el descubrimiento de BICKERTON de que existen cuatro distinciones binarias básicas para toda comunicación humana, que están en la raíz de todos los idiomas y de todo aprendizaje lingüístico.

---

[1] *"Pidgin"* ("macarrónico") es una forma *pidin* de "negocio".

La primera es: específico/inespecífico. ("Un perro me mordió"/"Mary no soporta un perro en la habitación".) Los niños aprenden estas distinciones sin error. La segunda es la de estado/proceso. Los niños aprenden con facilidad y sin errores que la terminación *"ing"** se aplica a verbos que denotan un proceso y no un estado. Así, un niño puede decir: *"I eating"*, pero no: *"I being there"*. La tercera es la de esporádico/habitual. Esta diferencia entre acontecimientos únicos ("golpeo") y hechos reiterados o habituales ("vivo"). La cuarta es: causal/no causal. Los niños aprenden sin errores cuándo se indica el papel causal de un agente mediante la inflexión del sujeto de la oración.

La existencia o no de un bioprograma o del dispositivo para la adquisición del lenguaje chomskyano (*Chomskian Language Acquisition Device*), sin embargo, afecta en menor grado a mi exposición. BICKERTON y CHOMSKY, presentan este bioprograma como *explicación* de los fenómenos que describen. A nosotros nos interesan más los *fenómenos* descritos por BICKERTON, con independencia de que la mejor explicación que pueda hacerse de ellos sea o no la del bioprograma. Siguen siendo de importancia fundamental, en todo caso, las operaciones binarias en los niveles más básicos del aprendizaje. Queda abierto a la discusión y a la comprobación empírica si más adelante se utilizan los mismos procesos —de manera necesaria o contingente— para aprender contenidos culturales más superficiales. Mi afirmación de que los niños pequeños utilizan de manera habitual y con gran facilidad las discriminaciones binarias, resulta más plausible teniendo en cuenta el hecho de que las discriminaciones binarias básicas actúen en el nivel más fundamental de todos los aprendizajes lingüísticos.

En la obra de Roman JAKOBSON sobre el aprendizaje del lenguaje encontramos un conjunto de afirmaciones algo distintas pero con evidente relación con lo que estamos exponiendo. Mientras que algunos aspectos fonológicos de la obra de JAKOBSON son susceptibles de crítica, CHOMSKY afirma que su importancia indiscutible "no radica en las propiedades formales de los sistemas fonémicos, sino en el hecho de que un número sorprendentemente pequeño de características, que pueden especificarse en términos absolutos, independientes del lenguaje, parecen proporcionar la base de la organización de todos los sistemas fonológicos" (CHOMSKY, 1968, pág. 65).

Señala JAKOBSON que en todos los idiomas aparece una oposición fundamental entre sonidos vocálicos y consonánticos y que, al aprender a hablar, los niños empiezan a dominar el conjunto de categorías de vocales y consonantes siguiendo una sucesión normal, que se elabora sobre la discriminación binaria básica (JAKOBSON y HALLE, 1956). La discriminación se realiza sobre dos oposiciones binarias entre el sonido de elevada energía de la vocal y el de baja energía de la consonante, y el sonido fuerte y compacto de la vocal y el suave y difuso de la consonante. Así, primero se produce la discriminación entre los sonidos consonánticos y vocálicos indiferenciados. La siguiente discriminación, ya dentro de estas categorías, se basa en el tono: el tono consonántico de baja frecuencia del sonido "p" y el de alta frecuencia de "t".

---

*Lo mismo puede decirse en español respecto a la terminación "ndo", correspondiente al gerundio. No obstante, el uso del gerundio inglés es más habitual que su homólogo español. *(N. del T.)*

Entre ellos, aparece la consonante oclusiva velar de elevada energía "k". Podemos representar, pues, el triangulo consonántico fundamental de este modo.

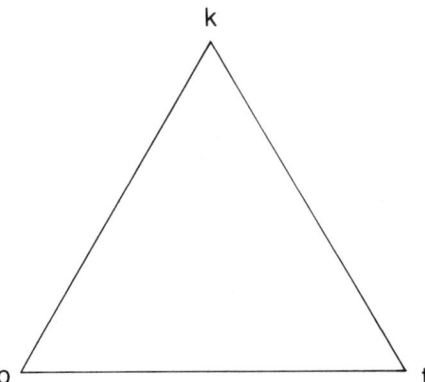

Podemos efectuar discriminaciones semejantes sobre las mismas bases alto/bajo y compacto/difuso en la categoría de las vocales, representándolas así:

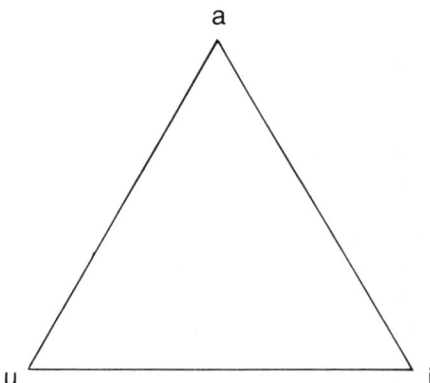

Estas representaciones pueden coordinarse en el siguiente diagrama:

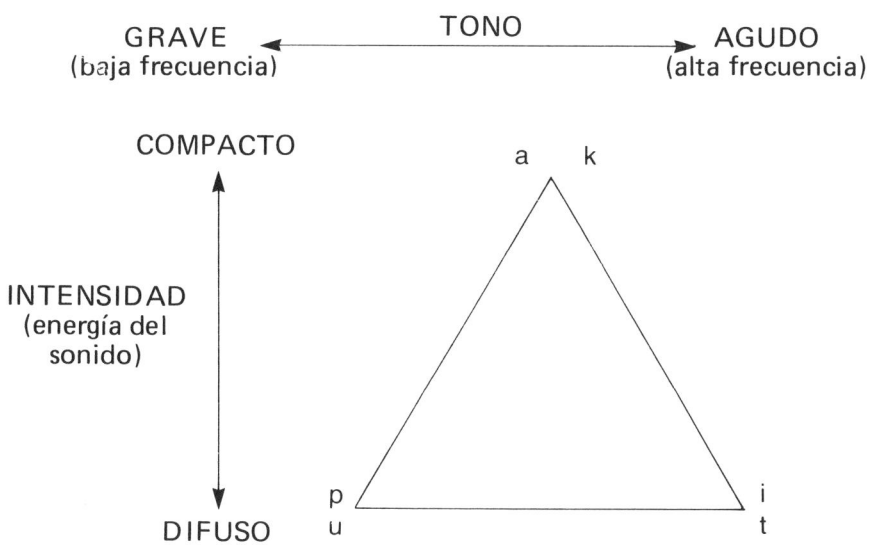

Los niños siempre progresan respecto al control del repertorio de discriminaciones fonéticas de manera muy parecida. Se dice que siguen esta vía y no otra porque el cerebro, asociado con la arquitectura y musculatura de los diversos órganos utilizados para hablar, está estructurado, predispuesto o "programado" para hacerlo así. Por tanto, esta estructura, tal como se representa en los modelos vocal-consonánticos, pone de manifiesto un proceso necesario seguido por toda mente humana. En este caso, del mismo modo que vimos en el capítulo anterior respecto a los argumentos y las narraciones, nos hallamos ante un método que se centra en una relativamente limitada estructura subyacente que organiza la infinita variedad de sonidos posibles. Si sólo nos ocupamos de los sonidos superficiales, prestando atención a los infinitos matices y diferencias existentes en todas las culturas, no podremos apreciar las pautas o estructuras que subyacen y, al parecer, los determinan.

Los argumentos que sostienen la universalidad del modelo polarizador/mediador están mucho más elaboradas en la obra de Claude Lévi-Strauss. En su investigación sobre los sistemas de parentesco y, con mayor elaboración aún, sobre los mitos, Lévi-Strauss se basa en la obra de Jakobson.

Las discriminaciones básicas, como las existentes entre especie propia/otras especies, dominio/sumisión, disponibilidad sexual/falta de disponibilidad, comida/no comida, son corrientes en casi todo el mundo animal. De este modo, aunque un perro puede *aprender* si X es comida o no, por instinto conoce la diferencia entre comida y no comida; una vez determinado qué es X, el perro lo trata instintivamente de la forma adecuada. Estas discriminaciones son necesarias para la supervivencia en el mundo natural. Sin embargo, en el mundo cultural, la supervivencia en cuanto animales culturales requiere unas discriminaciones más elaboradas y, para que una sociedad compleja funcione de manera armónica, cada uno de sus miembros ha de ser capaz de reconocerlas. Ahora bien, a pesar de muchas afirmaciones en contra, nada tiene de instintiva la distinción entre ser inglés y, por ejemplo, francés, pero las predisposiciones básicas que condicionan siempre a las personas para desarrollarse como miembros de una sociedad (se dice) pueden considerarse instintivas, "programadas". Es más, los tipos de discriminaciones aprendidas en diversos códigos culturales, como el idioma, el vestido, la comida, el parentesco, existiendo en miles de formas distintas, nunca se elaboran de acuerdo con los mismos principios (principios codificados en la estructura de la mente y expuestos en una estructura isomórfica que es posible descubrir en la forma según la que caracterizamos, organizamos y aprendemos los contenidos de nuestra cultura). Lévi-Strauss afirma que, bajo la diversidad de formas de comportamiento cultural, como vemos, por ejemplo, en los sistemas de parentesco, formas de cocinar, idiomas y mitologías, subsisten unas estructuras comunes y relativamente sencillas que determinan las discriminaciones empíricas sobre las que se elabora la conducta manifiesta.

Como un simple ejemplo, Lévi-Strauss se fija en la diversidad de formas culinarias que existen en el mundo. Muestra un "triángulo culinario" de acuerdo con el modelo elaborado por Jakobson (Lévi-Strauss, 1966b, págs. 937-940). Pone como ejemplo la cocina porque con el lenguaje, constituye una forma universal de actividad humana. Señala que la discriminación empírica básica se hace entre *lo crudo* y *lo cocido* y, entre ambos extremos, se sitúa *lo asado*. Por tanto, los dos polos respecto a los cuales organizamos mentalmente las comidas son normal/transformado y cultura/naturaleza. Esta apreciación se ha desarrollado sobre la base de la observación empírica y puede representarse del siguiente modo:

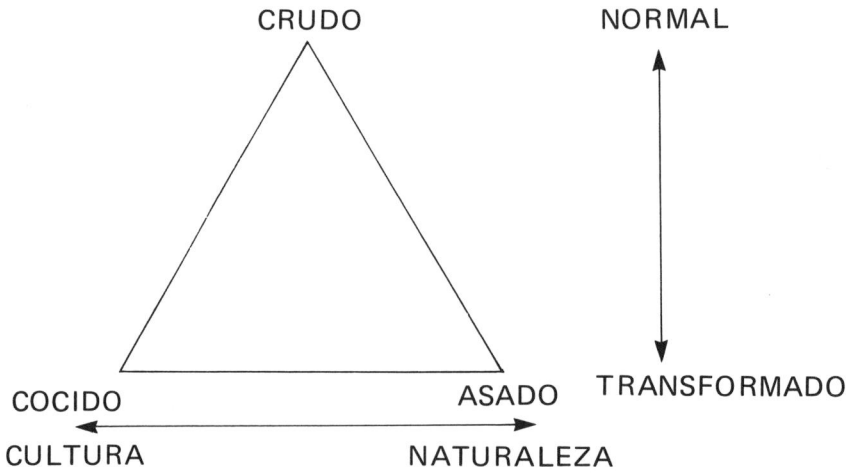

En pocas palabras: la categoría *lo crudo* representa, en sentido ideal, el alimento que se consume en su estado natural; aunque los humanos solemos elaborarlo de alguna forma: pelarlo, rallarlo, sazonarlo. *Lo cocido* consiste en alimento transformado por medios culturales, o sea, el uso de algún tipo de instrumento o cazuela. *Lo asado* es comida transformada por medios naturales (muchas culturas muestran una marcada preferencia por las comidas asadas. LÉVI-STRAUSS menciona, como ejemplo, la predilección francesa por los quesos "raros").

Las categorías principales están "vacías" y su función consiste en delimitar el campo semántico "del exterior", o sea, el objeto de análisis no está constituido por los géneros de comida, sino por las categorías y sus relaciones estructurales. Por ejemplo, incluso en el triángulo consonántico, los fonemas "k", y "p" y "t" son tipos ideales que representan posiciones vacías que se rellenan en cada idioma con sus sonidos más característicos ajustados a la categoría correspondiente. El análisis no se ocupa de los sonidos efectivos de ningún idioma, sino de las categorías ideales que pueden abstraerse a partir de la observación empírica. Así, cada cultura tendrá conceptos ligeramente distintos respecto a lo que constituye lo crudo, lo cocido y lo asado.

Quizá convenga establecer una analogía entre las funciones orientadora y de establecimiento de una perspectiva de los pares opuestos en nuestro pensamiento y la estructura binaria de nuestros otros órganos cuyo cometido consiste en facilitarnos la operación de dar sentido a la realidad. Si nos ocupamos del contenido de nuestro campo visual, no nos damos cuenta de que lo que vemos es una mediación entre las perspectivas de ambos ojos. Mientras que la estructura binaria de nuestra visión es fundamental a la hora de conseguir una perspectiva de lo que vemos, la complejidad de nuestro campo visual y el hecho de que prestemos atención a lo que vemos y no a cómo conseguimos ver hacen que olvidemos que, en realidad, fundimos las perspectivas de ambos. La complejidad de nuestro pensamiento y, en nuestro caso, del pensamiento de los niños, así como el hecho de que atendemos al contenido del pensamiento más que a cualquiera de sus características estructurales, hace que a menudo pasemos por alto los poderosos pares opuestos que utilizamos con frecuencia para orientarnos y proporcionar profundidad a nuestro pensamiento.

Esta analogía, que no creo sea excesivamente forzada, y los anteriores ejemplos indican que mi insistencia en la importancia de los pares opuestos no es una rareza exótica. Al dar sentido al mundo en los niveles más básicos, vemos el principio binario/mediación en acción. Parece tratarse de una herramienta fundamental, pero en pedagogía ha quedado muy relegada. Algo que se parece bastante a esto, y cuyo elaborado desarrollo teórico puede enlazar lo que señalo con complejos procesos intelectuales, es la concepción de equilibración de PIAGET (1978). Creo que sería erróneo reducir la polarización/mediación a sólo una forma de equilibración, en el sentido de PIAGET. Yo aludo a algo bastante más general, en muchos aspectos, que el proceso aclarado por PIAGET, pero en un nivel del que pueden extraerse directamente aplicaciones educativas.

Puede parecer un poco redundante citar tantas y tan variadas autoridades para establecer lo que algunos toman como una cuestión lógica obvia y otros como característica evidente de nuestro funcionamiento psicológico. Sólo lo hago para reiterar algo que, por obvio, quizá olvidemos con frecuencia. Sostengo que atendiendo al uso de los pares opuestos en el pensamiento infantil, y en el pensamiento humano en general, puede sernos más fácil ordenar una temática de modo que nos hagamos idea de los casos de la forma que resulte más sencilla para los niños, en vez de a la fuerza.

Pero centremos la cuestión: no estoy sugiriendo que presentemos todo a los niños en términos binarios. El planteamiento a base de pares opuestos se refiere al acceso inicial al saber. El cometido de la educación consiste en desarrollar el conocimiento para reflejar de la mejor manera posible el mundo y la experiencia, no las estructuras más sencillas cuando comenzamos a captarlos. Podemos afirmar que la misión educativa no consiste tanto en utilizar los pares opuestos, sino los puntos intermedios entre ellos.

Como señala GOODY en las estructuras binarias de las taxonomías populares, "el orden es ilusorio; el significado, superficial. Como en el caso de los demás sistemas binarios, a menudo la categorización se inclina hacia determinados valores y resulta excéntrica" (GOODY, 1977, pág. 36). Los pares opuestos son asombrosamente eficaces para lograr una asimilación inicial del mundo y de la experiencia, pero si predominan durante un plazo demasiado largo, generan reducciones y simplificaciones inadecuadas (como ocurre, por ejemplo, en aquellos cuyo pensamiento sobre la política exterior de su país está dominado por los seductores pares opuestos de bueno y malo). "Estas relaciones (binarias) son buenas para pensar, pero la realidad no siempre se adapta a ellas; los hechos muestran siempre cierta obstinación" (BURKERT, 1985). Esa obstinación de los hechos es uno de nuestros elementos de orientación en pedagogía, pero también lo es la estructura del pensamiento infantil. Así pues, nuestra tarea consiste en ver de qué modo podemos reconocer la importancia de los pares opuestos para hacer más accesible a los niños el saber, sin dejar de ser fieles a la obstinación de los hechos.

Si analizamos el pensamiento cotidiano de los niños, como se muestra en la fantasía, las narraciones y las discriminaciones empíricas corrientes, podremos descubrir algunos papeles desempeñados por la formación de los pares opuestos y por los elementos que median entre ellos. Una de las características más sorprendentes de las narraciones preferidas por los niños pequeños, y que nos mueve a utilizar el término fantasía en relación con ellas, es su contenido fantástico. Su forma subyacente es común a todas las narraciones; se distinguen por esos osos, conejos y gusanos que hablan. Una teoría del aprendizaje que proponga que los niños se hagan una idea del mundo y de la experiencia a partir de, y sólo del contenido de su experiencia cotidiana, para avanzar poco a poco hacia dominios extraños a la misma, tendrá notables dificultades para explicar el contenido fantástico que prima en las narraciones infantiles y en los relatos que prefieren en edades comprendidas, *grosso moso,* entre los 4 y los 6 años.

¿Cómo podemos dar cuenta del contenido fantástico de la fantasía infantil? Nada hay en su experiencia que sugiera la plausibilidad de unos osos de una clase social media que hablan. Por descontado, escuchan narraciones en las que aparecen tales personajes, charlando con gusanos y árboles mientras empujan un cochecito con un osito dentro por la ciudad-bosque. Y, por supuesto, sus narraciones fantásticas están llenas de ideas y criaturas derivadas de lo que han visto y oído o compuestas a base de ello. Es decir, aunque es evidente que el contenido de su fantasía se construye de alguna manera a base del contenido de su experiencia, queda sin explicación el hecho mismo de la fantasía. ¿Por qué, a estas edades, resultan tan cautivadores los osos de clase media que hablan y demás individuos por el estilo?

No cabe duda de que es inadecuado explicar la fantasía como algo que los narradores adultos "encajan" a los niños pequeños. No da razón de por qué, entre todos los productos de los narradores adultos, los relatos de ficción, con criaturas imposibles, resultan tan poderosa y vívamente interesantes. La semejanza entre las criaturas de fantasía de los niños y las de los mitos y relatos fantásticos populares de todo el mundo apoya la idea de que estos seres imposibles no forman parte trivial ni accidental del pensamiento infantil. La respuesta que presentaremos después sólo se refiere a un aspecto de la cuestión, pero creo que se trata de la faceta que tiene derivaciones más interesantes para la educación.

La parte no tratada se refiere al tipo de explicación de la fantasía infantil que dan freudianos y junguianos. Ya se diga que la fantasía es una actividad correspondiente al proceso primario que opera siguiendo las reglas de sustitución, desplazamiento y demás, o que se trata de una irrupción espontánea del inconsciente que puede convertirse en objeto de la imaginación activa, plantea un aspecto del problema con importantes derivaciones psicológicas, psicoanalíticas y terapéuticas. Todas ellas son cuestiones tratadas con profundidad por BETTELHEIM en relación con las narraciones populares. Afirma que la fantasía de las narraciones populares habla *directamente* a la mente infantil sobre las grandes cuestiones de la vida respecto a las que el niño carece del aparato conceptual necesario para captarlas en términos realistas: "Como todo buen arte, los cuentos fantásticos entretienen e instruyen; su carácter especial consiste en que lo hacen en unos términos que hablan directamente a los niños" (BETTELHEIM, 1976, pág. 53).

Pero lo que me interesa aquí es muy limitado; no trato de explicar, en general, por qué es como es el contenido de la fantasía. Más bien, consideraré una parte del problema presentando una explicación de una sola característica del contenido de la fantasía.

El contenido de la fantasía infantil no sólo es interesante e importante explicarlo, sino que cambia también en su forma subyacente para explicar en parte cómo pasan los niños de la fantasía a la realidad. En todas las narraciones y relatos infantiles podemos observar con facilidad simples pares opuestos. Los personajes son buenos *o* malos, listos *o* estúpidos, activos *o* perezosos. Señala BETTELHEIM que "igual que la polarización domina la mente del niño, también domina los cuentos fantásticos" (BETTELHEIM, 1976, pág. 9). De acuerdo con BETTELHEIM, esta polarización permite que el niño "comprenda con facilidad la diferencia entre los dos, cosa que no le sería tan fácil hacer si las figuras se parecieran más a las de la vida real, con todas las complejidades que caracterizan a las personas reales" (BETTELHEIM, 1976, pág. 9). Para los educadores, el proceso mediante el que se hacen comprensibles a los niños (que antes mostraban una marcada preferencia por captar el mundo y la experiencia en términos de pares opuestos) esas complejidades reviste especial interés.

Si consideramos cómo aprenden los niños y cómo elaboran conceptualmente alguna cosa bastante sencilla como, por ejemplo, el continuo de la temperatura, vemos que a menudo empiezan aprendiendo "caliente" y "frío". Esto no significa que sean incapaces de sentir un continuo infinito de temperaturas, sino que los conceptos polares opuestos se adquieren primero. Más tarde, los niños aprenden "cálido" o algún término semejante. O sea, aprenden un concepto que se encuentra a medio camino entre los polos.

Después, aprenden conceptos intermedios entre "caliente" y "cálido": "calentito", "templado"; y entre "cálido" y "frío": "fresco". El significado de estos términos es relativo a la temperatura del cuerpo del niño; o sea, esto se nota más caliente o mucho más caliente que mi cuerpo; esto se nota más frío que mi cuerpo. Aún más tarde, los niños aprenden el continuo de temperatura como un conjunto de números arbitrarios. Este aprendizaje no desplaza los conceptos de "caliente" y "frío" ni los demás conceptos adquiridos hasta entonces; por el contrario, los incluye en un contexto separado ya del referente personal de la temperatura del propio cuerpo e indica que, cuando se usan los términos "caliente" y "frío", su significado ha de considerarse relativo a algo. De igual modo, los opuestos polares iniciales "bueno" y "malo" son bueno o malo relativos al sentimiento del niño; el papá que insiste en que dejen de jugar con los pitufos y se laven las manos para comer es "papá malo", que merecería un tortazo si pensaran que podrían escapar. Entre los polos aparecen intermedios conceptuales a medida que se acepta la existencia de personajes y acontecimientos que no son buenos ni malos, sino a medias. De nuevo, los conceptos "bueno" y "malo" no desaparecen cuando este continuo moral se desarrolla cada vez más, sino que se perciben como más relativos, incluyéndose en esquemas morales más o menos apartados del placer y del dolor personales.

¿Y por qué osos de clase media? Es corriente que los niños utilicen los procesos antes descritos para dar sentido a su mundo. Si miramos el mundo con ojos de niño, veremos algunas materias muy prominentes e inexplicables de las que hay que dar cuenta. Por ejemplo, se hace una distinción entre las cosas naturales y las culturales. El gato y el conejillo de Indias no tienen ropa y no hablan de forma inteligible, ni hacen sillas y mesas por sí mismos. De igual modo, hay cosas vivas y muertas. Si nos situamos en una posición intermedia entre naturaleza y cultura, entre otras cosas, hablaremos de osos de clase media. Si buscamos puntos intermedios entre la vida y la muerte, veremos dioses, espíritus, fantasmas y cosas por el estilo. Los osos de clase media son tanto naturales como culturales, de la misma forma que los fantasmas están a la vez vivos y muertos y la cualidad de cálido participa tanto del calor como del frío. Así, el proceso mediante el cual los niños acceden poco a poco a un sentido realista del mundo, captando primero los extremos opuestos, después los intermedios entre éstos hasta generar continuos conceptuales que reflejan las continuidades percibidas en el mundo y la experiencia, funciona peor cuando se trata de hacerse idea de categorías empíricas discretas. Los intentos de mediación entre la vida y la muerte o la naturaleza y la cultura pueden generar mundos fantásticos elaboradísimos, criaturas, acontecimientos y creencias, pero la captación de la realidad se produce cuando se asimila que no existe categoría empírica alguna entre naturaleza y cultura, como tampoco entre vida y muerte. Al producirse esta asimilación aprendemos que naturaleza y cultura, vida y muerte, son categorías discretas. No son estas lecciones sencillas, por supuesto. Sin embargo, son importantes para la transición de la comprensión mítica a la romántica, como expondré más adelante en este mismo capítulo.

Cuando BETTELHEIM habla de la importancia de los pares opuestos en los cuentos fantásticos, manifiesta algo que parece obvio: "Antes de que un niño comprenda la realidad ha de tener un marco de referencia para evaluarla"

(BETTELHEIM, 1976, pág. 117). El continuo de temperatura constituye una realidad empírica y "aprenderla" significa dominar un conjunto de conceptos que nos permiten nombrar una serie de diferenciaciones útiles en nuestra propia cultura. Es parecido a lo que le ocurre, por ejemplo, a un niño *Inuit*, que deberá aprender gran cantidad de conceptos discriminativos en una zona más baja del continuo que la propia de otro niño que habitase en una región desértica tropical. De igual modo, un niño de una cultura científica como la nuestra tendrá que aprender el conjunto básico de conceptos relativos a la temperatura normalmente utilizados en nuestra vida diaria, pero también superar éstos para entender la temperatura en la forma abstracta según la que aparece representada en un termómetro. Esta forma abstracta y arbitraria de referirse a la temperatura nos permite, en teoría, hacer un número infinito de discriminaciones correspondientes a los infinitos grados del continuo empírico de temperaturas. De este modo, podemos indicar una temperatura de 17,38652 grados Celsius, frente a otra de 17,38653 grados Celsius.

El mundo está constituido por muchos continuos de este tipo, y una diferencia fundamental entre la educación en nuestra cultura y la iniciación en otras culturas diferentes consiste en que nosotros exigimos a los niños que aprendan formas "abstractas" o descontextualizadas de representación de los continuos empíricos y esquemas arbitrarios para medirlos. En una cultura "primitiva" quizá fuera suficiente aprender poco más que una docena de conceptos que discriminaran entre pesos, velocidades, colores o cualquier otra cualidad. (Aunque en algunas culturas existen docenas de discriminaciones en el idioma respecto a los tipos de nieve, por poner un ejemplo ya popular. Véase GOODY, 1977; LÉVI-STRAUSS, 1966a.) Sin embargo, nosotros exigimos a los niños no sólo que aprendan conceptos utilitarios, sino también medios "abstractos" de representación de los continuos empíricos. Para la mayoría de los niños esto no es fácil y forma parte de algo que, desde hace mucho tiempo, es un foco de preocupación. Herramientas corrientes para enseñar este tipo de pensamiento, incluyen esos problemas descontextualizados que comienzan así: "Si utilizas tres hombres y medio durante dieciséis días para cavar cinco hoyos y cuarto...". La resolución de tales problemas requiere una abstracción de nuestro pensamiento sobre la realidad de cavar hoyos, y podemos sentir el esfuerzo que hay que hacer para pasar del lenguaje diario de intenciones y hechos al tratamiento de estos problemas. Primero tenemos que aprender que, desde el punto de vista de quien hace ese tipo de planteamientos, no tiene ningún sentido preguntar por qué hay que cavar los hoyos. Una dificultad que presentan estos problemas consiste en que a menudo parecen dar por supuestas las técnicas que se supone habrían de enseñar. Carecemos de una comprensión clara del paso desde lo encarnado a lo desencarnado, del pensamiento contextualizado al descontextualizado.

Solemos recompensar más a quienes se mueven mejor en el terreno del pensamiento descontextualizado porque constituye una habilidad fundamental para una civilización basada en la tecnología. Y, al insistir en la diferencia entre éste y el cotidiano, no debemos despreciarlo. En cierto sentido, esta capacidad de abstracción, facilidad para tratar las abstracciones en sus propios términos y para referir las abstracciones a los acontecimientos o materiales del mundo, constituye el tipo de pensamiento más "realista". Es decir, si nos preocupa conseguir un control real sobre las cosas del mundo, los esquemas conceptuales que mejor representan la realidad son los más realistas. Al menos, esta creencia se halla implícita en nuestro ideal de educar a los niños para manejar con facilidad la "abstracción".

En las etapas primitivas del aprendizaje pueden observarse muchas cosas importantes sobre el mundo en las discriminaciones de pares opuestos evidentes en la fantasía de los niños pequeños. Con independencia de si podemos o no mostrar de forma empírica que los niños desarrollan invariablemente sus construcciones conceptuales mediante el proceso de contextualizar, en primer lugar, los pares opuestos para después hallar los términos intermedios, podemos observar la poderosa plausibilidad lógica de que se siga un proceso por el estilo para aprender ciertos tipos de cosas. El "marco de referencia" inicial que construye el niño para tratar las percepciones de temperatura parece implicar necesariamente los momentos en que ésta adquiere relieve, por ejemplo, cuando causa incomodidad. Cuando es templada, no la acusamos. Esta primera captación y discriminación entre lo caliente y lo frío parece una cuestión de necesidad lógica (aunque la cuestión de si los niños aprenden en primer lugar los términos "caliente" y "frío" sea empírica). Por medio de los pares opuestos comenzamos a controlar el campo conceptual.

Otro argumento que sostiene la afirmación de que este proceso de polarización y mediación es general y corriente en el aprendizaje de los niños pequeños consiste en el hecho de la fantasía. La fantasía surge de la mediación entre categorías empíricas: los osos parlantes de la burguesía constituyen mediaciones entre naturaleza y cultura, como los fantasmas y espíritus son mediaciones entre la vida y la muerte, o como el concepto de cálido es mediación entre calor y frío. Estas categorías intermedias que los niños captan con tanta facilidad no se descartan rápidamente cuando la categoría mediadora no refleja algo real del mundo. "Cálido" se convierte en una parte del aparato conceptual del niño cuando su referente se aclara gracias a las interacciones sociales. Los osos parlantes de clase media se aceptan como convenciones de ficción cuando se hace patente que en el mundo real no existen osos que hablan. Pero la convención sobre la ficción no queda descartada; aunque los niños no crean en la realidad empírica de sus criaturas de fantasía, estas criaturas mantienen durante algún tiempo su vigencia conceptual. Reconocemos que la aceptación de los niños de que las criaturas de la fantasía no existen constituye un paso hacia una mejor captación de la realidad. Sin embargo, en casos en que la evidencia empírica es difícil de hallar, la creencia persistente en tales criaturas es, con frecuencia, difícil de erradicar. Estos mitad humanos, mitad animales, Yetis o sujetos semejantes persisten en la imaginación aunque no exista evidencia empírica de ellos. De igual modo, dioses, fantasmas y espíritus persisten en la afirmación de que hay un universo en el que los muertos están vivos o en el que hay criaturas que se encuentran en una zona intermedia entre la vida y la muerte. Tanto los espíritus, como los fantasmas y los dioses existen o no existen. Sea lo que sea, no me preocupa en este momento; sólo trato de indicar que la categoría de criaturas que están a la vez vivas y muertas no se establece de forma rutinaria por medios empíricos, sino que se genera a través de la mediación entre las categorías empíricamente discretas de vida y de muerte. El abandono de la creencia en fantasmas, por ejemplo, suele considerarse también como un paso hacia una comprensión más realista del mundo.

La disolución de la categoría de los fantasmas, generada a través de la mediación suele producirse en nuestra cultura hacia los 5, 6 ó 7 años; aunque a menudo persiste una sospecha crónica al no probar nadie que no existan. En parte es una cuestión relacionada con la edad, coherente con las condiciones de realidad que excluyen a los fantasmas e incluyen a los políticos. La edad en la que se produce esta ilustración, sin embargo, varía muchísimo dependiendo de la medida en que el ambiente cultural estimule o se oponga a la creencia en tales categorías intermedias. En algunas culturas existe una enorme presión para creer en fantasmas, aunque no haya evidencia empírica de su existencia. Muchos fenómenos empíricos, inexplicables de otra forma, se atribuyen a los fantasmas, muchas personas afirman haberlos visto y se producen otras manifestaciones por el estilo. En nuestra cultura existe a menudo una importante presión para persuadir a los niños pequeños para que sigan creyendo que Santa Claus existe en realidad*. Ejercemos una ligera presión cultural para preservar una serie de "encantadoras" confusiones de categorías intermedias hasta los 6 ó 7 años. Si los niños siguen manteniendo estas confusiones más allá de esta edad solemos preocuparnos un poco, advirtiéndoles con insistencia sobre lo que es real y lo que no lo es.

De este modo, a partir del enfoque centrado en la fantasía de los niños y sobre la universalidad de los procesos de formación de pares opuestos y de intermedios entre ellos, podemos observar casos evidentes en los que el proceso conceptual es tan poderoso que pasa por encima de las percepciones empíricas. Genera con toda energía criaturas y condiciones imposibles en el espacio cognitivo que media entre categorías empíricas discretas. Los monstruos del juego de los niños y las criaturas de ficción que habitan en el jardín o surgen a la "vida" en torno a la caja de los disfraces no son el producto de un pensamiento dominado por la percepción. Hay casos en los que podríamos decir que, al contrario de la afirmación más corriente, el pensamiento de los niños está dominado por la concepción. El proceso "evolutivo" va en la dirección de permitir que las percepciones empíricas quiebren el dominio de las concepciones y no al revés. Es obvio que observamos casos de pensamiento de niños pequeños dominado por la percepción. El error consiste en considerarlos como indicativos del pensamiento infantil en su conjunto.

He señalado que, al pasar a formas más realistas de pensamiento, podemos observar la repetición de un proceso o modelo básico de aprendizaje sobre contenidos de muy distinto tipo. En el caso de los continuos, como la temperatura, vemos cómo operan los pares opuestos y los elementos intermedios entre ellos hasta que el niño se abre a la comprensión de formas abstractas y arbitrarias de representación del continuo (uno de los medios principales para que se produzca esta apertura consiste en la numeración). En el caso de categorías empíricas discretas (como vida y muerte, naturaleza y cultura) el proceso de intermediación crea categorías para las que no existe un referente empírico claro. El proceso de mediación puede imprimir una enorme complejidad y variedad de entidades, de manera que el paso hacia una visión más realista del mundo se efectúa no por abstracción, sino mediante el recocimiento de que las entidades intermedias no existen (aunque esto puede

---

*Valga lo mismo entre nosotros en relación con los Reyes Mayos. *(N. del T.)*

considerarse como una forma de abstracción del pensamiento a partir de categorías dadas mediante procesos cognitivos). No obstante, en ambos casos, el proceso subyacente parece ser el mismo[2].

Mientras una parte considerable del mantenimiento de la fantasía en la mente infantil puede deberse al tipo de explicaciones dadas por freudianos, jungianos y otros psicólogos, sostengo que una buena parte se debe también a que estas criaturas y acontecimientos imposibles son producto de los procesos de aprendizaje que tan bien funcionan a la hora de dar sentido a gran parte de la experiencia de los niños sobre el mundo[3]. No me preocupa aquí si el proceso de polarización y mediación es necesario o natural (generado por la geometría de la forma de aprendizaje de nuestra mente) o si se trata de un proceso común utilizado con frecuencia porque funciona bien. Lo que importa en relación con mi argumento es aceptar que este proceso es muy común y general, evidente respecto a cómo organizan los niños pequeños el mundo con el fin de aprender cosas sobre él. En este momento, y a efectos de mi exposición, ni siquiera es preciso aceptar todo esto; basta con asumir que el proceso dé paso desde los pares opuestos hacia representaciones más elaboradas de la realidad, por medio de la intermediación y mediaciones posteriores, constituye una forma *posible* y eficaz de aprender determinadas cuestiones.

En una serie de casos considerados antes, el uso de los pares opuestos para acceder en principio a determinado saber no se realiza de forma que pase por alto "la obstinación de los hechos". En efecto, proporciona el acceso a los hechos, sin ningún grado de complejidad, sino de manera que no necesita falsificarla. He expuesto este tema con cierta extensión porque formará parte importante del marco para planificar la enseñanza. En los capítulos anteriores ofrecí algunos indicios sobre el papel que desempeña en el ejemplo sobre el calor, dejándolo ahora para volver a tomarlo en el Capítulo VII en el que veremos con mayor detalle sus implicaciones para la enseñanza. Mi posición general en este momento consiste en afirmar que deberíamos dedicar una mayor atención sistemática a un procedimiento de aprendizaje tan extendido y poderoso.

Imaginación

Puede parecer desproporcionado ocupar un apartado más bien largo para exponer las oposiciones binarias y reunir aquí en mucho menos espacio elementos fundamentales constitutivos de la comprensión mítica. El tratamiento más extenso de las oposiciones binarias se debe al papel que desempeñarán en el marco de la planificación de la enseñanza y a la necesidad de justificar algo relativamente poco habitual en el discurso pedagógico. El conjunto de

---

[2] De paso, es interesante señalar que los comienzos de las matemáticas y de la especulación protocientífica en la antigua Grecia y en Asia Menor se vieron impregnados de cuestiones acerca de si el tiempo, el espacio y la materia estaban hechos de un continuo infinito o de partículas atómicas (véase Kretzmann 1982).

[3] Quizá esta sea una forma indebidamente inocente de plantearlo. Es evidente que la navaja de Guillermo de Ockham podría insistir en cortar en el interior del inconsciente de los psicoanalistas si podemos explicar las criaturas de fantasía sin recurrir a ese ámbito en la sombra.

elementos que mencionaremos aquí es más conocido y ha sido expuesto en diversos lugares (y no menos en EGAN y NADANER, 1988). En parte, este apartado constituye un recordatorio de características de la comprensión mítica mencionadas en contextos algo distintos en los dos primeros capítulos. Los reúno bajo el epígrafe de "Imaginación" para resaltar lo que me parece una característica importante de la comprensión mítica.

La imaginación, como su propio nombre indica, tiene que ver con la aptitud para formar imágenes mentales y se asocia de modo especial con la capacidad de formar imágenes de lo ausente o inexistente. En sus variadas formas (SUTTON-SMITH, 1988), es la aptitud que parece distinguir la mentalidad humana de la propia de los animales y de los ordenadores. ("Parece" porque no sabemos cómo es la vida mental de los animales ni adónde llegaremos con los ordenadores.) La imaginación no es algo añadido en calidad de suplemento a las habilidades básicas de matemáticas o de lenguaje, por ejemplo. Por el contrario, es, en sentido estricto, un elemento constitutivo de nuestras habilidades. Es decir, una imaginación deficiente en matemáticas supone una carencia en un importante aspecto de las matemáticas, del mismo modo que una incapacidad de cómputo pone de manifiesto una deficiencia en un importante aspecto en esta materia. Cada vez más, la imaginación tiene una importancia crucial en toda actividad mental, a medida que las "técnicas" automáticas van pasando a ser cometido de las máquinas. En la actualidad, insistir en las "técnicas básicas" a expensas de la imaginación es como insistir en el desarrollo muscular a expensas de la imaginación para conseguir trabajadores manuales en la era de las máquinas o arrojo físico a expensas de la imaginación para producir guerreros. No se trata tampoco de comenzar a desarrollar la imaginación a costa de las técnicas básicas, de los músculos o del coraje, pero las "técnicas" de —digamos— empleo de los números o de la escritura, la fuerza o el coraje son útiles en la medida en que están gobernadas por la imaginación. (El paso de la "temeridad" al "coraje" constituye una muestra de la diferente calidad de actividad que crea la presencia de la imaginación. Diferencias semejantes en calidad son evidentes en el empleo imaginativo de los números o de la escritura, aunque no dispongamos de términos distintos para denotar las diversas condiciones.)

No trato de definir aquí la imaginación, sino de manejar el significado corriente del término, señalando su lugar en este estrato fundamental de la educación e indicar también algunos de los más importantes elementos que la estimulan, y todo con objeto de aclararlo al máximo, de manera que sea posible especificar el contenido curricular y las actividades educativas que la estimularán y desarrollarán en los niños. No obstante, puede que sea útil pulir un poco el significado corriente con el fin de distinguir la imaginación de algo con lo que tiende a confundirse en la actualidad. Podemos hacerlo utilizando algunos de los criterios que aduce Robin BARROW: "Tener imaginación consiste en poseer la inclinación y la habilidad consciente para concebir lo inusual y eficaz en contextos concretos" (BARROW, 1988).

Aunque BARROW ha elaborado cada uno de los aspectos resumidos en esta frase al tiempo que hacía otras muchas agudas observaciones, quiero hacer especial hincapié en dos de estos criterios para juzgar la imaginación. Primero, no se puede tener imaginación en abstracto; lo importante son los contextos concretos. Se puede tener imaginación en matemáticas, empleo del lenguaje, ciencia, corriendo, jugando o en cualquier otra actividad, pero es imposible tener imaginación en abstracto. Segundo, lo que determina la actividad imaginativa es la *combinación* de lo inusual y lo eficaz. En parte se trata de una ampliación del primer punto. Tampoco se puede ser eficaz en abstracto. Se es eficaz en algo. Este criterio elimina del campo de la imaginación la clase de novedades sin objetivo definido que parecen rondar en torno a algunas nociones de "creatividad", nociones que se incluyen con mucha frecuencia en los que pasan por ser tests de "creatividad" (BARROW y WOOD, 1975; BARROW, 1984).

Por supuesto, el estrato básico de la educación no es el único lugar apto para el desarrollo de la imaginación, como si se tratase de algo que anclásemos en la comprensión mítica para olvidarlo después. En efecto, creo que las formas de desarrollo imaginativo cambian en cierta manera de estrato a estrato, del modo que trataré de caracterizar. No obstante, en este estrato básico me parece fundamental que la aprehensión inicial de la materia propia de un tema, sean ciencias, matemáticas o cualquier otra, se efectúe de manera imaginativa. Es decir, que el saber quede sumido en la vívida, viva, oral, mítica, imaginativa actividad mental del niño. He aquí el problema de ROUSSEAU: ¿cómo podemos conseguir que el saber esté cargado de sentido personal para el aprendiz individual? Es el mismo problema ante el que DEWEY se mostraba más sensible. Él mismo señaló con gran claridad que las prácticas educativas tradicionales, incluso aquéllas que consideraríamos con cierta complacencia como satisfactorias, constituyen un fracaso respecto a la mayoría de los niños y en diversas ocasiones. Y esto sigue siendo cierto. DEWEY, por razones que esbocé antes, consideraba que el problema consistía en la disociación del saber disciplinado de la experiencia cotidiana del niño. Creo que identificó el problema con precisión (la disociación del significado), pero su manera de formularlo, como una dicotomía entre la "experiencia cotidiana" y las "disciplinas", no era tan certera y no se centraba del todo en la esencia del problema (FLODEN, BUCHMANN y SCHWILLE, 1987). Dicha esencia, tal como la veo, consiste en la asociación del saber y la imaginación del individuo. Después de todo, las disciplinas son una extensión de la experiencia cotidiana y ésta es de igual modo susceptible de disociación del desarrollo de la imaginación. Quizá alguien pudiera decir que tanto las disciplinas académicas como la experiencia cotidiana están sujetas por igual al empobrecimiento imaginativo; ambas pueden quedar alienadas respecto de "nuestro auténtico yo". El cometido de la educación consiste en asegurar que la imaginación se desarrolle a la par con nuestra experiencia cotidiana y las disciplinas académicas.

Esta brevísima incursión en el campo de la imaginación nos proporciona un modo de establecer el problema que trataremos más adelante: cómo diseñar un *curriculum* y unos métodos de enseñanza que aseguren que el primer contacto con el saber disciplinado sea de tal índole que funda ese saber con la vida imaginativa del individuo y sirva más adelante para estimular y desarrollar la imaginación. Esta última parte nos invita a tomar otro de los ricos términos de PIAGET: el cometido consiste en asegurar que el saber sirva de *alimento* para el desarrollo de la imaginación.

Tenemos una serie de sugerencias procedentes del Capítulo II respecto a cómo puede lograrse. Parece claro que ciertos tipos de actividad, experiencia y saber pueden estimular con mayor fuerza la imaginación o, quizá, podamos apreciar que su potencial para alcanzar este fin se refuerce mediante su acción en ciertos contextos. Vimos que la necesidad de recordar daba origen a un conjunto de técnicas que hacían que el saber fuese vívido y, por tanto, susceptible de recuerdo y que ese proceso estimulaba y desarrollaba determinadas potencias mentales que, de manera un tanto vaga, denominamos imaginación. Entre esas técnicas identificamos el ritmo, la rima, la métrica y otras diversas formas de lo que llamaré clasificación y explicación narrativas. La clasificación y la explicación (o sea, la adjudicación de sentido o el establecimiento del significado) del saber en narraciones se logra no sólo de acuerdo con los principios de la lógica racional, sino de manera necesaria y hasta cierto punto de acuerdo con determinadas conexiones afectivas y metafóricas. (No son formas de clasificación mutuamente excluyentes, pero, cuando predominan la afectividad y la metáfora, nosotros, que solemos basarnos en la lógica racional, nos quedamos tan perplejos a causa de la "irracionalidad" superficial que ni siquiera reconocemos los aspectos de clasificación racional que aparecen.) Las técnicas que aseguran la eficacia comunicativa de la clasificación y explicación narrativas en los mitos, cuentos populares y relatos infantiles pueden ayudarnos a resolver nuestro principal problema educativo que consiste en hacer que el saber sistemático sobre el mundo y la experiencia tengan interés y sentido para los niños pequeños. Brian SUTTON-SMITH resume muy bien la situación:

> La imaginación es hasta cierto punto una advenediza en el teatro de la historia. Su *linaje* es herencia de la irracionalidad, la imitación y el disimulo. Su *moneda* es la puerilidad, la libertad y la unicidad. Su *futuro* podría ser megagenerativo. Durante los pasados 200 años ha roto gran cantidad de hielo en el terreno de las artes, pero ha tenido, si acaso, una escasa influencia en la educación.
>
> (SUTTON-SMITH, 1988, pág. 3)

A lo largo de los capítulos anteriores he reunido ritmo, rima y métrica en cuanto técnicas que pueden ayudar a que el saber sea vívido y susceptible de recuerdo, en especial en las culturas orales. No pretendo examinar cada uno de estos elementos en detalle, pero sí señalar que no se trata de cuestiones triviales cuyo valor sólo sea ornamental. Trataré de indicar en pocas palabras por qué debemos prestarles una atención más profunda de lo corriente en pedagogía. Tomaré, por ejemplo, el ritmo y más adelante expondré los demás elementos en términos de su influencia sobre el *curriculum* y la enseñanza.

Debemos prestar atención al ritmo por el papel que desempeña en las culturas orales y por su importancia en la cultura oral de los niños de hoy, que indica ser el resultado de una predisposición mental. El ritmo no sólo está relacionado con las pautas de sonido, aunque los ritmos del sonido, en la música, el canto y la voz, que asimilamos de modo somático durante los primeros años, producen efectos complejos de modelado sobre nuestras pautas de expectativas. Posteriormente, los ritmos verbales constituyen pautas convencionales que influyen tanto sobre las estructuras como sobre los significados disponibles y accesibles en cualquier cultura concreta. Creo que podemos ir más lejos y considerar que los ritmos de acción y respuesta y los de las emociones asociadas, básicos para los relatos de una cultura determinada, están ligados a la estructuración del sentido de justicia y de moralidad o, al menos, no están disociados de ella. El sentido de la justicia y de la moralidad de las personas cambia, por supuesto, y los precursores de los cambios, si no su causa, han de situarse en las pautas rítmicas de acción y emoción en lo que nosotros reconocemos como magna literatura (MacIntyre, 1981).

Solemos descubrir esto más fácilmente en culturas distintas de la nuestra que en ella misma. Podemos observar, por ejemplo, los cambios producidos en el sentido griego de la justicia en, y a través de la influencia de los antiguos mitos, la épica homérica, la poesía lírica, las grandes tragedias del siglo v a. de C. y los grandes filósofos del siglo iv (Lloyd-Jones, 1971). Los ritmos causales en los acontecimientos representados (quién fue castigado a causa de qué acción) incorporan afirmaciones sobre lo que es justo y apropiado. No le faltaban buenas razones a Platón para insistir tanto en la censura de los ritmos que debían permitirse en la educación musical de su República. Un nuevo ritmo, señalaba, puede derrocar el estado. De igual modo, T. S. Eliot identificaba el inmenso cambio de consciencia que denominamos "romanticismo" como un nuevo ritmo que se encuentra de modo especial en las obras de Wordsworth y Coleridge (Eliot, 1936). Podemos caer sin dificultad en terrenos más bien etéreos, pero podemos considerar, sin ir tan lejos, las batallas que se desarrollan en la Unión Soviética* en relación con las formas musicales y artísticas que pueden permitirse allí. El problema no se sitúa en el nivel superficial de los mensajes abiertos en contra de la ideología dominante en el estado; su tratamiento es relativamente fácil. De manera más sutil, insidiosa y poderosa, el artista construye imágenes o sonidos que engloban afirmaciones sobre la naturaleza de la realidad. Los ritmos subyacentes, accesibles en un nivel hasta cierto punto explícito en pautas de expectativa y satisfacción, esperanzas, temores e intenciones realizables, en un nivel profundo se rebelan contra el estado totalitario cuya auténtica estructura sostiene una concepción diferente de la realidad.

El ritmo, que se refleja de manera superficial en la música, el canto, las pautas narrativas, convenciones lingüísticas, en un nivel más profundo, lo hace en pautas de expectativas y satisfacciones, esperanzas y gratificación, temores y venganzas. El ritmo de las emociones asociadas con determinadas pautas de acontecimientos (como los que nos producen sensaciones de culpa, ansiedad, placer, etc.) representan la realidad en términos humanos muy básicos. La reflexión sobre el papel del ritmo en la educación nos lleva (quizá con demasiada precipitación en este momento) a la representación de esa realidad que sentimos en nuestro interior, en nuestro "auténtico yo" ("conócete a tí mismo"/"para que tu propio yo sea auténtico"). Y, una vez más, el poeta es la persona más capacitada pare recordar y expresar esa consciencia original, única y aislada de una realidad pura (esa barahúnda de ritmos) que existía para cada uno de nosotros antes de que el lenguaje viniera a deformarla e hiciera tan difícil su "recaptación" y representación. La imagen romántica del poeta de Arthur O'Shaughnessy como soñador de sueños que puede derrocar imperios no carece de sentido, aunque limitado. Incluso Auden no creía en realidad que "la poesía hace que no pase nada".

---

*Téngase en cuenta que este libro fue escrito antes de la *Perestroika*. *(N. del T.)*

Quizá no deba sorprendernos que incluso una exposición tan condensada sobre una de las técnicas generadas por la necesidad de recordar en las culturas orales nos devuelva a una conclusión del Capítulo II: que el estrato básico de la educación está vinculado, de manera compleja, con la poesía. No se trata de la poesía en el sentido convencional recogido en las antologías, cuyas preferencias serían simple cuestión de gusto o, incluso, podrían no satisfacernos en absoluto. Hablamos de la poesía en cuanto conjunto de técnicas que moldean la consciencia: la poesía como conjunto de capacidades intelectuales. El estrato básico de la educación consiste, como parece desprenderse de los argumentos expuestos en los capítulos precedentes, en convertirse en poeta. Por tanto, la tarea que se plantea versa sobre cómo introducir la ciencia y las matemáticas, la historia y la literatura, de forma que tengan sentido para el poeta y lo cautiven, lo que le permitirá expansionarse en y a través de las matemáticas y la ciencia, la historia y la literatura.

Comprendo que parezca una forma extraña y quizá perversa de plantearlo. Poesía, imaginación, oralidad, pensamiento metafórico, comprensión mítica son términos que se solapan en la exposición. Ninguno es demasiado preciso, pero sólo he pretendido dar un sentido suficiente del área general a la que se refieren y de algunas de sus características estructurales de las que puedan derivarse cuestiones importantes para la enseñanza y el *curriculum.*

Hacia una comprensión romántica

Hasta ahora, nuestra principal preocupación ha sido la que he denominado, de manera excesivamente simplista, rousseauniana: centrarnos en la naturaleza de la comprensión infantil o, al menos, en algunas características de la misma, con la intención de descubrir cómo podemos conducir a cada niño, de la mejor manera posible, desde la infancia a la madurez. Sólo hemos mencionado esporádicamente la determinación platónica del sentido de dirección. Concediendo tiempo suficiente para atender a la prefiguración de nuestros fines, conseguimos que el modelado de nuestro *curriculum* goce de una buena preparación. Sin embargo, en este esquema, el sentido de dirección no consiste en una simple puesta a punto de una imagen precisa del adulto maduro y educado. Hay muchas formas de ser y llegar a ser educado, pero sus posibles variaciones no son infinitas. La convergencia de los estratos en su conjunto representa el fin de la educación, de la que constituye una parte la maduración de la infancia. Pero, con mayor precisión, el conjunto de características que estimular y desarrollar durante el siguiente estrato, más o menos diferente, nos proporciona un objetivo más próximo. El paso a la comprensión romántica ejercerá su influencia restrictiva sobre la conformación y desarrollo de las características de la comprensión mítica, si esa transición se realiza del modo más satisfactorio posible.

El objetivo del siguiente volumen consiste en caracterizar la comprensión romántica, pero es conveniente poner aquí de manifiesto algunas peculiaridades destacadas que influyen en el *curriculum* y en la enseñanza, especialmente cuando los niños se acercan a la transición de una forma de comprensión a la siguiente (no se trata, por supuesto, de una transformación completa, sino, más bien, de una cuestión de énfasis, cualidades, formas de organizar y comprometer el conocimiento, etc.). En el próximo volumen indicaré que los cuatro años representan el año de transición, con su propio *curriculum* característico para facilitar y estimular el desarrollo de las capacidades más importantes de la comprensión romántica. Pero la naturaleza de la comprensión romántica ejercerá, en sentido estricto, una influencia a través del estrato mítico, de modo que, por ejemplo, las formas de introducción de la escritura y de los números, si han de atender sobre todo a las características de la comprensión mítica, deben tener en cuenta las direcciones en las que se desarrollarán esas capacidades.

Una primera característica de la comprensión romántica consiste en su fascinación con la "realidad" y su forma de captarla. En el estrato mítico, los límites de la realidad no suelen tener gran importancia para el niño. Podemos detectar el cambio al que me refiero en los tipos de narraciones considerados más interesantes antes y después de la transición. Durante el estrato mítico, las narraciones importantes pueden prescindir de las constricciones que impone la realidad (no hace falta saber de dónde viene el hada madrina ni qué leyes físicas subyacen a los poderes que ostenta para transformar calabazas en carrozas o ratones en lacayos). En el estrato romántico, aunque puede haber acontecimientos y personajes sobrenaturales como, por ejemplo, Superman, es muy importante dar una explicación, aunque sea improbable, de sus poderes. Así, sabemos del fin del planeta Krypton, la salida del bebé en las últimas horas de existencia y la estructura molecular de nuestro sol, etcétera. De igual modo, no basta con hablar de las curiosas habilidades del hombre de plástico, sino que han de ajustarse a las limitaciones impuestas por alguna concepción de la realidad. Así, nos enteramos de su exposición accidental a la radiación durante cierto experimento desastroso. (Quizá esté mezclando a mis superhéroes. No obstante, los aspectos concretos carecen de importancia, por lo que tampoco debería preocuparme demasiado. Lo que en realidad importa es sugerir una causa realista.) Es decir, en nuestra cultura, hacia los 7 u 8 años, pasa a ser muy importante en la vida intelectual de los niños el sentido de las limitaciones que impone la realidad.

Los primeros pasos dados por los niños para conceptuar la realidad no parecen tan discontinuos como podría pensarse ante los procesos que se producen en su fantasía que podemos observar. Su experiencia cotidiana no es algo que traten *conceptualmente* de modo sistemático; por el contrario, como el pez en el agua, dan por descontado el medio en el que existen. Su captación conceptual de la realidad parece ser más aguda al principio en relación con las cosas alejadas del universo cotidiano.

Si buscamos el tipo de contenido del mundo real que interesa en primer lugar y sobre todo a los niños, lo podemos descubrir en *El libro Guinness de los records*. O sea, los niños parecen ya más dispuestos a aprender no que un gigante pueda medir tres kilómetros de alto, emocionados por la sensación de lo masivo que nos recuerda C. S. LEWIS, sino más bien por la estatura *real* que tenga la persona más alta. Parece interesarles más aprender quién y qué es más rápido y más lento, el más gordo y el más flaco, el más fuerte y el más débil, y así sucesivamente. Quedan fascinados por los conflictos simplificados que se producen en el mundo real de los equipos de fútbol y sus historias, por héroes y heroínas, o por reyes, reinas y princesas. Este primigenio y enérgico interés por la realidad parece semejante, desde el punto de vista estructural, a la forma en que los niños pequeños dan sentido a sus mundos de fantasía, salvo que el contenido que incorpora las oposiciones binarias es real y no fantástico. O sea, el cambio no es tan drástico en el nivel de la estructura subyacente; el cambio fundamental consiste en el paso dado hacia el aprendizaje de aspectos del mundo real, aunque utilizando las herramientas conceptuales desarrolladas para dar sentido a los mundos fantásticos. Se trata de una transformación análoga a la presentada por CORNFORD en relación con el paso de los griegos desde las cosmologías plagadas de dioses y diosas a la especulación sin dioses. El cambio resulta muy evidente en el nivel del contenido, pero mucho menos claro si atendemos a la persistencia de las estructuras subyacentes.

Parece, pues, que la captación conceptual más fuerte de la realidad que efectúan los niños comienza por sus extremos, olfateando sus fronteras, como si dijéramos, disfrutando con lo exótico, con lo distante de su experiencia, interesándose por el tipo de divagación mental romántica, indisciplinada, tan lamentada, y suprimida en la medida de lo posible, por tantos y tantos educadores con urgentes objetivos religiosos, sociales o académicos, a los que los niños habrían de dedicarse por completo y deprisa. El hecho de que este compromiso inicial con la realidad sea corriente no justifica, por supuesto, que sea adecuado. Sin embargo, la aproximación a la realidad comenzando por el descubrimiento de sus límites tiene su lógica evidente. Sólo cuando nos hemos asegurado de las fronteras podemos tener suficiente confianza como para dedicarnos a explorar con mayor detenimiento los detalles; confianza, es decir, el sentido del contexto en el que los detalles cobran su propio significado.

En efecto, una metáfora de este estilo parece acercarse más a nuestra experiencia de la educación que la de expansión gradual de los horizontes. La ruta conceptual que seguimos parece quedar mejor representada comenzando en los límites para acercarse poco a poco hacia lo más próximo hasta que, parafraseando de nuevo a T. S. ELIOT, al final de nuestra exploración llegamos a lo inmediato y local, accediendo a la captación conceptual de estas cosas que, en un sentido profundo, son las más distantes y a las que más difícil es dar sentido. El aprendizaje humano no parece consistir en pasar de lo conocido a algo desconocido que se asocia a lo primero, recorriendo una especie de líneas de expansión de contenidos de conocimiento. El significado se establece dentro de contextos. Situamos las cosas en una trama. Consideramos las partes como constituyentes de un contexto más grande, un todo. Cualquiera que sea la validez de estas observaciones generales, indican que la forma según la cual los niños disfrutan más de su primer compromiso con la realidad no constituye un lamentable defecto intelectual que haya de subsanarse mediante la iniciación en formas disciplinadas de conocimiento o a través de una acción constructiva, desde el punto de vista social.

Así, nuestro *curriculum* del estrato mítico no ha de limitarse a comenzar una expansión lógica y gradual del saber "hacia el exterior" del niño. En efecto, la cualidad del compromiso con el saber, y los objetos generales de ese compromiso, se irá transformando a través de momentos muy significativos. La limitación que pesa sobre la comprensión mítica se manifiesta más en el nivel estructural subyacente que en el contenido patente del *curriculum*. El contenido puede seleccionarse de manera que estimule y desarrolle al má-

máximo las capacidades correspondientes a la comprensión mítica sin pararse a preparar ciertos saberes básicos para la comprensión romántica. Lo importante para el estrato romántico es el desarrollo de la flexibilidad y el control del aparato conceptual subyacente que consiste en proporcionar los cimientos para asentarse sobre la realidad. En este conjunto de poderosos organizadores abstractos, elaborados en primer lugar mediante narraciones, que dan sentido a los relatos, nos centraremos a partir de ahora.

En realidad, esta primera limitación no es muy represiva: nos lleva a centrarnos en la estimulación y desarrollo de capacidades que parecen también fundamentales para la comprensión mítica.

Una segunda característica de la comprensión romántica puede observarse en el típico desarrollo de aficiones obsesivas. Como indica COE, "la primera preocupación intelectual del niño consiste en establecer su inventario" (COE, 1984, pág. 239). Vemos que la necesidad de captar de manera exhaustiva algún aspecto de la realidad pasa a ser de urgente importancia intelectual. Esta observación tiene muchas ramificaciones, pero sólo me ocuparé aquí de una. Hemos visto la importancia de la clasificación y explicación narrativas en el estrato mítico; por encima de él iremos encontrándonos con formas no narrativas de clasificación y explicación. Esta dirección impone que el *curriculum* y la enseñanza correspondientes al estrato mítico, al tiempo que han de desarrollar las formas narrativas, deben preparar también para las no narrativas.

Las formas no narrativas de clasificación y explicación se solapan bastante con lo que PIAGET llama operaciones concretas y otros han designado como comienzos del pensamiento "abstracto". Creo que la expresión "no narrativas" es útil y, en cierto sentido, más exacta; nos lleva a considerar qué cambios intelectuales se producen en un contexto que, en potencia, nos permite una captación más técnica. Es obvio que "no narrativas" se relaciona con el desarrollo del dominio de la escritura, y tendremos en cuenta algunas formas según las cuales las observaciones de Jack GOODY sobre el uso de listas, fórmulas, recetas y otros esquemas no narrativos de clasificación pueden incorporarse a un *curriculum* de nivel mítico orientado a la preparación para la comprensión romántica. Relacionaré estas observaciones con recomendaciones para usos "míticos" de ordenadores y los tipos de proceso de datos adecuados para la preparación de la comprensión romántica.

Nuestra captación del mundo y de la experiencia en el estrato mítico está contextualizada, configurada a modo de narración, de forma predominante. Las aficiones obsesivas, exploraciones exhaustivas de alguna área detallada del saber, la confección y manipulación de listas, requieren y estimulan lo que se ha denominado pensamiento "descontextualizado". Paradójicamente quizá, el pensamiento descontextualizado, en palabras de GOODY, "da a la mente un tipo especial de apoyo en la 'realidad'. Quiero decir con esto que no sólo es cuestión de una 'técnica' añadida... sino de un cambio de 'capacidad'" (GOODY, 1977, pág. 109). Así, nuestro rumbo, una vez captado el mundo con nuestras narraciones o asimilado en ellas, se dirige hacia formas de pensamiento que tratan de ajustarse a la realidad. El simple hecho de confeccionar listas de cosas del mundo y de inspeccionar y manipular nuestras listas puede ayudar a realizar este proceso.

La tercera característica de la comprensión romántica se refiere a un mecanismo mediante el que los estudiantes tienen acceso al conocimiento y se interesan por él. Es decir, mientras vamos saliendo de los contextos más básicos y nos dirigimos hacia conceptos que reflejan el mundo, no dejamos atrás todos los contextos. Esta tercera característica consiste en el uso de cualidades humanas trascendentes para hacer accesible, interesante y significativo el saber. Es decir, el estrato romántico puede captar el saber descubriéndolo en términos de poder humano, nobleza, valentía, temor, etc. La física o la geografía, por ejemplo, serán más significativas si las contemplamos a través de las cualidades humanas de los descubridores o inventores del saber, a través de sus esperanzas, temores e intenciones, y menos como cuerpos lógicamente organizados de información. De nuevo, la elaboración de esta cuestión deberá esperar hasta el siguiente volumen, pero las limitaciones que impone sobre el *curriculum* y la enseñanza del estrato mítico nos llevan a dar sentido a los acontecimientos a través de la operación de cualidades humanas trascendentes, en especial las asociadas con héroes y heroínas. Esto, como en el primer aspecto tratado antes, no representa una limitación enorme, porque supone desarrollar aspectos que forman parte de la comprensión mítica. Pero debe servir para realzar nuestra consciencia respecto a éstos, para apoyar el uso constante de narraciones populares, por una parte y, por otra, para explorar la gran narración de la historia humana a través de las intenciones, esperanzas, temores y acciones de personas reales.

Conclusión

La primera cuestión que he tratado de establecer en este capítulo es relativamente sencilla, comparada con algunas de las estratosféricamente complejas argumentaciones sobre los sistemas fonológicos y míticos que mencionamos para señalar la probabilidad de nuestra postura. La razón por la que hemos mencionado, aunque por encima, tales complejidades estratosféricas consiste en señalar que, si bien el aspecto central de mi argumentación es accesible a partir de la observación corriente y del análisis en un nivel bastante bajo, es coherente también con un cuerpo complejo de investigación empírica y conceptual. Por supuesto, esa investigación no apoya *directamente* mi planteamiento, pero lo protege frente al rechazo casual de personas que pudieran decir que no creen que las oposiciones binarias sean muy corrientes; es decir, que si mi argumentación se basase sólo en la observación, podría ser rechazada por personas que dicen no advertir lo que yo sí observo. Contra una objeción de este tipo puedo oponer, en primer lugar, el análisis de la fantasía; después, la probabilidad lógica del proceso y, por fin, la coherencia con un cuerpo complejo de investigación. Pero, seguro que no habremos desvanecido con tanta facilidad esas observaciones. También he considerado estas áreas de investigación para vincular este proceso de polarización/mediación a las observaciones empíricas y no confundir mis proposiciones con las directamente derivadas de algún esquema metafísico hegeliano.

Mi argumento se ocupa del proceso mediante el cual los niños captan conceptualmente, en primer lugar, el mundo en términos de pares opuestos y después gracias a elementos intermedios entre estos extremos binarios hasta que generan un conjunto de conceptos que reflejan con diversos grados de precisión los contenidos de su ambiente y de su experiencia. Este proceso proporciona un modelo sencillo de un proceso importante, fundamental y en general dejado de lado en el aprendizaje de los niños pequeños. Por supuesto, gran parte de este proceso ha de ser aclarado, elaborado y detallado a través de la investigación empírica. No obstante, volviendo atrás y utilizando algunas ayudas metodológicas que no suelen emplearse en estudios pedagógicos, podemos observar su constante actividad durante el aprendizaje.

No es probable que este proceso resalte de igual manera en todas las áreas del aprendizaje y sigue siendo una cuestión empírica abierta en qué tipos de aprendizaje se muestra con más claridad. Pero dada su importancia general en el pensamiento y en el aprendizaje de los niños, deberíamos sensibilizarnos para explorar su desarrollo dentro de un modelo claro y considerar cómo podría utilizarse mejor para organizar las clases y las unidades de estudio para los niños pequeños.

Por supuesto, el proceso no siempre es tan claro y sencillo como en el ejemplo de las discriminaciones y mediaciones de la temperatura. Parece que se desarrolla de manera compleja todo el tiempo. Veamos la categoría de la ironía elaborada en este caso entre lo que se dice y lo que se insinúa (puertas afuera del estudio en el que escribo):

Un niño de 3 años, desde el pie de la escalera: "Mamá, ¿dónde estás?"
La madre, desde el piso de arriba: "No lo sé. Me he perdido".
Pausa. Casi se le oye pensar. Riéndose a carcajadas mientras sube la escalera:
"¡Aquí estás!"
"Gracias por encontrarme".
"¡Tú sabías en dónde estabas todo el tiempo!"

En la introducción mencioné que un centro de atención importante en este ensayo eran las pérdidas que se producen a medida que vamos educándonos. Puede parecer algo prematuro hablar de pérdidas justo al principio del proceso. Pero ya hemos señalado lo que constituye una pérdida en el desarrollo de la comprensión mítica —la participación en la naturaleza, que LÉVI-BRUL considera trata de recrear o compensar el mito mismo. "Participación en la naturaleza" es un concepto tan apartado del ámbito normal del discurso pedagógico actual que puede parecer demasiado vago y exótico para lamentarse por su pérdida cuando Johnny y Jane no pueden leer o sumar. Y si queremos tener más éxito al educar, incluyendo la enseñanza inicial de las letras y los números, necesitamos captar mejor lo que lleva consigo el proceso en cuestión. Aprender a leer y a sumar es muy fácil para todos, salvo cuando hay un problema cerebral, y empleamos recursos masivos en su instrucción. Si fracasamos en un grado considerable al hacer algo fácil con cantidades ingentes de recursos, disponemos de un magnífico indicio de que nos estamos equivocando. Creo que nuestro error consiste en que consideramos cosas como el aprendizaje de letras y números en un contexto tan estrecho que no nos permite ver adecuadamente lo que son y, en consecuencia, no podemos planear su enseñanza de un modo correcto.

Tenemos consciencia antes de interiorizar el lenguaje. Podemos decir que se produce una comprensión premítica, cuyas características (perceptivas y cognitivas) constituyen en la actualidad el objeto de una intensa investigación. Tenemos, asimismo, indicios de esa consciencia a través del testimonio de quienes parecen capaces de retroceder muy atrás en sus recuerdos. Invariablemente se trata de poetas y artistas. Todo arte, como indicaba Picasso, es una mentira que nos aproxima a la verdad. No necesito reiterar aquí todas las observaciones de poetas y artistas respecto a que las palabras o cualquier otro medio, en el mejor de los casos, les acercan con cierta aproximación a la verdad o realidad que tratan de representar. La insoportable lucha con las palabras y significados forma parte de nuestra incursión sin fin en lo inarticulado y la comprobación de que la finalidad del arte es captar una verdad, una realidad, que tuvimos al principio. En nuestro fin está nuestro principio; en nuestro principio está nuestro fin; reciprocidad a la que era muy sensible T. S. Eliot.

Una vez más, al tratar de resumir esta cuestión (foco de discusiones sin fin entre artistas, críticos y filósofos) corremos el riesgo de dar la sensación de escapar de la práctica educativa diaria. Pero sostengo que enseñar a leer, a escribir y la aritmética presenta dos aspectos. Primero, capacitarnos para articular palabras y números en las formas convencionales de los lenguajes y, segundo, permitirnos utilizar esos lenguajes para representar nuestro yo primario, nuestro auténtico yo, para articular la verdad y realidad fundamentales a las que tuvimos acceso en nuestra consciencia premítica. Como entonces nos faltaban vocablos, no podíamos mentir; nos resulta muy difícil volver a captar la precisión y pureza de nuestras respuestas emocionales y ponerlas en palabras. Pero la educación supone hacer avanzar al máximo las capacidades de dar sentido a las cosas y esa primera participación es básica para una consciencia educada. Nunca seremos capaces de expresar adecuadamente en palabras, teorías, música, pintura o cualquier otro medio nuestro sentido de la realidad y verdad fundamentales, pero podemos tratar de mantenerlas vivas en nosotros, podemos luchar para ser honrados, mantenerlas vivas como criterio frente al que medir la adecuación de nuestras palabras, teorías y cualesquiera otras actividades. El peligro más corriente consiste en que esta comprensión premítica queda suprimida y reemplazada por el lenguaje y las formas de pensamiento convencionales, por la socialización sin educación. Esta sustitución constituye la primera e irreparable pérdida a gran escala que podemos padecer en nuestra educación. Es inevitable que perdamos la primitiva viveza de esta participación, pero nuestro cometido pedagógico consiste en reducir la pérdida al máximo.

Nos queda ahora tratar de poner en práctica estas observaciones y las referidas a la imaginación y las *bonnes à penser* de la comprensión mítica en general, en el *curriculum* y la enseñanza práctica. Dado que este esquema es algo extraño en el contexto de la teoría e investigación pedagógicas habituales, quizá convenga detenernos y reflexionar en el siguiente capítulo sobre su naturaleza.

CAPITULO V

Recapitulación cultural: algunos comentarios sobre la teoría

Introducción

En este capítulo intentaré dejar claro en qué sentido es recapitulacionista este esquema y justificarlo. Asimismo trataré de evidenciar *qué* se recapitula, sobre qué se basa el esquema y cómo respeta las restricciones impuestas por la lógica y la psicología. Debo mostrar, además, o como una parte de lo señalado, cómo un esquema recapitulacionista puede hacer converger la intuición platónica, orientada hacia la finalidad, y la rousseauniana, centrada en el presente. Por tanto, este capítulo se aparta, en cierta medida, de las cuestiones concretas de la primera infancia y presta atención a ciertos aspectos del esquema en general.

Las intuiciones platónica y rousseauniana también arrastran consigo ideas características sobre lo que debemos hacer para estudiar la educación de manera eficaz. La tradición platónica supone, en lo fundamental, que la claridad conceptual sobre los objetivos y significado de la educación, la naturaleza del saber y el lenguaje del discurso pedagógico nos hará avanzar de manera notable. El énfasis rousseauniano conferido al niño y a la naturaleza como guía sostiene que cuanto más descubramos acerca de la naturaleza del niño, sobre cómo aprende, se motiva y desarrolla, etc., mejor podremos educarlo y con mayor eficacia. O sea, las dos principales ideas pedagógicas han promovido enfoques diferentes para tratar los problemas educativos. Estas ideas se plasman en la estructura de los departamentos de pedagogía típicos de los centros universitarios de todo el mundo. Parece evidente de por sí que la pedagogía está llena de problemas conceptuales y empíricos. De estas dos ideas, la primera suele constituir el dominio de los filósofos de la educación y, la segunda, de los psicólogos de la educación. Las investigaciones de estos dos grupos deberían complementarse mutuamente, proporcionando la primera la suficiente claridad conceptual que permitiera a la segunda realizar investigaciones empíricas más precisas. Pero los productos de ambas ramas de investigación han presentado tantas dificultades de coordinación como las dos grandes intuiciones de las que han nacido.

Menciono la investigación actual porque este esquema se desarrolla dejando de lado los presupuestos que suelen fijarse respecto a cómo fundar un programa educativo. La distinción entre cuestiones conceptuales y empíricas es muy fácil realizarla desde el punto de vista teórico, y suele también mantenerse como una especie de demarcación entre las áreas dominadas por filósofos y psicólogos. El problema que se plantea en pedagogía, en cuanto área de estudio, consiste en que los problemas empíricos y conceptuales se presentan de forma que resulta muy difícil tratarlos por separado y, por razones que expondré a continuación, también es difícil reunirlos. Este esquema supone un intento de unir de forma coherente las intuiciones platónica y rousseauniana y, por tanto, fundir, al menos en un sentido importante, las consideraciones conceptuales y empíricas.

Veamos, por ejemplo, como A. V. KELLY expone en uno de los manuales más claros sobre el *curriculum* en general, cómo interactúan aspectos de las perspectivas platónica y rousseauniana:

> Si es cierto que no puede desarrollarse la comprensión aislada de los cuerpos de conocimiento, de ahí no se deduce que las decisiones relativas a los contenidos de conocimiento del *curriculum* deban acometerse en primer lugar. Al contrario, indica más bien que han de hacerse consideraciones secundarias. En primer lugar, necesitamos saber qué tipos de capacidades intelectuales debemos promover en los alumnos y, sólo entonces, tomar las decisiones pertinentes sobre las clases de contenidos que deban introducirse para desarrollarlas.
>
> (KELLY, 1982, pág. 58)[1]

Creo que el problema que suscita la formulación de KELLY consiste en que da por supuesto que hay formas pedagógicamente significativas de caracterizar las capacidades intelectuales aparte de las clases de contenidos que puedan evocarlas y ponerlas en práctica. El esquema que he elaborado en este ensayo trata de superar la dicotomía, reuniendo las destrezas intelectuales y el conocimiento, centrándome en las capacidades de dar sentido a las cosas de que disponemos en nuestra cultura.

Se da por supuesta una distinción radical entre mente y conocimiento cuando se hace investigación filosófica o psicológica, como ocurre cuando se considera la educación desde una perspectiva predominantemente platónica o rousseauniana. O, por el contrario, podemos decir que, como la educación suele pensarse de manera tan general en relación con estas perspectivas, esa distinción se da por sentada en la forma de conceptuar los problemas pedagógicos, y la investigación sobre los mismos. Si pretendemos reunir ambas perspectivas, un instrumento para conseguirlo, y un efecto de ello, consistirá en suprimir la importancia de la distinción entre mentes y conocimiento, para centrarnos, en cambio, en las capacidades culturales. Por tanto, no estoy tratando, por una parte, de caracterizar una "realidad psicológica natural, en cuyos términos debiéramos comprender el desarrollo del conocimiento", como plantea el más rousseauniano de los psicólogos (PIAGET, 1964, pág. 9).

---

[1] Utilizo esta cita en parte porque pensaba que expresaba con precisión cómo deberíamos hacer para determinar el contenido (véase Egan, 1986, pág. X). Pero me da la sensación cada vez más de que todavía recuerda la inútil dicotomía, desde el punto de vista educativo, de mente y conocimiento.

Ni, por otra parte, trato de describir cómo se estructura y acumula el conocimiento en sucesiones lógicas. Me ocupo, en cambio, de cómo las capacidades de dar sentido a las cosas de una determinada cultura pueden ser estimuladas y desarrolladas en el individuo, con las limitaciones de lo posible, en sentidos lógico y psicológico. Otra forma, un tanto ingenua, de plantearlo consiste en decir que me centro en el "entrelazado" del conocimiento, el desarrollo psicológico y la historia cultural[2].

La aparente rareza del intento de hacer converger las consideraciones relativas a la mente y al conocimiento puede mitigarse un poco si reflexionamos sobre la dificultad de mantener esta distinción en la práctica. Podemos recordar los problemas encontrados cuando se han intentado caracterizar por separado mente y saber. Conocemos la mente casi tan sólo por lo que hace con el saber – la mente es como un organismo transparente cuyas estructuras sólo se hacen visibles cuando ingiere la tintura del saber, pero entonces se hace dificilísimo establecer si lo que hacen esas estructuras constituyen propiedades de la mente o del saber mismo. De igual manera, necesitamos recordar que almacenamos datos, no conocimiento, en libros y ordenadores; el único hogar del conocimiento, en sentido estricto, es la mente humana y sus formas están ligadas a las emociones, imaginación, intenciones y todo tipo de cosas que la hacen mucho menos susceptible de análisis preciso que los datos externos. Por tanto, mi tentativa de reunir las consideraciones sobre la mente y el saber, los problemas empíricos y conceptuales, no tiene por qué ser una rareza exótica para superar una distinción siempre fructífera. Resulta muy complicado diferenciarlos en la práctica. No pretendo decir que la distinción no puede ser útil, sino que, desde un punto de vista pedagógico, no es tan importante como la polarización de las perspectivas platónica y rousseauniana nos ha llevado a aceptar. Trato de poner de manifiesto que podemos captar mejor la educación mediante la convergencia de las consideraciones en torno a la mente y al saber en relación con las capacidades de dar sentido a las cosas que, al referirnos a la educación, vemos que abarcan conjuntos más o menos diferentes de cuestiones empíricas y conceptuales.

La metáfora utilizada por algunos psicólogos cognitivos consiste en que el cerebro es como un ordenador y la mente es el programa que opera en él. Parte de mi planteamiento puede aclararse (aunque, como con todas las metáforas, se corra el riesgo de confundir otros aspectos) diciendo que el cerebro es el ordenador y nuestra cultura el programa que opera en él.

Recapitulando el recapitulacionismo

La atracción superficial que ejercen las teorías recapitulacionistas para los teóricos de la educación es evidente. Podemos caracterizar la historia de

---

[2] Esta forma de plantearlo despierta el fantasma de Vygostsky, pero sólo lo reconoce de pasada. Su insistencia en la consideración de la historia cultural y sus efectos sociales actuales en el niño como elemento necesario para comprender el desarrollo individual sintoniza claramente con este esquema, aunque su hostilidad contra la recapitulación no es tan clara. Dejaré estas cuestiones para un volumen posterior, cuando dispongamos de mayor cantidad de material para tratarlas. Tampoco puede considerarse ingenua por su escepticismo subyacente respecto a los programas de investigación sobre cuestiones psicológicas con independencia de la epistemología y viceversa; este esquema explícitamente educativo trata de llevar a cabo una combinación más provechosa de un tipo cuya posible influencia se extienda mucho más allá de lo que podría parecer por su actual referencia a la educación.

nuestro desarrollo cultural y del educativo individual en términos semejantes. Convertirse en persona educada es, en una parte significativa, cuestión de acumular las capacidades más valiosas cuya creación inicial es nuestra historia cultural. Asimismo, en nuestra historia cultural es evidente, o interpretable, como una sucesión causal. Determinadas cosas han sido descubiertas, inventadas o hechas posibles como resultado de otras que fueron descubiertas, inventadas o hechas posibles con anterioridad[3]. Al menos, se da una apariencia de progresión lógica entre un universo ptolemaico y otro einsteiniano, desde las crudas narraciones autoglorificadoras etnocéntricas sobre los propios antepasados a la complicada historiografía moderna, y así sucesivamente. Estas secuencias evolutivas parecen lógicas en un sentido vago, quizá pero se trata de un aspecto que ha proporcionado cierta orientación imprecisa a los diseñadores del *curriculum.*

De manera alternativa, o quizá adicional, en estas sucesiones de descubrimientos e invenciones podemos contemplar el producto de determinadas predisposiciones psicológicas. Dada la naturaleza de la cognición humana, sería necesario construir la cultura humana siguiendo estas sucesiones generales. Es necesario, desde un punto de vista psicológico, comenzar a escribir la historia desde una perspectiva ego-céntrica, pasando después a otra etnocéntrica y, tras una maduración historiográfica, tratar de describir las cosas tal como fueron. (HALLPIKE, 1979, expone este tipo de argumento, tomando como base la teoría de PIAGET.)

O sea, siempre que describimos nuestra historia cultural como una especie de sucesión causal, cosa difícil de evitar, proporcionamos un sustrato lógico y/o psicológico al esquema. Si existen fundamentos lógicos o predisposiciones psicológicas o ambos subyacentes al proceso de nuestro desarrollo cultural, una sucesión lógica que recapitule la historia cultural se basará en esa sucesión lógica, en las predisposiciones psicológicas o en ambos fundamentos. Y como la lógica, la naturaleza, o ambas, constituyen bases atractivas para un *curriculum,* los esquemas recapitulacionistas producen una evidente atracción. ARISTÓTELES sólo presenta el aspecto básico de la cuestión: "No estamos seguros de que sea posible lo que no ha ocurrido, pero lo que sí ha sucedido es manifiestamente posible" *(Poética,* Cap. IX).

Algunos problemas planteados por este principio en general plausible se ponen de relieve en cuanto tratamos de elaborar *curricula* detallados basándonos en él. Asimismo, a pesar de su plausibilidad general, las ideas recapitulacionistas no suelen tenerse muy en cuenta en la actualidad a causa de ciertas y (así parece cuando se contempla a esta distancia) obtusas interpretaciones de las mismas implantadas a finales del siglo pasado y comienzos de éste. Con mayor frecuencia, la conjunción de ideas rousseaunianas y darwinistas condujo a creer que la teoría evolucionista proporcionaría una orientación natural para el *curriculum.* G. Stanley HALL decía que el estudio de la evolución para la pedagogía "cuando se explore y utilice a fondo, revelará posibilidades pedagógicas no soñadas hasta la fecha" (HALL, 1904, vol. 2, pág. 221). El desarrollo de la civilización se contemplaba, de manera análoga a la evolución

---

[3] Como ejemplos de esta cuestión, véase la popular serie de televisión de James Burke y el libro *Connections* (Burke, 1978) relacionado con ésta. Véanse también *Art and Illusion* (Gombrich, 1960) y *Mimesis* (Auerbach, 1955).

de las especies, como un crecimiento natural cuya configuración dictaría así, naturalmente, la forma del desarrollo individual y, por tanto, del *curriculum.*

Los *curricula* recapitulacionistas más desarrollados se implantaron en Alemania. Todos ellos hacían una traducción bastante literal de la historia cultural a los *curricula,* planteando diversas propuestas de "cultura de época". Hoy día estos *curricula* parecen extrañamente ligados a los contenidos y a la época (DeGarmo, 1895; Seeley, 1906). En Norteamérica, aparte de la bien conocida defensa de las ideas recapitulacionistas de Hall (1904), John Dewey se sintió en principio atraído por ellas. Ensayó

> un sistema modificado de cultura de época en su escuela experimental de Chicago durante los primeros años de la década de 1890. Pero no pudo interesar a los niños en todos los aspectos del material que se suponía apropiado para su edad: amaban a los héroes romanos, por ejemplo, pero bostezaban al estudiar las leyes romanas.
>
> (Gould, 1977, pág. 154)

Pero tampoco Dewey se liberó de la atención a los contenidos: "Hay una especie de reiteración natural en la mente del niño de las actividades típicas de los pueblos primitivos; como prueba, ahí está la cabaña que le gusta construir en el patio, jugando a cazar, con arcos, flechas, lanzas y demás" (Dewey, citado en Gould, 1977, pág. 154).

Dewey llegó a mofarse del tipo más tosco de *curricula* de cultura de época, y su desprestigio sigue vigente en la actualidad. La recapitulación se vio sometida a dos prolongados ataques en las primeras décadas de nuestro siglo. La menos influyente llegó como una simple ampliación del ataque a las ideas recapitulacionistas en biología. Se decía que los educadores "que basan su trabajo en la recapitulación... pueden preguntarse si no están edificando sobre arenas movedizas" (Bovet, 1923, pág. 150).

El ataque más influyente emanó de la creciente conciencia progresista. Los *curricula* recapitulacionistas llegaron a ser

> absurdos cuando se comprueban frente al sentido común. Aunque el desarrollo del niño puede efectuarse en paralelo con el de la raza en determinados aspectos, de ahí no es deducible que el *curriculum* deba ser paralelo al desarrollo cultural de la raza. Es obvio que un niño que viva en el siglo xx debe seguir un *curriculum* del siglo xx. No hay justificación alguna para retrasar el estudio de los hechos del presente y de nuestra comunidad, estado y vida nacional actuales hasta que el niño haya terminado su estudio de los períodos precedentes de desarrollo racial.
>
> (Monroe y cols., 1930, págs. 408 y 409)

La idea de recapitulación que expongo aquí (espero que se haya notado ya) es significativamente distinta de la que se puso de moda hace un siglo, más o menos. En este esquema se recapitulan una serie de capacidades para dar sentido al mundo, *bonnes à penser,* formas de comprensión (constituyentes de los estratos generales que llamo "mítico", "romántico", "filosófico" e "irónico"). Las *bonnes à penser* de la oralidad, por ejemplo, constituyen lo que designo como una forma de comprensión. Aludo a ellas como capacidades de dar sentido a las cosas porque no sólo son características mentales ni sólo formas de conocimiento; son capacidades que se evocan, estimulan y desarrollan al iniciarse en las formas de dar sentido propias de una determinada cultura.

Así, en este esquema, la educación es la acumulación sucesiva de capacidades de dar sentido a las cosas y las destrezas asociadas de comunicación, que existen en nuestra cultura. Se trata de un esquema recapitulador porque se incluye en él un argumento relativo a que la sucesión, según la cual pueden acumularse estas capacidades en el individuo, refleja la sucesión en la que fueron generadas en nuestra historia cultural. El vínculo entre ambos —historia cultural y desarrollo individual— se sitúa en las limitaciones lógicas y psicológicas que han influido en la generación histórica de estas capacidades, que también limitan la sucesión según la cual el sujeto individual puede ir acumulándolas. No obstante, la dinámica del proceso de desarrollo educativo no se centra en cada una de las limitaciones, sino en su compleja interacción con el conjunto de capacidades de dar sentido a las cosas de que se dispone como resultado de nuestra particular historia cultural.

He llegado a este esquema mediante el análisis de la consciencia educada moderna hasta sus formas de comprensión constitutivas (identificando las limitaciones lógica y psicológica que determinan la sucesión según la cual esas formas de comprensión pueden acumularse y determinan cómo convergen entre sí en cada estrato), así como mediante el establecimiento empírico de los fundamentos que permiten asociar cada estrato con un concreto rango de edades. El análisis de la consciencia educada moderna no se ha basado en la identificación de las características de quienes convencionalmente se tienen como mejor educados, ni en inferencias hechas a partir de estudios sobre la naturaleza y las formas de conocimiento o del desarrollo psicológico, sino que he llegado a él a través de la identificación de los principales logros de nuestra historia cultural que han ampliado nuestra capacidad para dar sentido al mundo y a la experiencia. He tratado de interpretar estos logros más importantes no en términos de cambio de estructuras mentales ni de los contenidos de los logros concretos, sino, de nuevo, fundiéndolos de manera que caractericen las capacidades de dar sentido, de forma que sean útiles tanto para exponer la historia cultural como el desarrollo individual.

Un resultado de la identificación de la dinámica del proceso educativo en la recapitulación cultural puede observarse en la manera de determinar el *curriculum*. Las tradiciones de investigación dominantes en la actualidad siguen sin definir cómo pasar de los resultados obtenidos a la especificación de un *curriculum*. En psicología de la educación, la investigación trata de establecer unos hechos relativos al aprendizaje, el desarrollo, la motivación, la enseñanza y demás, y las implicaciones que parezcan interesantes se derivan de estos hechos. Mientras gran parte de esta investigación ofrece de forma más directa aspectos pertinentes a los métodos y condiciones de instrucción, podemos inferir, por ejemplo, a partir de las teorías de Piaget, qué tipos de conceptos es probable que se comprendan a determinadas edades. Los análisis de la naturaleza del conocimiento pueden proporcionar criterios para distinguir formas de conocimiento y llegar a derivar cuestiones importantes para la estructura del *curriculum,* como en los interesantes estudios de Paul Hirst, por ejemplo (Hirst, 1974). Pero cada tipo de estudio por separado entra en áreas de una opacidad tal que impide establecer con seguridad aspectos precisos y comprehensivos que puedan influir sobre el *curriculum*. De nuevo, puede dar la sensación de que no necesitamos más que reunir los resultados de estas dos tradiciones de investigación para poder diseñar un *curriculum* verdaderamente eficaz (articulando los hechos relativos a los aprendices y su desarrollo y los referidos a las condiciones de aprendizaje con los análisis del conocimiento y los criterios educativos). Pero, una vez más, poco tienen que ver entre sí y no es fácil reunirlos. El problema, como he dicho en el contexto más general de las perspectivas platónica y rousseauniana que tratan de elaborar estas tradiciones, es que cada una de ellas define de forma distinta la dinámica del proceso educativo. Esto impide reunir con facilidad los resultados y tiende a que mantengan su mutua independencia o, incluso, a que parezca que se hallan en conflicto. Tampoco se trata de una cuestión contingente que pueda superarse con equipos de investigación que cooperen o mediante algo "dado" en una disputa de demarcación. La dificultad parece radicar en los presupuestos metodológicos que permiten a cada tradición de investigación continuar por separado. Cada una presupone que *puede* estudiarse el conocimiento independientemente de lo que eso quiera decir, o que *puedan* estudiarse las mentes, o conductas, sin tener en cuenta los contextos culturales y contenidos que le dan forma y significado. Cada una de ellas cosifica el conocimiento o la mente/conducta como una identidad independiente. Esta adscripción de una existencia independiente al tema de investigación conduce, a su vez, a considerarlo como una fuente adecuada para la dinámica de la educación; el conocimiento in-forma las mentes o las estructuras cambiantes de la mente requieren que el conocimiento se adapte a ellas.

Quizá esto suponga exagerar y simplificar en exceso las cuestiones, o bien establecer la condición propia de los prácticos más extremistas de cada tradición o, quizá mejor aún, mostrar la situación anterior de estas tradiciones a partir de las cuales se han desarrollado. Sin embargo, la exageración, o el planteamiento histórico, es útil para hacer hincapié en la forma según la cual la recapitulación cultural evita vincularse con un presupuesto relativo a que la dinámica de la educación se funda en el conocimiento o bien en la mente, prescindiendo así, en cierta medida, tanto de la perspectiva platónica como de la rousseauniana. Concede a ambas la debida atención al centrarse en el desarrollo cultural del individuo, encontrando una forma de caracterizar —para decirlo de manera tendenciosa— la mente en sociedad.

Para mí es fácil afirmar casualmente una postura "correcta" en materias sometidas a intensos debates, pero conviene hacer notar que estas dos tradiciones de investigación pedagógica, antes mencionadas, se introducen cada vez más en el territorio de la otra, reconociendo la necesidad de perspectivas más amplias. Indiqué antes mi relativo escepticismo respecto a la continuidad del provecho que pudiera emanar de estas tradiciones de investigación si seguían manteniendo su independencia respecto a la otra y rechazaban tener en cuenta la influencia de la historia cultural en la configuración de los fenómenos por los que ambas se interesan. Es fácil también hacer esta caballerosa advertencia, pero no trato aquí de introducirme en estos debates metodológicos sino de indicar que la recapitulación cultural no es un deporte exótico. Sólo evita los presupuestos que parecen estar en la raíz de los problemas prácticos a los que se enfrentan las tradiciones de investigación mejor establecidas en pedagogía.

Si la historia cultural proporciona orientación para el *curriculum*, ¿no significa esto que la astrología debe preceder a la astronomía, la alquimia a la química, la magia a la física y a la medicina, y el mito a la filosofía y a la literatura? Esta conclusión podría estimularse desde los esquemas recapituladores del siglo xix. Y quizá mis constantes referencias a las culturas orales y a los inicios griegos de nuestra inquisición racional sugieran que la comprensión mítica requiere las formas "prerracionales" de comprensión. De igual manera ocurre con mi insistencia en la presentación del saber a los niños pequeños en forma narrativa. La cuestión sobre nuestras formas racionales de investigación consiste en que su primer gran logro se basa en escapar de las narraciones. Las teorías y la lógica se configuran con toda claridad en formas no narrativas, y son precisamente las herramientas que nos han permitido dar sentido al mundo y a la experiencia de forma que nos han proporcionado un mayor control sobre ellos.

Así, ¿exigirá este esquema que se imparta a los niños conocimientos de astrología, o algo parecido, antes de que conozcan algo de astronomía? No. Los contenidos de conocimiento particulares de nuestra historia cultural no deben recapitularse. En el paso desde la astrología vemos una acumulación de conocimiento y, sobre todo, la narración del reemplazo de una teoría. No obstante, si consideramos la astrología en los términos utilizados en los capítulos anteriores, nos centraremos en las *bonnes à penser,* las capacidades de dar sentido a las cosas, en acción. Nos centraremos en los logros culturales que lleva consigo la astrología y su contribución al realce de nuestra asimilación del mundo que le da sentido. Solemos despreciar la astrología como necedad, como el predecesor irracional cuyo desplazamiento hizo posible la astronomía. Pero, de nuevo, el paso desde la astrología a la astronomía no puede entenderse sólo como un desplazamiento; la astronomía nació de la astrología. Nos ocupamos de lo que sobrevivió en esa transición. El logro cultural de la astrología consistió, para decirlo de forma general, en la búsqueda imaginativa del significado en las estrellas, la consiguiente observación del orden y las pautas de fenómenos complejos y el intento de trasladar ese orden a una forma recordable y personalmente significativa. Esto es lo que tratamos de recapitular al proporcionar un acceso interesante y significativo a la astronomía. La identificación de los logros culturales que preceden y configuran primeramente la astronomía nos permite formular un principio para construir un primer *curriculum* en astronomía. La evocación, estimulación y desarrollo de la búsqueda imaginativa de significado en las estrellas no requiere que empecemos por las narraciones astrológicas de los griegos, escandinavos, africanos u otras mitologías (aunque nos mostraríamos un poco obtusos al pasar por alto sus posibles usos educativos para estimular el interés social por la astronomía). Pero podríamos comenzar de igual modo por los hallazgos más recientes respecto al *Big Bang,* (Gran Explosión), los quásares, pulsares, agujeros, etc., si se presentan de forma adecuada.

Así, para determinar el *curriculum,* este esquema no proporciona cuerpos de conocimiento en sucesión histórica, sino estratos de capacidad para dar sentido a las cosas en sucesión histórica, la cual es determinante no sólo por su historicidad, sino porque lleva consigo y refleja las limitacions lógicas y psicológicas que pesan sobre el desarrollo de las capacidades de dar sentido a las cosas. A partir de la definición de estas capacidades, podemos identificar el contenido y métodos de enseñanza adecuados para evocarlas, estimularlas y desarrollarlas de la mejor manera posible. La astrología nos muestra unas capacidades para dar sentido a las cosas que fundamentan, desde el punto de vista histórico, a la astronomía. Implica, de una forma compleja que expondremos más adelante, los fundamentos lógicos y psicológicos de la astronomía. Aunque la comprensión que un sujeto tenga de esta ciencia sea muy elevada, las capacidades fundacionales evidentes en la astrología seguirán siendo, en sentido ideal, constitutivas de esa comprensión. Es decir, la búsqueda imaginativa de significado es tanto un aspecto propio de la investigación astronómica más avanzada como lo es el acceso fundacional al tema. Su ausencia o represión podría permitir la acumulación de conocimiento y el perfeccionamiento de la teoría, pero la investigación resultante se caracterizaría por la incapacidad para interesarse de manera imaginativa en el trabajo y por la falta de una imaginación enérgica capaz de romper barreras hacia adelante y reformar la teoría. (Para un examen del papel de la imaginación en la investigación científica y en las principales rupturas teóricas, véase SHEPARD, 1978, 1988.)

Pero las narraciones astrológicas fueron reemplazadas por las teorías astronómicas y, si recapituláramos este reforzamiento cultural de nuestra aptitud para dar sentido a las cosas, ¿las narraciones darían paso a las teorías? Y como unas parecen incompatibles con las otras, ¿supone esto un desplazamiento irremisible? Si nuestra exploración inicial de las estrellas estuviese dominada por nuestras capacidades narrativas y éstas persisten a través de nuestra educación en astronomía, ¿quedaría impedido el desarrollo de la teoría? Las narraciones no pueden "converger" hacia las teorías. ¿No es ésta una objeción fundamental contra un esquema de recapitulación de una sucesión histórica de las capacidades de dar sentido a las cosas? Creo que no. En el capítulo dedicado a las narraciones insistí en la distinción entre narraciones de ficción y las características de la forma narrativa. Esta última puede utilizarse para dar una clase de sentido especial a cualesquiera fenómenos. Se trata de una forma fundacional de la adscripción de significado. El desarrollo de la teoría supone tratar de captar los fenómenos de una manera más exacta, literal y objetiva. El tipo de significado o sentido que las teorías intentan proporcionar tiene lugar en contextos configurados por nuestras capacidades narrativas. Una búsqueda imaginativa de significado en el cosmos no tiene por qué interferir con nuestro desarrollo de teorías cada vez más complejas sobre los agujeros negros. En efecto, coordinamos constantemente los dos tipos de formas de dar sentido, y los coordinamos con los demás estratos de comprensión que expondremos en los posteriores volúmenes que forman el presente ensayo. Nuestras capacidades narrativas no desaparecen con el desarrollo de teorías; proporcionan los contextos de significado en los que las teorías dan un sentido más preciso del conjunto limitado de fenómenos a los que se refieren; proporcionan los lazos entre el conocimiento informado por la teoría y nuestras vidas; hacen posible la asimilación del conocimiento acumulado por nuestra imaginación y memoria siempre activas.

Quizá debiera mencionar que he utilizado este ejemplo de la astrología y la astronomía para hacer un par de observaciones sobre el esquema de recapitulación y no para aportar una propuesta concreta de *curriculum*. En el siguiente capítulo desarrollaremos el tema de cómo pasar de las capacidades de dar sentido, históricamente derivadas, a los principios del *curriculum* y, por tanto, a un *curriculum* concreto.

Así pues, este esquema identifica la dinámica de la educación en la recapitulación de las capacidades culturales que realzan nuestras potencias para dar sentido al mundo y a la experiencia. Hay limitaciones lógicas y psicológicas, mezcladas de forma compleja, que gravitan sobre el desarrollo de estas capacidades, tanto en sentido histórico como en el individual, pero la dinámica del proceso no se basa en estas limitaciones. La comprensión mítica no se adquiere mediante el dominio de ningún cuerpo especial de conocimiento, como ocurriría si la dinámica de los procesos educativos dependiera del conocimiento. Tampoco es producto del desarrollo psicológico; no es una etapa necesaria por la que pasamos en nuestro camino hacia la madurez. La comprensión mítica es una construcción cultural a la que se accede a través de la enseñanza de determinados tipos de cosas en formas concretas durante una etapa particular de la vida.

El "entrelazado" de las limitaciones lógicas y psicológicas con la historia cultural hace difícil identificar la dinámica de la educación como algo distinto de los tipos de teorías psicológicas o epistemológicas que la han dominado durante mucho tiempo. Sostengo que la identificación de la dinámica en la recapitulación cultural no la distingue de las consideraciones psicológicas y lógicas; sus limitaciones se evidencian de distintas formas tanto en la historia cultural como en el desarrollo individual. La historia cultural se construye a partir de la invención y del descubrimiento de un conjunto de técnicas para dar sentido al mundo y a la experiencia. La sucesión de esas invenciones y descubrimientos está limitada por la lógica (ciertos inventos necesitarían otros conocimientos para que fuesen posibles) y por la psicología humana (determinadas direcciones se siguen con mayor facilidad que otras a causa de la naturaleza de nuestras esperanzas, temores, intenciones y demás estados internos). Pero, describir estas limitaciones configuradoras con el máximo detalle no equivale a captar la dinámica del proceso de desarrollo cultural. En él hay un elemento creativo, lúdico, imaginativo, algo que se desliza junto a las metáforas en vez de ascender de forma metódica y literal. Podemos tratar de imponer un orden causal en la historia de los logros culturales, vista en retrospectiva, y ese orden causal depende de algún esquema lógico o psicológico. El orden puede caracterizar parte de las limitaciones que pesan sobre el proceso. Lo que no podemos hacer adecuadamente, o no hemos hecho, es caracterizar la dinámica creativa del proceso.

Como nuestra historia cultural está constreñida por vínculos lógicos y predisposiciones psicológicas, también está limitado el desarrollo educativo individual. La historia cultural es una expresión de la dinámica creativa del espíritu humano que actúa sometido a las constricciones impuestas por las vinculaciones lógicas y por las predisposiciones psicológicas. El término "limitaciones" quizá sugiere la presencia de una lógica y psicología perezosas que encadenen la maravillosa y libre dinámica del espíritu humano. Esto supondría errar el significado de su entrelazado. Las limitaciones sobre el desarrollo cultural constituyen también sus condiciones. Así, la comprensión del desarrollo cultural requiere nuestra atención a las condiciones/limitaciones lógicas y psicológicas del proceso, pero también a la forma, menos fácil de captar, en la que su entrelazado con las condiciones de las sociedades humanas en ambientes determinados conduce a nuevos modos de dar sentido al mundo y a la experiencia. De igual manera, la comprensión de la educación requiere que atendamos a las condiciones/limitaciones lógicas y psicológicas del proceso y también a las condiciones culturales concretas que ha de recapitular el individuo. Las limitaciones lógicas y psicológicas y el ámbito de capacidades disponibles para dar sentido a las cosas en cualquier cultura, reciben una forma asimilable en la historia del desarrollo de estas capacidades en esa cultura. Las limitaciones lógicas y psicológicas operan también en cada sujeto, pero, por sí mismas, son inadecuadas para determinar el proceso de educación. Este puede, no obstante, caracterizarse de una forma comprensible considerándolo como la recapitulación del desarrollo histórico de estas capacidades de dar sentido a las cosas propio de la cultura.

Aunque sea posible caracterizar adecuadamente la educación de esta forma e identificar su dinámica de manera que supere la dicotomía que ha supuesto un *impasse* para la teoría y la práctica educativas durante mucho tiempo, subsisten tres problemas. Necesitamos saber si este esquema es posible y deseable, si es mejor que otros esquemas hoy día vigentes, por qué el conjunto de capacidades caracterizado antes podría proporcionar las bases para la educación en la primera infancia; necesitamos saber, en resumen, cómo evaluar tal esquema. Disponemos de métodos bien desarrollados para evaluar proposiciones empíricas y conceptuales en pedagogía, pero, ¿cómo pueden disponerse para enfrentarse a un esquema que liga las cuestiones empíricas y conceptuales con la historia cultural de una forma tan complicada?

Posibilidad, conveniencia y evaluación

Dado que este esquema no es como el tipo de teoría psicológica que suele verse en la bibliografía pedagógica ni como el producto de investigaciones epistemológicas, quizá sea conveniente detenernos a considerar las formas en que no parece viable utilizar el conjunto habitual de procedimientos de evaluación. No se trata tanto de un movimiento defensivo como de intentar aclarar más la definición del esquema.

Si tenemos en cuenta los apoyos empíricos con que cuenta el esquema, será difícil encontrar afirmaciones de contenido empírico que susciten problemas. La afirmación de que es posible evocar, estimular y desarrollar los elementos constitutivos de la comprensión mítica en los niños pequeños tiene contenido empírico, pero no tan discutible que merezca una comprobación esmerada. Este esquema no constituye una teoría psicológica que debe comprobarse frente a observaciones empíricas; se compone en gran parte de observaciones empíricas: de fenómenos históricos y de la conducta de los niños pequeños. Es producto, no de nuevos hallazgos empíricos, sino de la exploración de las implicaciones derivadas de ciertas observaciones empíricas indiscutibles, de reunir lo ya conocido de otra manera. Lo que sí es susceptible de evaluación es la adecuación y exactitud de las observaciones. Este esquema no trata de hacer afirmaciones válidas para todas las culturas ni es invariable desde el punto de vista evolutivo, ni hace falta que así sea; es una caracterización de un proceso cultural que *puede* ponerse en práctica. Parece difícil discutir que *pueda* ponerse en práctica, que sea posible enseñar a los niños pequeños las *bonnes à penser* propias de la comprensión mítica.

La conexión empírica de este estrato y sus constituyentes con la primera infancia tampoco es, en mi opinión, especialmente discutible (ya lo he expuesto en el Capítulo II). La caracterización de la comprensión mítica está basada, en parte, en la observación sistemática y en el análisis de la conducta oral y escrita de los niños pequeños, de las narraciones fantásticas y de los juegos cantados, de su rápida captación de la metáfora y el uso de los pares de elementos opuestos, etc. Sin embargo, esta conexión empieza a chocar con una proposición empírica hecha por el esquema, en apariencia más general: que en el proceso de la educación en nuestra cultura existe una predisposición a atravesar estos estratos siguiendo la sucesión descrita por mí. Respecto a este estrato inicial, esto significa que nos hallamos predispuestos a adquirir, en primer lugar, las características de la comprensión mítica. Este esquema no constituye una prescripción arbitraria. Refleja una predisposición. La tarea que se plantea consiste en localizar el origen y la dinámica de la predisposición con el fin de que el esquema pueda ser evaluado adecuadamente.

Una vez más, la proposición de que la comprensión mítica constituye una primera etapa necesaria en el desarrollo cognitivo no es psicológica. Una diferencia esencial consiste en que la comprensión mítica es una construcción cultural, no el reflejo de una supuesta realidad psicológica subyacente. Es un estrato de un proceso educativo que no tiene por qué ir más allá, de una determinada iniciación que no es necesario que se produzca. Sólo será precisa si alguien ha de educarse en nuestra cultura. El problema que plantea esta proposición, al menos desde el punto de vista de nuestros métodos tradicionales de comprobación de proposiciones empíricas, consiste en que ya se ha deslizado hacia el dominio en que se conjugan lo empírico y lo conceptual. La predisposición no se basa sólo en la naturaleza de la psicología humana, que permitiría formular proposiciones empíricamente comprobables. Tampoco se apoya sólo en un fundamento lógico.

Sabemos, por ejemplo, que los niños pequeños no pueden comprender cosas que sí captan los adultos o adolescentes. En algunos casos podemos explicar sin mayores problemas tales fallos porque no se dominan aún los conocimientos que son prerrequisitos para la comprensión. Es decir, acudimos a la lógica para encontrar la explicación. La explicación alternativa de estas lagunas de los niños pequeños a la hora de aprender ciertas cosas es psicológica. Se dice que el desarrollo de determinadas estructuras mentales debe producirse antes de que puedan comprenderse ciertas cosas. La distinción entre estos dos tipos de explicaciones constituye un problema que refleja la dificultad a la que aludimos antes para distinguir la mente y el conocimiento. Podemos contemplar un aspecto de esta confusión en proposiciones respecto a si los estadios generales de PIAGET son estructuras psicológicas empíricamente fundadas o están garantizadas por la lógica (HAMLYN, 1978). En el caso de este esquema, el problema está constituido por la ubicación de la dinámica de la predisposición en la recapitulación cultural. Esto no obvia las influencias lógica y psicológica, como afirmaba en el apartado anterior. Juntas limitan y configuran la sucesión en la que se inventan o descubren los conjuntos de capacidades en nuestra cultura y configuran y limitan su modo de adquisición por cualquier individuo. Pero no podemos separar con claridad las limitaciones lógicas de las psicológicas cuando operan sobre las capacidades de dar sentido a las cosas, ni podemos fiarnos de que, haciéndolo, lográsemos dar cuenta de la historia cultural o del desarrollo individual en una cultura determinada. Subsiste ese elemento imaginativo que deslizamos en torno a la hábil metáfora que puede ser una simple propiedad de la conjunción de la lógica y la psicología al operar sobre la trama cultural, pero creo que no estamos en condiciones de sacar ninguna conclusión firme respecto a estas cuestión.

Esta ambivalencia tiene el efecto de que es posible reunir apoyos lógicos y psicológicos a favor del esquema, pero éstos siguen siendo circunstanciales respecto a la proposición central sobre el desarrollo de la comprensión mítica. Por ejemplo, es posible encontrar considerables apoyos psicológicos respecto a la prioridad de lo metafórico sobre las formas de pensamiento literales o lógico-matemáticas. No pocos pueden hallarse en los estudios diseñados para encontrar los comienzos de determinados procedimientos lógicos, en donde observamos la rápida captación de las metáforas (aunque no suelan ser el centro de atención de los investigadores), antes de que aparezca la habilidad necesaria para captar incluso la más simple técnica lógica como el silogismo (véase, por ejemplo, PIAGET, 1951; LURIA, 1979). Podemos contemplar esta primacía con mayor viveza en las propias narraciones de los niños (PALEY, 1981). Por otra parte, podemos ver la cuestión desde el punto de vista lógico, de manera que la metáfora ostenta una primacía necesaria como base conceptual precisa para la operación de los procedimientos lógicos. La afirmación más espectacular en esta perspectiva de puro sentido común es de NIETSZCHE, cuyos puntos de vista se presentan junto a una serie de argumentos mucho más sistemáticos en COOPER (1986; véase en especial el apartado sobre "La primacía de la metáfora", págs. 257-279).

Cuando digo que este tipo de apoyos son circunstanciales, quiero señalar que confieren plausibilidad al esquema pero no lo avalan de forma directa. O sea, mi argumento respecto a la primacía de la metáfora en la educación inicial se basa en su primacía en el desarrollo cultural que está limitada por fuerzas lógicas y psicológicas que actúan juntas en relación con el contenido cultural. Lo que proporcionan las apoyaturas psicológicas y lógicas a las proposiciones sobre la primacía de la metáfora son algunas definiciones de las limitaciones que configuran el desarrollo cultural y el individual en esa cultura. No se trata de limitaciones universales, ni de principios universales de desarrollo cultural, sino sólo de principios que operan en el desarrollo del conjunto concreto de capacidades culturales evocadas, estimuladas y desarrolladas en nuestra cultura. Como la amplitud de las capacidades humanas para dar sentido a las cosas es indeterminada, no tiene sentido decir que el conjunto que nos es familiar tenga mayor generalidad que la correspondiente a nuestra cultura. Esta postura es sensata en parte porque las antiguas conjeturas sobre "la naturaleza" de las capacidades humanas siempre eran etnocéntricas en uno u otro sentido y, en parte, porque los curiosos logros esporádicos de algunos individuos indican que tenemos potencialidades para dar sentido a las cosas que en gran medida no son evocadas, ni estimuladas, ni desarrolladas.

Podríamos tomar cada una de las características de la comprensión mítica y tratar de proporcionar el tipo de apoyo empírico, conceptual o ambos, que se considerasen adecuados de acuerdo con las proposiciones pedagógicas tradicionales. La primera característica extraña, si se sigue esta estrategia, consiste en que en cada situación podemos tomar otro rumbo en busca de apoyo, construyendo un caso lógico o psicológico. Los pares opuestos, por ejemplo, reciben apoyo empírico como elementos estructuradores fundamentales de la psicolingüística (JAKOBSON y HALLE, 1956), de la antropología (LEACH, 1967; LÉVI-STRAUSS, 1966a), de la psicoterapia (BETTELHEIM, 1976) y de otras investigaciones antes citadas. Pero podemos preferir construir una argumentación sobre la necesidad lógica de asimilar primero determinados tipos de fenómenos por medio de pares opuestos para establecer después elementos intermedios entre los polos, como hacen muchas personas, comenzando por ARISTÓTELES, citado por OGDEN (1967). De igual modo, nuestra capacidad narrativa aparece sorprendentemente pronto, indicando una predisposición psicológica, respecto a la que antes cité algunas pruebas. Por otra parte, podemos argumentar, como hacen otras autoridades ya nombradas, que la narración es una de las más destacadas formas de contextualizar de que disponemos, prerrequisito lógico para establecer el significado de cualquier conocimiento concreto.

Si paso por alto estos tipos de argumentos, no es porque estime que carecen de importancia o no merece la pena investigarlos. Ni tampoco porque crea que los casos psicológicos o lógicos son evidentemente verdaderos o no necesiten un apoyo mucho más elaborado; sino porque no creo que ninguno de estos tipos de argumentos sean convincentes por sí mismos ni concluyentes.

Este conjunto de consideraciones ha nacido a partir de mi búsqueda de apoyos para la proposición de que en nuestro desarrollo individual existe una predisposición a adquirir las capacidades propias de la comprensión mítica, antes que las de los estratos posteriores. No se trata de una verdad conceptual que podamos demostrar mediante un análisis lógico. Tampoco es una cuestión de necesidad empírica (algo que podamos demostrar por acumulación de pruebas empíricas pertinentes). La principal proposición empírica (que creo indiscutible, aunque potencialmente refutable) consiste en que podemos adquirir las capacidades propias de la comprensión mítica antes que las de los estratos siguientes. La afirmación más susceptible de discusión: que estamos predispuestos a hacerlo de ese modo, *si hemos de convertirnos en personas educadas,* resulta complicada a causa de la cláusula condicional. (No se trata de un razonamiento circular: no defino la educación como lo que este esquema caracteriza en la sucesión según la cual está caracterizado. He propuesto esto para satisfacer los requisitos exigidos por las concepciones generales sostenidas por la tradición platónica y por la progresista rousseauniana.) El origen de la predisposición que opera en el proceso educativo se encuentra en la fuerza interactiva de la psicología y de la lógica en determinados ambientes culturales, quizá junto con un elemento imaginativo que parece necesario por la naturaleza contingente de nuestro desarrollo cultural y la acción de la imaginación infantil. Si yo pudiera definir esto con todo detalle es obvio que lo haría. Trato de señalar, con la esperanza de poder manifestarme de manera más explícita a medida que vaya desarrollándose el presente ensayo, el conjunto de elementos interactivos que conforman la dinámica del proceso educativo, exponiéndolo en parte al detallar sus efectos y su forma de operar en la educación. Sus consecuencias se muestran al descubrirse un nivel de los fenómenos de la educación que refleja el conjunto de elementos interactivos que, unidos, constituyen la dinámica de la educación; nivel que caracterizo como capacidades de dar sentido a las cosas culturalmente limitadas.

La predisposición parece operar del siguiente modo. Señalo como de importancia fundamental y, en gran parte, definitoria de las culturas, el conjunto de técnicas o *bonnes à penser* que cada cultura ha desarrollado para dar sentido al mundo y a su experiencia. Esto abarca, en nuestro caso, nuestra tecnología, nuestras artes y ciencias. Adoptando un vocabulario útil, en nuestra cultura, el conjunto de técnicas, *bonnes à penser* o capacidades para dar sentido a las cosas subsiste en el momento presente en una compleja sincronía. Se generaron diacrónicamente. La educación es el proceso mediante el que el individuo adquiere estas técnicas, estas *bonnes à penser,* estas capacidades de manera diacrónica. A medida que se adquieren, convergen hacia una sincronía análoga a la que se produce en la cultura. La dinámica que ha determinado la sucesión diacrónica de su invención y descubrimiento en nuestra cultura está limitada por la interacción de la lógica y la psicología humana. La sucesión con que se elabora el conocimiento en la mente humana está limitada por la lógica de las diversas formas de conocimiento que operan junto con las predisposiciones de la psicología humana. Estas mismas fuerzas, cuya acción contemplamos en el desarrollo cultural humano, configuran y constriñen las adquisiciones que el sujeto va haciendo de las capacidades de dar sentido a las cosas propias de su cultura. Por tanto, al educarnos, nos vemos limitados a recapitular la sucesión según la cual aquellas capacidades para dar sentido a las cosas fueron inventadas o descubiertas a lo largo de nuestra historia cultural. Ahora bien, no necesitamos recapitular esta sucesión si no hemos de adquirir el conjunto completo de tales capacidades: si no hemos de educarnos. Pero si tenemos que convertirnos en personas educadas, si queremos adquirir la máxima cantidad de capacidades para dar sentido a las cosas a nuestra disposición —que *constituye* nuestra cultura—, no tenemos más remedio que recapitular la sucesión de su desarrollo histórico. Si no conseguimos efectuar la recapitulación de algunas de las capacidades básicas, por ejemplo, no adquiriremos los prerrequisitos necesarios para el acceso a las posteriores. Si no se desarrolla la fluidez metafórica de las capacidades imaginativas, se reduce la medida en que podrán desarrollarse más adelante otras capacidades. La predisposición se deriva de la configuración dada a la dinámica del desarrollo cultural y de la adquisición de la cultura mediante la lógica y la psicología humana, o se basa en ella.

En general, sostengo que los seres humanos están predispuestos de formas diferentes a educarse en determinadas culturas. Podemos considerar cada cultura como un contexto condicionante que evoca, estimula y desarrolla potenciales humanos particulares de una manera especial. La naturaleza humana es plástica, pero dentro de ciertos límites. Muestra preferencias respecto al desarrollo de las distintas capacidades; aunque cada cultura las seleccione, configure e incorpore de forma diferente. La plasticidad significa que la lógica y la naturaleza no sólo son determinantes de la cultura, sino que su fuerza limitadora se hace patente en preferencias o predisposiciones generales. Por tanto, sostengo que este esquema describe las formas y sucesión de ciertas predisposiciones en el contexto de la óptima iniciación de las personas en nuestra cultura.

Aunque no puedo caracterizar con exactitud la naturaleza de esta predisposición, pretendo demostrar aquí por qué esta afirmación no sólo es empírica, es decir, abierta a la comprobación empírica directa. No se debe esto a un deseo mío de evitar esa comprobación, sino a que no se trata de una teoría psicológica y que, mientras es posible reunir elementos circunstanciales de apoyo empírico y conceptual, éstos no constituyen su fundamento. En pocas palabras, si alguna de mis afirmaciones contraviene lo que pueda demostrarse correcto desde el punto de vista lógico o psicológico, concluiríamos que habrían sido refutadas. La lógica y la psicología definen las limitaciones a las que el esquema debe ceñirse. Pero, dentro del marco definido por tales limitaciones, hay un amplio margen de libertad. Y en esta área libre se inscribe la especificación detallada de los estratos mencionados, así como las descripciones derivadas de nuestra historia cultural y de las observaciones empíricas de los niños.

Antes de entrar en la cuestión de por qué debe considerarse deseable este esquema, conviene mencionar otra fuente de apoyo empírico circunstancial al mismo. Consiste en que el esquema incorpora de forma coherente una serie de fenómenos que hasta ahora solían considerarse como anomalías respecto a los principios que normalmente orientan la práctica educativa. Por ejemplo, los profesores todavía en formación aprenden que la comprensión infantil pasa desde lo concreto a lo abstracto, de lo simple a lo complejo y de lo conocido a lo desconocido. El problema que plantean estos principios es que presentan claras excepciones; hay un conjunto de fenómenos anómalos, si aceptamos aquellos principios como explicación de la dirección en la que se desarrolla la comprensión de los niños. Hay cosas sencillas que nos exigen largo tiempo de estudio para lograr una cierta visión de las mismas, mientras que otras, muy complejas y abstractas, se aprenden con gran rapidez. El dominio del lenguaje constituye una tarea tan formidable que requiere dominar reglas abstractas, que lleva a algunos, y a CHOMSKY principalmente, a afirmar que sólo es posible adquirirlo gracias a un dispositivo especial *(Language Acquisition Device)* de que disponemos. La apelación a dicho dispositivo se deriva, en parte, de un cuidadoso examen de lo que aprendemos muy temprano, que se muestra incompatible con las expectativas derivadas del principio de que el aprendizaje humano procede desde lo simple a lo complejo, de lo concreto a lo abstracto.

En pedagogía hemos confiado desde hace mucho tiempo en la explicación *ad hoc* de algunas observaciones corrientes respecto a que lo simple y concreto ha de preceder siempre a lo complejo y abstracto. Se ha practicado sorprendentemente poco el análisis lógico de los temas, de las estructuras de conocimiento, para elaborar o refutar estos sencillos principios *ad hoc*. Sin embargo, como explicaciones, estos principios han dejado cierto número de importantes rompecabezas pedagógicos. Se producen anomalías constantes, de entre las cuales el aprendizaje del lenguaje es sólo una de las más generales y espectaculares. Si miramos a los niños a través de estos tipos de explicaciones nos enfrentamos constantemente a problemas insolubles respecto a lo que pueden o no pueden comprender en diferentes períodos. A veces se muestran desconcertados ante lo que parecen tareas muy sencillas, como PIAGET puso de manifiesto de modo espectacular, y en otros momentos presentan notable facilidad y perspicacia en lo que parecen formas de comprensión extremadamente complejas (DONALDSON, 1978).

Mis alusiones a otras fuentes de apoyo empírico circunstancial para este esquema tienen por finalidad ofrecer una explicación muy distinta de por qué las personas encuentran unas cosas fáciles o difíciles de aprender a diferentes edades. Difieren de las explicaciones que en la actualidad suelen aceptarse y van mucho más allá, tratando de dar cuenta de las anomalías que se producen respecto a aquellas explicaciones. Prescinden de las oposiciones simplicidad-complejidad/concreto-abstracto como términos explicativos adecuados. Es evidente que no carecen de relieve, pues, de lo contrario, no hubiesen subsistido durante tanto tiempo. Pero se centran en un nivel o conjunto de fenómenos inadecuado. Lo que permite aprender con facilidad ciertos materiales en el estrato mítico de la educación son las cualidades que he destacado como míticas; lo que dificulta aprender el material en el estrato mítico es su organización en formas que yo llamo románticas, filosóficas o irónicas.

El acierto de este esquema al dar cuenta de estas anomalías, como la del estudiante en apariencia casi iletrado y torpe que, fuera de clase, muestra una exuberante imaginación como alcaide de la prisión, jefe de bandoleros o líder de la moda, no tiene que resultar tan sorprendente, por supuesto. El esquema está preparado, en parte, desde el estudio de esas anomalías. Pero, sin embargo, su soporte empírico circunstancial debe incluir el conjunto de anomalías significativas que ha de explicar. Y debemos señalar que no se trata de fenómenos marginales o casuales, sino de cuestiones de vital importancia pedagógica.

Aunque la base del esquema es una compleja fusión de aspectos empíricos, conceptuales e históricos, conduce al establecimiento de un amplio conjunto de afirmaciones empíricas cuando se pone en práctica. En general, lleva a afirmar que cuando el material se selecciona y organiza de acuerdo con las características del estrato mítico, los niños pequeños se interesan antes por él, encontrándolo más significativo y comprensible. Cuando, por ejemplo, los materiales históricos sobre los vikingos se organizan en forma narrativa, utilizando poderosos pares opuestos abstractos y otras características antes descritas, se aprenderán con mayor facilidad y se comprenderán mejor que si se organizan y presentan de manera que excluyan las características del estrato mítico.

La otra afirmación empírica consiste en la asociación de este estrato con un determinado marco de edades. Como dije antes, considero que esta cuestión es poco discutible respecto a este estrato, aunque la asociación del mismo con ciertas edades se complica más cuando se elabora el esquema. En los primeros capítulos, y en especial en el Capítulo II, he presentado un conjunto de observaciones que apoyan la conexión de este estrato con los años propios de la educación temprana en nuestra cultura, hasta los 7 años (con un año de margen debido a las diferencias individuales).

¿Y cómo podemos evaluar hasta aquí la conveniencia del esquema? ¿Qué podemos decir a la persona que no desea que el carácter de la educación primaria consista en estimular al poeta que llevamos dentro? Si nuestra idea de educación es la de producir individuos diestros en los distintos aspectos que la economía requiere, la preparación de las capacidades metafóricas, el estímulo de la imaginación y demás, pueden ser útiles para algunos, pero no para la mayoría. En efecto, algunas características de la imaginación pueden considerarse como positivamente amenazadoras de la estabilidad social y económica. Esta incómoda y corriente postura es una de las muchas cuya concepción de la educación, o de la escolaridad, devalúa algunas capacidades que presento como fundamentales para la educación. Mis argumentos a favor de la conveniencia de evocar, estimular y desarrollar las capacidades de la comprensión mítica se exponen a lo largo de todo el libro. En general apoyan el principio de que debemos adquirir tantas capacidades de dar sentido a las cosas como nos sea posible. El esquema constituye un intento de describir cómo podemos hacerlo, teniendo en cuenta que adquirimos primero aquellas capacidades que son prerrequisitos para el desarrollo pleno de otras. (Una vez más, "prerrequisitos", en sentido educativo; limitados por predisposiciones psicológicas y vínculos lógicos que operan en toda la recapitulación cultural.)

Por tanto, la justificación de la ruta seguida en este esquema se basa en que caracteriza la forma de dar el máximo sentido al mundo y a la experiencia en los términos propios de nuestra cultura. La conveniencia del esquema está ligada al hecho de si es adecuado dar sentido a las cosas. "Dar sentido" consiste en la combinación de la adquisición de conocimientos, desarrollo psicológico y fluidez imaginativa que trato de caracterizar.

¿Y por qué, si no nos gusta "nuestra" cultura y su conjunto de capacidades para dar sentido a las cosas, no podemos escoger otra cultura? Y, de cualquier modo, ¿qué supone la "cultura"? ¿Cuáles son sus límites y amplitud, en especial en sociedades "multiculturales"? Algunas de estas preguntas plantean problemas que deben esperar a que se desarrolle de forma más plena este esquema, antes de recibir una respuesta adecuada. Otros los trataré en el próximo apartado. La opción de escoger otra cultura no nos es posible una vez inmerso en una lengua y sociedad determinadas. En gran medida nos encontramos comprometidos por el destino, aunque no absolutamente encadenados. Volveremos sobre esta cuestión en sucesivos volúmenes.

La caracterización de la educación en términos de la adquisición de capacidades para otorgar sentido a las cosas culturalmente limitadas, nos permite centrarnos en la maduración de la infancia del niño, sin perder de vista en ningún momento el final ideal de la misma. Las capacidades de la comprensión mítica no son etapas que conduzcan a un fin diferente; constituyen ese fin. La evaluación de la conveniencia de este esquema incluye, en parte, la valoración de la medida en que se asumen adecuadamente los objetivos propios de la educación platónica tradicional en las formas del conocimiento y de la maduración progresiva rousseauniana de cada período característico de crecimiento. Creo evidente que la exposición de la educación más primaria en términos de *bonnes à penser* o de capacidades de dar sentido a las cosas en las que me he centrado en este libro no excluye de la consideración de las mentes o del conocimiento de los niños. La gran dicotomía que preside los debates entre tradicionalistas y progresistas se aglutina en las capacidades de dar sentido a las cosas.

¿Cultura de quién?

Muchos problemas tratados en este libro, relativos a la naturaleza y evaluación de este esquema, se acentuarán a medida que describamos los estratos posteriores. Lo mismo ocurre con la que para algunos será la característica más cuestionable del mismo. Ya ahora, quienes hayan desarrollado detectores ideológicos más sutiles habrán encontrado ciertos matices del tipo de "imperialismo cultural" que algunos (por ejemplo, STREET, 1984) han señalado en la obra de HAVELOCK, ONG y GOODY. Por ejemplo, GOODY, que se muestra dispuesto a romper por fin la distinción etnocéntrica entre culturas primitivas y avanzadas, no hace sino profundizar la distinción entre las que denomina orales y las letradas. Universaliza las características particulares de nuestra historia cultural, de modo que el paso de la oralidad al dominio de la alfabetización parece un movimiento necesario y progresivo y, así, racionaliza de forma más elaborada el mismo antiguo punto de vista ideológico. Esta es una cuestión que corresponde a las relativas a la conveniencia del esquema.

La afirmación de que un programa educativo está diseñado para recapitular "la" cultura suscita una serie de cuestiones ideológicamente marcadas. La primera será: "¿cultura de quién?" Podríamos, entonces, preguntarnos por el valor de esa cultura y qué abarca. Si entendemos que "nuestra" cultura incluye el conjunto de presupuestos ideológicos de la clase media WASP*, sería suficiente, según algunos, para rechazar el esquema de antemano. La definición de las culturas en términos de sus técnicas para dar sentido a las cosas evita evidentes sesgos ideológicos sólo hasta el momento en que se reconoce que unos sentidos son mejores que otros. Puede parecer que creo que las teorías astronómicas constituyen mejores técnicas, para dar sentido a las cosas, que las narraciones astrológicas. La persona hipersensible frente a las ideologías verá en ello el inicio de un argumento referente a que las culturas científicas son mejores que las orales y, por tanto, otra tentativa del imperialismo cultural para utilizar la educación para mostrar como necesarias determinadas formas culturales que, de hecho, son contingentes, y para representar la diferencia entre las culturas orales y las letradas en sentido jerárquico.

El imperialismo y el relativismo culturales no agotan todas las posibilidades que tenemos a nuestra disposición, como tampoco son deseables ni coherentes. A nadie se le obliga a creer que la astronomía sea absolutamente mejor que la astrología ni que sean equivalentes en sus contextos culturales. Sólo pueden sostenerse ambas posturas si nos negamos a observar una serie de distinciones claras entre las funciones sociales que cumplen y los tipos de sentido que dan a las cosas la astronomía y la astrología. El camino que adoptaré para refutar la vacuidad de la postura relativista se basa en la distinción que hice antes entre astronomía y astrología, y el camino elegido para rechazar el imperialismo cultural se funda en el reconocimiento, en primer lugar, de que las *bonnes à penser* de las culturas orales son básicas respecto a otras *bonnes à penser* desarrolladas más adelante y, en segundo lugar, que la adquisición de las últimas parecen conllevar pérdidas.

Por tanto, la expresión "nuestra cultura" está tomada aquí en sentido muy amplio. Significa el conjunto de técnicas para dar sentido a las cosas, de *bonnes a penser* a las que tenemos acceso. Algunas de ellas están vinculadas a juegos con canciones, otras se relacionan con Virgilio, otras con la tecnología, etc. Todo aquello a lo que *podemos* tener acceso es "nuestra cultura". Así, no utilizo la palabra "cultura" en el sentido de distinguir la del norteamericano medio de la del trabajador del muelle francés. Por ahora seguiré utilizando el término de manera general y vaga. Vivimos en una cultura mundial y cualquier individuo puede acceder a un conjunto muy amplio de

---

*"WASP" es la abreviatura de *White Anglo-Saxon Protestant:* "anglosajón protestante blanco", o sea, miembro de la clase media dominante norteamericana, descendiente de los primeros colonos procedentes del norte de Europa, por oposición a otras personas que, aunque de nacionalidad estadounidense, pertenecen a otros grupos raciales o religiosos. *(N. del T.)*

bonnes à penser generadas en todo el mundo a lo largo de la historia. En la práctica, si no del todo en teoría, ese acceso exige, por supuesto, el dominio de la alfabetización, y ésta parece requerir cierta pérdida del sentido de participación en la naturaleza posible en las culturas orales. Las técnicas de la oralidad pueden ampliarse para absorber *bonnes à penser* cuyo desarrollo histórico se ha basado en el dominio de la escritura (como la investigación científica sistemática). Pero, la falta de dominio de la alfabetización impone severos límites a lo que puede ser asimilado. Nos hallamos, entonces, ante una elección marcada por los valores. Y la elección de valor es básica para este esquema educativo: merece la pena adquirir ciertas técnicas para dar sentido a las cosas aun a costa de las pérdidas que las acompañan. Esto no es válido para todas las técnicas de este tipo: ciertas formas de religiosidad fanática, ideologías, esquemas metafísicos, son menos valiosos que lo que se pierde al adquirirlas. Por tanto, no podemos esquivar las decisiones de valor al construir un esquema educativo.

Tampoco es insensible el esquema a las diferencias sociales, de clase y "subculturales": "los niños tienen que aprender a seleccionar, retener y recuperar el contenido de los libros y otros textos escritos o impresos de acuerdo con las reglas o 'formas de captación' de su comunidad, y el aprendizaje de los niños sigue las vías de socialización por el idioma de su propia comunidad" (HEATH, 1982, pág. 70). Este esquema no pretende ser un elemento de homogeneización universal. Es sensible a las diferencias entre las distintas formas de iniciación de cada comunidad, no para erradicarlas, sino para asegurar que el conjunto de *bonnes à penser* necesarias para el desarrollo educativo sea accesible a todos los niños. Como las distintas comunidades evocan, estimulan y desarrollan diversas *bonnes à penser,* o partes de ellas, de forma diferente, la escuela debe prestar mayor atención a las *bonnes à penser* menos desarrolladas en determinadas formas de socialización.

He suscitado una serie de problemas en torno a las derivaciones ideológicas de todo esquema educativo, en especial a la referida casualmente a la recapitulación de "nuestra" cultura. Por ahora, sólo quiero señalar que no soy insensible a estos problemas e, incluso, creo que puedo evitar al menos algunos errores ideológicos. Esta cuestión, más que muchas otras, no puede tratarse adecuadamente hasta que expongamos el esquema con mayor amplitud, por lo que la dejaré hasta el último volumen.

Conclusión

He utilizado la expresión "evocar, estimular y desarrollar" con profusión. Creo que ponemos en práctica estos tres aspectos, al menos en parte, cuando enseñamos algo de forma satisfactoria. La evocación no es algo en lo que el profesor tenga normalmente que esforzarse, en especial durante estos primeros años. La sorprendente semejanza que existe entre las *bonnes à penser* de las culturas orales de todo el mundo y las de los niños pequeños de las ciudades industriales y de las áreas escolares de nuestras sociedades indica que la iniciación en la vida cultura misma evoca esas *bonnes à penser,* esas capacidades de dar sentido a las cosas. En parte están en función de la adquisición de un idioma y de la disposición de un espacio mental, incluso marginal, en el que utilizarlo. Así, se evoca la capacidad para la rima. Los juegos de rimas pueden estimularla aún más y puede desarrollarse de forma sistemática mediante la instrucción, hasta convertirse en una herramienta más para crear ciertos significados y comunicarlos de forma que se recuerden. Otras son más complejas, como el ritmo. Algunos ritmos se evocan mediante el movimiento y las respuestas regulares del mundo a nuestras acciones sobre él; éstas pueden ser estimuladas por pautas de experiencia, y desarrollarse mediante un amplio conjunto de actividades culturales, desde la música hasta las narraciones y la ciencia. El conjunto que constituye la imaginación se evoca a través de formas lingüísticas tales como las rimas típicas de la escuela infantil y las narraciones fantásticas; se estimula mediante poemas, narraciones y relatos de los avances humanos, cada vez más complejos, y se desarrolla a través de la vida, creando nuevas imágenes con palabras, madera o piedra, o nuevas teorías a partir de imágenes de lo que podría parecerse a cabalgar sobre una onda de luz.

En general, sostengo que la sucesión según la que han sido evocadas, estimuladas y desarrolladas las capacidades de dar sentido a las cosas en nuestra historia cultural ha estado limitada mediante vinculaciones lógicas y predisposiciones psicológicas y que éstas desempeñan un papel equivalente en la configuración de la sucesión en la que un individuo puede recapitular estas capacidades. El pensamiento metafórico y las narraciones preceden necesariamente a la reflexión literal y a las teorías: podemos programar un ordenador para que opere en primer lugar con estas últimas (y no se ocupe de los primeros para nada), pero no podemos educar a seres humanos de este modo.

"Si cambiamos las herramientas de pensamiento accesibles al niño, su mente tendrá una estructura por completo diferente" (BERG, 1970, pág. 46). Esta postura vygotskiana indica una relación causal entre las herramientas de pensamiento y la estructura mental. Lo que yo llamo *bonnes à penser* o capacidades de dar sentido a las cosas son propiedades de la mente no menos que del conocimiento. He intentado hallar una forma de caracterizar conjuntamente las consideraciones sobre la mente y el conocimiento para trascender, y no sólo evitar, los tipos de dilemas que han invadido el discurso pedagógico de este siglo. Por eso los términos en los que se plantea este esquema, con sus estratos mítico, romántico, filosófico e irónico, pueden parecer algo extraños, así como atípica la atención prestada en este volumen a las narraciones, la metáfora, el ritmo, la imaginación, etc. Por supuesto, la rareza no supone una garantía de corrección, pero es condición necesaria para generar un esquema que aúne las grandes intuiciones de las escuelas tradicionalista y progresista/modernista de pensamiento pedagógico.

CAPITULO VI

Un "curriculum" para la educación primaria

Introducción

¿Cómo debe, entonces diseñarse un *curriculum* para llevar al niño a la madurez infantil mientras, al mismo tiempo, se le hace pasar de una cultura oral a otra letrada y científica? ¿Cómo podemos evocar, estimular y desarrollar las amplias capacidades orales de la comprensión mítica mientras, al mismo tiempo, enseñamos a los niños a leer y escribir y los iniciamos en las disciplinadas formas de pensamiento en las que está codificada, en gran medida, nuestra cultura? En pocas palabras, ¿cómo aunar en la práctica pedagógica las perspectivas, normalmente divergentes, platónica y rousseauniana?

En general, este estrato básico está dedicado a la elaboración de contextos que puedan hacer significativos los elementos del saber que se presenten más tarde. Lo que a veces se ha considerado en la educación infantil inicial como una tensión entre la estimulación de la libertad de la imaginación y el desarrollo de los aspectos básicos de las disciplinas racionales se resuelve en este esquema en el reconocimiento de que el uso adecuado de la razón requiere una imaginación bien educada (consideración propuesta en primer lugar por WORDSWORTH, COLERIDGE y BLAKE), lo que, a su vez, requiere la evocación, estimulación y desarrollo de la imaginación de forma que permita la acumulación del saber encuadrado en las diversas disciplinas. (La fórmula de COLERIDGE al respecto es: imaginación + método = razón.) Mientras en este nivel retórico se satisfacen las preocupaciones de "tradicionalistas" y "progresistas", es preciso demostrar cómo la retórica puede plasmarse en una forma satisfactoria de *curriculum* y de práctica pedagógica.

Al tratar de evidenciar cómo puede hacerse esto, tendré que plantear lo que podrían considerarse problemas que tienen que ver con la enseñanza y, de manera más directa, con materias propias del *curriculum*. Por tanto, no trataré, como podrían hacer suponer los títulos de éste y del siguiente capítulo, de separar las consideraciones relativas a la enseñanza y el *curriculum*. En este capítulo expondré las cuestiones de la enseñanza de manera más general, centrándome más concretamente en mostrar cómo podemos pasar de algunos principios establecidos en los primeros capítulos a una técnica o marco práctico para la enseñanza.

Por tanto, en este capítulo comienzo por algunas cuestiones generales relativas al *curriculum* y la enseñanza que se derivan de los capítulos anteriores, centrándome después en implicaciones más concretas para el *curriculum*, mostrando los elementos constitutivos de un *curriculum* que analice la comprensión mítica. Soy consciente de que hay muchas personas más expertas que yo en relación con las áreas curriculares que voy a exponer. No quiero dar a entender que lo que digo sobre matemáticas o historia sea todo, ni siquiera lo más importante, que puede decirse. Por el contrario, lo que manifiesto sobre el *curriculum* y las áreas concretas que menciono se centra en lo que me parecen derivaciones directas de los capítulos precedentes.

Los objetivos hacia los que tiende este *curriculum* y la enseñanza son los que pusimos de manifiesto en las conclusiones del Capítulo II. El desarrollo de la alfabetización, y del conocimiento en general, deben producirse de modo que sus formas y convenciones no arrasen el sentido más primario del niño respecto a su consciencia única. Al contrario, la acumulación de conocimientos y capacidades debe convertirse en agente para la articulación y expresión de ese sentido de la propia consciencia. (Esto no significa estimular una autorreflexión narcisista, ni plantear unidades didácticas sobre "quién soy yo". Paradójicamente, nos descubrimos a nosotros mismos cuando nos ocupamos del mundo que nos rodea y de las otras personas.) Además, la alfabetización y las diversas formas de conocimiento encuadrado en disciplinas distintas debe introducirse de manera que puedan considerarse como elementos con una dinámica propia que amplíen y realcen la experiencia del niño. Y también, debemos sensibilizarnos con las pérdidas que pueden, y con las que deben, ir asociadas a estos avances.

Importancia, sentimiento y seriedad en la educación temprana

El proceso de educarse constituye una especie de aventura. Presenta sus dificultades, peligros, pérdidas y recompensas. La aventura educativa lleva consigo la búsqueda del saber y de la verdad en el mundo y en la experiencia. Sus dificultades suponen nuestras distintas resistencias en contra del aprendizaje; sus peligros incluyen la adquisición de pocos conocimientos y el pensamiento de que disponemos de la verdad absoluta; sus pérdidas abarcan el conjunto de formas de comprensión y de experiencias incompatibles con las elegidas por nosotros, y sus recompensas están constituidas por todo un conjunto de placeres peculiares. Son éstos los placeres derivados de capacitarnos para dar cada vez mayor sentido al mundo y a la experiencia. En nuestra cultura, la búsqueda del saber, la idea de verdad y, en consecuencia, lo que encierra el proporcionar un sentido a las cosas, son problemáticos. Como también lo son los placeres que acompañan a los logros educativos. Pero igual que el holograma contiene en cada parte una pequeña imagen del todo, la naturaleza de los placeres educativos que asociamos con las adquisiciones más perfeccionadas y complejas deben ser accesibles a los niños desde sus primeras actividades educativas. Muy pronto en nuestra historia cultural, la exploración del mundo y de la experiencia evocó, estimuló y desarrolló en las personas el sentido de lo mágico y del éxtasis. Nos equivocamos en la educación y en la aventura cultural en la que estamos comprometidos si la disociamos en cualquier aspecto de los sentidos de lo mágico y del éxtasis. Una vez más, no tratamos de recapitular los conocimientos y experiencias que evocaron los sentidos de lo mágico y del éxtasis al principio de nuestra historia cultural, sino que pretendemos asegurar que estos constituyentes fundacionales de nuestra cultura se hacen accesibles y vívidos para los niños pequeños por medio de cualesquieconocimientos y experiencias que consideremos más adecuados al efecto.

Me doy cuenta, dado el estado actual del discurso educativo, de que hablar sobre los sentidos de lo mágico y del éxtasis como objetivos primordiales de la educación temprana puede parecer una tontería. Pero por éxtasis entiendo esa clase de interés que observamos en las respuestas de los niños ante las buenas narraciones y en los comentarios de EINSTEIN sobre su trabajo, así como en los de muchos científicos contemporáneos que se sitúan en la vanguardia de sus respectivas disciplinas (p. ej., James WATSON, 1981, y Richard FEYNEMAN, 1986). Se trata de un interés gozoso que no se plantea el propósito o el fin de la actividad; uno se ve inmerso en ella y, si nos interesamos, quedamos encantados.

Por mágico entiendo algo distinto de nuestro sentido de la admiración. La admiración funciona en el mundo de lo dado; lo mágico se refiere a su existencia, sus límites. El sentido de lo mágico aparece al afrontar misterios, no problemas y, más básicamente, el misterio de por qué se da la existencia en vez de la inexistencia y, si la explicación es Dios, por qué hay Dios en vez de no-Dios. Este sentido de que los aspectos de nuestra experiencia que más damos por descontado son, en último término, los más misteriosos (cerrados incluso a todo tipo de explicación) constituye el origen de nuestro sentido de lo mágico. En nuestra cultura, un enemigo prominente de la educación consiste en dar por supuesto lo convencional. No trato de sugerir que debamos gastar energía intelectual en afrontar los misterios de nuestra existencia: no son rompecabezas o problemas que podamos esperar resolver. La cuestión radica en que los reconozcamos como misterios, que alcancemos el sentido de lo mágico de la existencia. Aunque podemos esperar explicar los modos de operar del mundo natural de la forma más detallada, este conocimiento se basa en un contexto que en sí mismo es totalmente misterioso. El sucesor educativo de este sentido de lo mágico y del misterio es nuestro sentido de la admiración, que expondré en el siguiente volumen (al recapitular la evolución en nuestra historia cultural desde lo mágico a la admiración, limitada también por restricciones lógicas que actúan junto con las predisposiciones psicológicas). Algunos lectores hallarán esto algo más comprensible si piensan en los sentidos de lo mágico y de la admiración como directamente relacionados entre sí y que, durante los primeros años, el sentido de la admiración se hace cada vez más importante.

Quizá pueda establecer los aspectos principales de este apartado como principios generales que orienten el *curriculum* más detallado que veremos luego:

— Debemos proporcionar muy pronto a los niños un claro sentido de la aventura educativa en la que están embarcados, así como de sus recompensas y dificultades.

— La recompensa más adecuada de esta aventura en los primeros años consiste en los sentidos de lo mágico y del éxtasis que la misma aventura puede propocionar.
— Entre las dificultades que se plantean están la acomodación a las disciplinas que proporcionan las reglas del aventurado juego de la educación.

Más adelante diremos algo de este tercer principio. El término "disciplina" suscita en algunos asociaciones no deseadas, en especial en calidad de restos de los argumentos de los años 60 sobre, por ejemplo, "pertinencia" frente a "disciplinas", como elementos orientadores para la elección del contenido para el *curriculum*. Las disciplinas proporcionan reglas sobre las que versa este aventurado juego de la educación; constituyen algunas de las principales vías mediante las que se favorecen nuestras capacidades para dar sentido a las cosas. Estas disciplinas no son habilidades abstractas que haya que aprender por sí mismas, como podría sugerir la expresión "aprender a aprender". Están ligadas al contenido. No podemos enseñar en abstracto "cómo evitar el peligro"; por el contrario, tenemos que enseñar con cosas concretas qué hacer en determinadas circunstancias para evitar ciertos peligros. De igual manera, las disciplinas de la educación están vinculadas a determinados temas, y debemos organizar nuestro *curriculum* con contenidos específicos, teniendo presentes sus reglas con toda claridad. En pedagogía, el conocimiento no es un medio para el fin de una determinada habilidad cognitiva; el conocimiento y las habilidades están ligados inextricablemente. La "disciplina" transmite este sentido del conocimiento de cierta clase y las reglas que operan en su ámbito, así como las habilidades cognitivas conjugadas con el conocimiento de esa área del saber y la comprensión de las reglas que operan en ella. Pero la iniciación en esas disciplinas debe ir orientada por el esquema de recapitulación, dado que la lógica de las disciplinas mismas sólo presenta una de las limitaciones a las que hemos de adaptarnos. Es decir, "dar sentido a las cosas" no es un producto directo del dominio de determinados cuerpos del saber, pero no podemos hacerlo sin el citado dominio.

¿Cómo podemos transmitir a los niños el sentido de la aventura educativa a través de nuestra elección del contenido del *curriculum*? ¿Cuál es el contenido de esta aventura? Puede estar encerrado en los grandes relatos del desarrollo de nuestra civilización, del que los niños forman parte. Un aspecto puede representarse como la lucha de las personas por la libertad frente a la opresión; otro, como la lucha por alcanzar el saber frente a la ignorancia; otro más, como la búsqueda de la seguridad contra la despiadada naturaleza, otro, como la voluntad de poder sobre las fuerzas que amenazan con aplastarnos; otro, como la lucha de la bondad contra la crueldad, del amor contra el odio, de la humildad contra el orgullo, de la generosidad contra el egoísmo; uno más, como la urgencia para comprender y explorar el mundo, los planetas, la galaxia; otro, como el deseo de que el cuerpo llegue a hacer lo casi imposible con elegancia y fuerza; etc. Todas ellas suponen grandes aventuras y los niños pueden tomar parte en cualquiera o en todas ellas. La condición actual de tales aventuras y cómo se realizaron proporcionan las narraciones que configuran nuestra civilización. Nuestra cultura se constituye mediante este tipo de cosas, tanto en sus aspectos más refinados como en otros más devaluados. Cuando bebemos cerveza mientras admiramos a un atleta en la televisión o nos preguntamos por el infierno en el que se sumen nuestras ciudades por la suciedad en ellas acumulada, o nos anonadamos ante las películas de personas en el espacio teniendo a la Tierra como telón de fondo, o queremos estar solos sin que "el hombre" nos empuje: cualquier urgencia, deseo o destello de interés que podamos sentir, o en el que podamos comprometernos de manera más plena, está formado por esta cultura y le da sentido mediante la forma y el significado de tales aventuras. La educación es el proceso que lleva a comprometer a los niños del modo más completo posible en estas aventuras.

Esta sólo es una forma de contemplar nuestra cultura; no es la única, pero sí es útil cuando tenemos en cuenta los *curricula* educativos. Supone no falsear nada y poner de manifiesto la forma en sí misma dramática de lo que queremos enseñar. Otro principio general que podemos añadir se expresaría del siguiente modo:

— La iniciación temprana debe poner en evidencia la forma en sí misma dramática de las cosas que deseamos enseñar.

Este principio de hacer hincapié en el núcleo dramático de cualquier tema no lleva a convertir la educación en un simple pasatiempo, sino que supone acceder a las características estructurales más poderosas del contenido. Si queremos enseñar algo sobre el cartero en los primeros niveles educativos, este principio exige que profundicemos más allá de la simple rutina de depositar las cartas en los buzones, pasando a los aspectos excitantes de los esfuerzos realizados para mantener contactos a través de grandes distancias, los esfuerzos heroicos que han hecho posible la rutina actual; deben presentarse aquí los correos a caballo, la Unión Postal Universal, etc. La inclusión o no del tema del cartero en nuestro *curriculum* deberá decidirse de acuerdo con otros principios. En el próximo capítulo expondremos cómo profundizar en la forma dramática del contenido.

Este principio nos brinda una importante guía cuando, a modo de sugerencia, nos indica que un *curriculum* lleno de cosas de escaso interés intrínseco para un adulto educado constituye un insulto para los niños y es probable que reduzca considerablemente las posibilidades de su educación posterior. Los niños pequeños pueden saber menos que el adulto típico, pero no es menor su inteligencia. Nuestra tendencia a medir la inteligencia en términos de saber acumulado induce a confusión. Pero si pensamos en términos de recapitulación quizá podamos enfocar mejor los aspectos de nuestra cultura más interesantes tanto para niños como para adultos. Solemos considerar qué necesitan saber los niños al final, y comenzamos por los prerrequisitos lógicos, más bien sencillos y estúpidos para los adultos, o tratamos de escoger determinados aspectos de nuestra cultura que interesan a los adultos, simplificándolos, lo que reduce casi a la nada su interés para los niños.

Quizá quede más claro este punto haciendo referencia a la afirmación de R. G. COLLINGWOOD respecto a que toda la historia es la historia del pensamiento (COLLINGWOOD, 1946). O sea, el significado que podemos extraer de cualquier acontecimiento, documento, ruina, artefacto u otro elemento histórico, se limita al grado en que podamos inferir los pensamientos humanos que le dieron origen o que estuvieron implicados en su desarrollo y están ligados a ellos. Nuestra capacidad para recrear o reproducir en nuestra mente los pensamientos, intenciones, esperanzas, temores de otras personas en otros lugares y momentos nos permite extraer el significado de la historia y limita el tipo y medida del significado que podemos deducir. La historia no consiste en hechos y batallas, sino en los motivos, luchas, miedos, temores, experiencia y los registros o huellas que esas circunstancias humanas dejaron tras de sí. Podemos referirnos a alguien que estudie un bosque con el fin de escribir la historia del mismo, pero, con mayor propiedad, podemos hablar de la descripción del pasado del bosque y los cambios habidos en él; sólo se trata de una serie de *hechos*. La historia está constituida por una serie de *actos* —lo que COLLINGWOOD llama "expresión exterior de los pensamientos" (COLLINGWOOD, 1946, pág. 115). (De paso podemos señalar el desastre pedagógico que a menudo sucede a la enseñanza de la historia, como si ésta estuviera compuesta de hechos y no de actos. COLLINGWOOD señala que, cuando las acciones humanas se reducen a simples hechos, nos resulta imposible comprenderlas; carecen por completo de significado. La enseñanza de la historia que se centra en hechos más que en actos garantiza la ausencia de significado.)

Creo que la idea de COLLINGWOOD es tan importante para diseñar un *curriculum* para los niños pequeños como para comprender cómo es posible el conocimiento histórico. Debemos tener siempre presente el *significado* cuando diseñamos un *curriculum* para niños pequeños. Las diferencias de supuestos y presupuestos entre los adultos hacen que las comunicaciones sean siempre defectuosas. El problema se exacerba en enormes proporciones cuando se trata de la comunicación con los niños pequeños; ellos todavía no comparten con los adultos más que algunos presupuestos y, por una u otra razón, nosotros tendemos a suprimir nuestros recuerdos de las formas de nuestra consciencia en la infancia. Así, mientras que los pares opuestos constituyen un medio importante para dar significado al contenido que transmitimos a los niños pequeños, puede ser útil que, basándonos en la idea de COLLINGWOOD, nos aseguremos de que estos pares opuestos se enmarquen en un contexto de intenciones, esperanzas, temores, alegrías y demás emociones humanas. La emoción y el pensamiento humanos pueden vivificar el contenido concreto que pretendemos aprendan los niños.

Así, si queremos enseñarles conocimientos sobre los monasterios medievales y los vikingos, tenemos que considerar ese conflicto en términos de emociones y de las cualidades humanas de valor, humildad, energía y hacerlas vívidamente accesibles en monjes representativos y en vikingos. ¿Qué querían? ¿Qué temían? Si queremos explicar por qué se consideran tan importantes los manuscritos en la lucha a favor del saber y en contra de la ignorancia podemos *demostrar* esto mediante el horror que la gente tiene a su propia destrucción. Si pretendemos enseñar una unidad sobre "dónde vivo" y queremos estudiar el papel que desempeña el cartero, necesitamos situarlo en un contexto de pares opuestos (como agente de la seguridad que se brinda a una comunidad, quizá) y contemplar su papel a través de lo que piensa, siente, teme y espera. Ahora puede ir haciéndose más evidente por qué estimo que los monasterios y los vikingos son, a menudo, más accesibles a los niños pequeños que el mundo cotidiano que los rodea. Y para quienes puedan pensar que la idea de un monje de la alta Edad Media carecería de sentido para un niño pequeño, he de repetir que, en potencia, no hay nada que tenga siempre un significado *pleno* y que hay infinitos grados de sentido en cada idea. Sabemos que los niños pequeños pueden empezar a tener una noción de lo que es un monje; en un ejemplo más tosco, prestemos atención a la fácil aceptación de la idea de Jedi Knights y de Obi-Wan Kenobi en *La guerra de las galaxias*. Por supuesto, no es lo mismo que la idea cristiana del monje, pero los menciono para señalar la enorme facilidad que tienen los niños para acceder a conceptos nuevos si se encuadran con sentido en una narración. Partiendo de lo fantástico, puedo acercarme a la realidad, pero el mundo de la fantasía ha proporcionado ya el perfil de una persona dedicada a un tipo de ideal espiritual. (Si el perfil de la fantasía se escoge bien, puede ayudar en gran medida a mostrar algo profundo de la realidad. A partir del monje de fantasía podríamos pasar con mayor facilidad a la imagen chestertoniana romántica de los monjes como seres llenos de ardor interior, no brillantes externamente y, a partir de ésta, podríamos pasar a un concepto realista más rico que lo que era el monacato.)

— El acceso inicial al conocimiento puede producirse de manera más vívida a través de los pensamientos, esperanzas, temores y sentimientos de las personas, y de los actos humanos que les siguen.
— El *curriculum* inicial ha de componerse a base de las características más importantes de la experiencia humana y del mundo.

Así, nuestro *curriculum* inicial está constituido por contenidos *importantes*, ricos en sentido para los niños. Su significado se deriva de su articulación en conceptos que conocen por su experiencia (amor/odio, temor/seguridad, bueno/malo, valentía/cobardía, etc.) y el cometido de nuestro *curriculum* consistirá en lo que tiene importancia humana para nuestra vida cultural y social. Si nos centramos en estas cuestiones, tenemos que ocuparnos menos de la simplificación de conceptos, de reducirlos para adaptarlos a contenidos ya sabidos. Si interpretamos lo conocido en términos de los conceptos fundamentales, el nuevo contenido (la idea de monje, por ejemplo) podrá plantearse con toda su novedad.

Antes de abandonar estos principios, me gustaría elaborarlos mediante la introducción de otro concepto relacionado que conduce hacia el tipo de *curriculum* que parece más apropiado para los niños pequeños. Se trata del concepto de *seriedad*. La educación es una aventura, pero una aventura *seria*. Tiene relevancia. Y hay cosas importantes que dependen de que la aventura se acepte o no.

Gran parte de la actividad que se desarrolla en los primeros años de escolaridad no es seria. No se refiere a cosas que puedan promover el entusiasmo intelectual o el compromiso emocional en los profesores. Es muy raro que su contenido tenga significación intelectual o emocional. Los títulos de las unidades didácticas correspondientes a los primeros años pueden parecer ostentosos ("Quién soy yo"), pero las respuestas dadas y las actividades propuestas suelen ser triviales y superficiales desde el punto de vista intelectual. Narraciones prosaicas y con frecuencia sentimentales, esquemas de lectura programada y carencia de contenidos emocionales, dramáticos e intelectuales poderosos tipifican demasiadas clases de enseñanza primaria[1].

---
[1] Aun cuando se introducen materiales importantes y serios, como los relativos al estudio de las distintas culturas, éste suele quedarse en el nivel superficial de las diferencias de vestimenta, juegos, alimentación, etc. En el próximo capítulo mostraré cómo alcanzar de forma rutinaria un nivel más significativo.

Antes de seguir adelante, debo señalar que esta idea de seriedad no sólo se refiere a los contenidos intelectuales, sino también a los emocionales. Estos principios suponen que no podemos enfocar la emoción sólo como sentimiento. El sentimentalismo al estilo de Disney es el equivalente emocional exacto al desdén intelectual[2]. Sugiere que las emociones de los niños son triviales, que deben considerarse como poco serias o poderosas. (Por supuesto, puede parecer que los niños prefieran el sentimentalismo estilo Disney a narraciones más profundas y significativas. También suelen preferir los dulces a la verdura. Si les proporcionamos narraciones sentimentales, hacemos lo mismo que si les prescribiéramos una dieta a base de dulces.) Este insulto a a la vida emocional de los niños —la norma en los medios de comunicación de masas— produce adultos emocionalmente atontados, como un *curriculum* intelectual trivial produce adultos ignorantes. La educación emocional exige que tomemos en serio las emociones infantiles y les proporcionemos la clase de narraciones que hagan lo propio. (Esto no quiere decir que sólo pongamos a su alcance historias "serias", sino aquellas que traten honradamente del mundo y sus contenidos. Estos relatos pueden ser divertidos o trágicos.)

Si implantamos este primer conjunto de principios, desaparece el contenido habitual del *curriculum* en la mayor parte del mundo occidental. Eliminamos el énfasis en lo local e inmediato, cambiamos el enfoque centrado en el *contenido* de la experiencia de los niños y lo situamos, en cambio, en el sustrato conceptual que ha proporcionado esa experiencia y eliminamos la relativa trivialidad del material preparado para tratar los aspectos emocionales e intelectuales.

Quizá deba indicar aquí qe soy consciente de que este tipo de exposición abstracta puede parecer muy idealista (considerada, en el peor sentido de la expresión, como totalmente irreal), a aquéllos cuya imagen de la educación en la primera infancia se ancla en la detallada realidad de la experiencia actual de la clase. Yo pediría a estas personas que tratasen de recordar que la educación inicial ha sido muy diferente en distintos tiempos y lugares, y que los resultados de nuestras escuelas no pueden convencernos de que nuestros actuales *curricula* y métodos docentes sean tan maravillosos que no hayamos de contemplar alternativas. Son posibles prácticas muy distintas y los niños que trabajaran en tales contextos presentarían al observador realidades muy diferentes. Por tanto, lo que aquí presento en resumen no es un ideal irreal, sino algunos principios que nos conducirán a una realidad muy diferente, aunque no menos práctica, de la que los profesores afrontan día a día en la actualidad. Parecerá, a lo mejor, que no comprendo la lucha diaria para

---

[2] "Quizá uno de los mayores pecados cometidos contra el niño del siglo XX sea el de Walt Disney, al presentar casi *todas* las criaturas vivas, desde los saltamontes hasta los elefantes, como asimilables al estado humano, de manera *amable*" (Coe, 1984, pág. 135). Podemos pasar por alto la crítica a Disney por su sentimentalización del mundo natural y gran parte de la literatura infantil. Pero es preciso reconocer que el estilo sentimentaloide de Disney es paternalista y hace tabla rasa de la vida emocional de los niños. El problema del sentimentalismo es que no va a ningún sitio; se queda en la pura superficie. Los relatos míticos de todo el mundo conservan una imponente fuerza atractiva distribuida en diferentes estratos, cada uno de los cuales empuja a la mente hacia derivaciones más ricas. Es fácil caer en la cuenta de esto, pero conviene comentarlo porque el éxito comercial del sentimentalismo al estilo de Disney parece haber convencido a muchas personas de que la naturaleza de la mente y de las emociones infantiles es de tal forma que sólo tiene acceso a las características "atractivas" del mundo y de la experiencia humana.

lograr que una gran cantidad de niños acceda, aun de forma marginal, a la alfabetización, ni los problemas derivados de tratar de enseñar a niños perturbados emocional y psicológicamente. Por descontado, no creo que el *curriculum* que aquí recomiendo resuelva, o ni siquiera encauce, los problemas de niños no queridos y maltratados en sus casas. Pero tampoco empeorará sus problemas, y quizá les ayude a acceder a un mundo que no sólo les ofrece una imagen de la realidad bastante insignificante y sentimental que son incapaces de reconocer, y no les proporciona una posibilidad de escape emocional e intelectual, sino que les ofrece el pequeño consuelo de que más allá de su experiencia hay un mundo de maravillas, de brutalidad, de esperanza, de miedo que pueden reflejar *realmente* y, también *en realidad,* ampliar su experiencia y quizá les facilite un acceso efectivo a cierta esperanza y hermosura que les haga la vida más digna de ser vivida. [Un lector de un borrador anterior pensaba que aquí podía ser más positivo: "la literatura imaginativa seria toma seriamente el dolor y proporciona algún tipo de pauta y de paralelismo que no ofrece la escuela suave y protectora" (June STURROCK).] La carencia de alfabetización es otro problema, aunque más limitado. Llegar a dominar la lectoescritura es, desde el punto de vista intelectual, muy fácil para casi todos los niños. El problema está en que las escuelas y los hogares no son capaces de revelarles por qué conviene dominarla. El *curriculum* hacia el que tendemos aquí demuestra a los niños esta conveniencia.

La dirección de la educación

He atacado con insistencia la interpretación corriente del principio progresista del paso desde lo conocido a lo desconocido y su producto consistente en el *curriculum* de los "horizontes en expansión". Los *curricula* típicos para la primera infancia muestran que la educación parte del niño y del aquí y ahora "hacia afuera", desde las cuestiones locales, sencillas y hasta cierto punto triviales hacia la complejidad y los temas importantes.

Volvamos sobre un aspecto tratado en la sección anterior: la educación no puede pasar de lo trivial a lo importante porque debemos comenzar por esto último. Y, aunque no tenemos más remedio que proceder desde lo conocido a lo desconocido, al interpretar lo ya sabido en términos de conceptos abstractos fundamentales, los contenidos más complejos que se añaden no proporcionan conceptos subyacentes distintos, sino que reelaboran y perfeccionan aquellos de los que partimos. Por tanto, al considerar el rumbo que toma la educación, no deberíamos centrarnos en la acumulación lineal de contenidos ni en el desarrollo de técnicas de pensamiento, sino en la elaboración de las capacidades de los niños para dar sentido a las cosas. La exposición de los primeros capítulos indica que el "rumbo" quedaría mejor representado si se adoptara el sentido opuesto al que aparece en los *curricula* de "horizontes y ambientes en expansión". Lo más importante en la primera infancia y (he dado razones que apoyan esta opinión) el prerrequisito lógico y psicológico consiste en el paso de la fantasía a los extremos y límites de la realidad. De este modo, pasamos desde los gigantes y los gnomos a las personas más altas y más bajas, de los dioses a los héroes, de los monstruos a los dinosaurios, del cielo y el infierno a las galaxias, estrellas, agujeros negros y planetas, y así sucesivamente. En último término, podemos estar seguros de que el contenido de la experiencia de los niños no tiene por qué dictar el contenido del *curriculum*.

— Empezamos estableciendo contextos, para pasar a captar los límites de la realidad.

De modo más concreto, nos movemos en la dirección de las *bonnes à penser* de la alfabetización y de aquellas capacidades intelectuales asociadas con la racionalidad (como las de hallar la conclusión de un silogismo sencillo). Se trata de una destreza más bien rara en el pensamiento grabado o "empírico" (Tulviste, 1979) de las culturas orales, pero rutinaria en las culturas letradas y escolásticas. Como he señalado antes, la división en oralidad y alfabetización se complica considerablemente en los estudios más actuales. Cada vez se hace más patente que la alfabetización es un término en exceso limitado para definir el conjunto de capacidades al que se refería en la investigación primitiva al respecto. Quizá fuese más adecuado utilizar la palabra "literal". Esta indica la potencia limitadora que las formas de la realidad pueden imponer sobre la exuberancia y fluidez metafóricas del mito y de la fantasía. El pensamiento literal es de esa clase que trata de reproducir la realidad de la forma más exacta posible, con la intención de controlarla. El pensamiento metafórico utiliza porciones de realidad para representar configuraciones de la mente más que de la propia realidad[3]. Se trata, es obvio, de una distinción tajante (la navaja de Ockham*) pero sirve para resaltar un aspecto esencial del conjunto de formas de pensamiento y de *bonnes à penser* hacia el que nos encaminamos en este esquema; todas ellas se dirigen a configurar el pensamiento de acuerdo con las formas de la realidad exterior. "Caliente", "frío" y "templado" son términos que se refieren a la temperatura en relación con los efectos que produce en nuestro cuerpo. El pensamiento literal trata de referirse a la temperatura en términos que reflejen mejor su naturaleza; a lo que se adapta mejor un conjunto arbitrario y abstracto de números (desde el punto de vista de nuestro cuerpo). Las matemáticas constituyen el lenguaje de la ciencia por su capacidad para describir diferencias mínimas y representar sucesiones de forma más adaptada que las palabras a la naturaleza de la mayoría de los fenómenos físicos. Las palabras se adaptan relativamente mejor a la descripción de los grandes conjuntos discretos de cosas. Este

---

[3] Como señala Northrop Frye, la metáfora es útil cuando deseamos "no describir la naturaleza, sino mostrar... un mundo completamente impregnado y poseído por la mente humana... De acuerdo con Wallace Stephens, el motivo de la metáfora está constituido por el deseo de asociar y, por último, identificar la mente humana con lo que se halla fuera de ella, el único gozo genuino que podemos alcanzar es el que se produce en esos raros momentos en que sentimos que, aunque en parte podemos conocer, como dice Paul, también somos parte de lo conocido" (Frye, 1963, pág. 11).

Navaja de Ockham: es el nombre con el que autores como Bertrand Russell etiquetan la regla expresada en la fórmula: *Entia non sunt multiplicanda praeter necessitatem.* [No deben multiplicarse (aumentarse) las entidades más de lo necesario], que en un principio fue atribuida a Guillermo de Ockham (1298-1349), sin embargo en las posteriores revisiones de la obra de este autor no se encontró esta fórmula. Se localizaron fórmulas similares, tales como: *Pluralitas non est ponenda sine necessitate* (no debe introducirse innecesariamente una pluralidad) y *Frustra fit per plura quod potest fieri per pauciora* (es vano hacer con más lo que puede hacerse con menos). Estas fórmulas están relacionadas en G. de Ockham con su tesis de que nada debe afirmarse sin una razón suficiente (excepto cuando se trata de algo conocido por sí mismo, por experiencia, o por revelación). *(N. del R.)*

esquema se orienta hacia las formas de pensamiento y lenguajes que representan mejor la realidad. Disponemos de un importante bagaje de expresiones que tratan de captar algún aspecto del cambio que se produce en las capacidades de dar sentido a las cosas que siguen a este estrato mítico: pensamiento descontextualizado, pensamiento conceptual, razonamiento teórico silogístico, pensamiento científico, racionalidad, lectoescritura, abstracciones, pensamiento reflexivo, pensamiento operacional, etc. (El siguiente volumen, titulado, quizá empleando una denominación en apariencia extraña, *Romantic Understanding,* tratará de precisar algunas de estas capacidades para dar sentido a las cosas a las que aluden estas expresiones.)

Por tanto, al diseñar el *curriculum* del estrato mítico, no sólo han de tenerse en cuenta las capacidades propias que deben evocarse, estimularse y desarrollarse, sino también la forma general de las capacidades del siguiente estrato que han de ser preparadas. Esto no exige un desproporcionado esfuerzo de ingenio. Por ejemplo, me refería antes a los estudios que muestran que la lectura y la escritura no *causan* lo que yo llamo pensamiento literal, aunque sí se adaptan de manera evidente a este tipo de pensamiento. Cuando enseñamos a leer y escribir a los niños pequeños, podemos hacerlo de manera que estimulemos las *bonnes à penser* orales mientras desarrollamos a la vez técnicas que, interiorizadas e integradas de manera gradual con otras, son importantes para evocar, estimular y desarrollar las *bonnes à penser* del pensamiento literal. Por tanto, al diseñar el *curriculum* del estrato mítico, han de tenerse siempre en cuenta estas consideraciones relativas a ambos.

En este punto quizá sea conveniente considerar un aspecto del papel que desempeña la memorización en el *curriculum* del estrato mítico. Mantengo la importancia del aprendizaje memorizado de un conjunto de cosas y, aunque esta postura es coherente con algunos de los principios establecidos antes respecto a las culturas orales, puede dar la sensación de que entra en conflicto con la orientación del trabajo de los niños en el contexto del pensamiento literal. Planteo esta cuestión por las implicaciones prácticas que se extraen de las conclusiones de diversos pedagogos que dan mayor importancia a saber dónde pueden encontrarse ciertas informaciones que a su conocimiento memorizado y defienden que es menos importante aprender cantidades ingentes de informaciones concretas que "aprender a aprender". No se trata tanto de un dilema cuanto de una cuestión de énfasis. Los pedagogos que hacen hincapié en la importancia de "aprender a aprender" o de saber en dónde encontrar la información necesaria favorecen prácticas que desprecian de algún modo el valor del "aprendizaje de memoria" y de la memorización de conjuntos significativos de conocimientos. En general, su postura se deriva de la observación de que la lectoescritura, y los eficaces medios de almacenamiento y de acceso a datos en bibliotecas y, cada vez más, a terminales de ordenador, hacen innecesarias las funciones de ordenación de datos de la memoria humana, que no destacan especialmente por su eficacia. Desde este punto de vista, debe concederse prioridad a enseñar, tanto a los niños como a los universitarios, a encontrar la información que necesiten y cómo "procesarla" (utilizando "técnicas de pensamiento").

En el Capítulo II mostré la inadecuación de la analogía que suele establecerse entre la memoria humana y la memoria del ordenador, o de la memoria humana y la biblioteca, como almacén de información. Es evidente que podemos hacer funcionar la memoria humana como un sistema externo de almacenamiento de datos: como cuando memorizamos la lista de la compra o recordamos que tenemos una cita. En esos casos solo pretendemos una reproducción exacta de los datos de "entrada". La razón por la que la memoria humana no destaca por su eficacia en este tipo de cometidos parece deberse a que está diseñada para realizar otras tareas mucho más complejas, con la información (hasta tal punto que parece apropiado el deterioro de la distinción entre razón y memoria que hicieron los retóricos medievales). El valor que encierra el mantenimiento de la distinción entre los datos almacenados de un libro u ordenador y el conocimiento memorizado por la mente humana consiste en poner de manifiesto que las enormes cantidades de datos acumulados en torno nuestro no contribuyen en absoluto a promover nuestra capacidad para dar sentido a las cosas. La memorización de conocimientos, el aprendizaje de contenidos, es una condición necesaria para el desarrollo y elaboración de la aptitud para dar sentido a las cosas. Así, lo que saben las personas, por oposición a los datos a los que tienen acceso, sigue siendo tan importante como en otros tiempos.

Como indiqué antes, nadie sostiene que sólo debamos enseñar la forma de "acceder" a los datos. Se trata de una cuestión de énfasis. Tampoco yo defiendo que haya que aprender de memoria cantidades masivas de información sin sentido. Tal como yo lo veo, el problema consiste en que un número importante de pedagogos se ha opuesto a la cantidad de datos que se exige memoricen niños y estudiantes en general. Gran parte de lo que se memoriza carece de sentido. Esta forma de utilizar la memoria es una pérdida de tiempo y, además, parece obstaculizar el empleo de "técnicas de pensamiento" o de las facultades críticas que deberían operar sobre los hechos memorizados. Así, esta concepción limitada de la memoria como almacén de datos se toma como si de la totalidad se tratase, empleándose entonces en argumentos sobre la relativa falta de importancia de la memorización. Sin embargo, la distinción entre el almacenamiento de datos y la memorización de conocimientos puede acallar esta fácil depreciación.

En una cultura oral, el aprendizaje de memoria es vital. Y hemos visto que la necesidad de memorizar estimuló el desarrollo de técnicas como la rima, el ritmo, la métrica, la narración y, mediante su operación conjunta, la imaginación. La memorización obligada en las escuelas suele considerarse como inhibidora de la imaginación infantil. Tras indicar su íntima relación histórica, quiero insistir aquí también en cómo pueden apoyarse mutuamente en la educación de los niños. En este estrato mítico, el aprendizaje memorístico me parece importante por su papel potencial para desarrollar las *bonnes à penser* de la oralidad, que son básicas respecto al resto de las capacidades para dar sentido a las cosas. Y creo que esta importancia no se ve enturbiada por el rumbo que toma la educación hacia el pensamiento literal y la alfabetización. El aprendizaje memorístico sigue pareciendo igualmente importante cuando ya se ha interiorizado la alfabetización porque el acceso a los datos carece de importancia para el desarrollo de las capacidades para dar sentido a las cosas. La adquisición y el aprendizaje de memoria de conocimientos, por otra parte, son condiciones necesarias de su desarrollo. En el apartado dedicado al contenido del *curriculum* expondré el tipo de contenido cuya memorización estimula la capacidad de dar sentido a las cosas, a diferencia del aprendizaje de memoria que supone desperdiciar el tiempo.

Suele darse por supuesto que una de las pérdidas que acompañan a la adquisición de la alfabetización es la capacidad para el aprendizaje memorístico exacto y amplio, evidente en las culturas orales. De ser cierto, me parece una pura casualidad. En efecto, como demostraron los estudiosos medievales, letrados pero pobres en libros, las potentes técnicas de memorización sistemática no son incompatibles con la alfabetización (SPENCE, 1984; YATES, 1966) (pero, por otra parte, estas técnicas no parecen estimular y favorecer la reflexión crítica sobre lo aprendido). Sin embargo, no propongo enseñar a los niños pequeños las técnicas medievales de memorización ni volver al aprendizaje masivo de memoria en la educación inicial. Sólo trato de modificar lo que me parece una depreciación excesiva de los usos educativos de la memorización, recordando la complejidad de la memoria humana y reclamando un reconocimiento más equilibrado de sus funciones siempre activas y productivas. Así, nuestra tarea consiste en decidir un *curriculum* para el estrato mítico que estimule la memoria y sus funciones productivas de una manera que establezca pautas adecuadas para futuras capacidades de dar sentido a las cosas. Tendremos que asegurarnos de que aquello que los niños deban aprender y recordar de memoria estimule sus capacidades de oralidad y desempeñe también un papel precursor de las propias capacidades del pensamiento literal. Cuando los niños viven en su cultura oral (mientras se forman la alfabetización y el pensamiento literal, sin estar aún interiorizados), una parte significativa de su conocimiento se basa en lo que pueden recordar. Este conocimiento constituye una de las condiciones necesarias para el adecuado desarrollo de las capacidades para dar sentido a las cosas que configuran la comprensión mítica. Por tanto:

— El aprendizaje memorístico desempeña un importante papel en la educación inicial.

Las grandes narraciones

Como la naturaleza del saber es uno de los elementos limitadores de nuestro desarrollo cultural, su influencia debe dejarse sentir también en la estructura del *curriculum* en este esquema recapitulador. Pero en él, las predisposiciones psicológicas desempeñan también un papel influyente, de modo que la naturaleza del saber no ostentará el lugar determinante que presenta en los esquemas platónicos. La historia cultural, que contiene los resultados de estas influencias o limitaciones dobles, proporciona la orientación más abierta para estructurar el *curriculum* del estrato mítico. Quizá pueda comparar, a efectos de división del *curriculum*, nuestra cultura con una tarta que se deshace; cualquier tentativa de dividirla en porciones siembra de migas todos los alrededores. Así, mis divisiones del contenido del *curriculum* no pretenden ser el producto de ningún análisis exacto de la naturaleza del saber. En efecto, he dejado claro que creo que cualquier tentativa de análisis definitivo del saber o de la cultura está condenada al fracaso. Podemos analizar y categorizar el saber con unos propósitos concretos, pero en el universo del saber no existen líneas definidas que podamos descubrir y por las que podamos diseccionarlo con afilados bisturíes epistemológicos.

Para nuestro efecto de diseño de un *curriculum* del estrato mítico, orientado hacia la alfabetización y el pensamiento literal, dividiré el *curriculum* en cinco secciones principales: historia, lengua y literatura, ciencias naturales, matemáticas y lógica y bellas artes (sin guardar un orden concreto). No se trata de compartimientos estancos. Responden en parte a conveniencias organizativas, aunque constituyen en gran medida divisiones útiles para aclarar un poco las clases de sentido que podemos dar al mundo y a la experiencia.

Pero también es importante tener en cuenta los solapamientos entre estas secciones. No me refiero tanto a los tipos de solapamiento temático que constituyen la base de los estudios interdisciplinarios como a las importantes identidades de capacidades que son igualmente básicas para las distintas áreas. Cuando nos centramos, como es habitual, en la situación moderna más que en la historia cultural de, por ejemplo, las ciencias naturales y las bellas artes, hacemos hicapié en las características que las distinguen entre sí. Sin embargo, si pensamos en términos de recapitulación, recordaremos que a través del Renacimiento, incluso hasta el período romántico, no existe la sensación de que el artista y el científico tienen intereses diferentes y herramientas distintas. LEONARDO y GOETHE muestran tanto las cualidades del científico como las del artista. La observación atenta y la descripción y representación exactas de la naturaleza eran tan básicas para el desarrollo de las ciencias como para el de las bellas artes. En este momento de la educación interesa más centrarse en sus bases comunes, aunque sigamos mostrándonos sensibles a los distintos desarrollos potenciales que surgen de esas bases. De igual manera, nos ocuparemos de los fundamentos comunes a las matemáticas y la música, aun siendo sensibles a las diferentes capacidades que puedan estimular sus desarrollos posteriores (LANGER, 1982).

La cuestión fundamental que plantearé ante cada sección del *curriculum* será: "¿Qué constituye la base oral de las ciencias/historia/etc.?" En el caso del lenguaje o de las bellas artes puede parecer que disponemos de un sentido intuitivo de hacia dónde nos lleva esta pregunta. Pero, por ejemplo, en el caso de las ciencias naturales, este sentido intuitivo puede parecer que tiene menos que captar. En las ciencias naturales sus formas maduras están definidas con meridiana claridad y articuladas en secuencias ya familiares en el *curriculum,* lo que aún es más claro respecto de las matemáticas. Plantear en qué consisten sus bases orales nos sitúa en una perspectiva poco habitual. Aún así, utilizaré esta pregunta como cuestión fundamental frente a cada área del *curriculum,* siendo consciente (añadiré una vez más) de que hay muchas personas mejor preparadas que yo para responder a dicha pregunta en cada una de las áreas en las que me adentraré no sin cierto temor. Asimismo, soy consciente de que lo que presento a continuación son notas que sólo se ocupan de un aspecto del diseño del *curriculum.* La preparación de un *curriculum* completo para los tres primeros años escolares a partir de estas notas requeriría gran cantidad de trabajo adicional, pero aquí sólo aspiro a sentar las bases de un *curriculum* con suficiente detalle como para que pueda elaborarse a partir de ellas.

Historia

La base oral de la historia está constituida por el mito. ¿Habremos de crear nuestro *curriculum* primario de historia a base de mitos? No. Debemos profundizar hasta un nivel inferior al de los mitos en las culturas orales para considerar qué *bonnes à penser* estimulan y desarrollan, para ver cómo podemos utilizar la historia para estimular y desarrollar esas *bonnes à penser* en los niños de hoy. Los aspectos del mito que parecen precursores de la historia establecen el lugar y los papeles de los individuos concretos en el contexto de una narración más amplia. En todas las culturas orales existen cuentos tradicionales que asumen esta función dentro de una trama temporal más o menos lineal, aunque de manera poco fiable y en un período de tiempo relativamente corto. Pero, en los mitos, el contexto suele configurarse dentro de un mundo sagrado de dioses y antepasados fundadores con los que los sujetos y la actualidad están directamente conectados. Mientras los relatos tradicionales pueden poner de manifiesto determinadas virtudes o locuras, el mito tiene el cometido más serio de establecer el lugar y el sentido de identidad del individuo en los mundos natural y social. Tales mitos realzan el significado de las condiciones en que nos encontramos a nosotros mismos al relacionar las propias actividades diarias con una narración cósmica, proporcionando, pues, un tipo de explicación de las circunstancias actuales y dándoles sentido en un contexto más amplio. Las capacidades para otorgar significado a las cosas desarrolladas por tales mitos son lo que nosotros somos después. En nuestro caso, conscientes de que nos dirigimos hacia la historia, trataremos de establecer estas capacidades básicas para dar sentido a las cosas, aunque utilizando la trama de la historia en vez del mito. (Para una elaboración del tema de este párrafo, véanse EGAN, 1973; 1978a; 1978b.)

Podemos hacer esto contando a los niños narraciones dramáticas de las culturas humanas y, en especial, de aquella de la que forman parte y constituyen un producto parcial. Podemos comenzar por el contexto cosmológico de esas culturas tal como aparecen en una fuente semejante a *Life Story*, de Virginia Lee BURTON (1962). En ese contexto, la historia se configura en torno a grandes relatos de las luchas humanas en pos de la libertad y contra la opresión, por alcanzar la seguridad y contra el riesgo, por el conocimiento y contra la ignorancia, por la esperanza y en contra de la desesperación, etc. En cada uno de los tres primeros años podemos contar la historia del mundo, desde el principio hasta la actualidad; quizá durante el primer año, la dramática historia de la lucha por la libertad contra la opresión. Poseemos abundante material dramático para una narración de este tipo. Puede organizarse con facilidad como un relato en evolución, de modo que cada segmento constituya una historia dramática encuadrada en el tema general. Incluiría temas como la esclavitud en el mundo antiguo, la construcción de las pirámides, la revuelta de Espartaco, las ciudades-estado griegas contra el Imperio Persa, la República romana y la expansión del Imperio, los sistemas de protección feudal tras la caída del Imperio, Robin Hood, los judíos en la Europa medieval, la expansión de los imperios europeos y la esclavitud, las revoluciones francesa y norteamericana, los movimientos de independencia en la Edad Contemporánea, Ghandi, etc. Utilizando los principios de la buena narración adecuada a esta edad, es posible planificar un relato dramático y coherente que dure todo el año sobre nuestra civilización, considerada desde el punto de vista de las luchas para conseguir la libertad, frente a la opresión. Habría que seleccionar el material más dramático y vívido y simplificar la historia. Pero incluso las narraciones históricas más complejas requieren una selección y simplificación. Esta gran narración no exige que falsifiquemos nada; se trata de un relato verídico e importante.

Durante el segundo año, podríamos contar la historia de las luchas para conseguir la seguridad, en contra del miedo y del peligro, que podría incluir temas como la necesidad de comida y refugio en los tiempos primitivos y las amenazas respecto a ellos, la importancia de la familia, la agresión como respuesta a una carencia de seguridad, los primeros pueblos y ciudades, la cooperación y beneficios mutuos del comercio en los tiempos primitivos, los comienzos de los grandes imperios y sus ejércitos, el ejército romano y sus ingenieros, la construcción de la ciudad romana, el castillo medieval y su poblado, los estados nacionales y sus ejércitos, la necesidad de dinero para pagarlos y las consecuencias de los impuestos, la diplomacia y los intentos de equilibrar las fuerzas, las guerras modernas, la Liga de Naciones y las Naciones Unidas, las tentativas para lograr la seguridad mediante el equilibrio de armamentos en la actualidad.

Durante el tercer año, podría volver a contarse la historia, pero esta vez como la lucha por el saber y contra la ignorancia, empezando con las primitivas comunidades humanas y el saber que las mantenía unidas y les permitía crecer, el valor del mito, la elaboración de nuevas formas de pensamiento en el antiguo Oriente próximo, Sócrates y Platón, el orden y la organización romanos, los monjes, los monasterios y los vikingos, las catedrales y sus escuelas, Alfredo el Grande y Carlomagno, Pedro Abelardo y las primeras universidades, los héroes de la cultura en el Renacimiento, el desarrollo de la ciencia moderna, etc.

Planteado de esta forma un tanto rígida este resumen de *curriculum,* hace surgir diversas cuestiones. Una, obvia, que sin embargo parece fácil de responder, consiste en si un *curriculum* de este tipo sería comprensible para niños de 5, 6 y 7 años. La respuesta es afirmativa. Los primeros capítulos de este libro presentan el fundamento en que se basa esta respuesta. Por supuesto, es fácil convertir este contenido en inabordable para los niños pequeños, pero también puede hacérseles fácilmente accesible, si nos basamos en los principios antes citados. En el próximo capítulo expondré una forma de adaptar estos principios para organizar dichos contenidos de un modo que facilite su adquisición.

Otra objeción inmediata se basa en el etnocentrismo implícito y el imperialismo ideológico de un *curriculum* construido a base de la tradición occidental y presentado como historias progresivas. Podemos eliminar esta última objeción señalando que no tienen por qué ser contadas como relatos progresivos. Sí es preciso, en este esquema, que la historia sea relatada como narraciones dramáticas. De hecho, en potencia son historias terroríficas —cuya fuerza dramática suele quedar en penumbra en el *curriculum* de historia a la vieja usanza así como en el más moderno *curriculum* de actividades pertinentes que propicia que los niños mayores se dediquen a "descubrir" cosas. Pero, ¿qué decir del etnocentrismo? Se trata de un problema difícil, en especial en clases constituidas por niños procedentes de diversos ambientes culturales. ¿En qué sentido son estas narraciones adecuadas para ayudar a asegurar las identidades históricas y sociales de niños hindúes en las escuelas británicas o de niños vietnamitas en las norteamericanas o incluso de niños anglosajones en las escuelas australianas? He señalado algunos elementos que ayudan a advertir ciertas características significativas de las sociedades occidentales en las que esos niños crecen. Y sería conveniente añadir temas relativos a otras sociedades, su contacto con las culturas tradicionales europeas y angloparlantes y su impacto sobre éstas. Es decir, mientras los resúmenes que he presentado en calidad de ejemplo de lo que entiendo por enseñar historia a modo de grandes narraciones verídicas pueden dar la sensación de cierto etnocentrismo "fundamental", un *curriculum* elaborado que se base en los principios mencionados no tiene por qué ser etnocéntrico. Sólo pretendo establecer los fundamentos para un *curriculum* de recapitulación e indicar cómo podría quedar constituido.

Otra ventaja potencial de un *curriculum* de historia basado en tales narraciones dramáticas se solapa, hasta cierto punto, con los beneficios que BETTELHEIM señala se derivan de los relatos populares (BETTELHEIM, 1976). En un *curriculum* de este tipo, en contraste con el *curriculum* típico de ciencias sociales de Norteamérica y Australia, los niños se introducen en su mundo mediante formas dramáticas y poderosas en vez de hacerlo a través de la ordenada rutina de sus costumbres locales. A veces olvidamos que la vida infantil está llena de titánicas luchas y acomodaciones. En el *curriculum* de historia elaborado a base de grandes narraciones pueden ver que sus propias luchas son análogas a las habidas en la historia humana. Si el mundo se representa a través del orden de las rutinas locales, los niños se inclinan a deducir que las tormentas que atraviesan su mente son elementos salvajes anómalos situados en medio de fuerzas dramáticas. Y no es así; su mundo se ha desarrollado a través de luchas y acomodaciones comprensibles en términos que pueden también ayudar a dar sentido a sus propias luchas. Asimismo, los niños pequeños se ven envueltos en luchas por la libertad y contra la opresión, a favor de la seguridad y contra los peligros, en pos del saber y en contra de la ignorancia, etc. La dimensión histórica de estas luchas puede ofrecer un valioso contexto para dar sentido a las suyas propias y para ampliar el sentido que pueden darles. Recíprocamente, en principio, el niño pequeño puede dar sentido a las luchas históricas en términos que le vienen dados por la experiencia en familias, patios de juego y de las interacciones sociales cotidianas.

Otro elemento del *curriculum* de grandes narraciones que puedo añadir aquí, aunque no forme parte del *curriculum* de historia, se refiere a las formas impuestas por las fiestas a lo largo del año. También esto podría responder a las preocupaciones por el etnocentrismo. Las fiestas marcan una pauta en la linealidad, en otro caso uniforme del tiempo. Los principales acontecimientos de las diversas culturas representadas en la clase y en la sociedad circundante pueden tratarse a medida que se presentan durante el año. Ha de ponerse en evidencia el relato subyacente a la fiesta, su significado emocional y su lugar en la configuración del tiempo en esa cultura. Por ejemplo, la Hanukkah* puede relacionarse con la narración dramática de Judas Macabeo y sus luchas por la libertad y en contra de la opresión.

---

*Hanukkah (folio 259): Vocablo hebreo que significa "inauguración" y que designa la fiesta de la *Dedicación,* también denominada *Fiesta de las Luces* que se celebra por los judíos mediante iluminaciones acompañadas de bendiciones, plegarias y lecturas bíblicas, durante ocho días a partir del 25 Kislev (fin. de dic.). Esta fiesta se instituyó por Judas Macabeo en el año 164 a.J.C. para celebrar su victoria sobre Antíoco IV y la purificación y consagración del Templo que Antíoco había profanado. La denominación de Fiesta de las Luces se remonta al restablecimiento del candelabro del Templo. Una tradición talmúdica narra que el aceite del frasco santo duró milagrosamente ocho días para hacer resaltar el resplandor del candelabro ritual. De ahí la institución del rito del encendido de las luces durante ocho días. *(N. del R.)*

Lengua y literatura

La bibliografía pedagógica relativa a esta área del *curriculum* parece ser la más rica en propuestas que son coherentes con los principios que antes presenté. Por tanto, sólo voy a resumir brevemente lo que me parece que se deriva de la exposición anterior correspondiente al *curriculum* de lengua y literatura, habida cuenta de que existe una amplia bibliografía que proporciona muchas y variadas sugerencias para una implantación detallada del mismo. El punto de partida respecto a los fundamentos orales de cada área del *curriculum* supone un reto menor a la práctica convencional que en otras áreas. Vimos que la literatura no es un invento de las gentes letradas; sus técnicas más poderosas para transmitir mensajes con fuerza emocional, casi somática, se mantienen en vigor en el uso cotidiano. Nuestro objetivo para los años iniciales de la escolaridad consiste en estimular a los niños para que expresen y comuniquen su sentido único de la experiencia y del mundo, configurando el sonido y los significados, y para que desarrollen las capacidades de respuesta extática y de ampliación de la experiencia a través del sonido y de los significados configurados por los otros.

Las técnicas de configuración que consideramos incluyen la rima, el ritmo, la métrica y la forma narrativa. Es evidente que se utilizan con mayor profusión en poemas y relatos, aunque, por supuesto, estas técnicas pueden hallarse en un extenso conjunto de usos y narraciones lingüísticos que no se ajustan con facilidad a esas categorías. Así, incluiremos en nuestro *curriculum* primario cantidades importantes de poemas y narraciones. Un objetivo consiste en favorecer que los niños lleguen a tener suficiente fluidez en el uso de estas técnicas a través de las cuales pueden expresar sus percepciones únicas. Si se ejerce un fuerte control sobre la enseñanza para llegar a dominar determinadas "técnicas" convencionales, el cumplimiento de ese objetivo será doblemente difícil. O sea, debe concederse una cantidad significativa de tiempo, y de estímulo, para *poner en práctica* estas técnicas. Esto podría ser considerado como un análogo del balbuceo del niño de 2 años en la cuna: ese período de la vida de los bebés en el que exploran el conjunto de sonidos que pueden producir. Juegan con un enorme conjunto de fonemas, ajustándose poco a poco a las formas características utilizadas en su medio ambiente. Así, podemos estimular a los niños para que jueguen con rimas, con la métrica, con las narraciones, etc., sin más. El patio de recreo y la calle proporcionarán abundantes estímulos para este tipo de actividad: argot de rimas, abuso de rimas, canciones, chistes, relatos de fantasmas, adivinanzas y demás constituyen ejemplos de la predisposición para dedicarse al desarrollo de estas técnicas orales. El estímulo proporcionado en clase para su utilización puede ser más sistemático y autoconsciente, construyendo sobre ellas, ampliándolas y encuadrando en disciplinas los tipos de *bonnes à penser* que ya se encuentran en período de desarrollo.

Si bien estimulamos a los niños para que articulen y configuren sonidos y significados, les propondremos también muchos ejemplos de las formas utilizadas por otras personas. Especialmente les contaremos historias y recitaremos poemas. Nada hay que añadir a la persuasiva bibliografía sobre el valor de las narraciones en este período, cosa que ya puse antes en evidencia. No obstante, puede ser conveniente reiterar la observación sobre el considerable realce de los estimulantes efectos que tiene la narración de historias en relación con su lectura. Al contar un relato, ponemos en cierta medida la narración bajo el control somático del público, cuando el narrador responde a las respuestas emitidas por los oyentes. Entre todas las narraciones, hay algunas que adquieren mayor relieve por su familiaridad en nuestra cultura, como las de la Biblia y las de Homero. Asimismo, habremos de incluir los cuentos populares y las narraciones míticas de todo el mundo, en especial los más poderosos y vívidos que han desempeñado papeles formativos en nuestra historia cultural, como los griegos y romanos y, más recientemente, los nórdicos y diversos conjuntos africanos de relatos míticos. Podemos felicitarnos por disponer de gran cantidad de versiones aceptables de narraciones bíblicas y homéricas para los niños pequeños.

Me doy cuenta de que el uso de narraciones bíblicas para fines exclusivamente seculares puede plantear un problema para quienes, por una parte, no quieren que sus hijos se acostumbren a la Biblia judeocristiana y, por otra, para quienes la consideren sólo como palabra de Dios y crean que no se le da un tratamiento adecuado al utilizarla como "literatura". Las razones por las que considero tan importantes los relatos bíblicos en este primer estrato del lenguaje y del desarrollo literario pueden resumirse con estas dos citas:

> De todas las injusticias que aparecen en la Biblia —sin excluir la de Job o la de la higuera seca—, seguro que Moisés padeció la más importante. Después de todo, él se sacrificó por Dios y por el Pueblo Escogido, y su exclusión de la Tierra Prometida cuando la tenía a la vista fue cruelmente injusta. O así lo parecía a mi mente infantil, cuando una y otra vez recordábamos, en las clases de Sagrada Escritura y en la catequesis, la historia del Exodo, los 40 años errantes por el desierto y la entrada de los Hijos de Israel en la Tierra de Canaán. Mi sentido de solidaridad con el patriarca, en el que estoy seguro no me encontraba solo, se mezclaba con el temor de que también pudiese ocurrir este tipo de cosas a quienes estaban creciendo, con la oscura percepción de que quizá se inscribiera en la naturaleza de las tierras prometidas, y con que la invitación para alcanzarlas habrían de llevar consigo una elevada vulnerabilidad ante la decepción y al quebranto de las esperanzas. Claramente, crecer no era solución, salvo que ello significara ahorrarse tales impaciencias.
>
> (Spice, 1985, pág. 27)

> Si no conocemos la Biblia y las principales narraciones de las literaturas griega y romana aún podemos leer libros y ver representaciones, pero no aumentará nuestro conocimiento de la literatura, como tampoco podrá crecer nuestro conocimiento de las matemáticas si no aprendemos la tabla de multiplicar.
>
> (Frye, 1963, pág. 28)

Creo que Frye exagera un poco, pero indica el puesto central que ocupa la Biblia en la formación de la consciencia en nuestra cultura. Las narraciones bíblicas tienen el poder seductor necesario para estimular y desarrollar el estrato mítico de comprensión, y proporcionan una base para entender gran parte de la literatura que más adelante estimulará y desarrollará los siguientes estratos de comprensión. Configuran la trama sobre la que se produce una determinada captación moral y emocional del mundo que, para unos, puede ser excesivamente sencilla y, para otros, inadecuada si se consideran las narraciones como vehículos de transmisión de un dogma, pero que ayudan a dar un sentido pleno a las categorías morales y emocionales propias de nuestra cultura. No es éste el lugar más apropiado para emprender una exposición detallada del valor de las narraciones bíblicas en pedagogía (pero puede verse, por ejemplo, FRYE, 1982). Me ocupo aquí sobre todo de las narraciones que, por una parte, ostentan las cualidades que estimulan la respuesta extática de los niños y, por otra, contienen material significativo para el desarrollo de las capacidades que surgen posteriormente. Para quienes plantean objeciones en relación con el uso de la Biblia, quizá sea preferible poner mayor énfasis en los relatos homéricos. Estos han desempeñado un papel semejante en la configuración de las categorías morales y emocionales de nuestra consciencia cultural; también son narraciones vívidas y dramáticas básicas para el desarrollo de las capacidades que aparecen a continuación. Son básicas en el sentido de que, si no se tiene cierta familiaridad con la Biblia y con HOMERO, el tipo de literatura que estimula y desarrolla el resto de las capacidades se hace menos accesible.

Durante los primeros años, la asimilación por parte de los niños de los diversos ritmos del lenguaje, su fluidez en relación con la métrica y la rima, su facilidad para desarrollar metáforas, se incrementará si memorizan muchos poemas[4]. Por tanto, habría que esperar que el niño de 7 años no sólo hubiese oído hablar de las poesías de *Mother Goose**, sino que supiese de memoria muchas de ellas. Asimismo, sería lógico esperar que el niño de 7 años fuese capaz de contarnos muchos cuentos. No se trata de suponer que este niño deba ser un experto narrador, sino de los inicios de las técnicas de composición y repetición que contemplamos en la poesía de HOMERO y en los cantores balcánicos de narraciones heroicas. Entre los mejores materiales para la práctica inicial de estas técnicas se encuentra el chiste. Otra forma de "literatura oral" que estimula el desarrollo de las *bonnes à penser* míticas en los niños es el refrán. Hacia los 7 años, debemos esperar que los niños que sigan este *curriculum* conozcan de memoria un extenso conjunto de refranes. Poco a poco, a medida que vayamos pasando hacia el estrato siguiente, pediremos a los niños que reflexionen sobre ellos. Podemos realizarlo yuxtaponiéndolos a aquellos que parecen aconsejar acciones opuestas a las aconsejadas por los primeros o que entren en conflicto con ellas *("Too many cooks spoil the broth": "Two heads are better than one"**)*.

Durante este período, la mayor parte de los niños aprenden a leer y escribir. Sobre este tema hay una gran cantidad de bibliografía y de investigacio-

---

[4] Me parece que nos hallamos más ante una verdad analítica que ante una afirmación empírica, aunque, como muchas afirmaciones pedagógicas significativas, tenga un carácter de mezcla de ambas. La afirmación empírica implica la aserción de una relación entre dos cosas distintas. En este caso, el conocimiento de gran número de versos de memoria *supone* la coordinación de ritmos y fluidez del lenguaje con la métrica; o sea, no se trata de cosas completamente diferentes. En este caso, el área de distintividad, de la afirmación empírica, no parece que sea especialmente conflictiva —aunque sería interesante disponer de mayor número de conocimientos empíricos sobre los tipos y grados de captación

(Continúa en página siguiente)

nes, por lo que poco tengo que añadir. Es obvio que, si tratamos la alfabetización como un conjunto de técnicas de codificación y descifrado, los niños pueden aprenderlas mediante un procedimiento entre muchos otros; unos sólo lo hacen de forma marginal y otros parecen incapaces de asimilar nada en absoluto (HALL, 1987). Me parece mejor pensar en la alfabetización en términos de cambios en las capacidades de dar sentido a las cosas que de dominio de técnicas específicas. Forma parte de lo que yo llamo desarrollo del pensamiento literal sobre el pensamiento predominantemente metafórico de este estrato mítico de comprensión.

Habida cuenta de esto, en un *curriculum* correspondiente al estrato mítico habrá que estimular la lectura y la escritura en todas las áreas del *curriculum*. Los tipos de compromiso que han de estimularse en historia y ciencias naturales deberán utilizar, sobre todo, técnicas orales, aunque se introducirán símbolos de manera continuada que exigirán el empleo de técnicas de descifrado y codificación en contexto en los que el significado esté claro y resulte interesante. El trabajo sistemático sobre lectura y escritura deberá acomodarse mejor en esta área de lengua y literatura, y es totalmente necesario que los niños realicen un trabajo serio para interiorizar la alfabetización. En esta importantísima transición es imprescindible ser sensible ante las diferencias individuales respecto al aprendizaje, así como ante las concretas dificultades de cada uno. Nada tengo que añadir respecto a las metodologías de enseñanza, aparte de la advertencia habitual de evitar el dogmatismo sobre el método que cada niño ha de seguir. De los primeros principios que indicamos se derivan consecuencias importantes para los contextos en los que ha de aprenderse la alfabetización. Dichas consecuencias se ponen de manifiesto a lo largo de todo el libro; en general, sostienen la postura de introducir las técnicas básicas de la alfabetización en contextos interesantes y que propongan muchas prácticas para utilizarlas con el fin de reforzar las capacidades ''orales'' —su uso en rimas, en la construcción de narraciones y poesías, para inventar pautas métricas, jugar con sonidos y símbolos, etc.

El otro aspecto por el que me intereso aquí está constituido por la dirección que sigue el proceso que conduce al pensamiento literal. ¿Qué tipos de actividad continuarán estimulando los desarrollos iniciales de la alfabetización al tiempo que se van conformando hacia un pensamiento literal? De nuevo, podemos buscar orientación a partir de los inicios de la alfabetización, viendo qué actividades parecen reforzar más las nuevas capacidades para dar sentido a las cosas. Basándonos en GOODY (1977), consideremos la fuerza de la confección de listas. Para muchos niños pequeños tienen una evidente cualidad que suscita el interés. Se trata de una herramienta fundamental para ''establecer su inventario'', como indica COE. La confección y manipulación de listas constituye una utilización de la alfabetización inicial que estimula formas significativas de organización y clasificación del mundo

---

(Viene de la página anterior)
del ritmo, etc., que consiguen niños diferentes mediante el aprendizaje de memoria de distintas clases de versos.
　*Canciones y versos infantiles tradicionales. *(N. del T.)*
　　**Son refranes ingleses. Sus equivalentes en español son: ''Muchas manos en un plato pronto tocan a rebato'': ''Cuatro ojos ven más que dos''. *(N. del T.)*

y la experiencia distintas de las narraciones. (Lista de ríos. Lista de instrumentos musicales. Lista de emociones. Lista de personas favoritas. Lista de comidas, etc. Una vez hechas, podemos subdividirlas; por ejemplo, con la de instrumentos musicales: los que se tocan por fricción, los que se golpean, los que se pulsan, los que se soplan, etc.) De igual manera, puede introducirse y desarrollarse el uso de recetas, diagramas de fabricación, tablas, etc. Estas y otras muchas formas no narrativas de utilización del lenguaje pueden estimular la interiorización de la alfabetización; o sea, pueden favorecer el uso de la misma para el pensamiento literal.

Quizá debiera extenderme más o no decir nada sobre las lenguas extranjeras, pero sírvame de excusa una nota basada en la experiencia canadiense sobre la introducción en el idioma francés. En los programas de inmersión, los niños de 5 años ingresan en un ambiente escolar en el que sólo se habla el nuevo idioma. Se espera que los niños angloparlantes, y para ello se les ayuda, aprendan el francés de un modo muy parecido al que antes les sirvió para adquirir el inglés. En torno a estos programas se desarrollan diversas polémicas: unas sociales, que afirman que tienden a crear una corriente elitista dentro del sistema escolar estatal, otras pedagógicas. Lo interesante aquí, para algunos, son los inesperados éxitos de tales programas. Hacia los 9 años, la mayoría de los niños hablan el francés con bastante fluidez, aunque no con pleno dominio, por lo que se les corrige de forma sistemática, pero sus habilidades respecto al inglés no parecen inferiores a las que presentan niños de las mismas edades que acuden a escuelas en donde el idioma normal es el inglés e, incluso, algo mejores (CUMMINS y SWAIN, 1986). La inmersión que se favorece en muchas de estas escuelas no sólo corresponde a la gramática y al léxico franceses, sino también, en medida significativa, a la cultura francesa. Una observación informal, que sin embargo me ha resultado muy sorprendente, consiste en que los niños que participan en estos programas parecen mucho menos etnocéntricos que sus homólogos de las escuelas de idioma exclusivamente inglés. (Una vez más, sospecho que en este caso se produce, hasta cierto punto, una petición de principio: lo que entendemos por etnocentrismo está ligado a la carencia de iniciación cultural que se realiza en un buen programa de inmersión en el francés.) Por supuesto, sería imprudente recomendar, sobre la base de la experiencia canadiense, que toda la educación primaria se realizase en un segundo idioma. Tampoco sería viable por las dificultades que tendrían los niños cuya escolaridad se efectúa ya en un idioma distinto a su lengua materna, sin olvidar la práctica imposibilidad de encontrar profesores bilingües, etc. Sólo lo menciono aquí porque, en el apartado de "lengua y literatura", no podemos dejar de lado el valor que tiene hablar con fluidez un segundo idioma tempranamente[5].

---

[5] Un aspecto que no puedo dejar de lado, dado este ejemplo, es que los niños del oeste de Canadá que aprenden francés entran en contacto con una cultura minoritaria. Es evidente que la experiencia política e ideológica de estos niños es significativamente distinta de la del niño inmigrante negro que se "sumerge" en el inglés de California, por ejemplo. En el primer caso, los niños aprenden a respetar y aceptar una cultura que es "distinta" sin más; en el ejemplo de las minorías de inmigrantes que se encuentran en desventaja en el seno de una cultura distinta de la propia, se produce una compleja demanda de conformidad con la cultura dominante, junto a rechazos importantes en contra de una integración significativa en la misma.

Ciencias naturales

Las bases orales de la ciencia son mágicas. Pero, ¿acaso la ciencia no es la enemiga de lo mágico, la destructora de misterios? En este caso, más que en cualquier otra área del *curriculum,* nuestros pares opuestos heredados, inmediatos, tienden a impedir la educación para la comprensión científica. ¿Cómo podemos introducir a los niños en la ciencia si tomamos en serio la necesidad de recapitular sus orígenes mágicos? De nuevo, el aspecto en apariencia extraño de esta propuesta sólo es tal si cometemos el error de suponer que la recapitulación se efectúa sobre los contenidos del saber. Si, por el contrario, nos centramos en las capacidades para dar sentido a las cosas que subyacen al contenido, podremos hallar formas de introducir la ciencia que sean a la vez significativas y poderosas para desarrollar una comprensión más compleja.

Como señalé en el capítulo anterior, al exponer la cuestión de la astronomía y la astrología, en los precursores "orales" de la investigación científica podemos contemplar un conjunto operante de capacidades para dar sentido a las cosas. Vemos una búsqueda imaginativa de significado, la observación de pautas y del orden en los fenómenos complejos, la clasificación y categorización de los resultados de las observaciones y la representación de los mismos en una forma que pueda recordarse y que deje clara la importancia de las categorías organizadas para las vidas individuales de cada uno de los miembros de esa cultura. Es obvio que, visto de este modo, podemos hacer que lo mágico recuerde la ciencia. Esto suprime las características más relevantes de las representaciones de las culturas orales respecto al mundo natural y a la experiencia que parecen ir en direcciones completamente opuestas a las de la ciencia. Sin embargo, de este modo, al menos podemos ver que los enfoques mítico y científico de la naturaleza no se excluyen mutuamente con tanta rotundidad; tienen muy importantes características en común, y éstas constituyen la base de nuestro *curriculum* para el estrato mítico. ¿Cuáles son?

Lo más fundamental es la cuidadosa observación y la categorización de cuanto se observa. Algún elemento de la categorización parece imperceptible a la observación (no observamos "datos brutos"); estructuramos y categorizamos lo que se percibe como parte del proceso de percepción. Posteriormente, pueden realizarse otras formas de categorización, en especial las que resultan de la reflexión sobre la adecuación o propiedad de nuestras categorías originales. Esta posterior forma de categorización es muy rara en las culturas orales y parece culturalmente posterior (en el sentido de que implica la actuación conjunta de las vinculaciones lógicas y predisposiciones psicológicas) al primer tipo. En las culturas orales, diversos tipos de categorizaciones de los fenómenos naturales ponen en evidencia una observación aguda y discriminatoria. Sin embargo, en general, esa observación se muestra significativamente distinta de nuestro ideal científico de objetividad y parece faltar el tipo de observación de los procesos causales que acompaña a los procedimientos experimentales. Parece ser del tipo "incrustado" y participativo en el sentido mencionado en el Capítulo II. Este tipo de observación participativa es una de las bases "orales" de la comprensión científica y tenemos que mostrar cómo podemos sintetizarla (evocar, estimular y desarrollar las capacidades inmersas en ella) en los niños pequeños.

Podemos saber cosas *sobre* la naturaleza (árboles, arañas y estrellas) pero hay también un sentido en el que podemos *conocerlas* de manera más directa. O sea, podemos ser sensibles hacia nuestra existencia compartida y la unicidad de cada cosa. Por tanto, podríamos comenzar nuestro *curriculum* de ciencias estimulando la observación detenida de alguna cosa concreta, en vez de presentar a los niños las categorías de las cosas. Podríamos animar a cada niño a que "adoptara" alguna cosa natural (un árbol concreto, una parcela de césped, un tipo de tiempo meteorológico, alguna constelación, vegetal, araña, caballo o lo que estimemos conveniente). Después se reservaría tiempo de manera regular y abundante para que los niños se dedicaran sólo a estar y observar su parcela de naturaleza elegida. Si el elemento escogido es un árbol concreto, hay que animarle a que se percate de los patrones que siguen sus ramas, la forma en que distintos tipos de lluvia corren por sus hojas, el movimiento de las ramas con vientos diferentes. Sería bueno que llegara a ser algo habitual en nuestra sociedad ver a los niños observando en silencio árboles, arañas, parcelas de hierba o nubes, o permaneciendo atentos y observando con cuidado la lluvia siempre que ésta se produzca.

En principio, este tipo de observación no pretende conducir a lograr ningún producto sistemático —un "informe sobre mi árbol"— o a responder cuestiones sobre él. Más bien se trata de algo parecido a permanecer absorto, como en un sueño, ante lo observado, de manera que lleve a la reverencia ante la unicidad de "su" porción de naturaleza. Cuando nos imaginamos a alguno de los niños menos civilizados, "culturalmente deprivados", cuyo mayor placer parece consistir en la destrucción, estas aspiraciones parecen "castillos en el aire". Sin embargo, creo que gran parte del angustioso descuido en que muchos niños pequeños tienen a la naturaleza se debe al hecho de que es muy raro que alguien evoque, estimule y desarrolle en ellos el potencial humano para sentirse parte integrante de la naturaleza, en vez de segregados de ella. Quizá las desigualdades ambientales y sociales actúen en contra de la adquisición fácil de este tipo de sensibilidad, pero es claramente posible, por lo que deberíamos encauzar nuestro ingenio hacia el descubrimiento de cómo ponerlo en práctica de forma rutinaria en las escuelas.

(Quizá deba insistir en que lo que defiendo es muy distinto de las recomendaciones que son habituales en los libros de texto sobre la observación en los programas elementales de ciencias. Casi todos esos textos presentan una sección sobre "el niño como observador", o algo parecido, en la que se proponen actividades como la detenida observación de alguna característica del ambiente natural. No obstante, en todos los textos que he consultado, estas actividades no están diseñadas para estimular y desarrollar el tipo de participación que he descrito; casi sirven para lo contrario. Están pensadas para comprometer directamente al niño en una investigación científica simplificada. En todos los libros de texto aparecen sugerencias para realizar actividades que preparan para los períodos de observación, que siguen más allá de ellos o ambas cosas. Lo más corriente es que recomienden que el niño comience observando el árbol, la flor, la tela de araña o cualquier otro objeto. Después se le estimula para que describa lo que haya observado a un compañero o a la clase entera, para elaborar y comparar notas o dibujos, para aprender los nombres del árbol, flor, araña y telaraña, y así sucesivamente. Esto es lo que yo caracterizo como la tentativa para *reemplazar* las técnicas de la oralidad por las de la racionalidad letrada. Estas recomendaciones tienen poco que ver con la estimulación de la participación en la naturaleza como fundamento sobre el que se construyan las técnicas que vayan surgiendo con posterioridad.)

El principio de recapitulación nos lleva a tratar de recrear el sentido de lo mágico y del misterio a partir del cual se ha desarrollado históricamente la ciencia y que pienso puede evolucionar mejor en los niños concretos. Las observaciones participativas iniciales, que no requieren la emisión de informes sistemáticos, no significan que la mente no esté comprometida. En realidad, ésta goza de libertad para ocuparse de lo que está siendo observado con todo cuidado. Ilusiones y pautas peculiares revolotean de un sitio para otro. El origen de las percepciones cambiantes no sólo es lo observado, sino también el observador. El niño que mira la densa caída de la lluvia o la nieve sentirá de repente que ya no cae esa lluvia o nieve, sino que ascienden con suavidad a través de él; las ramas del árbol dejan de ser movidas por el viento mientras los brazos, a modo de ramas, del niño sienten el viento; la tela de la araña comienza a surgir de su cuerpo; la hierba le susurra, etc. Esta implicación en la naturaleza no debe ser de tipo sentimental. A este respecto y en relación con la forma de educar a los niños pequeños, podemos aprender mucho de los más grandes maestros en estas habilidades: los indios del llano de Norteamérica (MERKEL, 1985).

Si esto constituye uno de los fundamentos orales de la ciencia, ¿cómo contaremos a los niños pequeños la gran narración de la ciencia? ¿Cuál es esa historia y cómo podemos transmitirla a los alumnos de la escuela primaria? Puede incluirse en el *curriculum* de historia, formando parte de la lucha a favor del conocimiento y contra la ignorancia. (Nótese que no nos referimos al paso progresivo *desde* la ignorancia hacia el conocimiento, sino a la lucha constante en la que éste se adquiere y valora a lo largo de la historia.) Puede elaborarse también a base de narraciones a menor escala: del vuelo, desde Dédalo hasta los viajes espaciales; del descubrimiento del universo; de la locomoción sobre tierra, desde la rueda hasta el vehículo sobre colchón de aire; de la exploración de la Tierra, desde los comienzos en Africa hasta la cartografía por satélite; de la diversidad de los animales, plantas e insectos, centrándose en los ciclos vitales más espectaculares y extraños; de la medición del tiempo, desde el sol y las estrellas hasta los cristales de cuarzo.

Comprendo que a los profesores que tienen que ocuparse de un gran número de niños inmigrantes esto les parezca de otro mundo. Estos docentes dedican gran cantidad de energía tratando de enseñar los aspectos básicos del inglés y de familiarizar a los niños con su medio ambiente local. Cuando tienen que estudiar diversos temas, pueden centrarse en la pregunta "quién soy yo" para dar a los niños un sentido más claro de identidad. Para estos profesores que se enfrentan con enormes dificultades prácticas, contar las historias de la ciencia y de la técnica sería quizá un lujo al que no pueden dedicar tiempo ni aunque dispusieran de los recursos necesarios. No es éste el lugar adecuado para exponer los correspondientes argumentos en toda su extensión, más allá de los presentados en este libro, pero creo que aprender la historia del vuelo y de la conducta de las arañas contribuye mucho más a la comprensión de "quién soy yo" y a dar sentido del propio ambiente que el compromiso práctico con ese ambiente o con las unidades de trabajo centradas en el propio yo. Este *curriculum* primario prepara también para los estratos posteriores de comprensión de una forma que no puede cumplir adecuadamente el *curriculum* centrado en los aspectos locales y en el yo.

Cuando pasamos al siguiente estrato de comprensión, conviene introducir formas menos narrativas de exploración del mundo natural, formas con las que se intenta que el mundo empírico influya en las formas del pensamiento infantil. La más corriente y poderosa es el experimento. No obstante, durante los primeros años, los experimentos pueden emplazarse dentro de las grandes narraciones como ejemplos de inesperados descubrimientos o inventos espectaculares. Su papel para estimular el pensamiento literal se hará más relevante en el cuarto año, de transición al siguiente estrato de comprensión de la ciencia.

Matemáticas y lógica

En la actualidad, los procedimientos que suelen utilizarse para iniciar en las matemáticas a los niños pequeños son el resultado de una serie de ideas, cada una de las cuales ha dejado algún sedimento: que la manipulación activa ha de preceder a la asimilación conceptual, que las actividades pertinentes desde el punto de vista social han de determinar el contenido del *curriculum*, que las "técnicas" básicas deben establecerse cuanto antes, que los niños deben tener clara la "estructura" del tema, etc. ¿Qué tipo de *curriculum* de matemáticas obtendremos a partir de la aplicación de las ideas sobre los fundamentos orales del tema?

La lógica, si aparece de alguna manera en los *curricula* primarios, ha sido introducida de forma ocasional en programas experimentales de enseñanza de lógica formal. Esto se produjo, sobre todo, en los Estados Unidos en los últimos años 60 y primeros 70, como parte de la diversificación del aprendizaje programado con elementos que van desde los textos y máquinas electromecánicas de enseñanza hasta ordenadores. Otro origen de la enseñanza de la lógica se halla en los muy distintos y, para mí al menos, mucho más interesantes programas de filosofía para niños relacionados con la obra de Matthew LIPMAN y la revista *Thinking,* presentados también en los libros de Gareth MATTHEWS (1980, 1985). ¿Por qué pienso que los principios desarrollados antes conducen a la introducción de la lógica en el *curriculum* inicial infantil, y qué forma habrá de presentar? Y, ¿por qué asociarla a las matemáticas? Conviene empezar por la lógica, pasando después a las matemáticas.

Expuse anteriormente la primacía de la metáfora en nuestro pensamiento, señalando que la lógica del pensamiento literal nace de la lógica de la metáfora. Por tanto, dado el punto de partida para el establecimiento de nuestro *curriculum,* el correspondiente a la lógica requiere que prestemos atención, en principio, a la metáfora. La lógica supone el establecimiento de conexiones y relaciones entre las proposiciones que decimos o pensamos. El primer cometido consiste en descubrir los tipos de conexiones y relaciones que podemos establecer. Debemos recordar aquí la advertencia de Max BLACK que destaqué en el Capítulo II: la metáfora crea más bien las conexiones en vez de captar y reflejar alguna conexión preexistente. Tenemos que sensibilizar a los niños respecto al modo en que el lenguaje construye sus significados y hacer que este tipo de indagación les resulte interesante. Así, el fundamento de la lógica que descubrimos en las culturas orales nos lleva a jugar con la metáfora y a la construcción de estructuras lingüísticas mediante una compleja lógica de las conexiones metafóricas. ¿Dónde podemos encontrar una forma adecuada y accesible a los niños que pueda exponer a la observación consciente este tipo de juego metafórico? La exuberancia metafórica se plasma en rimas fáciles, juegos de palabras y (una de las formas importantes en las que podemos basarnos para estimular esta primera etapa del estudio de la lógica) el chiste. Para nuestros efectos, nos interesan en especial los chistes basados en juegos de palabras; los que crean deliberada confusión, uno de cuyos resultados es una mayor claridad; los que señalan una identidad entre cosas diferentes, normalmente a base de confundir significados de homónimos. El aspecto jocoso de estos chistes radica en la inclusión de cosas diferentes en una misma categoría, de forma que la afirmación de identidad amenaza con hacer estallar la categoría. El resultado suele consistir en subrayar la diferencia que el chiste erradica por un momento, y nuestra respuesta típica es reírnos a carcajadas, al mezclar la locura amenazadora propia de la categoría sin sentido con la sorpresa y la resolución final del rechazo de la misma. Los chistes amenazan con eliminar todo sentido, pero de manera que llaman la atención sobre la importancia del significado contra el que atentan de modo jocoso. Por supuesto, Lewis CARROLL es un maestro clásico de este tipo de chistes. Su *curriculum* se construye con cosas como *Reeling* y *Writhing** y, en matemáticas, *Ambition, Distraction, Uglification* y *Derision***, con montones de *Mystery****, antiguo y moderno, y la expresión artística se expresa como *Drawling, Stretching* y *Fainting in Coils*****, y, por supuesto, las clásicas, *Laughing* y *Grieff******. Su horario para las distintas clases se desarrollaría del siguiente modo:

"Diez horas el primer día", dijo la cómica Tortuga: "nueve el siguiente, y así sucesivamente".

"¡Vaya plan curioso!", exclamó Alicia.

"Por esa razón se les llama lecciones"******, señaló el Grifo: "porque se reducen de día en día".

Estos chistes llaman la atención sobre la forma en que se construye el contenido, y puede desmontarse. Un importante fundamento de la lógica consiste en observar cómo se construye el contenido. En un nivel más gene-

---

*Carroll juega con las palabras *"reeling"* ("tambalearse") y *"writhing"* ("retorcerse"), que sustituyen a los términos curriculares habituales de *"reading"* ("lectura") y *"writing"* ("escritura"). *(N. del T.)*

**En el caso de las matemáticas, en vez de *"addition"* ("adición"), *"subtraction"* ("sustracción"), *"multiplication"* ("multiplicación") y *"division"* ("división"), utiliza términos que mantienen una cierta homonimia respecto a éstos: *"ambition"* ("ambición"), *"distraction"* ("distracción"), *"uglification"* ("afeamiento") y *"derision"* ("irrisión"). *(N. del T.)*

***Aquí, la *"History"* ("historia") es sustituida por el *"Mystery"* ("misterio"). *(N. del T.)*

****De igual modo, en lo que llamamos "expresión artística", Carroll utiliza palabras que mantienen cierta homonimia con los términos curriculares habituales: *"drawling"* ("arrastrar" —Las palabras—), por *"drawing"* ("dibujar"); *"stretching"* ("estiramiento"), por *"shaping"* ("modelar"), y *"fainting in coils"* ("desvanecerse en volutas"), por *"painting in oils"* ("pintar al óleo"). *(N. del T.)*

*****Lo mismo sucede con los sustitutos de las denominaciones de las lenguas clásicas: *"Latin"* ("latín") es sustituido por *"langhing"* ("reírse"), y *Greek"* ("griego"), por *"grief"* ("dolor"). *(N. del T.)*

******En esta cita, el autor (Carroll) juega con las palabras *"lesson"* ("lección", "clase") y *"lessen"* ("disminuir"). *(N. del T.)*

ral, la lógica de las expectativas convencionales puede reforzarse mediante su amenazadora explosión en un chiste. Consideremos este chiste húngaro que mi suegra me contó ayer: "El hombre más gordo del pueblo se inclinó sobre el pozo tirando del cubo. Perdió el equilibrio y se cayó dentro. Estaba tan gordo que se quedó atascado a mitad de camino. Unos amigos le lanzaron una soga y tiraron y tiraron, pero no pudieron subirlo. Fueron a pedir más ayuda una y otra vez, hasta que todo el pueblo se puso a tirar de la soga. Entonces, poco a poco, lo subieron. Cuando llegó cerca del borde, pudieron oírle reír. Lo subieron del todo y él se sentó en el brocal del pozo mientras las lágrimas surcaban su rostro y se agarraba los costados mientras temblaba de risa. Los vecinos le preguntaron de qué se reía. 'Me estoy imaginando lo que os habría pasado, dijo, 'si yo hubiese soltado la soga' " (mi suegra dice que es un chiste típico de Hungría). Aunque el chiste depende de la incongruencia de la conducta, dadas las expectativas normales, amplía también nuestro sentido de la incongruencia. La persona orgullosa que resbala con una cáscara de plátano satisface, con gran brevedad, una convención narrativa y rompe una expectativa convencional; la categoría del exceso de confianza en el control de la situación que se ostenta se quiebra en virtud de algo trivial que no se ha tenido en cuenta. Estos chistes amplían nuestro repertorio de expectativas, y hacen más complejas y fluidas las categorías que utilizamos para dar sentido al mundo y a la experiencia.

La contribución que estos chistes aportan a la lógica quedará más patente si consideramos uno de los principales defectos a los que es propenso el pensamiento literal o la "racionalidad". El pensamiento literal supone formar conceptos y categorías que reflejan la realidad en la medida de lo posible. Solemos materializar en alguna medida (en realidad, casi siempre parecemos predispuestos a ello) los conceptos y categorías que forjamos; tendemos a considerarlos tan reales como las cosas que se supone reflejan o, al menos, como poseedores de una firmeza y claridad que casi nunca está garantizada. Esta confusión se hace evidente en el apego a esquemas psicológicos que las personas tomamos como si fuese *la* verdad. De forma menos patente, la rigidez de las categorías es uno de los principales obstáculos para un pensamiento literal eficaz. Por tanto, un importante elemento constitutivo del pensamiento racional o literal es la capacidad que nos habilita constantemente para mantener fluidos nuestros conceptos y categorías y para reevaluar las relaciones que establecemos entre ellos y la realidad que pretendemos representar con ellos. En parte, al menos, esta capacidad puede ser evocada, estimulada y desarrollada a través de los chistes.

Aunque la elaboración de chistes forma parte de nuestro *curriculum* primario de lógica, el desarrollo de las capacidades que puede estimular necesita nutrirse apropiadamente a medida que el sujeto pasa de un estrato a otro, y alguno de estos elementos nutritivos son de un tipo más complejo que los chistes. Me refiero a lo que a veces se llama "sentido del humor", en cuanto elemento constitutivo de una persona bien educada, al tiempo que señalamos también que no debe considerarse éste sólo como elemento agradable aunque sin importancia, sino más bien como de crucial trascendencia para el desarrollo posterior del pensamiento literal (de todo un conjunto de capacidades para dar sentido a las cosas) y como algo necesario para llevar una vida civilizada en las sociedades de masas. Creo que "sentido del humor" denota algo más, o más preciso, de lo que suele entenderse por esta expresión. El significado que le doy quedará muy claro a medida que vaya exponiendo los demás estratos de su desarrollo en los volúmenes que siguen al presente ensayo, culminando su elaboración en lo que denominaré sentido complejo de la ironía. No obstante, durante los años de escuela primaria tenemos que sentar las bases constitutivas de este sentido de la ironía y pienso que podemos empezar por incluir determinados tipos de chistes en el *curriculum* de lógica.

Siguiendo la dirección marcada por la cuestión sobre los fundamentos orales de cada área temática, debo concluir, por tanto, no que tenemos que utilizar el chiste ocasional al estilo de Lewis CARROLL en nuestro *curriculum* primario de lógica, sino más bien que la elaboración de chistes (estimulando a cada niño para que se convierta en un humorista) es fundamental para el posterior desarrollo del pensamiento lógico; y, dicho de manera más general, el sentido del humor es un constituyente necesario de cualquier concepción adecuada de la racionalidad. Así, al implantar un *curriculum* correspondiente al estrato mítico, si hemos de empezar a considerar normal ver a los niños en silencio, observando un árbol batido por el viento, debemos esperar también oír explosiones regulares de risas en las clases de la escuela primaria, producto de un objetivo deliberado del *curriculum.* En esta área curricular, los niños no son simples espectadores de los chistes, del mismo modo que no sólo son oyentes de narraciones. Deben emplear también tiempo y energía en alaborar chistes y, con deliberada seriedad, tenemos que preparar actividades que les ayuden a hacerlo.

Contar chistes, como narrar historias, se relaciona con la cultura oral del patio de recreo y de la calle. El cometido de la clase consiste en hacerla más sistemática (¡no más solemne!) y conducirla hacia el pensamiento literal. Como si dijéramos, de los chistes a la paradoja de ZENON. O sea, mientras una parte del *curriculum* sigue incluyendo determinados tipos de chistes, poco a poco irá admitiendo también adivinanzas y rompecabezas verbales. Los rompecabezas pueden incluir desde el tipo bien conocido de las sorpresas, bromas y demás, hasta los tipos de rompecabezas filosóficos que Gareth MATTHEWS muestra como muy interesantes para los niños pequeños y que habrán de incluirse de manera regular y creciente a medida que los niños avancen hacia el pensamiento literal. Creo que un *curriculum* cuidadosamente construido de estos chistes verbales y rompecabezas filosóficos vivifican el "espacio" que media entre lo que puede decirse sobre el mundo y la experiencia y la realidad siempre confusa al ser asimilada en nuestras proposiciones. En los casos en que los chistes no aclaren esto, quizá el profesor podría llamar la atención de modo explícito sobre ello. El peligro, como ocurre en las narraciones, está en que la exégesis y la comprobación de que los niños entienden el aspecto gracioso o el nudo de la narración van en la línea de usurpar sus posibilidades educativas y tienden a hacerlo.

Para la comprensión matemática es fundamental nuestro sentido del número, que compartimos con muchos animales. El nuestro es tan bueno como el del mirlo, pero bastante peor que el de algunas especies de avispas (DANZIG, 1967). La medida de nuestro sentido del número se hace evidente en nuestra capacidad para distinguir de un vistazo cierta cantidad de cosas y nuestra incapacidad para hacerlo con precisión cuando el número excede de seis o siete. Para superar las limitaciones impuestas por nuestro sentido del número, algunas personas extremadamente creativas inventaron hace mucho tiempo sistemas para contar. Me parece muy importante distinguir entre el sentido del número y los sistemas para contar. Teniendo presente esta diferencia, podremos apreciar la artificialidad de los sistemas para contar, considerándolos como el producto de una gran ingeniosidad. Ni son obvios ni pueden tomarse como naturales. Por otra parte, eso no quiere decir que sean muy difíciles de aprender, sino sólo que son artificiales. Sin embargo, su artificialidad constituye, en parte, el origen de su potencial fuerza para interesar a los niños. Desde el punto de vista histórico, los primeros sistemas abstractos para contar y otras invenciones y descubrimientos matemáticos fueron considerados mágicos, relacionados con religiones mistéricas y sectas peculiares, como la áurea-hermética de PITÁGORAS.

Por tanto, el centro de atención de nuestro *curriculum* primario de matemáticas debe estar constituido por ese sentido mágico que evocaron en tiempos y pueden evocar en cada niño. Lo primero que debemos tratar de mostrar a los niños es esa forma mágica, peculiar, por la que los números crean y desarrollan pautas y las estructuran por su misma esencia. Es muy fácil considerar las matemáticas como un conjunto de "técnicas" que debe aprenderse de manera mecánica. Este enfoque no hace sino ocultar la naturaleza, y lo divertido y mágico, del tema. De forma alternativa, puede que tratemos de pasar, demasiado directamente, a exponer la "estructura" del tema de un modo tan abstracto que lo haga incomprensible para todos, salvo para el más listo. Pretendemos lograr la competencia para moverse entre los números en un contexto que transmita el sentido de lo mágico que encierra la materia.

Los primeros sistemas para contar estaban incluidos en las actividades a cuyo fin contribuían, p. ej., el recuento de animales de una manada, y podemos encontrar ciertos ecos de esta actitud en las rimas de números que aún existen. La base rítmica de muchas de ellas persiste en las melodías que las acompañan. Así, nuestro *curriculum* de matemáticas podría incluir el canto de esas rimas. A partir de aquí podemos elaborar los constituyentes fundamentales comunes de las matemáticas y de la música, desarrollando juegos en los que interactúen números y sonidos.

Solapándose con la parte lógica de nuestro *curriculum,* podemos incluir rompecabezas sencillos basados en números, juegos de números mágicos, acertijos numéricos, etc. Todos estos medios pueden apoyar la transición desde la posesión del sentido del número a la asimilación de los sistemas de recuento. La introducción de diversos sistemas de recuento estimulará el paso gradual hacia el pensamiento literal; asimismo, puede ser útil y divertido enseñar algún sistema antiguo de resolución de problemas de suma, resta, multiplicación y división con los dedos de la mano. Estas técnicas pueden también ponerse en práctica en relatos y juegos, que deben constituir una parte significativa del *curriculum* primario de matemáticas. De modo especial en las narraciones, la fuerza mágica de los sistemas de recuento pueden ponerse de manifiesto en el contexto de las intenciones, esperanzas, temores y demás elementos emocionales humanos (véase EGAN, 1986, por ejemplo). En los juegos de grupos (cooperando con el propio equipo y compitiendo con otros) pueden descubrirse formulaciones claras de determinadas funciones matemáticas que ostentan características tanto "concretas" como "abstractas". Mediante actividades constantemente centradas en los aspectos mágicos de las matemáticas, puede alcanzarse, por ejemplo, el dominio en el nivel "técnico" de la suma, resta, multiplicación y división con pleno sentido. Pero, como ocurría con el dominio del nivel "técnico" de la alfabetización, no podemos dejar de lado la necesidad de un período de trabajo importante de los niños y de una práctica continuada que asegure un dominio fluido. Como en el caso del desarrollo primigenio de la alfabetización, el del cálculo requiere también que los niños pequeños lleven a cabo una transición, que no es difícil en sentido intrínseco, pero que puede serlo si no tenemos claro y no aclaramos lo que supone, y, aún más, si no nos damos cuenta de ello.

Educación artística

Las artes comprenden el área del *curriculum* que conserva viva mayor cantidad de elementos de nuestras *bonnes à penser* orales. O sea, en sus formas características de la cultura adulta, las artes estimulan y desarrollan capacidades que están presentes en alto grado en la cultura oral de la infancia. He mencionado las pérdidas que suelen producirse a lo largo del proceso educativo. Una función educativa de las artes consiste en reducir al mínimo las pérdidas que no es raro acompañen nuestro desarrollo de las formas literales de pensamiento. En primer lugar, conservan vivo el pensamiento metafórico. Insisto en mi punto de vista respecto a lo que puede parecer un enfoque peculiar del *curriculum* de artes primario: para los adultos, las artes sirven para retomar o retener lo que, en potencia, es un elemento constitutivo normal de la experiencia infantil. El *reconocimiento* que experimentamos como adultos, por ejemplo, de esa mezcla de pena y temor que produce una gran tragedia constituye un recuerdo de la pureza de la sensación infantil. Victor SHKLOVSKY indica con acierto: "el arte existe para ayudarnos a recuperar la sensación de vida, existe para hacernos sentir las cosas, para hacer *pétrea* la piedra" (en WEBB, 1986, pág. 24). El niño pequeño no tiene que recuperar las sensaciones, sino sumergirse en ellas; durante la primera infancia todavía no se ha suavizado la cualidad pétrea de la piedra al ocultarse bajo los estratos de nuestra percepción sólo utilitaria. Si consideramos los árboles en términos de leña, las personas que se dedican a la conservación de la naturaleza parecerán locas. Las artes nos ayudan a oír y ver sin intermediarios, a forzar nuestras percepciones y sensaciones para experimentar de nuevo las cualidades de inmediación y viveza de la experiencia primitiva. CHESTERTON nos recuerda que sólo contamos historias sobre manzanas doradas para recordar la maravilla del descubrimiento de su cualidad verde o roja.

Quizá podamos recuperar la enorme viveza de la sensación infantil mediante el recuerdo de cosas físicas sencillas. Tratemos de recordar el grado de nuestra sensación de aversión ante la comida que más nos desagrade: ciruelas, queso o cualquier otra cosa. La superación de estas aversiones en la edad adulta no consiste tanto en un desarrollo del carácter, sino un deterioro del gusto. En el Capítulo II cité a TRAHERNE y a otros como testigos de lo que todos podemos recordar con sólo olvidarnos del paso de los años. Así, el *curriculum* de artes para los primeros años deberá ocuparse menos de la enseñanza de las técnicas básicas de música, pintura, dibujo, danza y demás, que de la exploración del conjunto de sensaciones que pueden recibirse por el oído, gusto, tacto, movimiento, etc.

Por tanto, para empezar, nuestro *curriculum* de artes se solapa con el de ciencias. La observación cuidadosa, que es básica para el científico, no es menos fundamental ni diferente de la del artista. Exploraremos el ruido y la infinidad de formas que puede adoptar, y pondremos a punto técnicas que permitan a los niños controlar la configuración de diversos sonidos (véase, por ejemplo, WALKER, 1988). Debe enseñarse a niños y niñas a silbar, cantar y explorar la gran cantidad de chasquidos que pueden hacer. De igual modo, un centro importante de atención de las actividades artísticas debe consistir en sentir y configurar el color, el movimiento, los materiales, etc. Aquí pueden introducirse diversos sonidos y sus formas —MOZART, los bosquimanos del Kalahari, John CAGE, el sonido de las ballenas y el canto de los pájaros. Hacemos hincapié aquí en la configuración; no en el aprendizaje de formas convencionales, sino en la exploración de las posibles formas, escuchando el conjunto de ellas desarrollado en diversas tradiciones. La música puede combinarse, por ejemplo, con la historia, escuchando piezas y canciones que vivifiquen la narración de la historia como lucha a favor de la libertad y en contra de la opresión. La exuberancia de la música liberadora puede ayudar a dar mayor sentido a la narración histórica.

Cuando pasamos al estrato siguiente, la exploración configuradora del sonido, color y los distintos materiales puede ir tendiendo a la organización pautada de éstos en formas accesibles para todos. O sea, nos movemos hacia las disciplinas que tienen a su cargo la capacitación para expresar pautas de sonido, imagen o cualquier otro medio. Como en el caso de la lectura, la escritura o las matemáticas, esto exige desarrollar un trabajo. Las necesidades de exuberancia metafórica que se registran hacia el final de este estrato mítico tienen que empezar a acomodarse a la estructura de los medios de expresión de que disponemos, como el piano o el violín, los bolígrafos y papeles de colores o los aparatos de gimnasia. Una vez más nos compete asegurar que la estructura de los medios de expresión disponibles no oculte la exuberancia metafórica, sino que proporcione medios para su expresión que realcen a la vez lo que expresen.

Conclusión

Cualquier profesor, si está persuadido de que estos principios tienen fundamento, estará quizá más capacitado que yo para elaborar un *curriculum* mejor que el mío. Los expertos en desarrollo curricular, junto a buenos profesores de escuela primaria, pueden sin duda preparar un *curriculum* elaborado y detallado, con muestras de los materiales disponibles, recursos nuevos, planes de unidades didácticas y clases, descripciones de las diversas estrategias. El resultado de esta tarea en relación con cada una de las áreas del *curriculum* aquí mencionadas pueden ocupar un libro que duplique el volumen de éste. Y, en efecto, si un número suficiente de personas con esa preparación considerara persuasivo este punto de partida para articular los principios de elaboración del *curriculum,* quizá pudiéramos redactar tales libros y materiales. Sin embargo, a falta de dichas técnicas y recursos, he tratado de resumir el tipo de *curriculum* que surge a partir de la exposición anterior.

La característica central de este *curriculum* consiste en que dirige su atención hacia la evocación, el estímulo y desarrollo de las capacidades para dar sentido a las cosas adecuadas, lógica y psicológicamente, para la primera infancia y básicas para las demás formas de comprensión al alcance de nuestra cultura. A estos efectos, es fundamental la estimulación del pensamiento metafórico de los niños, sus capacidades para construir y narrar relatos y su imaginación. Hemos de estimular todo ello porque su desarrollo sienta las bases para las capacidades que permitan interesarse por las principales disciplinas de las que dependen otras aptitudes, de nivel superior, para dar sentido a la realidad. He insistido en las "bases orales" de la educación porque, creo que, la enseñanza escolar inicial estimula a veces la cultura oral de los niños, pero enseña a continuación a pensar en sentido literal como elementos que la *reemplacen.* En general, suele considerarse que el papel de la escuela consiste en enseñar a leer, escribir, contar y técnicas de pensamiento literal como algo muy diferente de la cultura oral del patio de recreo y de la calle. Y, con ello, suele provocarse la destrucción de ciertas posibilidades educativas.

Tanto el piano, como las matemáticas y la alfabetización pueden enseñarse como elementos a cuya naturaleza ha de conformarse el niño. En tal caso, el progreso educativo se mide en relación con el grado de adecuación alcanzado. El problema que se plantea consiste en que no solemos distinguir entre la naturaleza de esos instrumentos y herramientas y sus formas y usos convencionales. El aprendizaje de las normas del piano, las matemáticas y la alfabetización pueden acabar, y con frecuencia acaban de hecho, con la exuberancia metafórica que deberían fomentar y realzar. El piano, las matemáticas y la alfabetización exigen del niño disciplina y acomodaciones; su recompensa consiste en el éxtasis y la magia. Extasis y magia son las categorías generales que caracterizan un conjunto de *bonnes à penser* o capacidades para dar sentido a las cosas adecuadas para la primera infancia. Tanto el piano, como las matemáticas y la lectoescritura deben presentarse de modo que permitan la expresión de la exuberancia metafórica de los niños, ensalzándola y transformándola también en nuevas capacidades para dar sentido a las cosas. En este capítulo he tratado de señalar el tipo de contenido curricular que puede alcanzar estos objetivos.

CAPITULO VII

Un marco para la enseñanza primaria

Introducción

En pedagogía abundan las exposiciones relativas a los métodos de enseñanza. Hay muchos libros excelentes que plasman la experiencia práctica de profesores en ejercicio; unos se centran en la enseñanza en general y otros, en temas concretos. De ninguna manera intento competir con esta valiosa bibliografía ni añadir nada a la misma en un sólo capítulo, ni aunque pudiese hacerlo. Sin embargo, esta bibliografía plantea el problema de la transferencia de sus juicios prácticos. La lectura de informes de la enseñanza más inspirada puede comunicarnos dinamismo, dándonos ciertas ideas prácticas para nuestra propia enseñanza. Pero aunque admiremos las ideas y descripciones de la práctica de Dorothy HEATHCOTE o de Frank SMITH (por citar más o menos al azar), su orientación práctica debe ir más lejos. Su influencia es claramente significativa y beneficiosa, pero la inspiración (que, en mi opinión, debe afectar a todos los profesores y llevar a una mejoría gradual y general de la pedagogía a través de los años) parece difuminarse en la profesión en su conjunto.

Aunque algunos profesores podrían interesarse por el enfoque general que recomiendo, pueden preguntarse cómo pasar de los principios de la comprensión mítica, expuestos en los primeros capítulos, a prácticas docentes características. He mencionado varias prácticas docentes adecuadas en la exposición del *curriculum,* pero quizá sea más útil centrarnos en cómo convertir tales principios en un marco o técnica que se aplique a la enseñanza de cualquier materia. El paso de los principios generales a una técnica o marco encierra el valor de proporcionar una herramienta práctica de uso inmediato; por otra parte, corre el peligro de que una herramienta limitada sustituya a unos principios más útiles y flexibles en general.

Tomaré sólo algunos de los principios antes expuestos para mostrar cómo podemos utilizarlos en la práctica. Me ocuparé aquí de la forma narrativa y los pares opuestos. De acuerdo con la práctica de Ralph TYLER (1949), mostraré el marco para una serie de preguntas, cuyas respuestas se hallarán en una lección o unidad didáctica. A continuación, demostraré cómo utilizar ese marco en diversas áreas del *curriculum*.

El profesor como narrador de relatos

Desde el capítulo dedicado a los relatos está claro que la forma narrativa no es algo trivial que sólo merezca atención cuando se habla de la ficción. Por el contrario, es una herramienta fundamental, quizá *la* fundamental, que nos permite dar sentido al mundo y a la experiencia. En particular, es de gran interés en la primera infancia. Así, el encabezamiento de este apartado, "el profesor como narrador de relatos" trata de llamar la atención sobre el principal principio que elaboraremos en este capítulo. La tarea del profesor que quiera conseguir que sus clases y unidades didácticas sean accesibles y significativas para todos los niños pequeños consiste en aprender a utilizar las principales características de la forma narrativa en la planificación y la enseñanza. De paso, conviene señalar que una narración bien construida da pie a la adquisición de un conocimiento preciso y a utilizar los procedimientos de inferencia y de descubrimiento, por lo que no dejaremos de lado estas cuestiones. En general, este marco ha sido diseñado para estimular a los profesores a que piensen en una clase o unidad didáctica como una buena narración que contar en vez de como un conjunto de objetivos que cumplir.

Comenzaré, pues, resumiendo una serie de cuestiones que pueden orientarnos a la hora de preparar una unidad didáctica o una lección:

1. Descubrir lo más importante:
   ¿Qué es lo más importante de este tópico? ¿Por qué merece nuestra atención?
   ¿Qué tiene de interesante desde el punto de vista afectivo?
2. Hallar pares opuestos:
   ¿Qué pares opuestos expresan y articulan mejor la importancia del tópico?
3. Organizar el contenido de acuerdo con la forma narrativa:
   ¿Qué contenido articula de la forma más dramática los pares opuestos, con el fin de facilitar el acceso al tópico?
   ¿Qué contenido articula mejor el tópico en el desarrollo de la forma narrativa?
4. Conclusiones:
   ¿Cuál es la mejor forma de resolver el conflicto dramático inherente a los pares opuestos? ¿Qué grado de mediación de tales pares opuestos conviene buscar?
5. Evaluación:
   ¿Cómo podemos saber si se ha comprendido el tópico, se ha captado su importancia y aprendido su contenido?

Quizá la mejor manera de mostrar cómo puede utilizarse este marco sea tomar una serie de ejemplos de unidades didácticas y presentar cómo la forma de enseñanza configura su aplicación. Pongamos que queremos enseñar "la historia del vuelo", "nuestra ciudad/pueblo", la resta, las guerras entre los griegos y el Imperio Persa y algo sobre los indios norteamericanos. Como introducción, puede ser útil seleccionar uno de estos tópicos y resumir brevemente cómo se diferenciaría su tratamiento de acuerdo con este esquema del derivado del modelo usual de objetivos. Esto me facilitará también comentar el marco en el contexto de un ejemplo.

Si tomamos el tópico de los indios norteamericanos, indicaré, en primer lugar, cómo se trata y enseña siguiendo el modelo tradicional, indicando después cómo se actuaría según nuestro modelo. La diferencia estriba en el enfoque; esto quedará de manifiesto aunque las actividades propuestas en cada caso parezcan no distinguirse tanto.

El procedimiento predominante requiere, en primer lugar, que se establezcan los objetivos de la unidad. Entre ellos estará un objetivo general como, por ejemplo, que los niños deberán familiarizarse con una cultura más antigua y con una forma de vida que prevalecía antes de la llegada del hombre blanco. A continuación, y dependiendo de la medida en que la formación del profesor estuviera orientada en sentido "conductual", aparecerán una serie de objetivos que establezcan qué cosas nuevas deben conocer los alumnos y lo que serán capaces de hacer al final de la unidad didáctica. Estas acciones suelen agruparse en torno a elementos como vestido, habitación, alimentos, estructura social, etc. Tras ello, se citarán los materiales y procedimientos que utilizar. La enseñanza puede desarrollarse de diversos modos. Algunos profesores emplearán procedimientos didácticos basados en libros de texto formales, otros incluirán la construcción de una maqueta de un poblado indio, o pescar utilizando los antiguos métodos indios, si hay algún niño indio en clase puede dedicarse a averiguar detalles pasados y actuales de la vida de su tribu, etc. La evaluación supondrá métodos de comprobación del grado en que se han alcanzado los objetivos previstos. Estos procedimientos de evaluación pueden variar entre los cuestionarios "conductuales" y los "etnometodológicos"; con ellos se trata de comprobar si los niños han llegado a dominar los conocimientos y las técnicas adecuados y en qué medida lo han hecho, si pueden utilizar los "conceptos" requeridos y si ofrecen algunas muestras de cierta comprensión intercultural.

Por el contrario, yo recomiendo que los profesores aborden una unidad didáctica sobre los indios norteamericanos como una narración para contar a los niños. En tal caso, la primera tarea consiste en decidir el significado más importante y profundo que habría que transmitir. En primer lugar, *identificamos la importancia*. No me refiero a una narración en el sentido de partir de un ficticio "Pequeño hablador" o "Nube Blanca" que nos acompañara a lo largo de un ciclo de las actividades anuales de su tribu (aunque si estuviera escrito de acuerdo con los principios antes mencionados, podría formar parte de nuestra unidad didáctica). Buscamos más bien una narración que respondiera a la pregunta del director de un periódico del estilo de: "¿Qué puede contarse sobre esto?" ¿Qué tiene importancia al respecto, y (en relación a nuestro siguiente paso de *hallar pares opuestos*) cómo puede transmitirse ese elemento importante de la forma más dramática y clara? Todo contenido complejo permite construir muchas narraciones, por lo que debemos elegir lo que vamos a contar.

Estas dos primeras etapas de procedimiento suelen ir muy unidas. Nos llevan a pensar, en primer lugar, en qué es lo realmente importante respecto a ese contenido. Esencialmente, justificamos el lugar que ocupa en el *curriculum*. Si no podemos señalar su importancia en términos de conceptos profundos con plenitud de sentido para los niños pequeños, no debemos ir más allá. Ese contenido no tiene cabida en el *curriculum* primario. La segunda etapa, consistente en descubrir pares opuestos, nos lleva a intentar considerar el contenido a través de las formas conceptuales relevantes por las que el niño puede lograr un acceso más claro al mismo.

En el caso de nuestra unidad didáctica sobre los indios norteamericanos, debemos preguntarnos en primer lugar, qué aspectos de este tópico son importantes para los niños pequeños, qué les enseñamos, por qué nos interesamos por ellos, cómo tratar la cuestión de los indios de Norteamérica de forma que les interese afectivamente. Lo importante es aprender algo referente a qué es una cultura y por qué hay diferentes culturas. No podemos abarcar todos los aspectos ni dar las respuestas que los antropólogos tratan de plantear en toda su complejidad. Tenemos que centrarnos en un aspecto, pero debe ser parte fundamental e importante de la respuesta. La elección que hagamos deberá quedar mejor expresada en los pares opuestos que encontremos para articular nuestra narración. Tomemos, entonces, el par opuesto "supervivencia/destrucción", y basemos nuestro relato en él. Lo que hemos escogido para proporcionar a los niños una enseñanza sobre las culturas y, en particular, sobre la cultura de los indios norteamericanos es que son, como si dijésemos, máquinas diseñadas para elevar al máximo las posibilidades de supervivencia frente a las diversas amenazas de destrucción que se ciernen sobre un pueblo. Por supuesto, no es lo único que puede decirse sobre las culturas, pero sí es importante y nos permite decir muchas más cosas también. Asimismo, nuestra elección de pares opuestos nos proporciona un principio para la selección de contenidos pertinentes (en los casos en que la amplitud de contenido es indeterminada, no puede utilizarse ninguna técnica normalizada, como la cartografía o la elaboración de redes conceptuales).

Tenemos que organizar ahora el contenido en forma narrativa. Esta operación tiene dos partes. La primera consiste en la elección de un ejemplo especialmente vívido de nuestros pares opuestos con el fin de proporcionar un acceso directo al núcleo de lo que deseamos enseñar. Debemos considerar el contenido de nuestro tema en toda su amplitud, así como aquello que podemos utilizar con mayor dramatismo para mostrar la cultura de una determinada tribu india de Norteamérica como una lucha por la supervivencia y contra la destrucción. ¿Qué aspecto de la vida de la tribu podría servir de ejemplo respecto al tema de la supervivencia frente a la destrucción? Podemos empezar con un relato dramático sobre la cacería de los indios *Plains;* al salir, cogieron alimentos para tres días y están en el tercero. Los cazadores se debilitan, el poblado espera la llegada de carne fresca; ¿qué ocurrirá? O podemos también construir una versión dramática de los problemas de los indios *Cree* al afrontar un brutal y frío invierno, esperando trasladarse hacia el sur. O sea, debemos iniciar el relato de modo que despierte en los niños una respuesta afectiva ante una lucha entre la supervivencia y la destrucción que ellos comprendan profundamente.

La segunda etapa de la elaboración de la narración consiste en la actividad más prolongada de enmarcar el contenido en los pares opuestos que nos proporcionan nuestra trama narrativa. Aunque la selección general de los contenidos puede no diferir mucho de la que se haría dentro de un modelo más tradicional, su organización y centro de atención serán muy distintos. Asimismo, la trama narrativa abstracta, que se mueve entre nuestros pares opuestos, nos facilita un principio mucho más preciso para determinar con exactitud qué aspectos y detalles deben incluirse y cuáles excluirse. La clave de una buena narración, como nos dice ARISTÓTELES en su *Poética,* consiste en escoger cuidadosamente los incidentes para que nos conduzcan al argumento según una sucesión causal. El peor tipo de argumento es el que llama "episódico"; con esta denominación alude a las narraciones en donde los incidentes se suceden más o menos al azar. Todos pueden ser pertinentes para el argumento, pero no están enlazados de manera que cautiven el interés del lector u oyente. Es como si, por ejemplo, en *El Imperio contraataca,* siguiéramos las actividades de Yoda diez minutos antes de que Luke Skywalker llegara al planeta. Se desvanecería el interés al perderse la línea narrativa del relato. Ese mismo principio es importantísimo para diseñar una unidad didáctica o una clase. Cuando se quedan en lo episódico, se pierde el interés y disminuye el compromiso de los oyentes con la narración.

Seleccionada la estructura básica de nuestra narración mediante los pares opuestos supervivencia/destrucción, hemos de enlazar el resto del contenido con la línea estructural que presentan. Así, cuando pasamos revista al "alojamiento", nos ocuparemos de contemplar los particulares alojamientos de las tribus seleccionadas como parte de la lucha para sobrevivir contra las amenazas de destrucción concretas que se ciernen sobre la tribu. Esto centrará nuestra atención sobre los límites de protección de que disfruta. En el caso del alojamiento, nos ocuparemos de cada uno de los elementos característicos que brindan protección contra determinadas amenazas, por lo que nos fijaremos en la forma que presentan sus refugios como un elemento de un sistema que está en parte determinado por los peligros naturales. Así, consideraremos, por ejemplo, durante cuántas semanas y de qué temperaturas invernales protegerán suficientemente tales alojamientos a sus habitantes. El profesor debe prestar atención a los informes meteorológicos del área y ver si las bajas temperaturas prevalecen durante períodos largos y cuál es su periodicidad. De igual modo, al referirnos a los alimentos, nuestro centro de interés no estará constituido sólo por cuáles se dan en cada momento del año. El relato típico de la vida de los indios norteamericanos que aparece en los actuales libros de texto muestra una vida armoniosa y rítmica durante un año que, en su mayor parte, es placentero. Nosotros nos ocuparemos de los recursos alimenticios disponibles en el contexto de lo necesario para el mantenimiento de la salud y la supervivencia. La esperanza de vida relativamente corta de los indios norteamericanos ha de relacionarse con una dieta que habitualmente, es poco variada e inadecuada. (Aunque con frecuencia no menos que la usual para la mayoría de quienes habitan en las ciudades industriales o para los agricultores durante el mismo período.) De nuevo, nos fijamos en los límites de los recursos alimenticios necesarios para la supervivencia. ¿Qué ocurría cuando una determinada cosecha se presentaba tarde, padecía plagas o era destruida por heladas tardías o tempranas? ¿Con qué frecuencia aparecían tales condiciones meteorológicas?

O sea, escogemos el contenido que se ajusta a nuestros pares opuestos y que estos mismos pares opuestos, a su vez, integran en un orden coherente.

Cada elemento se adapta a esta característica estructural básica sin que se admita ninguno de tipo "episódico" que no encaje en esa línea narrativa concreta. Es decir, no incluimos, por ejemplo, un apartado sobre los peculiares dibujos que tejen en sus esteras y cestas sólo porque formen parte de su cultura. Si queremos tratar esa cuestión, debemos hacerlo de manera que se adapte a nuestra trama narrativa. Es probable que esos dibujos tengan significado religioso y representen amuletos para realzar la contribución de las cestas o las esteras a la supervivencia de la tribu. A lo mejor podemos centrarnos en la función de supervivencia de las cestas y, de paso, mostrar los dibujos. Si no encontramos una relación clara y plausible entre un tema concreto y nuestros pares opuestos organizadores, debemos dejarlo de lado. Provocaría el descenso del interés y la disipación respecto a la lección que tratamos de enseñar. Si no podemos enlazarlo con la estructura de la trama narrativa de nuestro relato y creemos importante que lo aprendan los niños, tendremos que utilizar unos pares opuestos distintos para organizar la unidad, pares opuestos que hagan posible su inclusión.

Es imposible que enseñemos todo lo relativo a una tribu de indios de Norteamérica. Nuestra selección de pares opuestos supone una opción en cuanto a lo que incluiremos y desestimaremos. Pero se trata de una elección que nos proporciona un principio claro sobre el que tomar decisiones respecto a inclusión y exclusión. El modelo tradicional muestra cierta debilidad sobre esta cuestión, dado que no contiene ningún principio semejante a éste. Puede incluirse cualquier cosa que parezca pertinente, sin que existan relaciones estructurales claras y fuertes inherentes a la disposición de los contenidos de modo que aseguren la significación para los niños. Cuando todos los elementos están ligados a una misma estructura fuerte y esa estructura se basa en los pares opuestos, afectivamente interesantes, disponemos de una herramienta organizadora que aclara y facilita el acceso a los contenidos.

Utilizando los pares opuestos supervivencia/destrucción, los niños aprenderán que las culturas indias desarrollaban actividades sistemáticas, interrelacionadas vinculadas a técnicas de supervivencia en ambientes determinados, así como que, para la mayor parte de las tribus y durante la mayor parte del tiempo, frecuentemente, la supervivencia se conseguía con dificultades y a costa de brutales e incesantes esfuerzos. Esta importante lección determina la búsqueda de los elementos organizadores supervivencia/destrucción. No pretendo decir que ésta sea la única ni la más importante manera de organizar una unidad didáctica sobre los indios norteamericanos. Sin embargo, se trata de una forma útil porque nos permite analizar seriamente su estilo de vida y centra la atención sobre un aspecto muy importante de una cultura. Las culturas no son conjuntos de diferencias arbitrarias en la conducta humana; en gran parte son respuestas y elaboraciones de esas mismas respuestas a determinadas amenazas procedentes de la naturaleza o de otras personas. Si un profesor considera más importantes otras lecciones sobre la vida de los indios, deberá ocuparse de ellas escogiendo distintos pares opuestos. Así, podríamos escoger los organizadores supervivencia/destrucción para una unidad didáctica y, por ejemplo, cooperación/competición, aventura/conservación o cualesquiera pares opuestos para mostrar otros aspectos de la vida tribal o para comparar distintas tribus. Lo que aquí quiero resaltar es que es preciso vincular todos los contenidos de una unidad en una estructura organizadora binaria para hacerlos más accesibles, interesantes y significativos. Dejar de lado este principio es el equivalente educativo de la inclusión de elementos "episódicos" en una narración, como si en *El Imperio contraataca* Yoda apareciera paseando en torno a su ciénaga antes de Luke Skywalker. Este principio no busca hacer amenas las narraciones sino significativas. Si se prescinde de él, los significados se difuminan.

Las buenas narraciones no acaban de repente; más bien llegan a alguna forma de resolución del conflicto, en vez de dejarlo tal cual. De igual modo, nuestra unidad no se agota sin más, sino que ha de encontrar algún tipo de resolución o llegar a una mediación entre los pares opuestos que han llevado tan lejos nuestra trama narrativa. Podemos concluir el tipo de unidad que he esquematizado aquí de diversas formas alternativas.

Una de ellas podría consistir en considerar lo ocurrido a la(s) tribu(s) india(s) cuya forma de vida hemos estudiado a la llegada del hombre blanco. En muchos casos, su destino fue irremisiblemente trágico. Sin embargo, tales hechos históricos se ajustan con precisión y pleno significado a la unidad didáctica, tal como estaba estructurada. Así, la conclusión consiste en un examen de en qué sentido las técnicas de supervivencia de determinadas culturas indias resultaban inadecuadas y no estaban preparadas para hacer frente a las amenazas que suponía una cultura de rapiña, ávida de territorios y expansiva, que disponía de una tecnología en desarrollo. Las defensas culturales cayeron frente a la Caballería de los Estados Unidos, a causa del desplazamiento territorial al que se vieron obligadas unas culturas muy ligadas a ciertos ambientes naturales o debido a enfermedades para las que carecían de defensas inmunitarias. En algunos casos, la conclusión no es tan irremisiblemente trágica. Podemos llegar a la mediación en los persistentes esfuerzos de algunas tribus para sobrevivir y para mantener su cultura en ambientes extraños. La conclusión concreta para los casos antes señalados dependerá de la historia de la tribu particular. Una forma alternativa de llegar a la mediación consiste en desarrollar el concepto de equilibrio (utilícese o no este término) entre cultura y medio ambiente. Consistiría en una imagen de la cultura que se acomodara con mayor o menor éxito a un ambiente de algún modo inestable. Cuanto mayor sea la flexibilidad de la cultura, más capaz será de afrontar mayores amenazas e inestabilidad ambientales.

¿Cómo evaluar una unidad didáctica de este tipo? ¿Facilita también nuestro principio nuevas formas de evaluación? No, no creo. No obstante, podemos considerar cómo podríamos evaluar si *El retorno del Jedi* habría sido "aprendida", comprendida o apreciada de manera conveniente. Podemos plantearnos cuestiones concretas, registrar en qué medida se han comprendido bien los temas narrativos, buscar claves que nos muestren hasta qué punto ha sido gratificante. Gran parte de estos pasos serían inútiles porque sabemos que un niño normal *sigue* perfectamente una narración bien elaborada. *Seguir una narración* supone el uso de una serie de habilidades intelectuales, tener un sentido de lo que antes denominé "causalidad afectiva", comprender las relaciones y los conceptos subyacentes encarnados por cada personaje, etc. Si el significado es claro y el contenido se articula siempre en pares opuestos de manera que expongan y elaboren ese significado, podremos estar seguros de que los niños "captarán el mensaje". En realidad, no tenemos que preocuparnos si algún detalle de *E.T.* no está bien logrado porque el conjunto de la narración transmite de forma coherente el mensaje más profundo. Quiero indicar con ello que, en una unidad bien preparada, estructurada sobre pares opuestos claros, los procedimientos de evaluación tienen menor relieve. En el mismo desarrollo de la unidad didáctica podemos buscar pruebas de que los niños la siguen, de que aprecian aspectos de la cultura india como partes de una máquina que se opone a la destrucción, de que pueden elaborar juicios razonables sobre los aspectos que contribuyen a la supervivencia, etc. A partir de los proyectos que se desarrollan en el seno de la unidad didáctica podemos evaluar las distintas áreas de comprensión o error.

(En este punto debo reconocer una carencia personal, debida quizá a mi ignorancia de las diversas formas de evaluación y de cómo pueden contribuir de manera positiva a la enseñanza. Me inclino a pensar que los procedimientos de evaluación deben estar sometidos a la enseñanza, sin contar con la importancia que tienen en cuanto afectan a la organización de la unidad o a su enseñanza. Si, por ejemplo, los procedimientos de evaluación resultan inadecuados para proporcionar medidas precisas de si los niños han seguido la narración, no podemos simplificar, diluir o degradar nuestra enseñanza para que se ajuste al nivel de los procedimientos de evaluación de que disponemos. Si lo hacemos, careceremos de incentivos para perfeccionar los procedimientos de evaluación. Puede parecer que hago aquí un flaco servicio al funcionamiento del sistema, pero debo señalar que uno de los peligros constantes que se ciernen sobre la educación consiste en reemplazar los fines por los medios. Los medios constituidos por el uso de determinados procedimientos de evaluación para medir los resultados del aprendizaje han llevado, en el caso de los objetivos conductuales y los movimientos a favor de la enseñanza "eficaz", entre otros, a procedimientos de evaluación que requieren ciertas formas de manifestación de los objetivos que, a su vez, afectan al método de enseñanza. Se trata de uno de esos casos en que "la pescadilla se muerde la cola". Cuanto más clara es nuestra enseñanza, menos compleja es la tarea de evaluar. Debemos reconocer que los procedimientos para evaluar el aprendizaje son, hasta ahora, mucho más burdos que el propio aprendizaje. Por tanto, seremos conscientes de que sólo podremos conseguir una evaluación mucho más incierta de los aspectos más importantes que pueden aprender los niños, manteniéndonos alerta ante la tentación de convertir el aprendizaje en algo menos perfecto para poder medirlo con mayor seguridad.)

Determinación de la importancia y selección de pares opuestos

En el relato sobre la historia del vuelo, ¿qué es lo más importante? Tenemos que hallar una respuesta en términos significativos para los niños. Una contestación adecuada puede referirse a cuestiones como la "necesidad de ir más allá", el impulso hacia lo imposible, el deseo de imitar la gracia y la libertad de los pájaros. ¿Cómo poner todo esto en términos de pares opuestos significativos? Podemos plantear el valor, el ingenio y el sentido de la aventura de quienes desean volar, oponiéndose al rechazo convencional basado en la creencia que sólo es realmente posible lo que se da en la realidad. Este planteamiento puede resumirse como un conflicto entre los soñadores prácticos y los individuos de ideas convencionales, forma de concretar el par afectivo valor/miedo. Los niños conocen el valor y el miedo a partir de su experiencia anterior; si les proporcionamos una enseñanza relativa a Dédalo, Leonardo, los hermanos Wright, Godard, etc., en términos de esos pares opuestos, por una parte les facilitaremos el paso al tópico y, por otra, les permitiremos utilizarlo para mejorar y elaborar sus "conceptos" de valor y de miedo.

En el tópico de "nuestra población", ¿qué es más importante para los niños pequeños, y cómo podemos organizarlo en torno a pares opuestos? En el capítulo anterior puse en guardia frente a tópicos como éste en el *curriculum* primario, pero lo incluyo aquí porque los profesores de Norteamérica y de Australia tienen en la actualidad la obligación de enseñar esta unidad didáctica, aparte de que, como indiqué, la aplicación de estos principios puede servirles para hacer que el contenido de dicha unidad sea más significativo y accesible. Mi oposición a la inclusión de dicho tópico en el *curriculum* se basa en el limitado sentido del mismo que puede transmitirse a los niños. Por tanto, su aspecto más importante se centra en la idea de una comunidad cooperativa incluso cuando los individuos buscan su propio interés. Esa idea incluye las de protección y seguridad, así como los hechos del cambio, el crecimiento y el declive. Podríamos decidir presentar la unidad didáctica como una metáfora ampliada, en la que el pueblo o ciudad serían considerados como un organismo más que como una máquina. Igual que el organismo, necesita alimentarse para crecer, y así ocurre mediante su red viaria; se come los terrenos aledaños a medida que se expande, etc. En este sentido, un par opuesto útil puede estar constituido por la ciudad frente al campo que, a su vez, se presentará como fórmula para concretar el par dominio/sumisión. En el próximo apartado expondré cómo nos permite organizar el contenido significativo.

¿Y la resta? Lo importante al respecto es mostrar el ingenio que requiere para simplificar ciertos procedimientos de contabilidad. En vez de tener que volver a contar desde el principio para obtener determinadas cantidades, la sustracción nos permite contar hacia atrás teniendo presentes las cantidades detraídas. Este procedimiento nos ahorra tiempo y aburrimiento. Pretendemos transmitir parte del ingenio y de la magia que encierra la resta, de manera que escogeremos el par opuesto corriente de ingenio/convencionalismo.

Si queremos descubrir los aspectos importantes de la lucha entre las ciudades-estados griegas y el Imperio Persa, nuevamente podemos hallar muchas respuestas posibles. Tenemos que elegir, lo que lleva consigo realzar unos acontecimientos y personalidades a expensas de otros. En relación con los conceptos fundamentales que ya poseen los niños, ¿qué es lo más importante? Quizá lo más fácil de identificar sea la lucha entre la tentativa de pequeñas ciudades-estados independientes para organizar la *polis* a su propio modo y la del masivo y tiránico Imperio Persa por destruir la independencia de aquéllas. Esto puede expresarse en términos del par opuesto libertad frente a tiranía. A la edad de 5 años, los niños conocen la libertad y la tiranía a partir de experiencias en las que ellos mismos se encuentran libres para tratar de conseguir algo que desean y aquellas otras en que sus padres, hermanos o compañeros les impiden alcanzar lo que consideran un objetivo legítimo. Si su aprendizaje de las luchas entre los griegos y el Imperio Persa se desarrolla en estos términos, podrán hacerse con el contenido de la unidad didáctica y utilizarlo para elaborar y mejorar sus conceptos de libertad y opresión. (Ni que decir tiene que en la enseñanza habrá que establecer a menudo conexiones explícitas entre su experiencia y la de Atenas.)

La organización del contenido en forma narrativa

Lo primero que debemos hacer para organizar el contenido de nuestra unidad didáctica es escoger un acontecimiento o ejemplo que presente los pares opuestos de la forma más vívida y dramática. Los pares opuestos constituyen nuestro principal motor estructural y la vía más clara de acceso de los niños al significado, por lo que empezaremos por ponerlos en su sitio del modo más firme posible. En el caso de la unidad didáctica sobre la historia del vuelo, buscaremos entre todos sus contenidos lo que pretendamos incluir en ella, escogiendo algo fundamental y que constituya el ejemplo más claro del conflicto entre los soñadores prácticos y los convencionalistas. La historia del vuelo es larga y está plagada de tales ejemplos. Podemos seleccionar el relato periodístico, escrito de manera sencilla y clara, del primer vuelo de los hermanos Wright en Europa. Así, veríamos a los campesinos y ciudadanos franceses en torno al campo, riéndose de la locura que supone lo que se les prometió que contemplarían, atentos a los ruidos metálicos que provenían del granero en el que estaban poniendo a punto el aeroplano. Después, contemplaríamos las carcajadas que surgieron al hacer su aparición el avión, arrastrado hacia el campo; la calma de los hermanos Wright; los gritos al ascender uno de ellos a la carlinga; las continuas risas viendo al aeroplano dar saltos por el campo mientras cogía velocidad, y el repentino silencio cuando el montón de cables, metal y madera se elevó sobre el suelo y se convirtió en algo tan grácil como un pájaro, evolucionando sobre los espectadores. Para comenzar la unidad didáctica, seleccionamos el ejemplo más preciso en el que los pares opuestos transmiten el significado.

Para construir el resto de la unidad, debemos utilizar ese par opuesto con el fin de seleccionar los contenidos que mejor se adapten para narrar *esta* historia del vuelo. (Hay muchas otras formas de contarla, muchos otros significados que podrían desarrollarse. Debemos seleccionar uno y una vez hecho tenemos que mantener la coherencia con el fin de lograr claridad. Como señalé antes, esto no significa que debamos adoctrinar o simplificar en exceso.) Por tanto, cuando atendemos a los logros sucesivos que hicieron posible el vuelo humano, objeto de nuestra unidad didáctica, tenemos que centrarnos en la combinación de habilidades prácticas y visión de futuro y en el contraste de estos casos con la burla de las personas de pensamiento convencional que no pueden imaginar otra cosa que no sean las condiciones a las que están habituadas. En la historia del vuelo no es difícil hacerlo.

Las unidades sobre "nuestra población" pueden organizarse en torno al tema dominio/sumisión. El pueblo o la ciudad comienzan como un pequeño, pacífico y tranquilo "organismo" que crece y, poco a poco, se transforma en un monstruo que devora el campo, tragándoselo en su expansión y destrozándolo con los metales y productos químicos que necesita para alimentar sus fábricas que, a su vez, derraman sus humos sobre el terreno. Y así, sucesivamente. El campo ha sido dominado y esclavizado por la ciudad. La mejor forma de iniciar la unidad, cuya estructura organizativa, como la de todas ellas, es muy abstracta, consiste en comenzar con un ejemplo local. Los profesores pueden buscar en los periódicos algún caso particular en el que las necesidades del pueblo o ciudad causen un impacto especial sobre los campos aledaños, más o menos distantes. No son difíciles de encontrar. La unidad didáctica puede comenzar, entonces, mostrando las circunstancias concretas del caso *en términos* del par opuesto dominio/sumisión.

Cuando el caso se haya presentado con toda claridad, el resto de los contenidos de la unidad vendrá determinado en cierta medida por lo que mejor se ajuste a la temática. Y esto significa que se omitirán muchos contenidos. Es evidente que no podemos enseñarlo todo y que este principio no sólo nos proporciona una herramienta para seleccionar contenidos de importancia fundamental, sino para escoger sólo los que puedan ser, a ciencia cierta, significativos. Por supuesto, nuestra dominadora ciudad puede presentarse, si se quiere, como un monstruo benigno. Pero el contenido de la unidad se centrará en la forma en que el campo ha sido sometido y obligado a servir a las necesidades expansivas de pueblos y ciudades; siempre que el par opuesto básico sea el señalado. (Recordemos una vez más que podemos escoger otros pares opuestos para mostrar diversos aspectos de "nuestra población".)

En el caso de la resta, podríamos comenzar con una narración que mostrase el valor de la misma y pusiera de manifiesto algo de su magia e ingeniosidad. Podríamos situarla hace mucho tiempo, en los días de Dilmun o del Imperio Sumerio, cuando empezaba a desarrollarse el comercio entre el noroeste de la India hasta los alrededores de Arabia y llegando hasta Egipto y el Creciente Fértil. El ingenio preciso para esta operación mental podría encarnarse en una niña pequeña que trabajase a bordo de uno de los navíos mercantes de su padre. El buque llevaría cargas de trigo, vino, madera de cedro, higos y cualquier otra mercancía que hubiese que trasladar de un lugar comercial a otro. Su trabajo consistiría en hacer el recuento de las existencias a bordo tras efectuar la correspondiente descarga en los puertos en los que recalaba la embarcación. El paradigma del pensamiento convencional estaría representado por un supervisor (un orgulloso gerente del negocio del padre de la niña). El le había enseñado a contar y a llevar la contabilidad de las mercaderías.

Cuando atracaban, ella tenía que contar la mercancía que había que desembarcar. Una vez efectuada la operación, contaba las cantidades restantes. Así, si llevaban a bordo 320 gavillas de trigo y descargaban 20 en Sidón, en cuanto zarpasen, tenía que contar lo que quedaba para descubrir que seguían a bordo 300 gavillas. Mientras lo hacía, el orgulloso supervisor la observaba. Pasaba gran parte del tiempo dedicada a un aburrido recuento. Sin embargo, echando mano de su ingenio, en Tiro, final de la siguiente singladura, contó los 3 barriles de higos cuando los descargaban por la pasarela. Cuando levaron anclas de nuevo, en vez de contar los barriles que quedaban, contó hacia atrás, a partir de los 26 barriles que llevaban en principio, los desembarcados en Tiro. Así, contando 3 hacia atrás a partir de 26, concluyó que debían quedar a bordo 23 barriles. Había inventado la resta y despistado al supervisor, que no acababa de entender por qué tardaba tan poco en contar ni cómo, aun así, siempre sabía la cantidad de mercancía que quedaba a bordo.

A partir de esta ilustración del principio subyacente, podemos pasar a otros ejemplos del valor práctico de la resta. Como ocurre con muchos aspectos de las matemáticas, me inclino a fomentar, en vez de la asimilación de cuestiones mecánicas, otras formas que incorporan características estructurales semejantes a las de la narración: el juego. Igual que en la enseñanza de las funciones matemáticas más básicas, es conveniente buscar juegos en los que la función que debe aprenderse se capte de manera accidental al asimilar las reglas del juego. Para la resta, podemos empezar con juegos sencillos de cartas que utilicen una mano de tres a siete naipes, en los que haya que robar o poner entre una y tres cartas. Una vez explicado el juego, los niños se reúnen en grupos de manera que los más rápidos enseñen a los más lentos. Podemos seguir con juegos de dados que impliquen sumar y restar. Asimismo, pueden introducirse juegos de tanteo, en los que las faltas y los tantos requieran efectuar cálculos sencillos. Estos juegos no tienen por qué ocupar mucho tiempo. Incluso los niños más lentos a la hora de aprender, los captan con gran rapidez en el contexto de su desarrollo junto a sus compañeros.

Para empezar la unidad didáctica sobre la lucha entre los griegos contra el Imperio Persa, tenemos que seleccionar un acontecimiento que constituya el mejor ejemplo de los pares opuestos sobre los que construiremos la unidad entera. Así, podemos escoger la batalla de las Termópilas, en donde un puñado de griegos detuvo al poderoso ejército persa, mientras los ejércitos griegos se preparaban y organizaban a retaguardia para enfrentarse al esperado ataque. El ingenio y el valor del reducido contingente griego, cuyos integrantes estaban dispuestos a morir por su independencia, se sitúa en sentido dramático frente al pesado y brutal gigante que quizá fue vencido sólo por la astucia, cuando oleada tras oleada de sus mejores soldados era puesta fuera de combate por el pequeño grupo griego.

Aunque la batalla de las Termópilas no constituye el punto de partida cronológico de una narración de las guerras entre griegos y persas, sí es un buen punto de partida causal, no en sentido lógico sino causal en sentido *afectivo*. Las características de valor, ingenio y amor a la independencia son las causas de la victoria griega contra los persas. Al fijar con la máxima claridad esta idea desde el principio, se plantea la estructura básica y los medios que permiten acceder al contenido de la unidad didáctica.

Por tanto, los pares opuestos sirven para seleccionar el contenido que hace avanzar la unidad. Podemos desarrollar una narración perfectamente cronológica, pero siempre habrá de centrarse en acciones, personajes, etc., que pongan mejor en evidencia el conflicto binario que plantea nuestro comienzo en la batalla de las Termópilas.

Terminación de las unidades didácticas

Para concluir nuestras unidades tenemos que buscar algún tipo de resolución del conflicto planteado por los pares opuestos. En algunos casos querremos dejar bien sentada la claridad y propiedad del conflicto binario por medio de un ejemplo o conclusión de la unidad didáctica; en otros casos, la terminación podrá consistir en la mediación entre el par opuesto.

En el caso de la historia del vuelo, podemos encontrar ejemplos de los continuos conflictos entre los visionarios prácticos que prevén colonias en satélites en torno a nuestro planeta y a otros, la reestructuración y colonización de Marte, como lo presenta Carl SAGAN, y los elementos conservadores cuya imaginación no es capaz de considerar posibles estas cosas y, por tanto, nada harán para realizarlas. De manera alternativa, o adicional, podemos concluir esta unidad didáctica con ejemplos mediadores de visionarios (que pierden todo contacto con la realidad, cuyas locas ideas les llevan a desperdiciar el tiempo y al fracaso), con el fin de hacer ver los valores de las respuestas conservadoras frente a las sugerencias de los visionarios.

Para concluir la unidad sobre "nuestra población" podemos optar por representar la ciudad monstruo como la que arrasa los campos o, quizá mejor (por centrarnos en los signos que indican que las ciudades futuras serán quizá más pequeñas), que lograrán un equilibrio más armonioso entre la ciudad y el campo, que los días de las industrias masivas que concentran la población en torno a centros de suministro están contados gracias al *microchip* y a las industrias de elevada tecnología que permiten la dispersión de grupos de personas que trabajan de forma cooperativa.

Para la conclusión de las clases sobre la resta, nos ocuparemos de asegurar que el principio resaltado en la narración y las prácticas aprendidas en el contexto de los juegos se comprendan también en el nivel utilitario del cálculo abstracto. Esto no significa llevar a cabo prácticas inacabables como las usuales "sumas", pero tampoco que impidamos que los niños puedan llegar a hacerlas de forma rutinaria. Los cálculos de sustracción más sencillos pueden verse favorecidos si se "cantan" las tablas, al estilo antiguo: un armonioso "nueve menos seis, tres" puede resultar muy divertido, llevar consigo cierto entrenamiento musical y ayudar a la elaboración del sentido del ritmo que hace de las matemáticas una actividad intuitiva, casi somática.

Nuestra elección de pares opuestos centra la atención sobre determinadas partes de un tema y cierto contenido a expensas de otros aspectos y contenidos que podrían, de otro modo, tomarse en consideración. O sea, es una forma de seleccionar, limitar y estructurar el material. De igual modo ocurre con nuestra selección de la conclusión: resaltamos unos aspectos y contenidos a expensas de otros. Al concluir nuestra unidad didáctica sobre las guerras entre griegos y persas, podemos optar por presentar la imagen de HERODOTO respecto a una Atenas victoriosa y libre, que represente lo mejor del espíritu griego, y un ejército persa derrotado y destrozado, con una última mirada hacia Alejandro Magno como "fuego del cielo" que conduce a los griegos a través de los jirones del Imperio Persa. De manera alternativa, podemos avanzar un paso hacia la mediación entre los pares opuestos, contemplando en los resultados de Maratón y Salamina la creación en Atenas de un imperio que heredó algunas de las características menos deseables del imperio al que derrotó. Aún son posibles otras opciones, y la que adoptemos ha de tener en cuenta la edad de los niños, su etapa de desarrollo educativo y las clases que consideremos más valiosas para ellos. Ninguna opción es correcta ni equivocada; son formas distintas, legítimas, de considerar lo ocurrido (las limitaciones de tales opciones y, por tanto, del contenido de cada unidad didáctica, se expusieron en el capítulo precedente. No se trata, pues, de afirmar que "vale todo").

Evaluación

¿Cómo podemos averiguar, tras concluir la unidad didáctica, que el tema se ha comprendido y que el contenido ha sido captado como elemento que articula el tema? Mediante los instrumentos de los tipos tradicionales de evaluación, que pueden consistir en preguntas informales cuyas respuestas requieran que los niños hayan aprendido los hechos básicos y comprendan la relación que guardan con el tema principal. Así, los tipos regulares de evaluación que se desarrollan en las escuelas no son ni más ni menos adecuados para estas unidades que para otras. Dado este sistema, podríamos centrarnos especialmente en algo escrito, dramatizado, dibujado, que ponga en evidencia el aspecto afectivo de la unidad didáctica al tiempo que muestra los conocimientos, habilidades, etc. Mandaríamos actividades ilustrativas del tema que indicaran la comprensión del material haciendo también más explícitas las intenciones del profesor y el significado de la unidad.

Objecciones al uso de los pares opuestos

El empleo de pares opuestos como bueno/malo, valentía/cobardía, dominio/sumisión, libertad/tiranía, sirve para enseñar a los niños, por ejemplo, que los persas eran malos y tiranos y los griegos eran buenos y amantes de la libertad. Esto es falsificar la naturaleza de las cosas y lleva a que los niños interioricen estereotipos y categoricen de forma poco realista grupos de personas y conjuntos de acontecimientos. Se trata de un principio que elimina la complejidad intrínseca del mundo; las cosas no son buenas o malas, sin más, y el uso de pares opuestos favorece que los niños consideren siempre el mundo en términos de blanco o negro.

¿Qué podemos decir de los cuentos de hadas del mundo? Los personajes muestran una o dos características (pobre y valiente, rico y mezquino, fuerte y estúpido, hermoso y perverso) y son buenos o malos. Pero los griegos y los persas forman parte de la historia, no de los cuentos de hadas. No obstante, ¿por qué los niños se entusiasman tanto con los cuentos de hadas cuando, normalmente, no pueden encontrarle ni pies ni cabeza a una adaptada narración escolar de la lucha entre griegos y persas?

En primer lugar, debo decir que el uso adecuado de pares opuestos exige que simplifiquemos el contenido, no que lo falseemos. Ver a los griegos como valientes y dispuestos a morir en aras de su libertad para conducir sus vidas según su voluntad y a los persas como un imperio tiránico determinado a doblegar el espíritu de libertad que le causaba tantos quebraderos de cabeza políticos y administrativos (y más en las partes occidentales del imperio) no es falsear, sino simplificar. Seleccionamos el contenido y lo estructuramos de modo que valoramos positivamente a quienes luchaban por su libertad y desaprobamos a quienes trataban de poner fin a esa libertad como condición para hacer significativa a los niños la infinita complejidad de los hechos. Tampoco difiere en esencia de lo que hacen los historiadores más estrictos. A pesar de RANKE, se reconoce que el historiador no puede registrar *wie es eigentlich gewesen war.* Lo que en realidad ocurrió, la realidad del pasado, no puede expresarse con palabras. El historiador más estricto construye acontecimientos y los selecciona y organiza en un relato que encierra importancia afectiva más allá de los mismos hechos. La objeción contra el uso de los pares opuestos porque implica asociaciones afectivas los pone en oposición a una imagen muy irreal de lo que el historiador, o cualquier otro estudioso de humanidades, hace. Por tanto, la diferencia no es de esencia sino de grado.

En segundo lugar, tenemos que señalar que estamos utilizando constantemente pares opuestos para orientarnos ante los hechos y las personas. Cuando oímos hablar de un hecho concreto, nuestra respuesta inicial suele consistir en decir "ies terrible!" o "ies maravilloso!"; empezamos en los extremos, con el contraste simplificado, para matizarlo poco a poco. Este proceso se hace evidente en diversas formas, quizá una docena de veces, mientras leemos el periódico, ante las noticias políticas, los acontecimientos sensacionales, los desarrollos económicos, etc. Si leemos que hay guerra, por ejemplo, en un estado africano, queremos saber antes de nada si los rebeldes reciben suministros de los rusos o tienen asesores cubanos, o si les ayuda la Administración de los Estados Unidos. Primero captamos la información que nos permite ajustar el hecho a nuestro esquema binario de bueno/malo, para matizar después nuestras respuestas. Así, la recomendación del uso de pares opuestos para proporcionar una vía inicial de acceso a nuevos conocimientos no trata de sugerir nada raro o inhabitual.

Una tercera respuesta consiste en señalar que los pares opuestos constituyen una condición para que los contenidos complejos se hagan accesibles a los niños pequeños. El proceso de la educación se basa en ir adquiriendo contenidos, haciéndolos más complejos, de mayor nivel y elaboración, tratando de que la comprensión sea un reflejo más fiel de la complejidad de la inefable realidad. No podemos empezar por la complejidad si queremos captar el sentido de las cosas. He tratado de resumir una forma corriente y útil de llevar a cabo el primer contacto con el saber para elaborarlo después. No parece que tenga mucho sentido oponerse a la forma de ese primer contacto porque no coincida con los logros más avanzados. Si pudiera decirse que la forma del primer contacto impediría moverse en la dirección de esos logros avanzados, esto supondría una poderosa objeción para el uso de pares opuestos. Pero no sólo no parece ocurrir, sino que el uso de pares opuestos se desarrolla a través de mediaciones sucesivas precisamente hacia ese tipo de complejidad que encontramos en los mejores trabajos eruditos. (Esto, a su vez, no quiere decir que induzcamos a los niños a ver el mundo en términos de pares opuestos para hacer de ellos pequeños sabios, sino sólo indicar que no hay incoherencia alguna al comenzar de este modo y dar sentido a la experiencia en la forma más complicada que conozcamos.)

Quizá deba señalar también que no defiendo la enseñanza de pares opuestos. Cuando se enseña una unidad de la forma indicada con el tópico de los griegos y los persas, el objetivo no consiste en enseñar a los niños cuestiones sobre la libertad y la tiranía. *Utilizamos* los conceptos subyacentes para organizar el contenido y facilitar el acceso al mismo. El *quid* de la cuestión consiste en que podemos estar seguros de que los niños pequeños ya poseen de alguna forma los conceptos de libertad y tiranía, aunque no conozcan las palabras correspondientes. Lo que conseguimos a través de la enseñanza relativa a los griegos y persas es la elaboración de sus conceptos de libertad y tiranía. Ellos empiezan a ver el mundo en relación con los conceptos que dan sentido a su propia experiencia. Al utilizar esos conceptos para enseñarles cosas sobre un mundo distante, les proveemos de herramientas más elaboradas para dar sentido a su propia experiencia. (Y lo hacemos sin tener que enseñar unidades sin sustancia sobre "mi familia", "mis vecinos", etc. Los niños cuyo profesor, o el carácter de su clase, no les permiten declarar —ni siquiera a sí mismos— que están hartos de su padre, de su tío o de su madre porque siempre están amenazando, pueden asociarse rápidamente con los valientes griegos luchando por su independencia contra los amenazadores persas, percatándose, por tanto, de que forman parte del mundo, y esto de manera muy profunda. Los niños a quienes se enseña de esta forma nunca preguntarán qué importancia tienen para ellos los antiguos griegos.)

El estudio relativamente reciente del pensamiento infantil nos ha proporcionado una imagen más clara de la infancia como lugar extraño para nosotros. El antiguo supuesto de que el pensamiento infantil no difiere del de los adultos excepto en que los niños saben menos, ha sido atacado por su base. En su lugar, al menos en algunos sitios, ha surgido la idea de que quizá sea errónea, en la misma medida, la suposición de que el pensamiento de los niños es diferente en esencia del de los adultos. PIAGET favoreció este punto de vista al insistir en los cambios cualitativos en el pensamiento infantil a medida que éste madura. Conviene siempre recordar que PIAGET se centró, casi exclusivamente, en un limitado conjunto de aptitudes intelectuales lógico-matemáticas, sin ocuparse del amplio conjunto de habilidades del pensamiento humano. Podemos concluir razonablemente que existen diferencias significativas entre el pensamiento de los niños y el de los adultos, pero no por ello la infancia se convierte en un lugar extraño para los adultos, del que sólo tendríamos indicios y conjeturas. Aunque existen diferencias, también hay una continuidad entre el pensamiento de los niños y el de los adultos. Los tipos de pensamiento de los que me he ocupado aquí, aunque pueden variar de modo notable en sentido cualitativo a medida que crecemos, no desaparecen al pasar de estrato a estrato. Les añadimos aspectos, los elaboramos, pero no los abandonamos. Así, los historiadores más eruditos que escriben sobre griegos y persas no dejan atrás un uso básico orientador de conceptos apareados por oposición como el de libertad y el de tiranía. En sus textos no les conceden la importancia que les da el niño pequeño y tampoco sitúan en un polo todas las cosas griegas y en el otro todas las persas, pero seguimos encontrándolos como elementos estructurales del significado transmitido por las narraciones.

Por supuesto, debe quedar claro que los tipos de temas que mejor pueden organizarse de acuerdo con los principios presentados en este capítulo son precisamente los que constituyen mi *curriculum* en el capítulo anterior. Así, mi respuesta a esta objeción comienza por la reiteración de los argumentos presentados en el Capítulo VI en apoyo del *curriculum*.

Además, habida cuenta de que los pares opuestos son claves para el acceso de los niños al significado, debemos seleccionar el núcleo del *curriculum* inicial en términos de lo que mejor organicen, lo que nos lleva hacia tipos particulares de significado. Creo que esto tiene el valor de recordarnos que el *curriculum* para niños pequeños debe ser rico en significados y no un entrenamiento "disecado" de habilidades limitadas.

Conclusión

En este capítulo me he centrado en la estructuración de las unidades didácticas. Tengo que mencionar que la organización de las clases, dentro de cada unidad, puede utilizar los mismos principios. Comienza con un vívido ejemplo de los pares opuestos, elaborándolos con contenidos seleccionados para que se ajusten mejor a ellos y concluye con una resolución o mediación de los mismos. Este principio se pone en evidencia en los seriales típicos, en los que cada episodio refleja, en pequeña escala, la estructura narrativa del serial completo. El problema al que se enfrenta cada capítulo del serial consiste en mantener interesado al espectador y continuar el relato global. De igual modo, el profesor tiene que utilizar cada clase como parte integral de la unidad. Usar una clase para introducir contenidos que no se ajustan al tema seleccionado mediante la elección de los pares opuestos es como incluir un episodio en el serial que sólo se relaciona de manera tangencial con el relato global. Desciende el interés porque poco a poco se disipa el *significado.*

Quizá deba concluir señalando que recomiendo aquí una sistematización de los principios que pueden observarse en la enseñanza de los buenos profesores. Ellos configuran instintivamente el material de acuerdo con una forma narrativa cuando ejercen su actividad docente. Aquí propongo un marco que nos permita organizar de forma rutinaria el material del *curriculum* para conseguir el máximo significado; significado que quizá ayude a los buenos profesores, que lo hacen de forma instintiva, a desarrollarlo más consciente y claramente para tratar de añadir fuerza comunicativa a su enseñanza. Se trata de un marco que puede encerrar mayor valor para quienes quieren llegar a ser profesores, permitiéndoles utilizar de manera rutinaria unos principios que favorezcan el éxito de sus clases y unidades didácticas.

Inicialmente, la organización de las unidades y de las clases según estos principios puede parecer muy difícil. Es más fácil hacer una lista de objetivos y disponer el contenido de acuerdo con algún fundamento lógico. Estos principios requieren una cuidadosa reflexión sobre la unidad didáctica completa y, como si dijéramos, una marcha sucesiva adelante y atrás hasta que aparece la estructura organizativa más básica. Por supuesto, nadie es capaz de mantener constantemente una organización rigurosa, y es evidente que gran parte del trabajo escolar sigue siendo tedioso. Pero la utilización de estos principios permite mostrar con mayor frecuencia a los alumnos por qué el aburrimiento y el trabajo merecen la pena, por qué tiene sentido el aprendizaje sobre el vuelo, los griegos y la sustracción; que el significado está ahí, es real y está a su alcance.

Cuando a veces se compara este marco con los modelos corrientes por "objetivos", corremos el riesgo de sugerir que éstos representan pares opuestos no mediados. Está claro que no pretendo decir tal cosa, y es evidente que los modelos de "objetivos" constituyen contribuciones significativas a la enseñanza. Ni deseo que parezca que quiero que se imponga este marco en todos los sitios y en toda la enseñanza. Por el contrario, lo presento como un medio para implantar algunos de los principios expuestos al comienzo de este libro. La descripción del marco puede parecer una compleja y pesada pieza de maquinaria. La he puesto en forma rigurosa para indicar cómo pueden utilizarse en la práctica cotidiana los tipos de principios antes expuestos. Espero que los profesores que se interesen por este sistema, lo adapten con flexibilidad de manera que les proporcione un mayor sentido.

Conclusión

Caracterizamos aquí la educación como el proceso en que el individuo recapitula la acumulación o desarrollo de las capacidades para dar sentido a las cosas inventadas o descubiertas en nuestra historia cultural. Las "capacidades para dar sentido a las cosas" son un producto de la acumulación del saber y del desarrollo piscológico unidos a un elemento generador, que puede ser producto de su unión o involucrar algo independiente. La historia cultural puede iluminar nuestro estudio de la educación porque en ella podemos contemplar los efectos de estas fuerzas en la configuración de la secuencia en que las capacidades para dar sentido a las cosas se han generado y pueden seguir generándose.

La lanzadera espacial norteamericana sólo fue posible tras la invención de la cápsula hermética; de igual modo, la ametralladora exigía el reloj; el estilo de representación de Leonardo necesitaba los desarrollos técnicos de Giotto; la historiografía de Tucídides exigía las formas articuladas por Herodoto; el álgebra de Boole precisaba de las armonías de Pitágoras, etc. Las sucesiones causales en estos procesos son complejas y muy difíciles de fijar para nosotros, pero esas secuencias no son arbitrarias ni accidentales: la historia de Tucídides no podía preceder a la de Herodoto, ni el estilo de Leonardo al de Giotto, ni la lanzadera espacial a la cápsula hermética. En las historias escritas de la técnica, de la pintura o de las diversas formas de investigación, intentamos depurar los prerrequisitos necesarios para que se produjeran los desarrollos posteriores y localizar la dinámica causal. En algunos casos, como en el de las matemáticas, solemos basarnos en un sentido de la lógica unidireccional del tema; en otros, como en el de la técnica, encontramos una lógica en la sucesión de inventos relacionados con objetivos sociales y momentos psicológicos especiales de los inventores; en casos como el de la historiografía y las bellas artes, el elemento lógico suele ocupar un lugar subordinado a los ambientes sociales y a la constitución psicológica de escritores y artistas. Respecto a las ciencias, se dice que si Darwin, Rutherford o Einstein no hubieran realizado los descubrimientos asociados a sus nombres, alguien los habría hallado poco después. En las bellas artes, si

LEONARDO, BEETHOVEN o JOYCE no hubieran realizado sus obras, éstas no habrían tenido equivalentes. Existe una notable opacidad respecto a la dinámica causal de la historia cultural, pero son evidentes los efectos de estas fuerzas dinámicas configuradoras; con independencia de nuestra ignorancia de las causas y la imprecisión en la definición de los constituyentes de estas fuerzas dinámicas configuradoras; con independencia de nuestra ignorancia desarrollan las capacidades para dar sentido a cuanto constituye nuestra cultura. Estas mismas fuerzas (lógicas, psicológicas y generativas) limitan la sucesión en la que cualquier individuo puede desarrollar las capacidades para dar sentido a las capacidades existentes en nuestra cultura; la lógica de los temas no permite que sea de otro modo y la mente humana no puede desembarazarse de sus ataduras.

Desde hace mucho tiempo es obvio que la educación supone un tipo de recapitulación de la historia cultural, pero no estaba claro cómo podríamos encontrar una base para describir lo que tuvieran ambos procesos en común ni cómo hallar una dinámica que mostrara alguna sucesión causal compartida por ambos. Las ramificaciones bifurcadas de los puntos de vista de PLATÓN y de ROUSSEAU han favorecido distintos centros de atención respecto a la acumulación de conocimientos y a la evolución psicológica en el estudio de la educación, suponiendo que los divergentes avances de la investigación filosófica y psicológica llegarían en algún momento a encontrarse. Es evidente que la recapitulación no tiene mucho sentido en términos aislados de acumulación de conocimientos o de desarrollo psicológico. Aunque fuera posible, no hay razón de peso que avale la recomendación de que el niño recapitule la acumulación del saber tal como se ha ido produciendo, mediante la invención y el descubrimiento, a lo largo de la historia. Siguiendo tal esquema, ¿cómo podríamos, por ejemplo, enseñar geografía o historia? De igual manera, cualquier perspectiva que considere que el individuo recapitula un proceso histórico o desarrollo psicológico se enfrenta a la curiosa necesidad de caracterizar a EURÍPIDES o a PLATÓN de algún modo, como equivalentes psicológicos de los niños actuales. En esta obra trato de describir, en términos de las capacidades para dar sentido a las cosas, los aspectos compartidos por la historia cultural y la educación y, por ello, la educación engloba a la historia cultural, centrando, aunque sólo de modo impreciso, la dinámica que impulsa la sucesión causal que ambas tienen en común. La especial atención a las capacidades para dar sentido a las cosas nos permite ocuparnos de manera coherente de la acumulación de conocimientos y del desarrollo psicológico, dándonos la posibilidad de trascender la perspectiva platónica y la rousseauniana, los conflictos entre tradicionalistas y progresistas, mediante el diseño de un *curriculum* que estimule la maduración infantil del niño al tiempo que pone en su sitio los fundamentos de posteriores estratos educativos.

La categoría de "capacidades para dar sentido a las cosas" trata de aunar lo que acostumbramos a considerar de forma independiente o, al menos, claramente diferenciable. Los distintos estudios epistemológicos y psicológicos han dificultado su reunión en el campo pedagógico. Ya he dicho por qué no podemos dar una explicación adecuada de su forma de interacción. Aun considerando de modo independiente la acumulación de conocimientos y el desarrollo psicológico, ambos aspectos interactúan. Se suscita un problema en torno al fundamento de la dinámica del proceso educativo. ¿Impulsa la acumulación de conocimientos el desarrollo psicológico o éste impulsa aquélla? O, en términos de la diatriba entre piagetianos y vygotskianos, ¿el aprendizaje impulsa el desarrollo o el desarrollo el aprendizaje? ¿Acaso uno a otro se impulsan dialécticamente? Esta última sería una solución tan acomodaticia como vacía, dado que en absoluto resuelve el problema. Un dilema semejante aparece en pedagogía cuando se escinde el "aprendizaje" de lo que se aprende. El contenido que aprender se deja en manos de los filósofos o de los especialistas en *curriculum*, mientras los procesos de aprendizaje se investigan por separado. De nuevo estas formas independientes de investigación no han llegado a coordinarse con éxito notable hasta la fecha. Cuando nos dedicamos a la tarea práctica de ayudar a los niños a que comprendan las matemáticas, el chino o la historia, las promesas que hacen las teorías del aprendizaje de esclarecer los "procesos" de aprendizaje se desvanecen. Mi postura consiste en que no podemos separar, si queremos mantener su significado, las mentes de los conocimientos, los "procesos" de los "contenidos". La categoría de "dar sentido a las cosas" se mantiene aparte de modo artificial; no nos vemos inclinados a buscar procesos abstractos para dar sentido a las cosas diferentes de aquello a lo que ya se ha dado sentido. Como tampoco nos inclinamos a considerar la acumulación de conocimientos aparte de los usos psicológicos a los que se dedican. Si pensamos en la educación como incremento de la elaboración del sentido que damos a la realidad, nos ocuparemos de la perspectiva de que la educación requiere la acumulación de conocimientos y, también, el desarrollo psicológico; trascenderemos el problema artificial de su interacción, generado por quienes mantienen separadas ambas perspectivas, y evitaremos los *impasses* provocados por la identificación de la dinámica de la educación con uno u otro punto de vista.

Está claro que la expresión "capacidades para dar sentido a las cosas" no es la ideal. Por una parte, "capacidades" indica ciertas estructuras abstractas de la mente o algo que puede ser distinto de cualquier tipo de conocimiento concreto. De igual manera, "técnicas de pensamiento", expresión que he utilizado a veces, lleva consigo la consecuencia semejante de la distinción entre las técnicas abstractas y aquello sobre lo que se piensa. Nos hallamos ante el problema de que el idioma que utilizamos se ha generado dando por supuesto el valor de las distinciones que yo considero no aptas desde el punto de vista pedagógico. Por razones parecidas a las que indiqué respecto a la adopción de *bonnes à penser,* prefiero utilizar ésta. "Bienes con los que pensar" comprende tanto los conocimientos como los componentes psicológicos que hemos de mantener unidos. Si la acumulación de conocimientos avanza sin considerar el desarrollo psicológico alcanzado, obtendremos como resultado, en la cruda expresión de Michel de MONTAIGNE, "burros cargados de libros"; si perseguimos el desarrollo psicológico sin ocuparnos de la acumulación de conocimientos, obtendremos hábiles, alegres y confiados ignorantes.

Así, el área de estudio más útil para la educación según este esquema es la historia cultural. Se deduce que habría que esperar menos de las tradiciones de investigación hoy dominantes, que se ocupan de los conocimientos y de los procesos psicológicos, de lo que su considerable abundancia prometería. Parece difícil mejorar la educación gracias a posibles descubrimientos nuevos en relación con los niños, el aprendizaje, evolución, motivación o sobre la naturaleza del conocimiento. Es probable que la educación saliera más beneficiada, recordando a Wittgenstein, no a través de la adquisición de nueva información, sino mediante la remodelación de lo que ya sabemos. Las capacidades para dar sentido a las cosas en las que se centra el presente esquema no se generaron, utilizando la feliz expresión de Walter Ong, "en el vacío de las mentes de los hombres, sino en la densidad de la historia" (Ong, 1971, pág. 7). De igual manera, la recapitulación que hacen los niños no tiene que ver con el aprendizaje abstracto de "técnicas de pensamiento", sino con la adjudicación de sentido a sus circunstancias sociales y culturales en la densidad de su historia y de su experiencia.

Quizá me haya centrado demasiado sobre las culturas y fundamentos orales de nuestras formas de conocimiento, según el parecer de algunos. Sin embargo, me ha parecido útil como medio para hacer hincapié en la importante proposición de que la racionalidad, si debe desarrollarse fructíferamente, ha de permanecer en contacto con sus fundamentos orales. Nuestras complejas formas de racionalidad no son el resultado de una "ruptura" con el mito y las formas de pensamiento más evidentes en las culturas orales; el resultado de esa supuesta ruptura sería la "desecación", la esterilidad y un pensamiento inhumano, tecnocrático y carente de dirección. La comprensión mítica es, como he dicho antes, un elemento constitutivo fundamental de cualquier racionalidad próspera; se trata de la conexión del pensamiento con la vida y con nuestras esperanzas, temores, propósitos, etc. Una comprensión mítica bien desarrollada constituye nuestro cimiento. Sólo si nos erigimos sobre unos buenos cimientos, nuestro pensamiento —como Anteo— crecerá fuerte y eficaz. "Romper" con estas bases orales sólo conduce a autismos patológicos de pensamiento que, por desgracia, son muy frecuentes en nuestra sociedad. Quizá el tipo de pensamiento tecnocrático que invade la toma de decisiones sociales y políticas y la ceguera ante los variados propósitos de las sociedades humanas sea un ejemplo corriente de ese autismo (Wilson, 1979).

Vemos síntomas de ese autismo en el uso común y casual de analogías industriales y tecnológicas aplicadas a los procesos educativos. La utilización de tales analogías inclina a sus usuarios a pensar en la educación como en un proceso industrial o tecnológico y, en consecuencia, deforma la educación para adaptarse a las categorías dadas en las analogías. Los constructores de naranjas mecánicas siguen desarrollándose en pedagogía. La esperanza de una ciencia positivista de la sociedad que guiaría al ingeniero social, la calculadora fabricante de felicidad, para efectuar intervenciones precisas para producir resultados exactos y especificables de antemano, ha fracasado respecto a la sociedad en su conjunto. Pero la escuela, con su existencia social bastante característica y sus relativamente diferenciados objetivos sociales, parece dar cobijo a formas exóticas de positivismo. Un síntoma corriente del autismo positivista consiste en la habilidad para calcular pero no para evaluar, de ahí la reducción de los valores a unidades. Podemos contemplar esta característica en movimientos asociados a expresiones como "gestión de sistemas", "objetivos conductuales", "enseñanza eficaz" y en otros que tratan de diseñar la educación de manera que esté planificada de forma más precisa y su productividad y eficacia se incrementen. Esta característica común constituye el reclamo para una mayor precisión técnica dentro del sistema que puede formularse acerca del mismo sistema. (Como ocurre, por ejemplo, cuando se piden objetivos educativos precisos y sólo se dispone de una concepción imprecisa de la educación.) El efecto consiste en reducir, como si dijéramos, un proceso tridimensional a dos dimensiones. Sólo es difícil apreciar la diferencia si uno se empeña en estar muerto cuando todavía tiene un ojo abierto. (Estos movimientos reduccionistas han sido criticados con acierto en otros lugares, por ejemplo: APPLE, 1979; CALLAHAM, 1962; PRING, 1973; STENHOUSE, 1975.)

Es evidente que este ensayo se desarrolla por vías distintas de las de estos prominentes movimientos reduccionistas en pedagogía. La insistencia en un componente "poético" en cualquier concepción adecuada de racionalidad y como constituyente fundamental de todas las áreas de investigación racional es una característica distintiva crucial de este esquema educativo. Una imagen que ha aflorado varias veces en los capítulos anteriores es la del poeta homérico. La creo adecuada por cuanto recoge algo significativo sobre la concepción de la educación primaria que he expuesto aquí. Los poetas homéricos no aprendían sus cantos tradicionales como si fueran textos fijos, ni tampoco buscaban una novedad radical. Por el contrario, aprendían los ritmos y métricas propios de su tradición y de sus grandes relatos y, repitiéndolos, los configuraban de acuerdo con su propia idiosincrasia. O sea, recreaban o reconstruían constantemente su tradición a medida que la transmitían. Si concebimos el *curriculum* de la escuela primaria como las grandes narraciones de nuestra cultura, y nuestro ritmo y métrica constantes como la lucha disciplinada para descubrir y contar la verdad sobre el mundo y la experiencia, y tratamos a los niños como poetas novicios que aprenderán a cantar nuestros grandes relatos de acuerdo con sus propias idiosincrasias, obtendremos una útil imagen de una característica general de la educación primaria. Por tanto, al recapitular los niños una cultura en este sentido, no esperamos que "interioricen" *la* cultura, como cuerpo de saberes establecidos, conjunto de criterios de apreciación estética, reglas morales, etc. No *iniciamos* al niño en la cultura, sino que le enseñamos a recrearla[1].

El poeta diestro de la tradición homérica es un maestro de técnicas. El uso que hago de la imagen del poeta no trata de establecer un contraste entre éste y el técnico o tecnólogo. Por el contrario, insiste en que la adecuada concepción del técnico lleva consigo un componente poético, al tiempo que una adecuada concepción del poeta debe incorporar un componente técnico. He indicado que la alfabetización y la racionalidad pueden alcanzarse en un sentido formal "disecado", y que pueden ser destructivas, social y personalmente, si el desarrollo de las mismas se hace a expensas del poeta que llevamos dentro. VICO observaba que, desde el punto de vista cultural, comenzamos como poetas. Mi tesis de la recapitulación lleva a la conclusión de que también desde el punto de vista individual comenzamos como poetas y que el primer estrato del proceso educativo debe ocuparse ante todo de evocar,

---
[1] Puede parecer que con esto damos preferencia precisamente a lo que Platón quería eliminar: Los poetas homéricos como elementos importantes en pedagogía. Sin duda alguna, no se trata de eso, pero mantengo que no podemos acceder adecuadamente al fin señalado por Platón a través de los medios por él propuestos. Hemos de incorporar la perspectiva de Rousseau sobre las diferentes etapas que convergen hacia la persona educada.

estimular y desarrollar técnicas poéticas. Estas vivifican la imaginación, estimulan la fluidez metafórica y amplían la sensibilidad y la simpatía. Los estratos posteriores de la educación no deben desplazar éste, sino converger con él en un conjunto de otras *bonnes à penser*. Nuestros comienzos poéticos informan nuestros fines educativos.

Reconozco que este tipo de esquema de la educación primaria parecerá raro a algunos, pero me da la sensación de que sólo se trata de corregir un desequilibrio; y ojalá lo corrija de una forma que no mueva la balanza tan sólo en una dirección opuesta. La mayor parte de los sistemas estatales de educación primaria parecen estar desequilibrados a causa del interés que confieren a la reproducción de las convenciones formales de una alfabetización y de una racionalidad, a veces denominadas "habilidades básicas". Muchos de los oponentes románticos a estos sistemas parecen desequilibrarse en la medida en que restan importancia al dominio de las técnicas. Este esquema trata de reunir los puntos de vista de ambas posturas, para mostrar que el mejor y más completo desarrollo de las "habilidades" y técnicas pasa por el desarrollo del "poeta" que llevamos dentro.

Sin embargo, no sólo percibo como desequilibrio lo relativo a la educación. En realidad, el sistema educativo refleja determinadas tendencias de pensamiento que invaden en gran medida nuestra sociedad. No creo que sea la primera persona en reflexionar sobre el persistente predominio de lo que suelen llamarse pautas técnico-racionales de pensamiento en cuestiones sociales y políticas. Son técnico-racionales en el sentido restringido que expusimos antes, y suelen promoverse de manera agresiva y con gran optimismo: optimismo cada vez más difícil de mantener. Otros (por ejemplo: SIMON, 1983) han explorado más a fondo sus limitaciones, pero su influencia general en el consenso social respecto a la naturaleza y funciones de la educación constituyen la preocupación esencial que manifiesto en este libro.

El dogma de que las escuelas no pueden cambiar la sociedad sólo puede sostenerse si uno no se molesta en analizarlo. Las escuelas no están separadas de la sociedad; no son instituciones por completo diferentes. La recomendación de un comité para el *curriculum* formado por maestros, profesores universitarios e industriales afecta a la escuela y, a su vez, el *curriculum* revisado puede dar resultados que afecten a la sociedad. ¿Quién cambia a quién? Nuestra recomendación de un cambio radical del *curriculum* para aumentar la productividad "poética" no carece —es obvio— de implicaciones sociales e ideológicas. ¿Qué sucede a instituciones sociales que suelen ser calculadoras y técnico-racionales en sentido restringido cuando se ven invadidas por agentes más imaginativos? ¿Entraríamos en conflicto con los actuales objetivos e imágenes aceptados de nuestra nación si los miembros de la sociedad fuesen cada vez más proclives a la imaginación y más indecisos sobre sus apelaciones, y las de su sociedad, a la rectitud y la certeza? Si es fácil *tratar* de estimular un desarrollo más imaginativo en los niños pequeños, no es obvio en absoluto cuáles serían las consecuencias sociales de una mayor imaginación en política, negocios, burocracias, comercio, servicios sociales, etc.

Es evidente que estos tipos de especulaciones son un poco idealistas e indulgentes, y suponen que el esquema educativo de escuela primaria que he esbozado aquí pueda ser elaborado adecuadamente en un *curriculum* completo que fuera eficaz para alcanzar sus objetivos. Pero, dejando de lado estas consideraciones, conviene especular, aunque sea brevemente, acerca del impacto que una imaginación más potente tendría sobre nuestras instituciones sociales y políticas. En realidad, creo que más "poesía" —más imaginación, fluidez metafórica, sensibilidad evaluadora, etc.— serían beneficiosas para la sociedad. Esto se debe, en parte, a que suelo creer que una buena cantidad de lo social y políticamente destructivo puede deberse a la carencia de estas cualidades. No es éste el lugar para desarrollar una exposición más general sobre la sociedad y la política, pero lo expongo porque el tipo de educación que plantea este esquema se aparta de algunas formas de pensamiento destacadas que se incluyen en las convenciones sociales al uso. El fundamento pedagógico de este esquema está diseñado para producir poetas con sentido del humor, que dominen con facilidad las técnicas básicas de la racionalidad y del conocimiento en relación con los grandes relatos que constituyen su tradición cultural. Si, por una maravillosa suerte, tuviéramos éxito en nuestro empeño de educar a más personas en esta dirección, estaríamos preparados para asumir sus consecuencias.

No me he extendido mucho en las pérdidas que acompañan a la evocación, estímulo y desarrollo de este estrato mítico de la comprensión. Se debe, en parte, a que el estrato básico no amenaza con desplazar a ninguna forma previa de comprensión; no obstante, me he referido a la pérdida de un sentido inicial de participación en la naturaleza deformado por la interiorización del lenguaje y por el desarrollo de las *bonnes à penser* que elaboran las posibilidades del lenguaje oral. La denominación de las cosas según clases y categorías parece producir unos efectos en nuestro pensamiento sobre las mismas que lleva a cosificarlas; empieza a sacarlas del mundo vivo en que habitan. "Es una silla" elimina algo de la individualidad de cada silla. La otra razón para referirme en pocas ocasiones a las pérdidas que se producen a causa del desarrollo educativo en el estrato, consiste en que mantengo cierta ambivalencia respecto al grado en que esas pérdidas son necesarias o contingentes. Expondré con mayor detenimiento esta cuestión en el siguiente volumen cuando trate de la interiorización de la alfabetización y del pensamiento literal. Sí parece evidente que las *bonnes à penser* orales suelen mostrarse subdesarrolladas en las escuelas, y algunas de ellas positivamente combatidas o reprimidas con el fin de implantar las "habilitades básicas". Con demasiada frecuencia, la rapidez metafórica, la elaboración imaginativa, se consideran como adornos más que como las verdaderas bases de la educación.

Así, en la práctica actual al menos, el dominio de la alfabetización parece implicar la pérdida de las *bonnes à penser* orales. Los desarrollos potenciales estimulados por la cultura oral del patio de recreo y de la calle se pierden bajo las formas convencionales de una alfabetización "disecada". Pero, al mismo tiempo, observamos en muchos adultos lo que parece la persistencia, no sólo de las *bonnes à penser* orales, sino de ese vívido sentido de participación en la naturaleza. Por ejemplo, un escritor como Richard JEFFERIES parece haber visto el mundo natural como si todo se hubiese hecho de nuevo cada día para él. Pretendo preservar al máximo todas las *bonnes à penser* que seamos capaces de desarrollar, todas las formas de dar sentido a las cosas que permita nuestra cultura. Quizá tengamos que renunciar a muy poco si lo hacemos con cuidado.

La educación, como nuestra historia cultural y quizá como el desarrollo de la vida en el planeta, puede describirse como un tipo de proceso evolutivo cuyos hitos son las revoluciones. Estando alerta ante los problemas ideológicos que puedan generarnos nuestras metáforas, en el próximo volumen trataré a fondo el cambio revolucionario que podemos producir hacia los 7 u 8 años al evocar, estimular y desarrollar las *bonnes à penser* de la comprensión romántica.

Bibliografía

AMES, L. B. (1966), "Children's stories," *Genetical Psychological Monographs*, **73**, 337-96.
ANDERSON, CH. C., y TRAVIS, L. D. (1983), *Psychology and the Liberal consensus,* Ontario: Wilfrid Laurier University Press.
ANDERSON, R. C. (1977), "The notion of schemata and the educational enterprise," en R. C. Anderson, R. J. Spiro y W. E. Montague (eds.), *Schooling and the Acquisition of Knowledge,* New Jersey: Erlbaum.
APPLE, M. (1979), *Ideology and Curriculum,* Londres. Routledge & Kegan Paul. (Trad. cast.: *Ideología y curriculo.* Madrid, Akal, 1986.)
APPLEBEE, A. N. (1978), *The Child's Concept of Story,* Chicago: University of Chicago Press.
ASHTON, P. T. (1975), "Cross-cultural Piagetian research: An experimental perspective," *Harvard Educational Review,* **45**, 475-506.
AUERBACH, E. (1955), *Mimesis* (Willard R. Trask, Trad.), Princeton: Princeton University Press. (Trad. cast.: *Mimesis.* Madrid. Fondo de Cultura Económica, 1983.)
AUGUSTINE, St (1944), *The Confessions* (F. J. Sheed, Trad.), Londres: Sheed & Ward. (Apareció primero AD397.) (Trad. cast.: *Confesiones.* Madrid. Espasa-Calpe, 1984, 11.ª ed.)

BACON, F. (1905), "De sapientiae veterum (Wisdom of the ancients)" (1609), en John M. Robertson (ed.), *The Philosophical Works of Francis Bacon,* Londres: Routledge & Kegan Paul.
BANKS, M. S., y SALAPAREK, R. (1983) "Infant visual perception," en M. M. Haith y J. J. Campos (eds.), *Handbook of Child Psychology,* vol. 2, Nueva York, Wiley.
BANTOCK, E. H. (1981), *The Parochialism of the Present,* Londres: Routledge & Kegan Paul.
BARROW, R. (1978), *Radical Education,* Oxford: Martin Robertson.
——— (1981), *The Philosophy of Schooling,* Brighton: Wheatsheaf Books.
——— (1984), *Giving Teaching Back to Teachers,* Brighton. Wheatsheaf Books.
——— (1988), "Some observations on the concept of imagination," en K. Egan y D. Nadaner (eds.), *Imagination and Education,* Nueva York: Teachers College Press.
——— y WOODS, R. (1975), *Introduction to Philosophy of Education,* Londres:Methuen.
BARTHES, R. (1966), "Introduction a l'analyse structural des récits," *Communications,* **8**.
BARTLETT, F. C. (1932), *Remembering: A Study in Experimental and Social Psychology,* Cambridge: Cambridge University Press.
BAUMANN, G. (ed.) (1986), *The Written Word: Literacy in Transition,* Oxford: The Clarendon Press.
BERG, E. E. (1970), "L. S. Vygotsky's theory of the social and historical origins of consciousness," Tesis Doctoral, Universidad de Wisconsin. Citado en L. S. Vygotsky, *Mind in Society* (ed. Michael Cole y cols.), Cambridge, Mass.: Harvard University Press, 1978.
BETTELHEIM, B. (1976), *The Uses of Enchantment,* Nueva York: Knopf. (Trad. cast.: *Psicoanálisis de los cuentos de hadas.* Barcelona. Crítica, 1978, 2.ª ed.)
——— y ZELAN, K. (1982), *On Learning to Read.* Nueva York: Knopf. (Trad. cast.: *Aprender a leer.* Barcelona. Crítica, 1983.)

BICKERTON, D. (1982), *Roots of Language,* Ann Arbor, Michigan: Karoma.
BLACK, M. (1962), *Models and Metaphors,* Ithaca, Nueva York: Cornell University Press. (Trad. cast.: *Modelos y metáforas.* Madrid. Tecnos, 1967.)
BLUMENBERG, H. (1985), *Work on Myth.* Cambridge, Mass.: MIT Press.
BOAS, F. (1911), *Handbook of American Indian Languages,* parte 1.ª Boletín 40, Bureau of American Ethnology. Washington DC.
BOSSY, J. (1985), *Christianity in the West,* Oxford: Oxford University Press.
BOVET, P. (1923), *The Fighting Instinct,* Londres: Allen and Unwin.
BROWN, G. y DESFORGES, C. (1979), *Piaget's Theory: A Psychological Critique,* Londres: Routledge & Kegan Paul. (Trad. cast.: *La teoría de Piaget: Estudio crítico.* Madrid. Anaya, 1984.)
BUCK-MORSS, S. (1982), "Socio-economic bias in Piaget's theory and its implications for cross-cultural studies," en S. & C. Modgil (eds.), *Jean Piaget, Consensus and Controversy,* Nueva York: Praeger.
BURKE, J. (1978), *Connections,* Boston: Little, Brown.
BURKE, P. (1985), *Vico,* Oxford: Oxford University Press.
BURKERT, W. (1979). *Structure and History in Greek Mythology and Ritual,* Berkeley y Los Angeles: University of California Press.
——— (1985), *Greek Religion* (John Raffan, trad.), Cambridge, Mass.: Harvard University Press.
BURTON, V. L. (1962), *Life Story,* Boston: Houghton Mifflin.

CALLAHAN, R. (1962), *Education and the Cult of Efficiency,* Chicago: University of Chicago Press.
CASSIRER, E. (1946), *Language and Mind* (Susanne K. Langer, trad.), Nueva York: Harper.
CHESTERTON, G. K. (1953), *Selected Essays,* Londres: Collins.
CHOMSKY, N. (1968), *Language and Mind,* Nueva York: Harcourt Brace Jovanovich. (Trad. cast.: *El lenguaje y el entendimiento.* Barcelona. Seix Barral, 4.ª ed. 1986.)
CLARK, K. (1969), *Civilization.* Londres: BBC y John Murray. (Trad. cast.: *Civilización.* Madrid. Alianza, 2 Vols., 1979.)
COE, R. (1984), *When the Grass was Taller,* New Haven: Yale University Press.
COLLINGWOOD, R. G. (1946), *The Idea of History,* Oxford: The Clarendon Press.
COOPER, D. E. (1986), *Metaphor,* Oxford: Blackwell.
CORNFORD, F. M. (1907), *Thucydides Mythistoricus,* Londres: Edward Arnold.
——— (1912), *From Religion to Philosophy,* Londres: Edward Arnold. (Trad. cast.: *De la religión a la filosofía.* Barcelona. Ariel, 1984.)
——— (1932), *Before and After Socrates,* Cambridge: Cambridge University Press. (Trad. cast.: *Antes y después de Sócrates.* Barcelona. Ariel, 1981.)
——— (trad.) (1941), *The Republic of Plato,* Londres: Oxford University Press.
——— (1950), *The Unwritten Philosophy and Other Essays* (W. K. C. Guthrie, ed.), Cambridge: Cambridge University Press.
——— (1952), *Principium Sapientiae: The Origins of Greek Philosophical Thought,* Cambridge: Cambridge University Press.
CUMMINS, J., y SWAIN, M. (1986), *Bilingualism in Education,* Nueva York: Longman.

DANZIG, T. (1967), *Number: The Languaje of Science,* Nueva York: Free Press. (Primero publicado en Nueva York: MacMillan, 1930.)
DE GARMO, C. (1895), *Herbart and the Herbartians,* Nueva York: Scribner.
DEARDEN, R. F. (1968), *The Philosophy of Primary Education,* Londres: Routledge & Kegan Paul.
DEWEY, J. (1956), *The Child and the Curriculum,* Chicago: University of Chicago Press. (Publicado primero en 1902.) (Trad. cast.: *El niño y el programa escolar. Mi credo pedagógico.* Buenos Aires. Losada, 1967, 6.ª ed.)
——— (1966), *Democracy and Education,* Nueva York: Free Press. (Publicado primero en 1916.) (Trad. cast.: *Democracia y educación.* Buenos Aires. Losada, 1982, 9.ª ed.)
——— (1963), *Education and Experience,* Nueva York: Collier Books. (Publicado primero en 1938.) (Trad. cast.: *Experiencia y educación.* Buenos Aires. Losada, 1967, 8.ª ed.)
DODDS, E. R. (1951), *The Greeks and the Irrational,* Berkeley y Los Angeles: University of California Press. (Trad. cast.: *Los griegos y lo irracional.* Madrid. Alianza, 1989, 6.ª ed.)
DONALDSON, M. (1978), *Children's Minds,* Londres: Croom Helm. (Trad. cast.: *La mente de los niños.* Madrid. Morata, 1984, 2.ª ed.)
DOUGLAS, M. (1966), *Purity and Danger: An Analysis of Concepts of Pollution and Taboo,* Londres: Routledge & Kegan Paul.

EAKIN, P. J. (1985), *Fictions in Autobiography: Studies in the Art of Self-invention,* Princeton: Princeton University Press.
EGAN, K. (1973), "Mythical and historical reference to the past," *Clio,* Junio, 291-307.
--- (1978a), "What is a plot?" *New Literary History,* IX (3), 455-73.
--- (1978b), "From myth to mythos," *Western Humanities Review,* XXXII (2), 99-120.
--- (1978c), "Thucydides, tragedian," en Robert H. Canary & Henry Kozicki (eds.), *The Writing of History: Literary Form and Historical Understanding,* Madison: University of Wisconsin Press.
--- (1979), *Educational Development,* Nueva York: Oxford University Press. (Reeditado con el título de *Individual Development and the Curriculum,* Londres: Hutchinson, 1986.)
--- (1983a), *Education and Psychology: Plato, Piaget, and Scientific Psychology,* Nueva York: Teachers College Press; Londres. Methuen.
--- (1983b), "Educating and socializing: a proper distinction?" *Teachers College Record,* 85 (1), 27-42.
--- (1986), *Teaching as Story Telling,* Londres, Ontario: The Althouse Press; Londres. Methuen; Chicago: University of Chicago Press.
--- y NADANER, D. (eds.) (1988), *Imagination and Education,* Nueva York: Teachers College Press.
EGAN, S. (1984), *Patterns of Experience in Autobiography,* Chapel Hill y London: University of North Carolina Press.
EGOFF, S. (1981), *Thursday's Child,* Chicago: American Library Association.
EISNER, E. W. (1984), "Can educational research inform educational practice?" *Phi Delta Kappan,* Marzo, 447-52.
ELIADE, M. (1959), *Cosmos and History,* Nueva York: Harper & Row.
ELIOT, T. S. (1936), "Tradition and the practice of poetry," conferencia en Dublin. Consultar *Southern Review,* Otoño 1985.
ELKIND, D. (1976), *Child Development and Education: A Piagetian Perspective,* Nueva York: Oxford University Press.
EVANS-PRITCHARD, E. E. (1936), *Witchcraft, Oracles and Magic Among the Azande,* Oxford: Oxford University Press. (Trad. cast.: *Brujería, magia y oráculos entre los Azande.* Barcelona. Anagrama, 1976.)

FINNEGAN, R. (1970), *Oral Literature in Africa,* Oxford: Oxford University Press.
--- (1977), *Oral Poetry: Its Nature, Significance, and Social Context,* Cambridge: Cambridge University Press.
FLODEN, R. E., BUCHMANN, M., y SCHWILLE, J. R. (1987), "Breaking with everyday experience," *Teachers College Record,* 88 (4), 486-506.
FRANKFORT, H. (1961), *Ancient Egyptian Religion,* Nueva York: Harper.
---, WILSON, J. A., y JACOBSON, T. (1949), *Before Philosophy.* Harmondsworth. Pelican.
FRAZER, G. (1900), *The Golden Bough* (2.ª edic.), Londres: Macmillan.
FRYE, N. (1963), *The Educated Imagination,* Toronto: Canadian Broadcasting Corporation.
--- (1982), *The Great Code,* Londres: Routledge & Kegan Paul.
FULLER, R. (1974), *Ball-Stick-Bird Reading System,* vols 1-5, Stony Brook, NY: Ball-Stick-Bird Publications.
--- (1975), *Ball-Stick-Bird Reading System,* vols 6-10, Stony Brook, NY: Ball-Stick-Bird Publications.
--- (1979), "Has the construct 'Intelligence' determined our perception of cognitive hierarchy?" Documento presentado al simposio de la American Psychological Association: *"Is the construct 'Intelligence' a twentieth century myth?"* Nueva York, Septiembre.
--- (1982), "The story as the engram: is it fundamental to thinking?" *Journal of Mind and Behavior,* 3 (2), 127-42.

GALLIE, W. B. (1968), *Philosophy and Historical Understanding,* Nueva York: Schocken.
GARDNER, H., KIRCHNER, M., WINNER, E. y PERKINS, D. (1975), "Children's metaphoric productions and preference," *Journal of Child Language,* 2, 125-41.
GESELL, A., HALVERSON, H. M., THOMPSON, H., Ilg, F. L., CASTNER, B. M., AMES, L. B., y AMATRUDA, C. S. (1940), *The First Five Years of Life,* Nueva York: Harper. (Trad. cast.: *El niño de 1 a 5 años.* Barcelona. Paidós, 1985.)
GIBSON, E. J. (1969), *Principles of perceptual learning and development,* Nueva York: Appleton-Century-Crofts.
GOMBRICH, E. H. (1960), *Art and Illusion,* Princeton: Princeton University Press. (Trad. cast.: *Arte e ilusión.* Barcelona. Gustavo Gili, 1982, 2.ª ed.)
GOODLAD, J. I. (1966), *Changing American School,* Chicago: University of Chicago Press.

GOODLAD, J. I. (1984), *A Place Called School,* Nueva York: McGraw-Hill.
GOODY, J. (1977), *The Domestication of the Savage Mind,* Cambridge: Cambridge University Press. (Trad. cast.: *La domesticación del pensamiento salvaje.* Madrid. Akal, 1985.)
——— (1982), "Alternative paths to knowledge in oral and literate cultures," en D. Tanne (ed.), *Spoken and Written Language,* Norwood, NJ: Ablex.
——— (1986), *The Logic of Writing and the Organization of Society,* Cambridge: Cambridge University Press.
——— (1987), *The Interface Between the Written and the Oral,* Cambridge: Cambridge University Press.
——— y WATT, I. (1968), "The consequences of literacy," en Jack Goody (ed.), *Literacy in Traditional Societies,* Cambridge: Cambridge University Press.
GOULD, S. J. (1977), *Ontogeny and Phylogeny,* Cambridge, Mass.: Harvard University Press.
——— (1981), *The Mismeasure of Man,* Nueva York: Norton. (Trad. cast.: *La falsa medida del hombre.* Barcelona. Orbis, 1987.)
GREENE, G. (1936), *Journey Without Maps,* Nueva York: Viking. (Trad. cast.: *Graham Greene: Obras completas.* Barcelona. Seix Barral, 1987-1988.)
GREIMAS, A. J. (1966), "Eléments pour une théorie de l'interpretation du récit mythique," *Communications,* **8**.
GRIFFITHS, R. (1935), *A Study of Imagination in Early Childhood,* Londres: Kegan Paul, Trench, & Trubner.

HALLAM, R. (1969), "Piaget and the teaching of history," *Educational Research,* 211-15.
HALL, G. S. (1904), *Adolescence,* Nueva York: D. Appleton.
HALL, N. (1987), *The Emergence of Literacy,* Londres: Hodder & Stoughton.
HALLPIKE, C. R. (1979), *The Foundations of Primitive Thought,* Oxford: Clarendon Press.
HAMLYN, D. W. (1978), *Experience and the Growth of Understanding,* Londres: Routledge & Kegan Paul. (Trad. cast.: *Experiencia y desarrollo del entendimiento.* Barcelona. Herder, 1980.)
HANSON, K. (1986), *The Self Imagined,* Londres: Routledge & Kegan Paul.
HAVELOCK, E. A. (1963), *Preface to Plato,* Cambridge, Mass.: Harvard University Press.
——— (1976), *Origins of Western Literacy,* Toronto: Ontario Institute for Studies in Education Press.
——— (1980), "The coming of literate communication to Western culture," *Journal of Communication,* **30** (1), 90-8.
——— (1986), *The Muse Learns to Write,* New Haven: Yale University Press.
HAZLITT, W. (1951), "On the ignorance of the learned," en W. E. Williams (ed.), *A Book of English Essays,* Harmondsworth: Penguin.
HEATH, S. B. (1982), "What no bedtime story means," *Language in Society,* **11** (1), 49-76.
——— (1983), *Ways with Words,* Cambridge: University of Cambridge Press.
HILYARD, A., y OLSON, D. R. (1982). "on the comprehension and memory of oral vs. Ponencia escrita, en Deborah Tannen (ed.), *Spoken and Written Language: Exploring Orality and Literacy,* Norwood, NJ: Ablex.
HIRST, P. (1974), *Knowledge and the Curriculum,* Londres. Routledge & Kegan Paul.
——— y PETERS, R. (1970), *The Logic of Education,* Londres: Routledge & Kegan Paul.
HOLLIS, M. y LUKES, S. (eds.) (1982), *Rationality and Relativism,* Cambridge Mass: MIT Press.
HORTON, R. (1970), "African traditional thought and Western science," en Byran Wilson (ed.), *Rationality,* Oxford: Blackwell.
——— (1982), "Tradition and modernity revisited," en M. Hollis y S. Lukes (eds.), *Rationality and Relativism,* Cambridge, Mass.: MIT Press.
HUGHES, T. (1988), "Myth and education," en K. Egan y D. Nadaner (eds.), *Imagination and Education,* Nueva York: Teachers College Press.
HUIZINGA, J. (1949), *Homo ludens: A Study of the Play Element in Culture,* Londres: Routledge & Kegan Paul. (Trad. cast.: *Homo Ludens.* Madrid. Alianza, 1977, 3.ª ed.)
HUME, K. (1985), *Fantasy and Mimesis: Responses to Reality in Western Literature,* Londres: Methuen.

INHELDER, B., y PIAGET, J. (1969), *The Early Growth of Logic in the Child* (E. A. Lunzer y D. Papert, trad.), Nueva York: Norton.
IRWIN, M. (1981), "Sweet porn," *London Review of Books,* Octubre.
ISAACS, S. (1930), *Intellectual Growth in Young Children,* Londres: Routledge & Kegan Paul. (Trad. cast.: *El desarrollo de la comprensión en el niño pequeño según Piaget.* Buenos Aires. Paidós, 1967.)
——— (1932), *The Children We Teach,* Londres: University of London Press.

JAKOBSON, R. y HALLE, M. (1956), *Fundamentals of Language,* The Hague: Mouton. (Trad. cast.: *Fundamentos del lenguaje.* Madrid. Ayuso, 1974.)

JENKYNS, R. (1981), *The Victorians and Ancient Greece,* Cambridge, Mass.: Harvard University Press.

JOWETT, B. (1953), *The Dialogues of Plato,* Oxford: Oxford University Press.

KELLY, A. V. (1982), *The Curriculum: Theory and Practice,* Londres: Harper & Row.

KERMODE, F. (1966), *The Sense of an Ending,* Oxford: Oxford University Press. (Trad. cast.: *El sentido de un final.* Barcelona. Gedisa, 1983.)

KIRK, G. S. (1965), *Homer and the Epic,* Cambridge, Cambridge University Press. (Trad. cast.: *Los poemas de Homero.* Barcelona. Paidós, 1985.)

——— (1970), *Myth: Its Meaning and Functions in Ancient and Other Cultures,* Londres; Cambridge University Press: Berkeley y Los Angeles: California University Press. (Trad. cast.: *El mito. Su significado y funciones en las distintas culturas.* Barcelona. Paidós, 1985.)

KLIEBARD, H. M. (1970), "The Tyler rationale," *School Review,* **78,** 259.

KNAPP, M. y KNAPP, H. (1976), *One Potato, Two Potato,* Nueva York: Norton.

KRETZMANN, N. (ed.) (1982), *Infinity and Continuity in Ancient and Medieval Thought,* Ithaca, NY: Cornell University Press.

KUHN, Th. S. (1962), *The Structure of Scientific Revolutions,* Chicago: Chicago University Press. (Trad. cast.: *La estructura de las revoluciones científicas.* Madrid. Fondo de Cultura Económica, 1980, 5ª reimpr.)

LANGER, S. K. (1946), Introduction to Ernst Cassirer, *Language and Myth,* Nueva York: Harper.

——— (1957), *Philosophy in a New Key,* Cambridge, Mass.: Harvard University Press.

——— (1982), *Mind: An Essay on Human Feeling,* vol. III, Baltimore: John Hopkins University Press.

LASHLEY, K. S. (1963), *Brain Mechanisms and Intelligence,* Nueva York: Dover.

LEACH, E. (1967), "Genesis as myth," en John Middleton (ed.), *Myth and Cosmos,* Nueva York: Natural History Press.

——— (1970), *Lévi-Strauss,* Londres: Fontana. (Trad. cast.: *Lévi-Strauss, antropólogo y filósofo.* Barcelona. Anagrama, 1970.)

LE GOFF, J. (1984), *The Birth of Purgatory,* Chicago: University of Chicago Press. (Trad. cast.: *El nacimiento del purgatorio.* Madrid. Taurus, 1985.)

LÉVI-BRUHL, L. (1985), *How Natives Think* (Lilian A. Clare, trad.; C. Scott Littleton, Prol.), Princeton, NJ: Princeton University Press. (Publicado primero en Francia con el título de *Les Fonctions mentales dans les sociétés inférieurs,* 1910.)

LÉVI-STRAUSS, C. (1962), *Totemism,* Londres: Merlin. (Trad. cast.: *El totemismo en la actualidad.* México. Fondo de Cultura Económica, 1980.)

——— (1966a), *The Savage Mind,* Chicago: University of Chicago Press. (Trad. cast.: *El pensamiento salvaje.* México. Fondo de Cultura Económica, 1984.)

——— (1966b), "The culinary triangle," *New Society,* 22 Diciembre.

——— (1970), *Introduction to a Science of Mythology,* vol. I. The Raw and the cooked. Nueva York, Harper and Row. (Trad. cast.: *Mitológicas I: Lo crudo y lo cocido.* México. Fondo de Cultura Económica, 1983.)

——— (1978), *Myth and Meaning,* Toronto: University of Toronto Press. (Trad. cast.: *Mito y significado.* Madrid. Alianza, 1987.)

LEWIS, C. S. (1982), *Of This and Other Worlds,* Londres: Collins.

LLOYD, G. E. R. (1966), *Polarity and Analogy: Two Types of Argumentation in Early Greek Thought,* Cambridge: Cambridge University Press. (Trad. cast.: *Polaridad y analogía.* Madrid. Taurus, 1987.)

LLOYD-JONES, H. (1971), *The Justice of Zeus,* Berkeley y Los Angeles: University of California Press.

LORD, A. B. (1964), *The Singer of Tales,* Cambridge, Mass.: Harvard University Press.

LURIA, A. R. (1976), *Cognitive Development: Its Cultural and Social Foundations,* Cambridge, Mass.: Harvard University Press. (Trad. cast.: *Los procesos cognitivos. Análisis socio-histórico.* Barcelona. Fontanella, 1980.)

——— (1979), *The Making of Mind,* Cambridge, Mass.: Harvard University Press.

MACINTYRE, A. (1981), *After Virtue,* Notre Dame, Indiana: University of Notre Dame Press. (Trad. cast.: *Tras la virtud.* Barcelona. Crítica, 1987.)

MACKENZIE, B. D. (1977), *Behaviorism and the Limits of Scientific Method,* Londres. Routledge & Kegan Paul. (Trad. cast.: *El behaviorismo y los límites del método científico.* Bilbao. Desclee Brouwer, 1985, 2.ª ed.)
MALINOWSKI, B. (1922), *Argonauts of the Western Pacific,* Londres: Routledge & Kegan Paul. (Trad. cast.: *Los Argonautas del Pacífico Oriental.* Barcelona. Edicions 62, 1986, 3.ª ed.)
——— (1954), *Magic, Science and Religion,* Nueva York: Anchor. (Trad cast.: *Magia, ciencia y religión.* Barcelona. Planeta-Agostini, 1985.)
MANDLER, J. M., SCRIBNER, S., COLE, M., y DeFOREST, M. (1980), "Cross-cultural invariance in story recall," *Child Development,* **51,** 19-26.
MATTHEWS, G. B. (1980). *Philosophy and the Young Child,* Cambridge, Mass. Harvard University Press.
——— (1985), *Dialogues with Children,* Cambridge, Mass.: Harvard University Press.
MAYBURY-LEWIS, D. (1969), "Science or bricolage?" *American Anthropologist,* **71** (1).
MERKEL, R. (1985), "Visions of the way: A study of the traditional system of education of the Indians of North America," Tesina de Licenciatura, Simon Fraser University, Burnaby, BC, Canada.
MODGIL, S. y MODGIL, C. (1982), *Jean Piaget: Consensus and Controversy,* Nueva York: Praeger.
MONTAIGNE, M. de (1943), *Essays. Of the Education of Children,* Nueva York: Walter J. Black. (Trad. cast.: *Montaigne: Ensayos completos.* Barcelona. Orbis, 3 Vols., 1985, 2.ª ed.)
MONROE, W. S., De VOSS, J. C. y REAGAN, G. W. (1930), *Educational Psychology,* Nueva York: Doubleday, Doran & Co.

NYBERG, D., y EGAN, K. (1981), *The Erosion of Education,* Nueva York: Teachers College Press.

OAKESHOTT, M. (1971), "Education: the engagement and its frustration," *Proceedings of the Philosophy of Education Society of Great Britain,* **5** (1), 43-76.
OGDEN, C. K. (1976), *Opposition,* Bloomington: Indiana University Press.
OLSON, D. R. (1977), "Oral and written language and the cognitive processes of children," *Journal of Communication,* **17** (3), 10-26.
——— (1986), "Learning to mean what you say: Towards a psychology of literacy," en S. de Castell, A. Luke, y K. Egan (eds.), *Literacy, Society and Schooling,* Nueva York: Cambridge University Press.
ONG, J. (1958), *Ramus, Method and the Decay of Dialogue,* Cambridge, Mass.: Harvard University Press.
——— (1971), *Rhetoric, Romance, and Technology,* Ithaca, NY: Cornell University Press.
——— (1977), *Interfaces of the Word,* Ithaca, NY: Cornell University Press.
——— (1982), *Orality and Literacy,* Londres y Nueva York: Methuen.
——— (1986), "Writing is a Technology that transforms thought," en G. Baumann (ed.), *The Written Word: Literacy in Transition,* Oxford: Clarendon Press.
OPIE, I., y OPIE, P. (1959), *The Lore and Language of Schoolchildren,* Oxford: Oxford University Press.
——— y ——— (1969), *Children's Games in Streets and Playground,* Oxford: Oxford University Press.
——— y ——— (1985), *The Singing Game,* Oxford: Oxford University Press.

PALEY, V. G. (1981), *Wally's Stories,* Cambridge, Mass.: Harvard University Press.
PARRY, M. (1928), *L'Epithète traditionelle dans Homère,* París: Société d'Edition Les Belles Lettres.
——— (1971), *The Making of Homeric Verse: The Collected Papers of Milman Parry* (Adam Parry, ed.), Oxford: Clarendon Press. (Incluye la referencia anterior a la traducción inglesa.)
PATTERSON, S. W. (1971), *Rousseau's Émile and Early Children's Literature,* Metuchen, NJ: Scarecrow Press.
PEABODY, B. (1975), *The Winged Word,* Albany: State University of New York Press.
PERMYAKOV, G. L. (1970), *Ot pogovorki do skazki (From saying to tale),* Moscow. Citado en T. Todorov, "Structuralism and literature," en *Approaches to Poetics,* (Seymour Chatman, ed.), Nueva York: Columbia University Press 1973.
PIAGET, J. (1951), *Play, Dreams and Imitation in Childhood,* Nueva York: W. W. Norton. (Trad. cast.: *La formación del símbolo en el niño. Imitación, juego y sueño. Imagen y representación.* México. Fondo de Cultura Económica, 1973, 2.ª reimpr.)
——— (1962), *Comments on Vygotsky's Critical Remarks,* Cambridge, Mass.: MIT Press.
——— (1964), en Richard E. Ripple y Verne N. Rockcastle (ed.), *Piaget Rediscovered,* Ithaca, NY: School of Education, Cornell University.

PIAGET, J. (1977), *Psychology and Epistemology,* Harmondsworth, Middlesex: Penguin. (Trad. cast.: *Psicología y Epistemología.* Buenos Aires. Emecé, 1978, 3.ª ed.)
——— (1978), *The Development of Thought: Equilibration of Cognitive Structures,* Oxford: Blackwell. (Trad. cast.: *La equilibración de las estructuras cognitivas. Problema central del desarrollo.* Madrid. Siglo XXI, 1978.)
PIPPARD, B. (1986), "Complementary copies," *Times Literary Supplement,* 25 Abril.
PITCHER, E. G., y PRELENGER, E. (1963), *Children Tell Stories: An Analysis of Fantasy,* Nueva York, International Universities Press.
PRINCE, G. (1973), *A Grammar of Stories,* The Hague: Mouton.
PRING, R. (1973), "Objectives and innovation: the irrelevance of theory," *London Educational Review,* **2,** 46-54.
PUTNAM, H. (1981), *Reason, Truth and History,* Cambridge, Cambridge University Press. (Trad. cast.: *Razón, verdad e historia.* Madrid. Tecnos, 1988.)

RAVITCH, D. (1983), *The Troubled Crusade,* Nueva York: Basic Books.
ROSEN, H. (1986), "The importance of story," *Language Arts,* **63** (3), 226-37.
ROSENBLATT, L. M. (1976), *Literature as Exploration,* Nueva York: Noble & Noble.
ROUSSEAU, J.-J. (1911), Émile (Barbara Foxley, traduc.), Londres: Dent. (Publicado primero en 1762.) (Trad. cast.: *Emilio o la educación.* Barcelona. Hogar del Libro, 1988.)

SCHWEBEL, M., y RAPH, J. (eds.) (1973), *Piaget in the Classroom,* Nueva York: Basic Books. (Trad. cast.: *Piaget en el aula.* Buenos Aires. Huemul, 1981.)
SCRIBNER, S., y COLE, M. (1981), *The Psychology of Literacy,* Cambridge, Mass.: Harvard University Press.
SEELEY, L. (1906), *Elementary Pedagogics,* Nueva York: Hinds, Noble.
SHEPARD, R. (1978), "The mental image," *American Psychologist,* **33,** 123-37.
——— (1988), "The imagination of the scientist, en K. Egan y D. Nadaner (eds.), *Imagination and Education,* Nueva York: Teachers College Press.
SIEGEL, L. S., y BRAINERD, Ch J. (eds.) (1978), *Alternatives to Piaget: Critical Essays on the Theory,* Nueva York: Academic Press. (Trad. cast.: *Alternativas a Piaget. Ensayos críticos sobre la teoría.* Madrid, Pirámide, 1983.)
SIMON, B. (1978), *Mind and Madness in Ancient Greece,* Ithaca, NY: Cornell University Press.
SIMON, H. (1983), *Reason in Human Affairs,* Oxford: Blackwell.
SMEDSLUND, J. (1979), "Between the analytic and the arbitrary: a case study of psychological research," *Scandinavian Journal of Psychology,* **20.**
SPENCE, J. D. (1984), *The Memory Palace of Matteo Ricci,* Nueva York: Viking Penguin.
SPICE, N. (1985), "An outpost of Ashod," *London Review of Books,* **27,** Agosto.
STEIN, N. L., y TRABASSO, T. (1981), *What's in a Story: An Approach to Comprehension and Instruction,* Informe técnico N.º 200, Center for the Study of Reading, University of Chicago, Abril.
STENHOUSE, L. (1975), *An Introduction to Curriculum Research and Development,* Londres: Heinemann. (Trad. cast.: *Investigación y desarrollo del curriculum.* Madrid. Morata, 1987, 2.ª ed.)
STREET, B. V. (1984), *Literacy in Theory and Practice,* Cambridge: Cambridge University Press.
SUTTON-SMITH, B. (1981), *The folkstories of Children,* Filadelfia: University of Pennsylvania Press.
——— (1988), "In search of the imagination," en K. Egan y D. Nadaner (eds.), *Imagination and Education,* Nueva York: Teachers College Press.

TAYLOR, C. (1982), "Rationality," en M. Hollis y S. Lukes (eds.), *Rationality and Relativism,* Cambridge, Mass.: MIT Press.
TODOROV, T. (1969), *Grammaire du Decameron,* The Hague: Mouton. (Trad. cast.: *Gramática del Decamerón.* Madrid. Taller JB, 1973.)
——— (1973), "Structuralism and literature," en Seymour Chatman (ed.), *Approaches to Poetics,* Nueva York: Columbia University Press.
TULVISTE, P. (1979), "On the origins of theoretic syllogistic reasoning in culture and child", *Quarterly Newsletter of the Laboratory of Comparative Human Cognition,* **1** (4), 73-40.
TURNER, F. M. (1981), *The Greek Heritage in Victorian Britain,* New Haven: Yale University Press.
TYLER, R. (1949), *Basic Principles in Curriculum Instructions,* Chicago: University of Chicago Press. (Trad. cast.: *Principios básicos del curriculo.* Buenos Aires. Troquel, 1977, 2.ª ed.)

VERNANT, J.-P. (1980), *Myth and Society in Ancient Greece,* Brighton: Harvester Press; Atlantic Highlands: Humanities Press. (Trad. cast.: *Mito y sociedad en la Grecia antigua.* Madrid. Siglo XXI. 1987, 2.ª ed.)

——— (1983), *Myth and Thought Among the Greeks,* Londres: Routledge & Kegan Paul. (Trad. cast.: *Mito y pensamiento en la Grecia antigua.* Barcelona. Ariel, 1985, 2.ª ed.)

VICO, G. (1970), *The New Science* (T. G. Bergin y M. H. Fisch, trad.), Ithaca, NY: Cornell University Press. (Publicado primero en 1744.) (Trad. cast.: *Ciencia nueva.* Barcelona. Orbis, 2 Vols., 1985.)

WALKER, R. (1988), "In search of a child's musical imagination," en K. Egan y D. Nadaner (eds.), *Imagination and Education,* Nueva York: Teachers College Press.

WARNER, J. H. (1940), "The basis of J. J. Rousseau's contemporaneous reputation in England," *Modern Language Notes,* **LV,** 270-80.

WATSON, J. (1981), *The Double Helix,* Londres: Weidenfeld & Nicolson. (Trad. cast.: *La doble hélice.* Barcelona. Salvat, 1987.)

WEBB, W. L. (1986), "The end of the world is nigh," *Guardian,* Colección de Modernismo y Post-Modernismo, Londres, 2 Diciembre.

WHITE, H. V. (1973), *Metahistory,* Baltimore: Johns Hopkins University Press.

WILSON, B. R. (ed.) (1970), *Rationality,* Oxford: Blackwell.

WILSON, J. (1979), *Fantasy and Common Sense in Education,* Oxford: Martin Robertson.

WITTGENSTEIN, L. (1963), *Philosophical Investigations* (G. E. M. Anscombe, trad.), Oxford: Blackwell. (Trad. cast.: *Investigaciones filosóficas.* Barcelona. Crítica, 1988.)

WOOD, M. (1985), *In Search of the Trojan War,* Londres: BBC.

YATES, F. A. (1966), *The Art of Memory,* Chicago: University of Chicago Press.

INDICE DE MATERIAS

Aficiones obsesivas, 144.
Agustín, San, 29, 124.
Alfabetización como amplificador cultural, 92.
— *passim,* 95, 117-120, 147, 166, 189, 201, 223.
Alfabeto, 60, 77.
Analfabetismo, 57, 61, 67, 73-74, 80, 177.
Anderson, Richard C., 105.
Antropología clásica, 46, 47.
Ames, L. B., 96.
Apolíneo, 27, 51 y 51n., 109.
Applebee, Arthur, 36, 37, 84, 96, 104 y 104n., 115.
Aprendizaje, 51, 68, 117, 132-136, 143, 146, 209, 221.
— del lenguaje, 91, 92.
— de memoria, 188, 189.
Argumento, 101-103, 127.
Aristóteles, 54, 95, 109, 151, 161, 206.
Arnold, Matthew, 88, 116.
Arquetipos, 75, 112.
Ashton, P. T., 79.
Astrología a la astronomía. De la, 155-156.
Auden, W. H., 140.
Auerbach, Erich, 151n.
Autobiografía de la infancia, 86-90.

Bacon, Francis, 43, 79.
Banks, M. S., 123.
Bantock, E. H., 33.
Barnes, J. A., 74.
Barrow, Robin, 137.
Barthes, Roland, 101.
Bartlett, F. C., 69, 104.
Baumann, G., 117.
Berg, Edward E., 168.
Bettelheim, Bruno, 28, 84, 100, 123, 131, 132, 161, 185.

Bickerton, Derek, 124, 125.
Binet, Alfred, 34.
Black, Max, 84, 194.
Blake, William, 29, 35, 169.
Blumenberg, Hans, 47, 56.
Boas, F., 76.
Bohr, Niels, 52, 94.
Bossy, John, 29.
Bovet, P., 152.
Buchmann, Margaret, 138.
Buck-Morss, Susan, 79.
Burke, James, 151n.
Burke, Peter, 62.
Burkert, Walter, 130.
Burton, Virginia Lee, 183.

Callahan, R., 223.
Carroll, Lewis, 195.
Cassirer, Ernst, 70.
Causalidad, 103, 112-114, 140, 208.
— en la Historia cultural, 219, 220.
Caverna. Alegoría de la, 55.
Centrado en el niño, 18.
Chesterton, G. K., 39, 175, 199.
Chistes, 73, 83, 92, 93n., 188.
— como fundamento de la lógica, 195-196.
Chomsky, Noam, 96n., 124, 125, 163.
CI, 108.
Ciencia cognitiva, 82.
Clasificación, 49, 58, 76-79, 88-90, 139, 144.
Coe, Richard, 30, 49, 86-91, 144, 176n.
Cole, Michael, 117.
Coleridge, S. T., 140, 169.
Collingwood, R. G., 173.
Conceptos abstractos, 35-42, 52, 57, 64, 68, 76, 89, 133, 145, 177.
Confección de listas, 144, 189.
Conford, F. M., 17, 46, 47n., 143.

Conocimiento de la aritmética, 116, 137-138, 147, 197-199, 201.
Consciencia, 82, 87, 91, 141.
Cook, A. B., 46.
Cooper, David, 70, 160.
Creatividad, 117, 137.
Cristiandad, 29.
Cuentos populares, 28, 44, 81, 113, 145, 184-185.
Cultura oral, 20, 50, 56, 59-60, 69, 94, 183, 222.
— — de la infancia, 20, 50, 79-92, 109, 199, 201.
Cummins, J., 190.
Curriculum, 169-201.
  — de Educación artística, 199-200.
  — de horizonte en expansión, 37, 39, 40, 177.
  — del lenguaje, 185-190.
  — de literatura, 186-190.

Dahl, Roald, 99n.
Danzig, Tobias, 197.
DeGarmo, C., 152.
Desarrollo cultural, 55, 56, 85, 86, 151-152.
  — individual, 34, 41, 42, 58-59, 79-87, 91, 151, 157.
Descartes, 29.
Descentración, 107-108.
Dewey, John, 19, 31-32, 38, 50, 138, 152.
Dionisíaco, 27, 51 y 51n., 99, 109.
Disciplinas, 172-176, 201.
Disney, Walt, 176 y 176n.
Disociación de pensamiento, 68, 73, 76, 90, 107-108, 133.
Dodds, E. R., 27, 55.
Donaldson, Margaret, 107, 163.
Douglas, Mary, 76.
Drama, 52.
Durkheim, Emile, 46.

Egan, Susanna, 86, 91.
Egocentrismo, 33, 108.
Egoff, Sheila, 36.
Einstein, Albert, 171.
Eliade, Mircea, 75.
Eliot, T. S., 40, 140, 143, 147.
Elkind, David, 41.
Emoción en la educación de los niños, 176 y 176n., 188.
  — en la memorización, 68-70, 78-79, 150.
  — en las narraciones, 97-101, 113, 115, 120n., 188.
Epistemología, 73, 220.
Etnocentrismo, 185, 190.
Evaluación, 158-165, 208, 215.
Evans-Pritchard, E. E., 55, 70.
Evolución, 45.
  — impacto sobre la educación, 31, 55, 57, 151.

Expansión de conceptos, 40, 216, 217.
Explicación, 76-79, 88-90, 139, 144.

Fantasía, 19, 20, 25-53.
  — *Passim,* 85, 93, 96, 130-136, 175, 177.
  — Rechazo de la, 28-35.
Feyneman, Richard, 171.
Ficción, 48, 98-101, 113, 134.
Filosofía, 56, 64.
  — de la educación, 148, 149, 221.
  — para niños, 194.
Finnegan, Ruth, 71.
Floden, Robert, 138.
Formas poéticas de pensamiento, 47, 70, 91-92, 140.
— — — y memoria, 64-76, 82-86.
Frankfort, Henri, 71, 75.
Frazer, James George, 45, 46, 55.
Freud, Anna, 40.
Freud, Sigmund, 28, 51, 56, 131, 136.
Frye, Northrop, 178n., 187.
Fuller, Renée, 105, 106.

Gallie, W. B., 114.
Gardner, Howard, 83.
Gesell, A., 96.
Gibson, E. J., 123.
Gombrich, E. H., 113, 151n.
Goody, Jack, 47, 55, 56, 62, 66, 68, 73, 74, 77, 78, 117, 124, 130, 133, 144, 165, 189.
Gould, Stephen Jay, 23, 152.
Greene, Graham, 87.
Greimas, A. J., 101.
Griffin, Jasper, 62.
Griffiths, Ruth, 85.

Habilidades básicas, 19, 117.
Hall, G. Stanley, 23, 151, 152.
Hall, Nigel, 189.
Hallam, Roy, 41.
Halle, M., 125, 161.
Hallpike, M., 123, 151.
Hamlyn, D. W., 159.
Hanson, Karen, 88.
Harrison, Jane, 46.
Havelock, E., 47, 64-65, 70, 75, 95, 117-119, 165.
Heath, S., 96, 117-120.
Heathcote, D., 202.
Hecateo de Mileto, 45.
Heráclito, 124.
Héroes y heroínas, 142, 145.
Hilyard, A., 94.
Hirst, P., 33, 153.
Historia, 48, 56, 74, 75, 98, 173, 182-186.
  — cultural. Su importancia para la educación, 149, 155-158, 219, 221.
  — Enseñanza de la, 41, 42, 174.
Hollis, M., 55.

Holograma. Analogía con la educación, 170.
Homero, 61-65, 187, 223.
Horton, R., 56, 78, 89.
Hughes, M., 108.
Hughes, T., 115.
Huizinga, J., 85, 97.
Hume, K., 44.
Humor, Sentido del, 196, 197, 225.

Idiomas extranjeros, 190.
Ilustración, 29.
Inglis, F., 11n.
Inhelder, B., 88.
Imaginación, 20, 32, 81, 84-86, 91-92, 137-141, 150, 164, 169, 224.
 — Supresión de la, 40, 58, 91, 143, 164, 225.
Imperialismo cultural, 165-167, 184.
Inteligencia, 34, 79, 81, 106, 107, 117, 173.
 — artificial, 82.
Inventarios de niños, 88, 189.
Investigación en la educación, 34, 50.
 — empírica, 34, 57, 80, 103, 145-146, 164.
 — prolongada por la analítica, 79, 79-80, 134, 145.
Irwin, M., 99n.
Isaacs, S., 33, 51.

Jakobson, R., 125-128, 161.
Jefferies, R., 225.
Jenkyns, R., 27, 55.
Jowett, B., 72.
Juegos, 81-84, 96-99.
 — en la enseñanza de las matemáticas, 212, 213.
Jung, Carl, 51, 131, 136.

Kafka, F., 98.
Kelly, A. V., 149.
Kermode, F., 98.
Kirk, G. S., 47n., 62.
Knapp, M. y H., 32, 80, 83.
Kretzmen, N., 136n.

La Fontaine, 30.
Langer, Susan, 60, 207.
Lashley, K. S., 106.
Le Goff, J., 124.
Leach, E., 66, 123, 161.
Lectoescritura, 21, 50, 56-92.
 — Dominio "elevado", 59.
 — *Véase:* Alfabetización.
Lévi-Bruhl, L., 46, 47, 66, 67-68, 75, 78, 146.
Lévi-Strauss, C., 27, 45, 47 y 47n., 49, 55, 58-59, 66, 70-71, 74, 77-78, 122-123, 127-128, 133, 161.
Lewis, C. S., 95, 114, 142.
Lingüística, 97, 101-104.
Lipman, Matthew, 194.
Literatura infantil, 52, 94.
Lloyd, G. E. R., 124.

Lloyd-Jones, H., 140.
Lógica, 48, 78.
 — *Curriculum* de, 194-199.
Logographoi, 45, 92.
Logoi, 28, 109.
Logos, 54, 109.
Lord, A., 47, 58, 62-63, 90.
Lukes, S., 55.
Luria, A. R., 74, 160.

MacIntyre, A., 140.
Mágico, 86, 171, 191, 193, 198, 201.
Malinowski, B., 45, 56, 74, 78.
Mandler, J. M., 104n.
Marxismo, 98.
Matemáticas, 52, 56, 110, 137, 178, 182.
 — *Curriculum* de, 194-199.
 — Ejemplo de resta, 212-214.
Matthews, G., 34, 194, 197.
Mediación, 134-136, 214, 216.
 — *Véase:* Pares opuestos.
Medios de comunicación, 59.
Memorización, 65, 70, 74, 82-86, 179-180.
 — *Véanse también:* Formas poéticas de pensamiento y emoción.
Merkel, R., 193.
Metáfora, 48, 70, 83, 94, 114, 122, 160, 178, 194, 200.
Mito, 27, 28, 42-50, 67, 69, 75, 128, 176n., 182-183, 222.
Monroe, W. S., 152.
Montaigne, M. de, 221.
Moralidad, 99, 100, 140, 188.
Murray, G., 46.
Música, 70, 96, 139-140, 182, 198.
Mythos, 28, 48, 109.

Nadaner, D., 115, 137.
Nietzsche, F., 160.

Oakeshott, Michael, 33, 49.
Objetivos, 110, 171, 204, 209, 218, 223.
Observación de los niños, 191, 192, 200.
Ogden, C. K., 123, 161.
Olson, D., 57, 94.
Ong, W. J., 47, 58, 59, 66, 72, 73, 82, 84, 117-119, 165, 222.
Operaciones concretas piagetianas, 144.
 — lógico-matemáticas, 34, 80, 85, 99, 107, 108, 160.
Opie, P. e I., 32, 49, 80-83.
Opuestos binarios. *Véase:* Pares opuestos.
Oralidad. *Passim,* 56-92, 117-120, 166.
 — secundaria, 59.
Ordenadores, 82, 137, 150, 179.

Pablo, San, 29.
Paley, V. G., 26, 84, 160.
Pares opuestos, 36, 49, 77, 89, 111, 122-136, 145, 160-161, 202-213.

Pares opuestos. Objeciones a, 215-217.
Parry, A., 73.
Parry, M., 47, 62-63, 73.
Participación en la naturaleza, 71, 76, 86, 87, 91, 146, 225.
Peabody, B., 61, 63, 72, 117.
Pecado original, 29, 34.
Pensamiento concreto de los niños, 35-42, 77-78, 163, 164.
— descontextualizado, 144.
— literal, 178, 179, 189, 190, 194-197, 198, 201.
Pérdida de la educación, 20, 58, 90, 91, 146, 166, 199, 225.
Permyakov, G. L., 101.
Peters, R., 33.
Piaget, J., 34, 38, 39, 41, 50, 80, 88, 99, 106-108, 129, 138, 144, 149, 160, 163, 217, 221.
Picasso, 147.
Pippard, B., 52.
Pitagóricos, 124, 198.
Pitcher, E. G., 84.
Platón, 17-19, 27, 29, 30, 54-55, 64, 72, 90, 95, 118, 223n.
Positivismo. Su influencia en pedagogía, 222.
Prelinger, E., 84.
Presupuestos, 46, 47.
Prince, Gerald, 106.
Pring, R., 223.
Procesos de descubrimiento, 203.
Programas de inmersión en el idioma, 190.

Progresismo, 18, 19, 23, 31, 32, 37, 38, 40, 169.
Proyección, 49.
Psicoanálisis, 28n., 48.
Psicología, 48, 50, 106, 150n.
— de los antiguos griegos, 27, 54, 82.
— de la educación, 148, 153, 220.
Psicoterapia, 51, 131.
Putnam, H., 55.

Racionalidad *passim,* 25, 27, 30, 34, 43, 46, 92, 99, 178, 196, 222-223.
Ranke, L. von, 215.
Raskin, Marcus, 13n.
Ravitch, D., 69.
Realidad. Comprensión infantil de la, 142-145.
Recapitulación, 21, 22, 23, 48, 57, 148-176, 191, 219.
Refranes, 188, 189.
Relativismo, 166, 167.
Relatos heroicos, 72.
Respuesta extática en los niños, 86, 95, 116, 171, 188, 201.
Retórica, 70, 84.
Rima, 71, 83, 139, 186, 198.
Rompecabezas, 197.

Sentido de lo misterioso, 49.
— del número, 197, 198.
Significado afectivo, 96-100, 102, 113, 205.
Sistemas de recuento, 68.
Sueños, 27, 107.

OTRAS OBRAS DE "EDICIONES MORATA" DE INTERES

Bakeman, R. y Gottman, J. M.: *Observación de la interacción,* 1989.
Baudelot, Ch. y Establet, R.: *El nivel educativo sube,* 1990.
Bale, J.: *Didáctica de la geografía en la escuela primaria,* 1979.
Bennett, N.: *Estilos de enseñanza y progreso de los alumnos,* 1979.
Browne, N. y France, P.: *Hacia una educación infantil no sexista,* 1988.
Bruner, J.: *Desarrollo cognitivo y educación,* 1988.
Serie Bruner: *El desarrollo en el niño* (18 volúmenes).
Cook, T. D. y Reichardt, Ch.: *Métodos cualitativos y cuantitativos en investigación educativa,* 1986.
Decroly, O.: *El juego educativo* (2.ª ed.), 1986.
Donaldson, M.: *La mente de los niños* (2.ª ed.), 1984.
Driver, R., Guesne, E. y Tiberghien, A.: *Ideas científicas en la infancia y la adolescencia,* 1989.
Elliott, J.: *La investigación-acción en educación,* 1990.
Fernández Pérez, M.: *Evaluación y cambio educativo: el fracaso escolar* (2.ª ed.), 1988.
Gimeno Sacristán, J.: *El curriculum: una reflexión sobre la práctica* (2.ª ed.), 1989.
— *La pedagogía por objetivos: obsesión por la eficiencia* (5ª ed.), 1988.
Goetz, J. P. y LeCompte, M. D.: *Etnografía y diseño cualitativo en investigación educativa,* 1988.
Hargreaves, D. J.: *Infancia y educación artística,* 1991.
Harlen, W.: *Enseñanza y aprendizaje de las ciencias,* 1989.
Hegarty, S.: *Aprender juntos: la integración escolar,* 1988.
Inhelder, B.: *Aprendizaje y estructuras del conocimiento,* 1975.
Jackson, P. W.: *La vida en las aulas,* 1991.
Kemmis, S.: *El curriculum: más allá de la teoría de la reproducción,* 1988.
Loughlin, C. E. y Suina, J. H.: *El ambiente de aprendizaje: diseño y organización,* 1987.
Malinowski, B.: *La vida sexual de los salvajes* (3.ª ed.), 1975.
Moyles, J. R.: *El juego en la educación infantil y primaria,* 1990.
Perrenoud, J.: *La construcción del éxito y del fracaso escolar,* 1990.
Piaget, J.: *La composición de las fuerzas y el problema de los vectores,* 1975.
Piaget, J.: *Psicología del niño* (12.ª ed.), 1984.
— *La representación del mundo en el niño* (6.ª ed.), 1984.
— *La toma de conciencia* (3.ª ed.), 1985.
Pozo, J. I.: *Teorías cognitivas del aprendizaje,* 1989.
Saunders, R. y Bigham-Newman, A. M.: *Perspectivas piagetianas en la educación infantil,* 1989.
Selmi, L. y Turrini, A.: *La escuela infantil a los tres años,* 1988.
— y — *La escuela infantil a los cuatro años,* 1989.
— y — *La escuela infantil a los cinco años,* 1989.
Stenhouse, L.: *Investigación y desarrollo del curriculum* (2.ª ed.), 1987.
— *La investigación como base de la enseñanza,* 1987.
Tann, C. S.: *Diseño y desarrollo de unidades didácticas en la escuela primaria,* 1990.
Torres, J.: *El curriculum oculto,* 1991.
Tyler, W.: *Organización escolar,* 1991.
Walker, R.: *Métodos de investigación para el profesorado,* 1989.